종교분쟁 사례연구 ❶

종교와 국가

종교분쟁 사례연구 ①

종교와 국가

A Study on the Disputes
Related to Religion(I)
Religion and the State

서헌제 지음

머리말

너희는 재판할 때에 불의를 행치 말며 가난한 자의 편을 들지 말며 세력 있는 자라고 두호
하지 말고 공의로 사람을 재판할지며(레위기 19:15)
온 이스라엘이 (솔로몬) 왕의 심리하여 판결함을 듣고 왕을 두려워하였으니 이는 하나님의
지혜가 저의 속에 있어 판결함을 봄이더라(열왕기상 3:28).

저자가 종교 관련 분쟁사례를 정리하여 출간하려는 계획은 20여 년 전 신학교(목회자 양성원)에서 강의를 시작한 이래 줄곧 가지고 있던 염원이었다. 그러나 전공분야 연구에 대부분 시간을 할애한 데다 학교 보직까지 맡은 탓에 늦어져서 이제야 햇빛을 보게 되었다. 이는 중앙대 대학원과 법학전문대학원에서 전국에서 처음으로 「문화 · 종교와 법」 과목이 정규 커리큘럼에 포함되고 또 많은 학생들이 주요 전공과목 학습에 시간이 쫓기는 가운데서도 이 과목을 수강한 데 힘입은 바 크다.

사실 종교인의 한 사람으로서 세속 법정에 제기되는 종교분쟁, 특히 교회 관련 분쟁을 가지고 연구하여 이를 책자로 내는 것은 어떻게 보면 자기의 치부를 드러내는 것 같아 내키지 않았던 것도 사실이었다. 그러나 종교와 관련된 소송은 그 건수에 있어서나 제기하는 법리의 중요성에 있어서 세속법의 체계 내에서도 한번은 전체적으로 정리하고 가지 않으면 안 될 정도로 그 비중이 커졌다. 물론 헌법학이나 민법학 등 개별 영역에서 종교분쟁을 다루고 연구한 성과는 많이 있다. 그러나 이는 어디까지나 법학의 영역 내에서만 머무를 뿐 그 성과를 정작 알려야 할 필요가 있는 종교계에는 전달되지 못하고 있는 실정이다. 또한 기존 연구들이 대부분 법리적 측면에만 치우쳐 있어 종교분쟁이 가지는 교리적 측면도 함께 고려할 필요가 있었다.

이러한 사명감에서 막상 작업은 시작하였지만 하면 할수록 판결례의 방대함과 각 판결에서 다루는 쟁점들이 복잡하고 다양하여 이를 한데 모아 정리하고 검토한다는 것이 너무나 벅찬 작업임을 깨달았다. 그리하여 처음에는 단권으로 하려던 계획을 바꾸어 결국 책을 1, 2권으로 나누고 제1권은『종교와 국가』라는 제하에서 주로 종교의 자유와 정교분리원칙의 적용에 관련된 공법적 분쟁사례를 다루고, 제2권은『종교와 재산』으로 이름하여 종교재산을 둘러싼 민·형사 분쟁사례들을 다루기로 하였다.

제1권『종교와 국가』는 종교의 자유, 정교분리, 종교와 행정규제의 세 부분으로 되어 있다. 종교와 행정규제도 크게 보면 종교의 자유 또는 정교분리에 포함되는 영역이지만 세금, 건축, 교육 문제 등은 특수한 분야이므로 이를 따로 분리하였다.

이 책을 집필함에 있어 다음과 같은 점에 유의하였다.

첫째, 종교분쟁사례라고 하지만 그 대부분은 기독교(개신교) 관련 사례라는 점이다. 기독교 분쟁이 이처럼 많은 이유는 교단보다는 개교회 중심의 교리적 특성 때문이 아닌가 한다. 기독교 관련분쟁이 많다는 것은 기독교 신자인 저자의 입장에서는 한편으로는 껄끄럽기도 하고 다른 한편으로는 타 종교에 비해서 그 내용을 더 많이 알고 있다는 점에서 다행이기도 하다.

둘째, 종교분쟁을 입체적으로 이해함에 있어서는 법리적 측면에서의 분석과 함께 교리적인 분석도 필요하다는 점이다. 가령「양심적 병역거부」문제를 다룸에 있어서 대부분의 연구자들은 이를 양심의 자유 또는 종교의 자유라는 헌법적 주제들에 대해서만 관심을 두고 있다. 그러나 정작 전쟁이라는 것을 종교에서는 어떻게 보고 있는지, 왜 여호와의 증인들만 그토록 병역거부에 매달리는지에 대한 교리적 이해가 없이는 이를 제대로 파악할 수 없다고 본다.

셋째, 이 책의 주된 독자층으로 법학도보다는 종교인, 특히 목사와 같은 성직자를 염두에 두었다는 점이다. 교단 전체적인 차원에서 잘 조직화되어 있는 천주교나 불교에 비해서 기독교 목사들은 대부분 단위 교회 차원에서 목회하면서 교회건축이나, 세금, 또는 교인들의 신앙지도에 따르는 많은 법률 문제에 부딪치게 된다. 그럼에도 불구하고 많은 목회자들은 법에 대해서는 무관심하거나 무시하는 경향이 있다. 그러한 의미에서 이 책이 종교인들을 위한 분쟁해결 가이드북의 역할을 할 수 있기를 기대한다.

넷째, 이 책이 종교인을 주된 대상으로 하는 만큼 법률전문가가 아닌 사람들도 쉽게 이해할 수 있게 구성하였다는 점이다. 그래서 각 사례의 사실관계를 쉽게 파악할 수 있도록 그림으로 도식화하고 당사자들의 엇갈린 주장도 대비하여 소개하였다. 그러나 이 책에 수록된 대부분의 사례들이 대법원이나 헌법재판소와 같은 최고법원까지 간 사안들이므로 각 사례가 내포하고 있는 쟁점들이 매우 복잡하고 또 쟁점에 적용된 법리들도 비전공자들이 쉽게 이해하기에는 어려운 한계가 있는 것은 어쩔 수 없다.

다섯째, 다종교사회인 우리나라에서 종교문제가 가지는 예민함을 감안해서 가급적 균형을 잃지 않고 객관적이고 논리적인 접근을 하려고 노력하였다는 점이다. 그러나 저자가 기독교 이외에 다른 종교에 대해서는 무지하기 때문에 교리적 검토는 주로 기독교적 관점에서 이루어질 수밖에 없었다. 그리고 교리적 검토라고는 하지만 깊이 있는 신학적 연구배경이 없는 저자에게는 성경(Bible)에 근거한 검토에 그칠 수밖에 없다. 그러나 성경은 어떠한 위대한 신학자나 철학자들의 지식을 훨씬 뛰어넘는 깊은 영감과 진리를 내포하면서도 간결하고 쉽게 이해할 수 있는 언어로 되어 있다는 것이 얼마나 감사한지 모른다.

이 책을 내는 데 많은 분들의 도움과 지도가 있었다. 숨어 있던 여러 사례를 발굴하고 자료를 모으는 데 큰 도움을 주신 「법무법인 로고스」의 송기영 고문변호사께 감사드린다. 송 변호사는 웬만한 성직자들은 근처에도 오지 못할 만큼 신실한 신앙의 소유자로서 필자에게 많은 영감을 불어넣어 주었다. 또 건강상의 어려움에도 불구하고 자료제공과 유익한 조언을 주신 「법무법인 정평」의 박연철 대표변호사께도 감사드린다. 그리고 원고를 세심하게 읽고 저자가 미처 생각하지 못하였던 여러 오류를 지적해준 중앙대학교 조성국 교수님과 정재곤 박사의 수고도 잊을 수 없다.

저자를 위해 늘 기도로 뒷받침해주신 들꽃교회 노환상 담임목사님, 바쁜 목회활동 가운데서도 시간을 쪼개 원고를 읽고 유익한 교리적 조언을 주신 창천교회 김영채 목사님, 중국선교의 와중에서도 시간을 내어 저자를 격려해준 서원후 목사님, 교단총회의 중책을 맡고 있으면서 여러 도움을 주신 김병덕 목사님에게 깊은 감사를 드린다.

무엇보다도 별로 경제성이 없어 보이는 이 책의 출간을 흔쾌히 수락하고 치밀한 편집으로 가다듬어주신 한국학술정보(주)와 출판사업부 여러분에게 감사드린다.

유례없는 지난여름 폭염 속에서도 집필의 여정을 인도해주시고 필요한 만큼의 건강과 지혜를 주셔서 이 책을 세상에 내놓게 하신 하나님께 경배와 감사를 올린다.

2012년 10월

서헌제

CONTENTS

CONTENTS

CONTENTS

CONTENTS

3. 종교와 교육 ··· 315

CONTENTS

종교분쟁사례연구(Ⅱ)
종교와 재산

Ⅰ. 종교의 자유

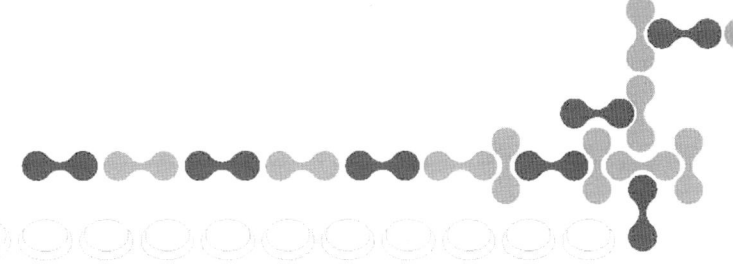

출애굽기 20:3 너는 나 외에는 다른 신들을 네게 두지 말라.

헌법 제20조 ① 모든 국민은 종교의 자유를 가진다.

헌법 제21조 ④ 언론·출판은 타인의 명예나 권리 또는 공중도덕이나 사회윤리를 침해하여서는 아니 된다. 언론·출판이 타인의 명예나 권리를 침해한 때에는 피해자는 이에 대한 피해의 배상을 청구할 수 있다.

헌법 제39조 ① 모든 국민은 법률이 정하는 바에 의하여 국방의 의무를 진다.

[종교의 자유 개관]

가. 종교의 자유의 개념

　헌법 제20조 제1항은 '모든 국민은 종교의 자유를 가진다'고 하여 종교의 자유를 국가의 최고 가치로서 보장하고 있다. 종교의 자유는 자신이 믿는 종교를 자신이 원하는 방법으로 신봉하는 자유를 의미한다. 여기에는 인간 내면에 속하는 종교적 양심의 자유를 비롯하여 종교적 신념의 외부적 표현인 예배의 자유, 종교적 집회와 결사의 자유, 종교적 표현의 자유, 선교의 자유, 종교교육의 자유뿐 아니라 종교를 믿지 않을 자유와 같은 소극적 자유도 포함된다.

　우리나라는 대표적인 다종교사회로서 기독교(개신교), 천주교, 불교의 3대 종파 이외에도 많은 소수종교와 신흥종교 등이 공존하고 있다. 우리나라는 대부분의 문명국가와 같이 종교의 자유를 헌법상의 규정만이 아니라 실질적으로 보장하고 있다.

나. 종교의 자유의 법적 성격 및 효력

　종교의 자유는 국가에 의한 간섭이나 영향 또는 침해에 대한 방어권이다. 즉 주관적 권리로서 신앙의 형성이나 유지에 국가가 간섭하거나 영향을 행사하는 것을 방어하고, 신앙을 고백하거나 침묵할 자유를 비롯하여 여러 가지 종교적 행위의 자유를 침해하거나 영향을 행사하는 데에 대한 방어권이다.[1]

　그러나 방어권으로서의 종교자유의 고전적 개념은 현재 우리나라와 같이 거의 무제한적으로 종교의 자유가 보장된 상황에서는 그 의미가 거의 없다고 하겠다. 즉 우리나라에서는 국가로부터 직접적으로 종교의 자유를 침해당하는 사례는 양심적 병역거부 등 극히 제한된 경우를 제외하고는 거의 찾아볼 수 없고 주로 私人 간의 관계에서 종교의 자유에 대한 침해가 문제된다. 가령 특정 교단에서 설립한 학교가 가지는 종교교육의 자유와 그 학교 내 학생들이 가지는 소극적 종교의 자유가 충돌한다든지, 종교적 표현의 자유의 일환으로 인정되는 타 종교에 대한 비판이 명예훼손으로 타인의 인격권을 침해하는 여부가 문제되는 등이다.

---

1) 계희열, 「헌법상의 종교의 자유」, 『헌법논총』, 제8집, 헌법재판소, 5면.

따라서 오늘날 종교의 자유는 국가공동체 내에서 종교의 자유를 실현하고 보호해야 할 의무를 국가에 부과한다는 점에서 보다 적극적인 의미를 가진다. 즉 종교의 자유는 국가에 종교적 중립성이라는 의무를 부과하며 국가의 중립의무는 종교의 자유가 보장되기 위한 필수적 조건이라고 하겠다.[2)

다. 종교의 자유의 내용

종교의 자유는 적극적인 면에서는 신앙을 가지고, 신앙을 고백하고, 동일한 신앙을 가진 사람들이 공동으로 종교의식을 거행하고, 종교적 단체를 결성하여 선교와 교육활동 등을 자유롭게 행할 수 있는 자유를 보장할 뿐만 아니라 소극적으로는 신앙을 갖지 않고, 종교의식의 행사, 선교·교육활동 또는 집회·결사에 참여하지(강제당하지) 않을 자유도 보장한다.[3)

(1) 신앙의 자유

신앙의 자유는 종교적 믿음을 형성하고 가지는 내적인 영역에 관련한 것이다. 이러한 의미에서 신앙의 자유는 자신의 결정에 따라 종교를 믿거나 안 믿을 자유, 종교를 선택하고 변경할 자유, 신앙을 고백하거나 고백을 강요당하지 않을 자유, 신앙 또는 불신앙으로 인하여 특별한 불이익을 받지 않을 자유를 말한다.[4)

신앙의 자유는 그것이 인간의 내면에 머무르는 한 제한받지 않지만 신앙양심에 기한 외부적 행동이 국가 법질서와 충돌하는 경우에는 그 제한이 문제된다. 사례 [Ⅰ-1-1], [Ⅰ-4-1]에서 보는 바와 같이 종교적 신념에 기한 국기에 대한 경례 거부 및 병역 거부가 그 대표적인 예이다.

(2) 예배 및 종교의식의 자유

종교의 자유는 종교의식의 형태로 나타나는 예배, 세례, 종교행렬과 같은 종교행사 참여의 자유를 보장한다. 이러한 종교의식에는 전통적인 종교의식에 국한되지 않고, 이를 넘어서 종교공동체의 자기 이해에 따라 종교적 확신에 기인하는 그 외의 활동(구제활동이나 자선활동 등)도

---

2) 한수웅, 『헌법학』, 법문사, 2012, 693~694면.
3) 계희열, 위 논문, 3면 이하.
4) 김철수, 『헌법학개론』, 박영사, 2005, 677면.

포괄한다.

이러한 종교행사의 자유도 거의 무제한적으로 보장되고 있다. 다만 사이비 종교단체의 예배에서 보는 바와 같이, 종교행사가 집단 히스테리의 발로나 광기 어린 것으로 보이는 경우에는 그것이 건전한 사회질서 유지 차원에서 규제를 받는 경우가 있다. 또한 군대나 교도소와 같은 특정한 시설 내에서의 종교행사 참여의 자유를 보장하는 문제가 생길 수 있는데 군대의 경우에는 정훈교육 차원에서 군종장교를 두고 공휴일 예배참여를 적극 보장하고 있다. 교도소의 경우에는 행형의 목적상 일정한 정도로 종교행사의 참여가 제한되는 경우가 있는데 이와 관련해서는 다음에서 보는 바와 같이 여러 건의 헌법재판소 결정례가 있다.

(3) 종교적 표현의 자유

종교의 자유에는 자신이 믿는 종교의 교리를 연구하고 이를 설교, 전도집회, 출판, 방송출연 등의 형태로 선전하며 전파하는 자유를 포함한다. 그리고 다른 종파나 교단에 대한 비판의 자유도 포함된다. 이러한 종교적 표현과 비판의 자유는 종종 이단에 대한 시비와 관련되어 명예훼손 사건으로 비화되는 경우가 많다.

(4) 선교의 자유

우리나라에 뿌리를 내리고 있는 불교, 가톨릭, 기독교는 전부 외래종교이다. 특히 기독교(개신교)는 미국 등 선교사들에 의한 선교 역사가 불과 120년밖에 되지 않는 짧은 기간이지만 교인수에 있어서나 교회가 가지고 있는 경제력에 있어서 국내에서 가장 영향력 있는 종교의 하나로 성장하였다. 이러한 결과는 종교의 자유에 있어서 선교의 자유가 얼마나 중요한가를 보여주는 단적인 예라고 할 수 있는데, 이러한 전통을 이어받아 한국교회는 세계에서 미국 다음으로 많은 선교사를 해외에 파송하고 있다. 선교의 자유도 국내에서는 거의 제한을 받고 있지 않지만 해외선교, 특히 기독교를 적대시하는 무슬림이나 불교국가에 대한 선교와 관련해서는 국가의 교민보호 차원에서의 선교제한과 충돌하는 경우가 있다.

(5) 종교교육의 자유

종교교육의 자유는 능동적인 측면에서는 종교적 교육을 실시할 자유와 수동적으로는 종교적 교육을 받거나 받지 아니할 자유를 말한다. 종교교육을 위한 학교를 설립하고, 종교교육의 내용과 방식 등 모든 면에서 외부의 간섭을 받지 않고 교육할 자유가 있다. 또 피교육자의 입장에서는 종교교육을 받기 위한 학교 선택의 자유와 종교교육을 받지 않을 자유를 가지고 있다.

종교교육의 자유와 관련해서 판례상 문제되는 사안으로는 기독교계의 무인가 신학원 난립에 대해 교육법 또는 학원법의 적용문제, 그리고 종단 설립학교 내에서의 학교와 학생들 간의 종교자유의 충돌문제가 중요하다. 특히 학생이나 학교의 의사와는 상관없이 교육청의 강제배정에 따라갈 수밖에 없는 중고교 평준화 체제하에서는 심각한 종교자유의 침해 문제가 발생한다.

라. 종교의 자유의 제한과 한계

종교적 신념이 내심에 머무르는 한 제한의 대상이 되지 아니한다. 그러나 신앙고백의 자유나 종교적 행위의 자유는 신앙의 외형적인 표현 형태이므로 기본권의 내재적 한계에 의한 제한을 받는 외에 법률에 의한 제한을 받을 수가 있다. 즉 종교의 자유는 헌법질서와 타인의 기본권을 침해하지 않는 범위 내에서, 사회공동체의 질서유지를 위해서 제정된 실정법을 어기지 않는 범위 내에서만 주장할 수 있다.

이와 관련해서 판례상으로는 주로 이단 사이비 종교에서 문제되는 성적 타락이나 헌금강요 등이 문제된다. 또한 여호와의 증인 신도들의 수혈 거부와 같은 편협하고 왜곡된 종교적 신념에 따라 사회 상식을 거부하는 행위로 초래되는 비극도 종교자유의 한계로서 논의된다.

1. 신앙의 자유

[Ⅰ-1-1] 대법원 1976.4.27 선고 75누249 판결【제적처분취소 청구】

[사실관계]

(1) 甲들은 대한예수교장로회 부산노회(고려신학파) 소속 교회에 교적을 둔 김해여자고등학교의 학생들이며 乙은 김해여고 교장이다. 甲들은 1973.9.18. 학교 전교학생(약 900여 명)의 합동교련교육지도 시간 중, 국기에 대한 경례의 구령에 대하여, 국기는 사람이 만든 물체로서 비인격체이므로 국기에 대하여 경례를 함은 우상을 숭배하는 것이 된다는 이유로 국기에 대한 경례를 거부하였다.

(2) 乙은 甲들로 하여금 다른 학생들과 같이 국기에 대한 경례를 하도록 교육적으로 지도하여 보았지만 끝내 이에 불응하므로, 甲들의 국기에 대한 경례의 거부를 학생생활지도규정 제31조 제1항 소정의 "본교교육방침에 위배되는 행위"로 보고, 1973.10.1. 甲들에게 제적의 징계처분을 하였다.

(3) 이에 甲들은 乙을 상대로 제적처분취소 소송을 제기하였으나 원심에서 패소하여 상고하였다.

[쟁점]

(1) 甲들이 국기에 대한 경례를 거부하고 있는 것은 국기에 대한 존경과 나라를 사랑하는 마음이 다른 학생보다 부족한 때문이 아니고 종교상의 신념에 충실하려는 의도이며, 다만 국기예절에 관한 방법론에 이의를 제기하려는 것이 부작위에 의한 거부동작으로 표현되었을 뿐이다. 그러므로 이러한 행동을 학생생활지도 규정 제31조 제1항 소정의 "교육방침에 위배되는 행위"에 해당되는 것이라고 할 수 있는가?

(2) 국기도 사람이 만든 물체이므로 국기에 대하여 경례를 함은 비인격체인 물체에 대하여 경례를 함과 같고, 이는 甲들이 신봉하는 교리상 금지된 우상숭배에 해당되는 것이므로 甲들은 그 계명을 어길 수 없다는 순수한 종교적인 신앙양심에서 국기에 대한 경례를 할 수 없다는 것인데, 乙이 이를 징계사유로 하여 甲들에게 제적처분을 함은 헌법 제16조에서 보장한 종교의 자유를 침해하는 것이 되고, 또, 甲들은 결국 신앙에 의하여 차별대우를 받은 것이므로 헌법 제9조에 의한 평등의 원칙에도 반하는 것인가?

(3) 甲들의 행위가 잘못되었다 하더라도 교육기관인 乙로서는 甲들을 선도하도록 노력하여야 할 것이고, 그래도 고쳐지지 않을 경우에는 우선 정학과 같은 가벼운 처분을 함이 타당함에도 불구하고, 乙은 불과 10여 일의 수고 끝에 甲 등에 대한 선도 교육을 포기하고, 가장 가혹한 제적조치를 취하였는데 이 제적처분은 乙이 학교장으로서의 재량권을 일탈하여서 한 위법한 처분인가?

[판결요지]

(1) **국기에 대한 경례** 김해여자고등학교는 1950.5.16.자 총제430호에 의한 「국무총리의 국기에 대한 경례통첩」과 이에 의한 문교부의 「국기에 대한 예절에 관한 지시」 및 1973년도 「고등학교 학생교련교육지침서」에 따라 국기에 대한 예절은 "국기에 대한 경례"의 구령으로 시작되어 경례방법은 제복 제모를 착용한 학생들은 거수경례를 하도록 되어 있는데 학생인 甲들이 국기에 대한 경례를 거부한 것은 국기예절에 관한 학교교육방침에 위배되는 행위라고 봄이 상당하다.

(2) **경례 거부와 종교의 자유** 乙의 징계처분은 甲들의 신앙양심, 즉 우상을 숭배하여서는 아니 된다는 종교적인 신념을 그 처분의 대상으로 삼은 것이 아니고 나라의 상징인 국기의 존엄성에 대한 경례를 우상숭배로 단정하고 그 경례를 거부한 甲들의 행위 자체를 처분의 대상으로 한 것이므로 헌법이 보장하고 있는 종교의 자유가 침해되었다고 할 수 없고, 甲들은 학교의 학칙을 준수하고 교내질서를 유지할 임무가 있으므로 종교의 자유 역시 재학하는 학교의 학칙과 교내질서를 해치지 아니하는 범위 내에서 보장되는 것이므로 甲들이 그 임무를 저버림으로써 징계처분을 받음으로 종교의 자유가 침해된 결과를 초래하였다 하더라도 이를 감수할 수밖에 없다.

(3) **징계와 재량권 일탈** 甲들의 국기에 대한 경례를 거부한 행위로 말미암아 다른 학생들의 국기에 대한 경건한 마음을 상하게 하여 학교질서에 혼란을 가져올 염려가 있어 학교장인 乙로서는 묵과할 수 없는 문제이며, 乙은 전 교직원들로 하여금 수차례에 걸친 가정방문을 통하여 또는 다른 교회의 목사를 초빙하여 설교를 하게 하는 등으로 甲들의 잘못된 행위를 바로잡아 구제하고자 지도교육을 하여 본 끝에 부득이 제적처분을 하기에 이른 점에서 乙이 학교장으로서 그 재량권을 일탈한 위법한 처분이라고 보이지 아니한다.

[해설 및 검토]

가. 판결의 배경

이 사건은 고등학교 재학 중인 학생이 종교상의 이유로 전교생이 모인 학교 행사에서 우리나라 국기인 태극기에 대한 경례를 거부하여 퇴학을 당함으로써 발생한 것이다. 이 사안의 핵심은 종교, 특히 기독교 교리상 창조주인 하나님만을 경배하고 생명체나 인격체가 아닌 국기에 대해서는 경배(경례)하는 것은 우상숭배에 해당한다는 믿음에 기초하여 국기에 대한 경례의 거부를 한 것에 대해 징계하는 것이 종교의 자유를 침해하는가이다. 판례의 핵심취지는 "학생들의 신앙양심, 즉 우상을 숭배하여서는 아니 된다는 종교적인 신념을 그 처분의 대상으로 삼은 것이 아니고 나라의 상징인 국기의 존엄성에 대한 경례를 우상숭배로 단정하고 그 경례를 거부한 甲들의 행위 자체를 처분의 대상으로 한 것이므로 헌법이 보장하고 있는 종교의 자유가 침해되었다고 할 수 없다"고 보고 있다.

학생들의 국기배례 거부가 문제되었던 당시는 유신체제가 출범하면서 사회 전체를 거대한 군사조직으로 재편하고 고등학교까지 전시체제를 대비하기 위해 교련이라는 방식으로 군사훈련을 시키던 때에 발생한 사안이다. 이러한 공포분위기 속에서 어린 여학생들이 벌인 국기배례 거부는 마치 일제강점기 때 신사참배 거부로 인해 한국교회가 겪었던 고난의 역사를 다시 재현하는 것이 아닌가 할 정도로 교계의 주목을 받았다.5)

나. 국기 관련 규정

(1) 연혁

1948년 대한민국 정부 수립 직후 국가체제를 확립하기 위한 목적에서 국기에 대한 경례 및 맹세를 강화하자 봉일천초등학교 학생들의 국기경례 거부사태가 발생하였다.6) 이에 당시 감리교 신자이던 이승만 대통령의 지시에 의해 국기에 대한 경례 대신에 국기에 대한 주목으로 대체되었다.7) 그러나 1972년 유신발발에 즈음하여 국기에 대한 경례가 다시 강화되었고8) 동시에 국기에 대한 맹세 교육이 실시되었으며,9) 1976년 「국기에 대한 경례 시행 요령」10)이 제정되면서 국기에 대한 경례방법이 현행과 같이 통일되었다.

(2) 국기법

국기에 대해서는 「대한민국국기법」과 동법시행령 그리고 국기규정이 있고 국기모욕에 대해서는 형법의 국기모독죄에 관한 규정이 적용된다. 국기에 대한 경례에 대해서 국기법 제6조는 "국기에 대한 경례를 하는 때에는 선 채로 국기를 향하여 오른손을 펴서 왼편 가슴에 대고 국기를 주목하거나 거수경례를 한다. 그 밖에 국기에 대한 경례방법 및 절차 등에 관하여 필요한 사항은 대통령령으로 정한다"로 정하고 있다.

---

5) 『한겨레21』 2006년 1월 10일 발간 표지 제목 "국기배례와 국기맹세 관련 집중 취재" 참조.
6) 당시의 상황에 대해서는 송기춘, 「미 군정기 및 대한민국 건국 초기의 종교 관련 제도의 정립과 관련한 헌법적 논의」, 『법과 사회』, 제24호, 2003.6, 175면 이하.
7) 1950.5.16.자 총제430호 「국무총리의 국기에 대한 경례 통첩」과 문교부의 「국기에 대한 예절에 관한 지시」.
8) 1972.7.22.자 문교부의 「국기에 대한 예절 및 국민의례교육 철저」(문교장학 1011-645).
9) 문교부 장학 1011-688.
10) 의정 131-1360.

국기법시행령 제3조는 국기에 대한 경례방법으로는, "1. 제복을 입지 아니한 국민은 국기를 향하여 오른손을 펴서 왼쪽 가슴에 대고 국기를 주목(注目)한다. 2. 제복을 입지 아니한 국민 중 모자를 쓴 국민은 국기를 향하여 오른손으로 모자를 벗어 왼쪽 가슴에 대고 국기를 주목한다. 다만, 모자를 벗기 곤란한 경우에는 제1호의 방법에 따를 수 있다. 3. 제복을 입은 국민은 국기를 향하여 거수경례(擧手敬禮)를 한다." 3가지로 정하고 있다.

나아가 국기에 대한 맹세에 대해서 동시행령 제4조는 "① 국기에 대한 경례를 하는 때에는 다음의 맹세문을 낭송하되, 애국가를 연주하는 경우에는 낭송하지 아니한다. "나는 자랑스러운 태극기 앞에 자유롭고 정의로운 대한민국의 무궁한 영광을 위하여 충성을 다할 것을 굳게 다짐합니다." ② 제1항의 맹세문 낭송은 녹음물·영상물 등 시청각 자료를 활용하여 실시할 수 있다"고 규정하고 있다.

(3) 국기의 의미

대한민국 국기는 태극기로서 국가를 상징하고 국민을 하나로 통일하는 공식적인 표장이다. 국기는 대내적으로는 국민에게 일체감으로 조성하는 역할을 하고 대외적으로는 국제사회에서 특정국가의 이미지를 각인시키는 역할을 한다. 이에 따라 어느 국가든지 국기를 가지고 있고 국기에 대한 경의를 표하는 방법을 정하고 있다.

다. 외국의 사례

국기에 대한 경례가 종교의 자유와 관련해서 문제가 되었던 가장 고전적인 케이스는 미국 연방대법원의 Gobitis 사건[11]이다. 당시 미국의 국기에 대한 경례의식은 현재 우리와 같이 오른손을 가슴에 얹고 국기에 주목하는 것으로서 맹세문[12]이 낭독되었다. 여호와의 증인 신도였던 Gobitis는 아이들에게 하나님의 말씀으로서 성경은 최고의 권위인데 국기에 대한 경례의식은 성경의 계명에 의해 금지된다고 가르쳤다. 이에 따라 Minersville 공립학교에 재학 중이던 12세인 Gobitis 남매는 학교 행사 중의 국기에 대한 경계를 거부함으로써 학교에서 제적되었다.

---

11) Minersville School District v. Gobitis, 310 U.S. 586(1940).
12) I pledge allegiance to the Flag of the United States of America and to the Republic for which it stands; one Nation, invisible, with liberty and justice for all.

Gobitis 사건에서 미국 연방대법원은 국기에 대한 경례는 합헌이라고 판시하였다. 그 논거로는 국기는 국민적 일체성을 상징하는 표장인데 국민적 일체성은 국가안전의 토대이므로 미국 정부는 국민적 일체성의 달성을 위한 적당한 수단을 선택할 권한을 가지며, 국민적 일체성을 위한 강제적 조치들은 합헌이라는 것이다.[13]

그러나 3년 후 Barnette 사건[14]에서 연방대법원은 Gobitis의 '국민적 일체성'이라는 가치에 제동을 걸었다. 즉 "국기에 대한 경례와 맹세를 강제하는 주정부의 행위는 모든 공적 통제로부터 보존될, 헌법 수정 제1조의 지성(intellect)과 정신(spirit)의 영역을 침해함으로써 헌법적 한계들을 유월하였다"고 판시하였다. 즉 미국 헌법의 최고의 가치는 국민에게 지적 또는 영적으로 다양해질 자유, 즉 '다를 자유(freedom to differ)'를 보장하는 것인데 애국심의 고취도 강제적인 방법이 아닌 이러한 다양성을 통해 충분히 달성될 수 있다고 본 것이다. 이후의 미국 판례들은 "국기에 대한 충성 맹세가 진행되는 동안 서 있기를 거부하는 것은 헌법적으로 보호받는 종교적·정치적 표현이다",[15] "종교적 이유로 국기에 대한 경례가 진행되는 동안 서 있기를 거부하거나 교실을 떠나는 것은 헌법적으로 보호받는다"[16]라고 판시함으로써 Barnette의 원칙을 따르고 있다.

라. 사례의 검토

(1) 판결의 문제점

이 판결은 두 가지 점에서 문제된다. 첫째, 우상을 숭배해서는 아니 된다는 종교적 신념을 처분 대상으로 하는 것이 아니고 국기에 대한 존엄성에 대한 경례를 우상숭배로 단정하고 그 경례를 거부하는 행위 자체를 처분의 대상으로 한 것이므로 종교의 자유가 침해되었다고 할 수 없다는 부분이다. 둘째, 국기에 대한 경례 거부를 이유로 퇴학 처분한 것이 학교장의 재량권을 일탈한 위법한 처분이 아니라는 점이다.

종교의 자유에는 종교적 양심 또는 신념의 자유, 종교행사 참여의 자유, 선교의 자유 등 다양하게 나타난다. 그런데 종교적 신념 또는 양심은 그것이 인간의 내심에 머무르는 한 제한할 수

---

13) N. Dorsen, P. Bender, B. Neuborne, Political and Civil Rights in the United States, 4th ed., V. Ⅰ, Boston, Toronto, Little, Brown and Company, 1976, p.1008.
14) West Virginia State Board of Education v. Barnette, 319 U.S. 624(1943).
15) Banks v. Board of Public Instruction, 314 F. Supp. 285(S. D. Fla. 1970); 401 U.S. 988(1971).
16) Frain v. Barron, 307 F. Supp. 27(E.D.N.Y. 1969); Matter of Lewis v. Allen, 5 Misc. 2d 68, 159 N.Y.S.2d 807(Sup. Ct. albany Co. 1957).

없는 절대적 자유에 해당하기 때문에 상관없지만 종교적 신념이 외부로 표출되었을 때, 그리고 그것이 국가의 법과 충돌될 경우 종교의 자유의 침해가 문제된다. 따라서 판례가 종교적 신념을 그 처분대상으로 한 것이 아니고 외부로 표출된 국기에 대한 거부를 처분의 대상으로 한 것이므로 종교의 자유가 침해되지 않았다고 하는 것은 잘못된 것이다. 이 점은 앞에서 본 미국 연방대법원의 판례에서도 본 바와 같다.

종교의 자유도 절대적인 자유가 아니라 국가안보, 공공복리 또는 질서유지를 위해 법에 의해 제한될 수 있으며 그 권리의 본질적인 내용을 침해할 수 없다. 문제는 국기에 대한 경례를 우상숭배로 보고 거부하는 행위가 신앙의 자유의 본질적인 내용인가, 또한 국가의 상징이며 국민적 일체감의 표현인 국기에 대한 경례의 거부가 국가안보 또는 질서유지에 배치될 것인가 하는 점이다.

(2) 기독교와 우상숭배

우선, 국기에 대한 경례가 우상숭배에 해당하여 기독교인으로서는 도저히 양보할 수 없는 신앙의 핵심에 속하는가 하는 점을 검토하기로 한다. 이에 대해서는 기독교 내에서도 교리에 따라 서로 다른 입장을 취하고 있는 것으로 보인다. 즉 국기에 대한 경례는 국가행사이고 국민의 당연한 의무이므로 기독교 교리상 문제가 되지 않는다는 입장이 있다. 이에 대해 보수 교단 중에는 방법에 따라 국기에 대한 경례가 우상숭배가 될 수 있다고 보고 있다. 이 사례에서 학생들이 소속하고 있는 고신파가 그 대표적인 교파로서 이들은 일제강점기 때 갖은 고초를 겪으면서도 신사참배를 거부한 것으로 유명하다.

문제는 기독교에서 말하는 이른바 '우상'이 무엇인가, 또 우상숭배가 왜 그렇게 기독교에서 논쟁거리가 되는가이다. 우상숭배를 금지하는 직접적인 규정은 구약성경 출애굽기의 "너를 위하여 새긴 우상을 만들지 말고 또 위로 하늘에 있는 것이나 아래로 땅에 있는 것이나 땅 아래 물속에 있는 것의 아무 형상이든지 만들지 말며 그것들에게 절하지 말며 그것들을 섬기지 말라"는 규정에서 직접 유래한다.17) 결국 우상이란 우리 눈에 보이지 않는 존재인 하나님을 눈에 보이는 그 무엇으로 대체하여 그것을 섬기는 것을 말한다. 그러면 국기가 이러한 우상이 될 수 있는가? 단순히 국기에 대해 경례 또는 주목하는 것만으로 국기가 우상이 될 수 있는가.

---

17) 출애굽기 20:4~5.

우상이라고 하면 사람의 손으로 새긴 신상 등을 연상하지만 보다 깊이 신학적으로 고찰해보면 주권자 되시는 하나님을 대신하는 모든 것이 우상이 될 수 있다. 가령 돈이 우리를 복줄 수 있다고 생각하고 돈을 하나님보다 더 중히 여기면 돈이 우상이 되는 것이다. 그러한 의미에서 국기에 대해 가슴에 손을 얹고 주목하는 대부분의 기독교인들이, 국기는 나라를 상징하는 것으로서 국기를 쳐다보면서 나라 사랑의 각오를 다지는 것이라면, 국기를 하나님을 대체하는 그 무엇으로 섬긴다고 볼 수는 없으며 국기가 우상이 된다고 볼 수는 없다. 문제는 국기에 대한 경례와 동시에 방송되는 국기에 대한 맹세이다. 이에 관해서는 따로 살펴보기로 한다.

(3) 국기경례의 강요와 종교자유 침해

문제는 소수이기는 하지만 국기경례를 우상숭배로 보고 이를 거부하는 사람들이 있는데 이들에 대해서도 국기경례를 강요할 수 있는가 하는 점이다. 국기법은 국기에 대한 경례의 방법을 정하고 있을 뿐 경례를 거부한 경우 처벌규정을 두고 있지 않고 다만 국기를 모욕한 경우 형법에 의해 처벌할 수 있을 뿐이다. 그런데 다음의 사례 [Ⅰ-1-2]에서 보듯이 종교적 양심을 지키기 위해 경례를 거부한 경우를 곧바로 국기모욕의 목적으로 인정할 수는 없으므로 이를 이유로 형사처벌은 할 수 없고 또 국기모욕죄가 적용된 사례도 현재까지는 거의 없다.

다만 경례 거부자가 이 사례에서와 같이 학생이거나 군인과 같은 특정 신분적 이유로 징계 등의 불이익을 받을 경우가 문제이다. 이 점에 대해서는 미국의 **Barnette** 사건에서와 같이 '다를 수 있는 권리'를 인정할 필요가 있다.[18) 이는 국기에 대한 경례 거부가 병역 거부와는 달리 국가안보나 질서유지에 직접 위협이 된다고 보기 어렵기 때문이다.

이 사례는 당시 유신시대에 국가지상주의의 사회 분위기 속에서 나온 판결이지만 오늘날에 와서도 이러한 판결의 입장이 그대로 유지될지는 의문이다.[19) 국민을 대표하는 국회의원 중에도 종북주의자들은 태극기를 부인하고 공공연히 경례를 거부하고 있지 않은가?

---

18) 국가인권위원회, 「양심·종교의 자유를 침해하는 법령과 관행의 개선에 관한 연구」, 2004년도 국가인권위원회 연구용역보고서, 2004.8.26, 62면.
19) 황준성·박재윤·정일환·문성모·신지수, 「'종교교육의 자유'의 법리 및 관련 법령·판례 분석」, 『교육법학연구』, 제19권 2호, 2007, 197면.

마. 국기에 대한 맹세

(1) 배경

이 사례에서 직접 문제되지는 않았지만 국기법에 규정된 국기에 대한 맹세를 강요하는 것이 종교의 자유를 침해하는 것이 아닌가 하는 의문이 있다. 국기에 대한 맹세는 1968년 충청남도 교육위원회에서 제정해 산하 초·중·고등학교에서 시행하면서 시작됐다고 하며 유신체제가 공고해지던 1972년 당시 문교부가 시·도 교육위원회에 국기에 대한 맹세 교육 실시 계획을 시달하면서 전국으로 확대되었다.[20] 당시의 맹세문은 '나는 자랑스러운 태극기 앞에 조국과 민족의 무궁한 영광을 위하여 몸과 마음을 바쳐 충성을 다할 것을 굳게 다짐합니다'로 되어 있었다.

(2) 미국의 사례

국기나 국가에 대한 충성맹세는 다른 나라에도 그 사례를 찾아볼 수 있다. 미국의 '충성의 맹세(Pledge of allegiance)'는 1892년 침례교 목사에 의해 만들어졌는데 각 주에 따라 실시 여부와 회수가 다르지만, 공립학교에 다니는 대부분의 학생들은 맹세문을 암송한다고 한다. 맹세문은 '나는 미합중국 국기와 그 국기가 상징하는, 나누어질 수 없으며 모든 사람에게 자유와 정의를 베푸는, 하나님의 보호 아래에 있는 공화국에 충성을 맹세합니다'로 되어 있다. 그런데 앞에서 본 Barnette 사건에서 1942년 웨스트버지니아 주 교육위원회가 공립·사립학교에 '국기에 대한 맹세'를 강제하는 결의안을 채택하고 맹세에 참여하지 않는 학생들에게 퇴학 처분을 내리고 맹세를 하지 않는 한 재입학을 불허하자 연방대법원은 "특정 신념을 언어 또는 행동으로 고백하도록 시민에게 강제할 수 없다"며 이 조처가 연방헌법에 위배된다고 판결했다.[21]

(3) 국기에 대한 맹세와 종교자유

국기에 대해 왼쪽 가슴에 손을 얹고 주목하는 방식의 현행 경례방법은 앞에서 본 대로 대부분의 기독교 신자들에게는 우상숭배가 되지 않는다고 하겠다. 그런데 국기에 대한 경례와 동시에

---

20) 『한겨레21』 2006.1.10의 취재에 따르면 국기에 대한 맹세가 어떠한 과정을 통해 제정되고 시행되었는지에 대한 공식적인 자료는 남아 있지 않다고 한다.
21) 다만 유럽에서는 전 국민이 외우고 있는 맹세문이 없을뿐더러 학교에서 국기·국가 교육을 받지 않는 경우가 대부분이어서 이런 논란조차 찾아보기 힘들다. 국가 가사를 모르는 사람도 허다하다고 한다.

방송되는 맹세문은 동일한 맹세를 모두에게 강요한다는 점에서 종교자유의 침해 여지가 더 크다고 본다. 비록 현행 맹세문에는 초기의 맹세문에 있는 '몸과 마음을 바쳐'라는 전체주의적인 색채를 띠는 문구를 삭제하였다고는 하나 '충성을 다할 것을 다짐한다'는 부분이 문제된다.

앞에서 본 대로 기독교 신앙의 핵심은 전능하사 천지를 창조하신 하나님에 대한 믿음이다.[22] 따라서 하나님 한 분 이외에는 국가이든 사람이든 모든 것은 피조물에 지나지 않기 때문에 오직 하나님에 대해서만 우리의 마음과 목숨과 뜻과 성품을 다해 섬기고 충성하도록 요구한다.[23] 물론 하나님에 대한 충성이 국가에 대한 충성과 양립할 수 없는 것은 아니다. 기독교 신자도 국민이고 국가가 안전해야 신앙의 자유도 지킬 수 있다는 점에서 기독교 신자도 당연히 국가에 충성하고 또 국가가 위기에 빠졌을 때 전쟁에 나가 나라를 지키는 국방의 의무를 다해야 한다. 그러나 국가에 대해 충성을 '다하라'는 맹세의 문구는 하나님을 국가 다음에 두라는 의미가 은연중에 스며 있으며 이는 기독교 신앙의 핵심을 건드리는 것으로서 기독교인의 종교의 자유를 침해한다고 생각한다.[24] 따라서 국기에 대한 현행 맹세문은 '충성할 것을 다짐한다'로 고치는 것이 바람직스럽다고 본다.

---

22) 전 세계 기독교(가톨릭, 개혁교) 신자들의 공통적인 신앙고백인 사도신경은 "전능하사 천지를 만드신 하나님"을 믿는 것으로 시작한다.

23) **신명기 10:12** 이스라엘아 네 하나님 여호와께서 네게 요구하시는 것이 무엇이냐 곧 네 하나님 여호와를 경외하여 그 모든 도를 행하고 그를 사랑하며 마음을 다하고 성품을 다하여 네 하나님 여호와를 섬기고
   마태복음 22:37~38 예수께서 가라사대 네 마음을 다하고 목숨을 다하고 뜻을 다하여 주 너의 하나님을 사랑하라 하셨으니 이것이 크고 첫째 되는 계명이요
   누가복음 10:27 대답하여 가로되 네 마음을 다하며 목숨을 다하며 힘을 다하며 뜻을 다하여 주 너의 하나님을 사랑하고 또한 네 이웃을 네 몸과 같이 사랑하라 하였나이다.
   디모데전서 6:15~16 기약이 이르면 하나님이 그의 나타나심을 보이시리니 하나님은 복되시고 홀로 한 분이신 능하신 자이며 만왕의 왕이시며 만주의 주시오 오직 그에게만 죽지 아니함이 있고 가까이 가지 못할 빛에 거하시고 아무 사람도 보지 못하였고 또 볼 수 없는 자시니 그에게 존귀와 영원한 능력을 돌릴지어다 아멘.

24) 송기춘, 「종교 관련 제도의 헌법적 문제점과 그 개선방향」, 『헌법학연구』, 12권 5호, 2006.12. 참조.

[Ⅰ-1-2] 대법원 1975.5.13 선고 74도2183 판결【국기비기】

[피고] (1) 백영침 목사 (2) 강태호
[주문] 상고를 기각한다.
[이유]

(1) 청주지방검찰청 검사 조백규의 상고에 대하여 판단한다. 원심이 유지한 1심 판결 이유에 의하면, 원심은 피고인 강태호(집사)가 주일학교 학생들에게 우상에게 절(bow down)하지 말고 섬기지 말라는 성경 구절을 설명함에 있어, 국기는 생명체나 인격체가 아니니 국기에 대하여 절을 해서는 안 된다는 취지의 말을 한 사실이 있고 이것이 문제되자 피고인 백영침은 목사로서의 입장을 해명하기 위하여, 국기는 국가의 표상이고 만민의 상징이므로 국기를 사랑하는 마음을 존중하여야 하지만 성경의 교리상 국기에 대하여 절을 해서는 안 되고, 다만 국기를 존중하는 의미에서 가슴에 손을 얹고 주목하는 방법으로 경의를 표할 수 있다는 취지의 말을 한 사실이 있다고 판시하였다.

(2) 나아가 원심은 피고인들이 다 같이 국기에 대한 존중과 경의의 표시방법으로 마음을 주목하는 것을 받아들이는 이상, 그들의 교리상 국기에 대하여 절을 해서는 안 된다는 말을 했다 해서 바로 피고인들에게 국기를 비기할 고의나 국가를 모독할 목적이 있었다고 볼 수 없다는 취지로 판시하고 있다. 검찰 측이 내세운 증인 김태환, 구영식, 황덕괴는 경찰검찰에서 공소사실에 일부 부합하는 진술을 하였고, 그 밖에 증인도 피고인들이 허리를 굽혀 절하는 것은 성경의 교리에 반한다고 설교 내지 설명하였다는 취지로 증언하고 있음이 분명하므로, 원판결에 채증법칙을 위배한 위법이 있다는 검찰의 주장은 이유 없다.

(3) 사실이 이러하다면 전행 1950.5.17.자 국무총리의 국기에 대한 경례 방법통첩(통첩 제430호)에 "국기에 대한 예는 게양할 때에는 주목으로 하고, 이미 게양되어 있는 국기에 대하여는 종래의 배계를 폐지하고 오른손을 왼쪽 가슴 위에 두었다가 본 자세로 복귀한다"라고 되어 있으니, 피고인들의 이러한 소행이 비기에 해당한다고 말할 수도 없다. 따라서 상고는 이유 없으므로 이를 기각하기로 하여 관여법관의 일치된 의견으로 주문과 같이 판결한다.

[해설 및 검토]

가. 판결의 의미

이 사건은 국기모욕에 관한 형사사건으로서는 유일한 사례가 아닌가 한다. 이 사건도 앞의 사건처럼 유신독재가 그 정점을 향해가던 시기에 발생하였다. 당시 충북 제천의 남천교회 주일학교 학생들의 집단 국기경례 거부가 발생하자 학교 내부 문제에서 그치지 않고 국가통합을 저해하는 사범으로서 경찰과 검찰의 수사가 진행되는 등 대규모 사건으로 비화하였다. 수사결과 학생들의 국기경례 거부는 주일학교 교사와 담임목사의 가르침에 따른 것으로 판명이 나서 이들이 구속되고 급기야 국기비기죄(현행 국기모욕죄)로 기소되었다.

이들에게 적용된 형법 제105조(국기, 국장의 모독)는 "대한민국을 모욕할 목적으로 국기 또는 국장을 손상, 제거 또는 오욕한 자는 5년 이하의 징역이나 금고, 10년 이하의 자격정지 또는 700만 원 이하의 벌금에 처한다"고 규정하고 제106조(국기, 국장의 비방)는 "전조의 목적으로 국기 또는 국장을 비방한 자는 1년 이하의 징역이나 금고, 5년 이하의 자격정지 또는 200만 원 이하의 벌금에 처한다"라고 규정하고 있다. 형법상 국기에 관한 죄는 대한민국을 모욕할 목적으로 대한민국을 상징하는 국기 또는 국장을 모욕하거나 비방하는 행위를 처벌하려는 것이다.

나. 사례의 검토

이 사안에서 피고인들에게 국기모욕죄를 적용하는 데에는 다음과 같은 두 가지가 문제된다. 첫째, 국기모욕죄가 목적범이라는 사실이다. 목적범이라고 함은 단지 국기를 손상하거나 오욕하는 것만으로는 부족하고 대한민국을 모욕할 목적으로 그러한 행위를 하였을 때에만 범죄가 성립한다. 즉 그냥 국기를 모욕하는 '고의'가 있는 것으로는 부족하고 나아가 대한민국을 부인하고 모욕할 주관적 동기인 '목적'이 있어야 된다는 뜻이다. 그리고 이러한 목적이 있음은 기소권자인 검사가 입증해야 한다. 가령 요즘음 문제가 되는 종북주의자들의 국기경례 거부가 바로 이에 해당한다. 왜냐하면 이들이 태극기에 대한 경례를 거부하는 것은 대한민국의 정체성을 부인하고 이를 비하할 목적에서 나온 것이기 때문이다.[25] 그런데 이 사례에서는 증인심문에서도 나타났듯이 피고인들이 국기경례를 하지 않도록 가르친 것은 우리나라를 모욕할 목적에서라기보다는 피조물인 국기에 경례하는 것이 하나님만을 섬기라는 성경의 가르침에 위배된다고 보기 때문이다. 따라서 이들에게 국기모욕죄를 적용하는 것은 애초부터 무리이며 판결은 이러한 취지를 잘 보여주고 있다.

둘째, 국기모욕죄는 국기를 적극적으로 훼손하거나 더럽히거나 오욕해야 성립한다. 그런데 당시의 국기에 관한 규정[26]에는 가슴에 손을 얹고 주목하도록 되어 있음에도 불구하고 학생들에게 허리를 굽혀 절을 하도록 강요하고 이를 거부한 것에 지나지 않기 때문에 이러한 행위를 국기에 대한 오욕으로 볼 수 없다. 이 판결은 이 점도 분명히 하였다.[27]

---

25) 그럼에도 불구하고 이들을 형사처벌하지 않는 것은 대한민국의 법질서가 얼마나 무력한가를 보여주는 사례라고 하겠다.

26) 1950.5.16.자 총제430호 「국무총리의 국기에 대한 경례통첩」과 이에 의한 문교부의 「국기에 대한 예절에 관한 지시」.

27) 이 사례에서 피고인들이 소속한 교단의 교인이었던 당시 서울법대학장 김증한 교수가 자유당 정부 때 국기에 대한 주목이 나오게 된 문건 등을 조사하여 재판부에 제출함으로써 이러한 판결이 나오게 되었다고 한다.

[참고자료]

당시 제천교회가 속하였던 「대한예수교 장로회 한국총공회」에서 산하 각 지교회의 교인들에게 국기에 대해 기독교 신도들이 지켜야 할 기준으로 만들었던 자료이다.[28]

국기에 대하여

우리국기는 우리나라를 표시하는 국가 상징이다

나라를 사랑하는자는 국기도 사랑한다

외국에 갔을때 내나라 국기를 보면 감격의 눈물이 날때도 있다

우리는 국기를 잘 보존해야 하며 달때마다 뜻있게 달아야 하고

볼때마다 우리나라를 생각하는 마음을 다짐해야 한다

그러나 우리 기독인은 국기에 절하는것과 섬기는 일은 제2계명
(출20:5)을 범하는 것인고로 할수없고 주목과 가슴에 손을얹어
국민의 단합과 애국심을 표시한다

(한국 교회의 진정에 의해서 결의됨 1950. 1. 16 국무원령 고
시 제8호 제10항)

어떤 단체 행사의 경우 국기경례 혹은 배례라고 하는 호령에는
순종할수 없고 그때 우리 그리스도인들은 계명 범죄가 안되는
주목과 왼쪽가슴 심장부에 손을얹어 다음과같은 마음가짐을 한
다

믿음을 지키므로 우리나라를 조물주 우리 하나님께 부탁한다

언제 어디서나 우리민족 우리나라를 내정신에 둔다

우리나라에 선한충성을 다하여 자주독립과 세계를 봉사하는 번
영과 강대한 나라가 되기를 바란다

(　　교회　교인용)

---

28) 남천교회는 대한예수교장로회 한국총공회의 지교회이다. 총공회는 백영희 목사의 주도하에 고신파에서 분리한 대표적인 보수 교단으로서 성경대로의 믿음을 현실생활에서 그대로 지키려는 교단이다. "중생한 영은 범죄하지 않는다", "기본구원과 건설구원의 구분" 등 독특한 교리와 청교도적인 엄격한 신앙생활로 유명하다. 총공회의 본산인 부산서부교회는 한때 주일학교 학생이 1만 명이 넘는 세계 최대의 주일학교로 널리 알려져 있다.

[Ⅰ-1-3] 헌법재판소 1996.8.27 96헌마262 국기도안 위헌확인

[사실관계]

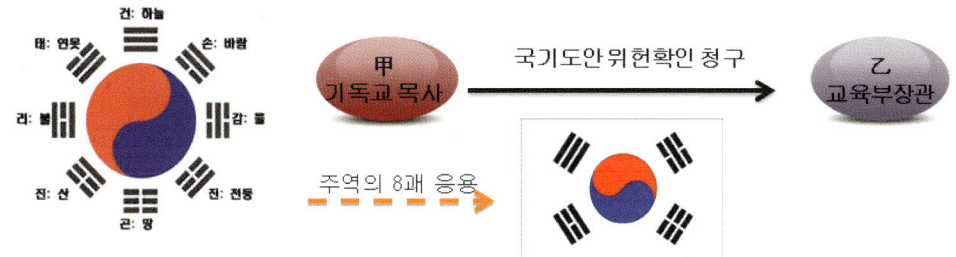

(1) **국기제정 과정** 대한민국의 국기인 태극기의 유래를 살펴보면, 고종이 1883.1.27.(음력) 왕명으로 태극도형과 4괘가 그려진 국기를 공식으로 제정ㆍ발표한 후, 대한민국 정부가 수립되자 정부에서는 이때까지 조금씩 다른 도안으로 사용되어 온 태극기 문양을 통일시키기 위하여 당시 문교부에 사학자, 미술가, 언론인 등 사계 권위자 42명으로 대한민국국기시정위원회를 구성ㆍ설치한 후 전문적인 검토를 거쳐 오늘날과 같은 태극기를 국기로 채택하기로 하고, 1949.10.15. 이를 정식으로 공포하였다.

(2) **심판청구의 요지** 甲은 기독교 목사이고 乙은 교육부 장관이다. 이에 甲은 乙이 주관하여 특정 종교와 관련이 있는 주역의 4괘(건ㆍ곤ㆍ감ㆍ리)를 이용하여 국기를 만든 것은 甲의 헌법상 보장된 종교의 자유를 침해하고 평등의 원칙에 위배되므로 이의 위헌임을 확인하고자 이 헌법소원심판을 청구하였다.

[결정요지]

(1) 헌법재판소법 제68조 제1항 본문에 의하면 공권력의 행사 또는 불행사로 인하여 헌법상 보장된 기본권을 침해받은 자는 헌법재판소에 헌법소원심판을 청구할 수 있다고 규정되어 있고, 같은 법 제69조 제1항 본문에 의하면 제68조 제1항의 규정에 의한 헌법소원의 심판은 그 사유가 있음을 안 날로부터 60일 이내에, 그 사유가 있은 날로부터 180일 이내에 청구하여야 한다고 규정되어 있다.

(2) 그런데 기록에 의하면, 甲이 주장하는 기본권이 침해된 것은 乙이 주관하여 오늘날과 같은 태극기를 국기로 채택하기로 하고 이를 정식으로 공포한 1949.10.15.에 있었다고 보아야 할 것이며, 이처럼 헌법재판소가 발족하기 전에 있었던 기본권침해에 대한 헌법소원의 심판청구기간은 헌법재판소가 구성된 1988.9.19.부터 기산하여야 할 것이다(우리 재판소 1990.10.8 선고, 89헌마89 결정 및 1991.9.16 선고, 89헌마151 결정 참조).

(3) 그렇다면 甲의 이 헌법소원심판청구는 우리 재판소가 구성된 1988.9.19.로부터 기산하여 180일이 훨씬 지난 1996.8.10.에 청구된 것이어서 청구기간이 경과된 후에 제기된 부적법한 것이므로, 헌법재판소법 제72조 제3항 제2호에 따라 각하하기로 한다.

[Ⅰ-1-4] 헌재 2007.9.18 2007헌마953 국조 단군상 조형물철거 부작위 위헌확인

[사실관계]

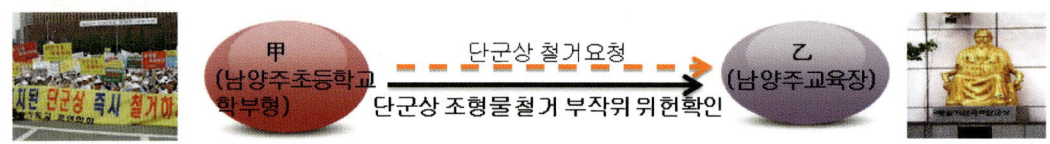

(1) **사건의 개요** 甲은, 아들이 다니는 남양주 ○○초등학교 교정에 설치된 통일기원 국조 단군상이 선불교의 포교를 위하여 조성된 것으로, 국가의 종교적 중립을 규정한 헌법에 위배된다며, 2007.5.22. 그 학교를 감독하는 乙에게 단군상을 철거해줄 것을 신청하였다. 이에 乙은 5.31. 단군상의 철거 여부는 해당 학교장의 권한으로 이를 지시할 수 없다는 취지로 甲에게 회신하였다. 이에 甲은, 단군상이 한문화운동연합(현 홍익문화운동연합)이 기증하여 설치한 것으로 선불교와 관련이 있고, 그들이 경배하는 신상과 동일하므로 이는 특정 종교의 전파를 위한 의도로 설치되었다 할 것이고, 乙이 단군상을 철거해달라는 신청을 받고도 그대로 방치한 부작위는 甲의 종교의 자유와 양심의 자유를 침해한 것이라며, 2007.8.23. 이 헌법소원심판을 제기하였다.

(2) **심판대상 및 관련 규정** 이 사건 심판대상은 단군상을 철거하여 달라는 甲의 신청을 거부하고

아무런 조치를 취하지 아니한 乙의 부작위이다. 경기도 구리남양주교육청은 경기도 교육감의 업무 중 일부를 위임받아 처리하는 하급 교육행정 기관이고 乙은 동 교육청의 교육장이다.

[결정요지]

(1) **먼저 단군상의 철거를 청구할 수 있는 신청권이 있는지 살펴본다.** 지방교육자치에 관한 법률 제37조에 따르면 교육장은 공사립 초등학교의 운영·관리에 관한 지도·감독사무를 위임받아 분장하는 것으로 되어 있을 뿐, 동법이나 동법 시행령 어디에도 乙의 지도·감독에 관하여 어떠한 조치를 신청할 권리를 부여하고 있지 않다. 그렇다면 甲이 乙에게 단군상의 철거를 신청한 사실이 있다 하더라도 이는 법률상 근거에 의하여 권리를 행사한 것이 아니라 乙의 직권발동을 촉구한 것에 지나지 아니한다.

(2) **법률상 甲에게 신청권이 없다 하더라도 乙이 단군상이 철거되도록 조치하여야 할 작위의무가 있는지 살펴본다.** 乙은 공사립 초등학교의 운영·관리에 관한 지도·감독사무를 위임받아 분장하도록 규정되어 있을 뿐, 그 지도·감독사무를 어떻게 집행할 것인지에 관하여 아무런 규정이 없으므로, 지도·감독을 할 것인지 여부와 지도·감독의 구체적인 내용은 乙의 재량에 속하는 것으로 보아야 할 것이다. 즉 학교 교정에 어떠한 조형물을 설치하거나 철거할 것인지 여부는 해당 학교장의 권한에 속하고, 乙은 단군상에 관하여 초등학교의 운영·관리에 관하여 지도·감독이 필요한 사항으로 판단할 경우에 한하여 그에 따른 지도·감독조치를 취할 수 있는 것이다. 그리고 지도·감독이 필요한 사항인지 여부에 대한 판단과 지도·감독의 구체적인 내용은 乙의 재량 범위 내에 속하는 것으로 보아야 한다. 이 사건에서 乙은 교정에 조형물을 설치하거나 철거하는 것은 해당 학교장 권한이라고 회신하였는바, 이는 乙이 단군상을 철거하도록 해당 학교장에게 지도, 감독을 할 필요성이 없다고 판단한 것으로 이해된다. 이 사건에서 乙이 甲의 신청을 받아들이지 않았다고 하여 초등학교의 운영·관리를 위한 지도·감독에 관하여 재량권을 남용하였다고 단정할 수 없고, 달리 乙에게 단군상을 철거하도록 조치를 취하여야 할 법적 의무가 존재한다고 볼 만한 사정도 없다.

(3) **결국 이 사건 헌법소원심판은 작위의무가 인정되지 않는 공권력의 불행사를 대상으로 하는 것이어서 부적법하다.**

2. 종교적 표현의 자유

[Ⅰ-2-1] 서울서부지원 1996.4.19 선고 95카합4745 판결 【출판등금지가처분】

[사실관계]

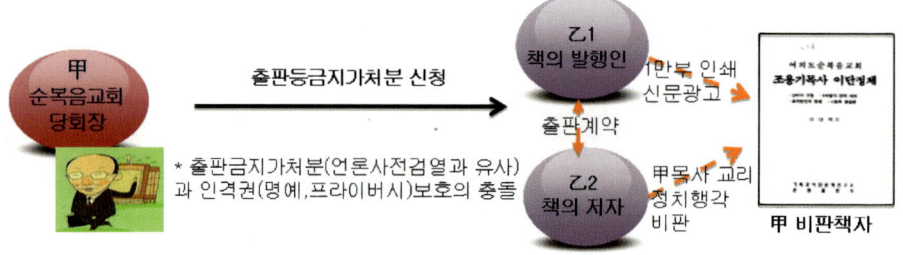

(1) 甲은 순복음교회 당회장이다. 乙2는 자신이 오랫동안 충성을 바친 甲목사가 자신을 제대로 대우하지 않자 앙심을 품고 甲목사의 이단성과 비리를 폭로하기 위해 『목사님 정신 차리소』와 본건 책을 저술하기로 하였다. 乙2는 1993년부터 통합 측 총회 산하 사이비이단문제상담소 등의 협조를 얻어 甲이 저술한 저서와 자료들을 집중적으로 구입하여 연구하였고, 이 과정에서 甲이야말로 한국기독교에 있어서 이른바 '적그리스도의 하수인'이라는 생각을 스스로 굳히게 되었으며, 이 책의 제3장부터 제9장까지의 내용을 집필한 후 출판할 곳을 찾던 중 1995.11.경 'ㅇㅇ 상호'로 출판사를 경영하던 乙1을 만나서 책의 출판계약을 체결하였다.

(2) 乙1은 이 책이 한국에서 지명도와 영향력이 큰 甲, 순복음교회, 『국민일보』의 숨겨진 비밀을 폭로함으로써 책이 많이 팔릴 것이라는 판단에서 출판을 결심하였고, 1995.12.23. 초판 10,000부의 인쇄를 마치고 전국 서점에 배포하기 시작하였으며, 『한국일보』에 1회, 『부산일보』에 2회, 『한겨레신문』에 4회 등 책의 광고를 게재하였다.

(3) 이 책은 머리말, 제1장 甲목사의 삼위일체론 비판, 제2장 甲목사의 시한부 종말론 비판, 제3장 甲목사의 삼박자 구원론 비판, 제4장 甲목사의 금식기도론 비판, 제5장 甲목사의 창조론과 내세론 비판, 제6장 甲목사의 역대정권하에서의 정치적 행각, 제7장 국민일보 비판, 제10장 甲목사에게 보내는 공개질의서로 구성되어 있는데, 제1장부터 제5장까지는 甲의 교리신학적 측면을 비판한 것이고, 제6장부터 제10장까지는 甲의 윤리도덕적 측면을 비판한 것이다. 甲은 인격권 침해를 이유로 이 책의 발행, 출판, 인쇄, 복제, 판매, 배포, 광고를 금지하는 가처분신청을 하였다.

[책자의 내용]

(1) **머리말**: "그렇다면 甲목사는 그리스도교의 사이비가 아닌가? 아니다. 그는 분명히 그리스도 교회사에서 나타나고 있는 전형적인 사이비에 속한다", "甲목사는 한국 개신교계를 거의 전부 장악하고 있다. 우리나라 개신교계에서 가장 큰 비극이다."

(2) **제1장 甲목사의 삼위일체론**: "필자는 1977년부터 기독교 전반에 대해서 연구해오고 있다. 또한 甲목사에 대해서도 적지 않게 연구하였다. 그 결과 甲목사는 사이비가 분명하다고 확신한다(12p).", "……그러나 그의 이러한 표현은 정통 그리스도교로부터 이단으로 정죄된 양태론적 삼위일체론인 것이다(31p)."

(3) **제2장 甲목사의 시한부 종말론**: "甲목사는 교리적으로 사이비가 틀림없다.", "그는 시한부 종말론자임에 분명하다(39~40p).", "고등학교 2년 중퇴 학력의 甲목사는 기독교 사상 최대의 성서주석가라고 칭송받는 존 캘빈조차도 요한계시록 주석만큼은 집필하지 못했던 것을 기억해야 한다(79p)."

(4) **제3장 甲목사의 삼박자 구원론**: "이제까지 살펴본 바와 마찬가지로 甲목사의 삼박자 구원론은 출발점부터가 완전히 잘못되었다. 그릇된 전제에서는 그릇된 결론이 나올 수밖에 없는 법이다. 그래서 그가 삼박자 구원을 주창한 이후로 한국 개신교계의 적지 않은 사람들은 그것을 기복신앙으로 간주하여 무시해오고 있다(90p)."

(5) **제5장 甲목사의 창조론과 내세론**: "甲목사의 창조론과 내세론은 지극히 비성서적이다. 또한 그러한 유의 창조론과 내세론이 한국 개신교계에서 이단으로 낙인찍힌 것은 이미 오래전의

일이다", "甲목사는 그가 하나님께서 우주를 창조하신 방법을 알고 있다는 대단히 무례하고 교만한 주장을 하였다(118p)", "그의 주장들은 그리스도교의 사이비에 포함되지 않을 수 없다. 즉 甲목사는 그리스도교의 사이비임에 분명하다(129p)."

[판결요지]

(1) **종교적 비판의 자유** 우리 헌법 제20조 제1항에서 종교의 자유를 보장하고 있고 이러한 종교의 자유에는 신앙의 자유뿐만 아니라 자신의 종교적 · 교리적 확신에 따라 종교선전을 하고 때로는 이를 위하여 타 종교나 교리를 비판할 자유가 포함된다고 할 것인바, 실제로 1994년 개최되었던 제79회 교단총회 이전에는 甲의 교리에 대하여 사이비성을 문제 삼은 적이 있었다. 또한 甲이 주장하는 순복음신학 및 교리에서도 다른 특정 교회를 "세상과 타협한 간음한 교회", "음녀의 교회", "이는 비윤리적이고 반사회적인 집단으로 한국교회가 하나 되어 이를 막아야 한다"고 단정적으로 규정하고 있다.

(2) **명예훼손과 사실의 적시** 乙2는 이 책에서 甲의 삼위일체론, 시한부 종말론, 삼박자 구원론, 금식기도론, 창조론과 내세론 등 甲이 주장하는 교리에 대한 나름대로의 분석에 근거하여 표현하고 있고, 이에 비추어보면, 乙2인의 분석 및 그 분석의 결과가 사실과 다르다거나 사실을 왜곡하였는가 여부를 과학적으로 입증하기는 불가능하다. 오히려 이러한 종교 · 교리적 분석은 하나의 '의견'에 불과하여 명예훼손이 성립하기 위한 '사실의 적시'라고 보기 어렵다고 할 것이므로, 乙들이 이 책에서 甲을 단정적 · 반복적으로 그리스도교의 사이비라고 표현하고 있다거나 이와 유사한 내용으로 표현한 것만으로는 甲의 인격권 · 명예권이 침해되었다고 볼 수 없다.

(3) **교리적 분쟁과 사법심사의 한계** 우리 헌법은 제20조 제2항에서 국가의 종교적 중립성을 요구하고 있는바, 특정 종교의 이단이나 사이비 여부로 인하여 발생하는 분쟁에 법원이 개입하여 어떠한 특정 종교나 교리가 옳고 이에 대한 비난이 위법하다고 선언할 수는 없다.

[해설 및 검토]

가. 판결의 의미

이 사례는 세계 최대 교회라고 불리는 여의도 순복음교회 조용기 목사에 대한 이단 시비와 역대정권과의 유착관계를 담은 책자를 발간하고 배포하는 것이 명예를 침해한다는 이유로 출판금지 가처분을 인정한 것이다. 이 사례에서 법원은 이 책자의 교리적 부분에 대해서는 종교적 비판의 자유로서 명예훼손의 성립을 부인한 반면, 후반부인 역대정권과의 유착부분에 대해서는 명예훼손을 인정함으로써 결과적으로는 甲의 손을 들어주었다. 즉 교리에 관한 乙들의 이단 주장은 명예훼손죄의 성립에 필요한 '사실의 적시'가 아니라 단순한 '의견의 표시'라는 해석을 함으로써 교리문제에 법원이 개입하는 것을 자제하였다.

나. 종교의 자유와 명예훼손

(1) 종교적 비판의 자유

종교의 자유에는 자신이 믿는 종교를 선전할 권리, 다른 종교 교리를 비판할 권리가 포함된다. 종교적 비판의 자유는 자신이 믿는 교리의 순수성을 지키는 동시에 다른 신자들에게 이단에 빠지지 않도록 경계하기 위해 보장되는 자유이다. 즉 다음의 사례 [Ⅰ-2-4]에서 보는 바와 같이 "다른 종교나 종교집단에 대한 신앙교리 논쟁으로서 같은 종파에 속하는 신자들에게 비판하고자 하는 내용을 알리고 아울러 다른 종파에 속하는 사람들에게도 자신의 신앙교리 내용과 반대종파에 대한 비판의 내용을 알리는 자유"를 의미한다.[29]

그런데 이러한 종교적 비판이 자칫 타인의 명예를 훼손하는 경우가 종종 있다. 이 경우에 명예를 훼손당한 사람은 그로 인한 손해배상을 청구하거나 명예훼손죄로 고소 또는 고발할 수 있게 된다. 이에 따라 종교적 비판, 특히 이단에 대한 비판의 경우 이단들은 이러한 손해배상청구나 고소 고발 등 법적 수단을 자신에 대한 비판을 차단하기 위한 목적으로 적극적으로 이용한다.

---

29) 이충상, 「종교적 비판의 자유-대법원 2010.9.9 선고 2008다84236 판결을 중심으로-」, 『법조』, 2011.6, Vol.567, 248면.

이에 따라 종교적 표현의 자유를 어느 한도에서 보장할 것인가 하는 점이 구체적으로 문제 되지만 법원은 국가의 종교적 중립성을 내세워 이단 여부를 둘러싼 교리 논쟁에 대해서는 개입을 극도로 자제하고 있다.

(2) 손해배상청구

헌법 제21조 제4항은 "언론·출판은 타인의 명예나 권리 또는 공중도덕이나 사회윤리를 침해하여서는 아니 된다. 언론·출판이 타인의 명예나 권리를 침해한 때에는 피해자는 이에 대한 피해의 배상을 청구할 수 있다"고 규정하고 있다. 이 헌법 규정에 따라 민법 제764조는 "타인의 명예를 훼손한 자에 대하여는 법원은 피해자의 청구에 의하여 손해배상에 갈음하거나 손해배상과 함께 명예회복에 적당한 처분을 명할 수 있다"고 규정한다.

손해배상청구로서의 명예훼손이 성립하기 위해서는 ① '구체적 사실의 적시'가 있어야 하며 단순한 '의견'을 개진한 것만으로는 위법성이 없다. ② 명예훼손행위가 있더라도 공공성과 진실성이 있으면 손해배상책임이 없다. 나아가 진실성이 없어 가해자가 이를 증명하지 못하였다고 하더라도 가해자의 목적이 오로지 공공의 이익을 위한 것인 경우 가해자가 그것을 진실이라고 믿었고 또 그렇게 믿을 상당한 이유가 있으면 책임이 없다.

(3) 명예훼손죄

형법상 명예훼손죄에는 사실 적시에 의한 명예훼손, 출판물에 의한 명예훼손, 사자(死者)에 대한 명예훼손의 세 가지 유형이 있다. ① **사실의 적시 또는 허위사실 적시 명예훼손**: 우리 형법은 공연히 사실을 적시하여 또는 사실 적시를 넘어서 허위사실을 적시하여 타인의 명예를 훼손하는 자를 처벌한다. 허위사실 적시 명예훼손행위는 사실 적시 명예훼손행위보다 가중 처벌된다(형법 제307조). ② **출판물에 의한 사실 적시 또는 허위사실 적시 명예훼손**: 명예훼손행위를 함에 있어 사람을 비방할 목적으로 신문, 잡지 또는 라디오 기타 출판물을 이용한 경우에는 그 행위의 파급력이 크기 때문에 일반 명예훼손보다 가중 처벌된다(형법 제309조). ③ **공익목적의 위법성 조각**: 사실 적시 명예훼손행위가 진실한 사실로서 오로지 공공의 이익에 관한 때에는 처벌하지 아니한다(형법 제310조). 헌법상 보장되는 언론의 자유, 표현의 자유와 개인의 명예 보호의 조화를 위하여 중요 부분이 진실과 합치하고, 이를 알리는 주된 목적이 공공의 이익에 관한 것인

때에는 당해 행위가 위법하지 않다고 보면서 사실의 진실성과 공익성에 관하여는 피고인이 증명할 책임이 있다고 보는 것이다. ④ **반의사불벌죄**: 명예훼손죄는 피해자의 명시한 의사에 반하여 공소를 제기할 수 없는 반의사불벌죄이다(형법 제312조 제2항).

(4) 공인과 명예훼손

명예훼손의 책임을 벗어나려면 공익목적이 있어야 하는데 초기 판례는 이를 매우 제한적으로만 인정하였다. 그러나 명예훼손 사건의 대부분이 정치인이나 연예인 또는 스포츠 스타와 같은 공인이 차지하면서 공인(公人)에 대해 적용할 기준과 사인(私人)에 적용할 기준을 달리해야 한다는 비판이 컸다. 이에 따라 헌법재판소는 "신문보도의 명예훼손적 표현의 피해자가 공적 인물인지 아니면 사인인지, 그 표현이 공적인 관심 사안에 관한 것인지 순수한 사적인 영역에 속하는 사안인지의 여부에 따라 헌법적 심사기준에는 차이가 있어야 한다. 객관적으로 국민이 알아야 할 공공성·사회성을 갖춘 사실은 민주제의 토대인 여론형성이나 공개토론에 기여하므로 형사제재로 인하여 이러한 사안의 게재를 주저하게 만들어서는 안 된다"고 판시하였다.30)

한편 대법원도 "그 공적인 존재가 가진 국가사회적 영향력이 크면 클수록 그 존재가 가진 정치적 이념은 국가의 운명에까지 영향을 미치게 되므로 그 존재가 가진 정치적 이념은 더욱 철저히 공개되고 검증되어야 하며, 이에 대한 의문이나 의혹은 그 개연성이 있는 한 광범위하게 문제제기가 허용되어야 하고 공개토론을 받아야 한다"라고 판시하여 공인에 대한 비판에 있어서는 훨씬 관대한 기준이 적용될 것으로 그 입장이 변화하였다.31)

다. 사례의 검토

이 사례는 명예훼손을 이유로 乙 등이 출판하려고 하는 책의 출판금지가처분을 구하는 신청사건이다. 그런데 출판금지가처분은 종교적 비판의 자유를 억제하는 언론의 사전검열과 유사하다는 점에서 그 인정에 신중을 기해야 한다. 판결은 이 책의 명예훼손 여부에 대해 ① 甲목사가 사이비라는 부분(머리말, 제1장 내지 제5장)과 ② 甲목사의 역대정권하에서의 정치적 행각(제6장) 부분을 나누어 판시하고 있다.

---

30) 헌재 1999.6.24. 97헌마265.
31) 대법원 2002.1.22 선고 2000다37524, 37531 판결.

(1) 이단주장 부분

명예훼손이 성립하려면 '구체적 사실의 적시'가 있어야 하며 단지 어떠한 개인적인 의견을 개진한 것만으로는 부족하다. 이 사안에서 법원은 "종교·교리적 분석은 하나의 '의견'에 불과하여 명예훼손이 성립하기 위한 '사실의 적시'라고 보기 어렵다고 할 것이므로, 乙들이 이 사건 책에서 甲을 단정적·반복적으로 그리스도교의 사이비라고 표현하고 있다거나 이와 유사한 내용으로 표현한 것만으로는 신청인의 인격권·명예권이 침해되었다고 볼 수 없다"라고 하여 신청을 기각하였다. 이 점은 교리논쟁과 관련한 이단시비에 대해 국가의 개입을 자제하는 원칙을 제시한 것이라고 하겠다.

(2) 정권과의 유착관계 주장 부분

이 부분은 앞의 교리 비판 부분과는 달리 주로 甲목사의 사실관계 행적을 문제 삼고 있고 그 저술목적도 甲을 상대로 보복을 해야겠다는 생각이었고, 乙1이 이 책을 출판하게 된 주요 동기는 甲의 정치적 행각 비판 부분이 숨겨진 비밀을 폭로함으로써 독자들의 관심을 많이 끌어 책이 많이 팔릴 것이라는 판단이었다고 보고 적시된 내용의 진실성 여부, 乙들이 이 책에 위와 같은 내용을 표현하여 저술·출판하게 된 동기와 의도, 甲의 사회적 지위 등을 고려하여 볼 때 이 책 중 위 부분은 甲의 사회적 평가를 저하시키는 것으로서 그 인격권 중 명예권을 중대하게 침해하였다 판시하였다.

(3) 문제점

乙들은 이 책이 진실한 사실에 근거한 것이고, 甲은 우리나라의 공인(公人)이며 또한 이 사건 책은 우리나라 그리스도교의 보호라는 공공의 이익을 위한 것이므로 위법성이 조각된다고 항변하였지만 받아들여지지 않았다. 결과적으로 이 책은 후반부 부분의 명예훼손을 이유로 그 전부가 출판금지가 됨으로써 결과적으로는 종교적 비판의 자유가 상당부분 훼손되는 결과를 초래하였다. 이와 같이 일부가 명예훼손에 해당한다고 해서 책 전부의 출판이 금지된 것은 문제라고 본다. 이후 공인에 대한 명예훼손기준에 관한 대법원 판결이 변경되었기 때문에 이 판결이 지금도 그대로 유지될지는 의문이다.

[Ⅰ-2-2] 대법원 1996.9.6 선고 96다19246 96다19253 판결 【손해배상(기)】

[사실관계]

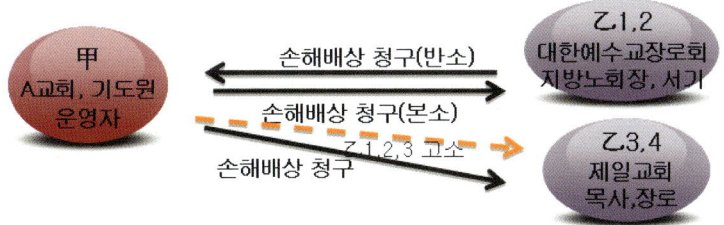

(1) 甲은 경주시 내남면에 있는 A교회와 기도원을 운영하는 자이고, 乙1은 목사로서 경주 및 영천 지역의 대한예수교 장로교회들을 지도, 감독하는 대한예수교 장로회 지방노회의 노회장이며, 乙2는 목사로서 위 노회의 서기이고, 乙3은 경주시 노동동에 있는 제일교회의 목사이며 乙4는 위 제일교회의 장로이다.

(2) 乙1, 2는 1992.3.5.경 교회신도로부터 그의 처가 甲이 운영하는 A기도원 때문에 가출하였으니 A기도원의 실상을 조사하여 적절한 조치를 취해달라는 진정을 접수받게 되자 위 노회 산하의 이단사이비종파 대책위원회를 구성하여 위원회로 하여금 A기도원 등의 운영실태와 피해 사례 등을 조사하기로 하였다. 위원회의 조사 결과 甲은 목사, 전도사 등의 자격이 없는 자로서 1986년경 남편인 B와 함께 A교회와 기도원을 지었는데, 그 당시에는 기도원 등 건물의 신축공사 대금도 제대로 지급하지 못하는 등 별다른 재산이 없었으나, 기도원을 운영하면서 상당한 부를 축적하여 현재 B명의로 20여 필지의 토지와 아파트, 고가의 승용차 2대를 소유하고 있다는 사실을 알게 되었다.

(3) 또한 甲은 기도원 등을 운영하면서 헌금 능력이 없는 신도를 기도원에서 쫓아내고, 설교를 하면서 거북이를 갖다 놓고 거북이 입 다물기 전에 헌금을 하라고 말하였으며, A기도원의 신앙생활 때문에 가정에 불화가 생겨 부녀자들이 가출하는 사례가 발생하였으며, 예배시간에는 조는 신도들의 종아리를 회초리 등으로 때리기도 한 사실 등이 탐문되었다.

(4) 乙1, 2는 노회의 결의를 거쳐 자기들의 신앙차원에서 교회 권위의 훼손을 막고 교회의 건전한 질서를 확립하며 선량한 교인들이 현혹되어 피해를 당하지 않도록 하기 위하여 대책을 세우기로 하였다. 이에 1992.5.31.경에 노회 산하 각 교회의 교역자들에게 A기도원의 실상을

알리는 내용과 A기도원을 이단으로 규정하고 비판하는 내용으로 된 유인물을 발송하였다. 그리고 당시 사이비 종교를 연구하고 있던 탁명환에게 A기도원의 탐문 내용을 제보하자 탁명환이『현대종교』잡지 기자로 하여금 A기도원의 실상을 취재하게 한 후 1992.8.호에 A기도원의 문제점에 관한 기사를 실었다. 1992.12.16.경 노회의 상급기관인 대한예수교 장로회 총회에 A기도원의 문제점을 보고하여 1993.9.경 소집된 총회에서 총회 산하 사이비 신앙운동 및 기독교이단 대책위원회로 하여금 A기도원의 실상을 조사하게 한 후 A기도원을 이단으로 규정하고 비판하는 내용의 보고서를 작성하게 하여 당시 총회에 참석한 1,600명가량의 총회 산하 전국 교회의 대의원들에게 배포하였다.

(5) 한편 乙3은 1992.7.29.경 저녁예배시간에 신도들에게 "甲이 거북이를 갖다 놓고 설교하면서 신도들에게 거북이 입 다물기 전에 헌금을 하라 하고, 어떤 사람에게는 거북이 입 다물기 전에 2백만 원을 헌금하라고 그랬다. 이것은 기독교가 아니다"라고 하며 甲을 고소 잘하는 마귀에 비유하는 내용의 설교를 하였다. 乙4는 乙3이 이 설교로 인하여 甲으로부터 고소당하여 수사를 받게 되자 1993.3.28.경 "甲은 종교를 빙자하여 개인의 재산을 축적하고 있고, 계시를 앞세워 선량한 신도들을 현혹하고 가정불화를 일으키는 등 경주지역의 건전한 교회질서를 어지럽히고 있으며, 교회 지도자들을 상습적으로 고소한다"는 취지의 진정서를 작성하여 서명 받고 확성기로 진정서 내용을 공표하였다.

(6) 甲은 乙1, 2가 1992.12.16. 대한예수교 장로회 총회에 '사이비 집단 A기도원에 관한 보고 및 청원'이라는 문서를 제출한 사실에 대하여 검찰에 명예훼손혐의로 고소하였으나 乙1, 2는 무혐의처분을 받았다. 그런데 甲은 1993.12.25.자 주간『교회연합신문』광고란에 "乙1이 작성하여 제출한 사이비 집단 A기도원에 관한 보고 및 청원(1992.12.16.자) 내용은 甲에 대한 명예훼손죄가 되어 1992.11.10. 대구지방검찰청 경주지청으로부터 법적 처벌을 받았다는 사실을 대한예수교 장로회(통합) 총회는 알고 있습니까? 乙1, 2가 1992.7.13.경 경주시 내남면 비지리 이장에게 위 기도원을 조사하러 대구지방검찰청에서 왔다고 검찰공무원을 사칭함으로써 목사가 하나님과 성스러운 목사직을 욕되게 한 사실을 알고 있습니까?"라는 내용을 게재하였고 이 신문은 배포되었다.

(7) 이에 甲은 乙들의 위와 같은 행위로 인하여 자신의 명예가 훼손당하였음을 이유로 乙들에 대해 위자료청구 소송을 제기하였다(본소). 한편 乙1, 2는 검찰공무원을 사칭한 적이 없고 1992.12.16. 대한예수교 장로회 총회에 '사이비 집단 A기도원에 관한 보고 및 청원'이라는 문

서를 제출한 사실에 대하여 검찰로부터 무혐의처분을 받았을 뿐인데, 처벌받은 것으로 허위의 광고를 하여 乙들의 명예를 훼손하였다는 이유로 손해배상청구 소송을 제기하였다(반소).

(8) 원심은 본소를 기각하고 乙들의 반소에 대해 甲의 손해배상책임을 인정하였고, 甲이 상고하였다.

[판결요지]

본소에 대한 판단

(1) **종교적 비판의 자유와 명예훼손** 우리 헌법 제20조 제1항은 "모든 국민은 종교의 자유를 가진다"라고 규정하고 있는데, 종교의 자유에는 자기가 신봉하는 종교를 선전하고 새로운 신자를 규합하기 위한 선교의 자유가 포함되고 선교의 자유에는 다른 종교를 비판하거나 다른 종교의 신자에 대하여 개종을 권고하는 자유도 포함된다. 종교적 선전, 타 종교에 대한 비판 등은 동시에 표현의 자유의 보호대상이 되는 것이나, 그 경우 종교의 자유에 관한 헌법 제20조 제1항은 표현의 자유에 관한 헌법 제21조 제1항에 대하여 특별 규정의 성격을 갖는다 할 것이므로 종교적 목적을 위한 언론·출판의 경우에는 그 밖의 일반적인 언론·출판에 비하여 보다 고도의 보장을 받게 된다고 할 것이다. 따라서 다른 종교나 종교집단을 비판할 권리는 최대한 보장받아야 할 것인데, 그로 인하여 타인의 명예 등 인격권을 침해하는 경우에 종교의 자유보장과 개인의 명예보호라는 두 법익을 어떻게 조정할 것인지는, 그 비판행위로 얻어지는 이익, 가치와 공표가 이루어진 범위의 광협, 그 표현 방법 등 그 비판행위 자체에 관한 제반 사정을 감안함과 동시에 그 비판에 의하여 훼손되거나 훼손될 수 있는 타인의 명예 침해의 정도를 비교·고려하여 결정하여야 한다 할 것이다.

(2) **乙의 비판행위와 위법성 여부** 乙들은 노회의 회장, 서기 또는 그 노회 소속 교회의 목사, 장로로서, 乙이 甲을 비판한 행위가 대부분 같은 노회 산하 교회의 교역자들이나 같은 종파에 속한 전국 교회의 대의원들, 혹은 자신들이 목사나 장로로 있는 교회의 신도들에 대하여 한정적으로 행하여졌다. 또한 乙들이 甲을 비판한 내용은 상당 부분 신앙교리에 관한 것이고, 甲이 운영하는 A기도원의 신앙성향 등을 비판하며 같은 종파에 속하는 신도들에게 A기도원에 乙들의 신앙차원에서 볼 때 이단적 요소가 있다는 이유로 주의를 촉구하는 취지의 것이

다. 乙들의 위와 같은 비판으로 甲은 주로 그가 운영하는 A기도원에 乙들의 교리상으로 볼 때 이단성이 있다고 공격받은 것이어서 그 명예침해의 정도가 비교적 크지 아니하다. 이러한 점에 비추어보면, 비록 乙들이 甲을 비판함에 있어 다소 과장되거나 부적절한 표현을 사용한 바 있다 하더라도 乙들의 행위는 근본적으로 종교적 비판의 표현행위에 해당되므로 위법성이 없다 할 것이다.

반소에 대한 판단

(1) **甲의 행위에 대한 평가** 甲은 그가 이단적인 행태로 A기도원을 운영하였다고 비판하는 취지의 乙1, 2의 1992.5.21.경의 '이단사이비종파에 대한 지도 협조의 건'이라는 유인물의 배포행위에 대하여 명예훼손죄로 고소한 결과 乙들이 1992.10.27. 대구지방검찰청 경주지청으로부터 기소유예처분을 받았다. 그럼에도 불구하고 乙들이 1992.12.16.경 위 유인물과 동일한 내용의 '사이비 집단 A기도원에 관한 보고 및 청원'이라는 문서를 작성하여 대한예수교 장로회 총회에 보고함으로써 전국 교회의 대의원들에게 배포하게 하는 등 계속하여 甲 운영의 A기도원을 이단으로 비판하였다. 甲은 이에 맞서 A기도원에 이단적 요소가 없음을 주장하기 위하여 총회 회장에게 두 차례에 걸쳐 내용증명으로 답변 요구를 하였으나 회신이 없자 1993.12.25. 주간 교회연합신문 광고란에 위와 같은 내용의 광고를 게재한 것이다.

(2) **甲의 비판행위와 위법성 여부** 甲은 1992.6.경 乙1, 2를 명예훼손죄로 고소하여 乙들에 대한 수사가 진행되고 있었던 7월 중순경 A기도원이 소재한 경북 경주군 내남면 비지리의 이장인 박명진으로부터 乙1, 2 등이 박명진의 집에 찾아와 그에게 대구지방검찰청에서 왔다고 하면서 A기도원에 대하여 조사할 것이 있으니 협조하여 달라고 한 일이 있다는 말을 전해 들은 바 있었다. 그러므로 甲이 광고 중 후단에 위와 같은 내용을 적시하여 乙들을 비판한 사실을 알 수 있는바, 甲의 광고행위는 乙들로부터 A기도원의 운영과 관련하여 이단으로 비판받은 甲이 자신의 명예를 회복하고 A기도원의 신도들을 보호할 목적으로 甲의 A기도원의 운영에 이단적인 요소가 없음을 기독교 신자들을 주된 구독자로 삼고 있는 주간지의 광고를 빌려 주장한 것이다. 그 광고 중 위 乙들이 검찰공무원을 사칭하였다는 내용의 후단 부분은 그 표현에 지나친 점이 없지 아니하나 乙들의 甲에 대한 비판이 그 절차에 있어서도 옳지 못하다고 주장하는 근거 중 하나의 사실로 내세운 것으로서 甲이 이를 진실이라고 믿을 만한 상당한 이유도 있다. 따라서 乙들이 甲의 기도원 운영에 이단적인 요소가 있음을 들어 甲을 비판

한 행위가 乙들의 지위, 비판행위가 행하여진 범위, 비판 내용 등에 비추어 비록 그 표현에 다소 과장된 점이 있다 하더라도 종교적 표현행위로서 위법성이 없다고 본 것과 동일한 이유에서 甲의 광고행위 역시 위법성이 없다 할 것이다.

[해설 및 검토]

이 사건은 甲의 乙에 대한 명예훼손 소송(이를 본소라고 한다)과 乙이 甲을 상대로 한 명예훼손 소송(이를 반소라고 함)의 2개 소송을 병합해서 판결한 것이다. 법원은 이 두 개의 소송 모두를 위법성이 없다는 이유로 기각하였다.

(1) 본소

우선 본소에 대해서는 판결은 ① 종교의 자유의 내용으로서 종교적 비판의 자유는 일반적인 언론·출판에 비하여 보다 고도의 보장을 받게 된다는 점, ② 종교적 비판의 자유보장과 개인의 명예보호라는 두 법익을 어떻게 조정할 것인지는, 그 비판행위로 얻어지는 이익, 가치와 공표가 이루어진 범위의 광협, 그 표현 방법 등 그 비판행위 자체에 관한 제반사정을 감안함과 동시에 그 비판에 의하여 훼손되거나 훼손될 수 있는 타인의 명예 침해의 정도를 비교·고려하여 결정하여야 한다는 기준을 제시하였고, ③ 이러한 기준에 비추어 이 사건에 있어서 乙들(노회의 회장, 서기 또는 그 노회 소속 교회의 목사, 장로)이 甲(다른 교단 소속의 기도원 운영자)을 비판한 행위 및 그에 맞선 甲의 광고행위가, 각 관계자의 지위, 비판행위로 얻어지는 이익, 공표가 이루어진 상대방 범위의 광협, 그 표현 방법, 비판 내용 및 명예침해의 정도 등에 비추어, 다소 과장되거나 부적절한 표현을 사용한바 있다 하더라도 그 행위는 근본적으로 종교적 비판의 표현행위에 해당되어 위법성이 없다 판시한 것이다.

(2) 반소

반소에 대해서는 乙들이 검찰로부터 기소유예처분을 받았고 검찰공무원을 사칭하였다는 허위사실을 광고한 甲의 행위가 문제되었다. 그러나 법원은 표현이 지나친 부분이 없지 않지만 종교적 표현행위가 최대한 보장받아야 한다는 본소 부분의 판결이유와 동일한 이유로 기각하였다.

그러나 아무리 종교적 비판에 대해 관대한 잣대를 적용한다고 하더라도 甲의 기도원 운영에 '거
북이' 설교 등 헌금을 강조하고 이로 인해 신도들의 가정불화가 생기는 등 사회적인 문제가 발
생하고 있음에도 불구하고 이를 '종교'라는 동일한 기준으로 보호하는 것에는 문제가 있다.[32]

　　여기에서 '종교'의 자유의 대상이 되는 종교의 개념이 문제된다. 이른바 종교라는 가면을 쓰고
어리석은 신도들을 꾀어 치부하는 자들에게 과연 헌법상 종교의 자유를 보장할 필요가 있는지
는 의문이다. '종교'란 적어도 이 세상의 윤리보다는 더 높은 윤리를 추구하는 것만이 진정한 종
교로서 보호받아야 하지 않을까? 이에 대해서는 종교자유의 한계와 남용 부분에서 다시 살펴보
기로 한다.

[Ⅰ-2-3] 대법원 1997.8.29 선고 97다19755 판결 【손해배상(기)】

[사실관계]

(1) 甲은 한국기독교독립침례회총회 소속의 목사로서 A교회(전 강서중앙교회)에서 담임목사로
　　일하고 있고, 乙1은 대한예수교장로회총회로서 산하 지교회의 수가 약 5,000여 개에 이르는
　　대표적인 정통·보수교단이다. 乙1교단은 그 교리를 보호하고 신자들의 신앙상의 혼란을 방
　　지하기 위하여 상설기관으로 「사이비신앙운동 및 기독교이단 대책위원회」를 두고 보조기관
　　으로 「사이비이단문제 상담소」를 설립하였으며, 乙2는 사이비이단문제상담소의 소장이다.
(2) 甲이 2차례에 걸쳐 집회를 인도한 동해순복음교회 등이 시한부종말론에 빠지는 등 피해가
　　생기자 乙1 교단 산하 강동노회에서 1992.6.23. 乙1 교단에 甲의 이단성 여부에 대한 조사를

---

32) 이러한 행위에 대해서는 명예훼손이나 손해배상문제로 해결하는 것보다는 헌금강요에 대해서는 강요죄나 공갈죄
　　기타 횡령배임 등 형사처벌로 대응하는 것이 더 적절할 수도 있다.

요청하였다. 乙1 교단이 사이비이단대책위원회로 하여금 甲에 대하여 조사·연구하게 한 결과 乙1 교단은 1993.9.16.부터 21.까지 소망장로교회에서 개최된 제78회 총회에서 甲의 이단성을 문제 삼은 대한예수교장로회 제78회 총회 보고서를 채택하였고 그와 동일한 내용을 1993.12.20.경 사이비이단문제상담소가 발행한 『상담소 자료집6 사이비 이단 연구(Ⅱ)』라는 제목의 책 중에 그대로 게재하여 乙1 교단 산하의 지교회 등지에 배포하였다.

(3) 총회보고서에 포함된 甲에 대한 연구 결과는 크게 종말론 문제, 구원과 회개의 문제, 교회의 의식과 절기 문제의 3항목으로 나누어 기술한 다음 그 결론을 내리고 있다.

① 종말론 부분: "甲은 B 등 시한부 종말론자들의 사상적인 토대가 되는 수많은 책을 번역 또는 집필하여 출판 보급해왔다('세계정부음모', '현실로 나타난 666', '현실로 나타난 101 재림예언', '성경숫자의 영적 비밀', '종말론 특별 세미나', '지금이 왜 마지막 때인가', '적그리스도의 정체', '최후의 중동사태', '월간 바이블 뉴스' 등). 그의 666 해석 문제로 인하여 한국기독교장로회로부터 유사이단으로 지목되고 甲과 유사한 사상을 가지고 있던 B가 이단으로 규정되면서 시한부종말론이 언론의 질타를 받자 자신의 주장에 대해서 과거에 오류가 있었으며 완전히 수정했다고 밝힌 바 있으나 그 후에도 여전히 그가 발행인으로 있는 바이블뉴스 1992년 9월호에 앞서 본 '세계정부음모' 등의 출판물을 계속 보급하고 있음을 광고하여 사과 따로 행동 따로의 이중적 모습을 보이고 있어 그 진실성이 의문시된다."

② 구원과 회개의 문제 부분: "甲은 회개를 계속하는 것은 예수님을 십자가에 다시 못 박는 것이라고 한다. 죄 사함을 깨닫고 거듭나는 순간 구원을 받으며, 모든 죄는 십자가에서 이미 용서되었기 때문에 반복해서 회개를 할 필요가 없다고 주장하며 심지어 아나니아와 삽비라도 구원받았다고 하는 등 구원파 C와 같은 주장을 하고 있다. …… 이는 구원을 위한 단회적 회개와 성화를 위한 반복적인 회개를 구별하지 못하고 있기 때문이다. …… 결국 甲의 구원관과 회개에 대한 견해는 본 교단이 이단으로 규정한 바 있는 구원파와 같은 것이다."

③ 교회의 의식과 절기 문제의 부분: "甲은 유아세례, 부활절, 성탄절 등은 성경에 없는 것으로서 바알숭배에서 나온 것이므로 버려야 한다고 한다. …… 개신교도 역시 그 바알신을 섬기는 죽은 의식을 행하고 있다고 한다. …… 그러나 유아세례는 캘빈을 위시한 종교개혁자들도 성경적이라고 인정하였으며, 이는 개혁교회의 전통과 일치하는 것으로…… 또 우리가 부활절과 성탄절에 행사를 갖는 것은 다름 아니라 죽음을 이기신 우리 주님의 권능과 부활의 승리가 우리에게 함께 있을 것을 바라는 소망을 심고, 평화의 왕으로 찾아오신 우리 주님 앞에 감사와 찬송으로 경배하며 새로운 기쁨과 희망을 갖도록 하는 의미를 되새기는 것이다."

④ 연구 결론 부분: "이상의 연구 내용을 종합해볼 때 甲의 주장은 구원관에 있어서 이단으로 규정된 구원파와 같은 주장을 하는 등 성경의 가르침과 본 장로교회의 신경에 현저히 위배되므로 그의 집회에 참석하는 것을 엄금하고, 그에 의한 간행물에 대해서도 구독을 철저히 금지해야 될 줄로 사료된다"라는 내용의 글이 실려 있다.

(4) 구원과 회개에 관하여 정통 기독교에서는 구원을 위한 단회적 회개와 성화를 위한 반복적 회개로 나누되 성화를 위한 회개도 자기의 죄를 애통해하고 용서를 구하는 것이라고 주장하는 반면 甲은 죄를 이미 용서하여 놓았으니 또 죄를 용서받으려고 비는 행위는 신약의 약속을 믿지 않는 불신자이거나 짐짓 죄를 범하고 있는 것이 된다고 주장하고 있다. 한편 乙1 교단에 의하여 이단으로 규정된 구원파는 죄는 2천 년 전에 영원히 속죄되었기 때문에 예수를 믿는 사람의 죄는 이미 없고 잘못하여 죄를 짓더라도 지옥에는 가지 않는다는 교리를 신봉하고 있다.

(5) 甲은 이러한 乙1 교단의 총회보고서와 상담소 자료집의 발간·배포로 인하여 이들 책자를 읽는 사람들로 하여금 甲을 기독교계에서 이단으로 인정되고 있는 시한부종말론자들의 사상적 토대가 되는 수많은 책을 번역 또는 집필하고, B 등 시한부종말론자들과 유사한 종말론 및 구원파 C와 같은 구원관과 회개관을 가지고 있는 등 정통의 기독교의 가르침에서 벗어난 이단적인 신앙사상을 가진 자로 보게 하여, 甲의 명예를 훼손하였다고 주장하면서 乙1, 2에 대해 손해배상청구소송을 제기하였으나 원심에서 패소하자 상고하였다.

[판결요지]

(1) **원심판결요지** 乙들이 사이비이단대책위원회의 연구 결과를 총회보고서 및 상담소 사례집에 게재하여 乙교단 산하 교회에 배포한 것은 그 목적이 甲을 이단으로 몰아서 甲의 명예를 훼손하기 위한 것이기보다는 기독교 교세가 급격히 팽창하면서 생기는 교리상의 혼란으로부터 乙교단의 교리를 보호하고 신자들의 신앙상의 혼란을 방지하여 신자들의 신앙생활을 보호하기 위한 교단 내부에서 이루어진 것이다. 따라서 명예훼손이 된다고 하더라도 그 명예훼손의 정도가 비교적 크지 아니한 것이고, 그 내용에 있어서도 '종말론 문제' 및 '교회의 의식과 절기 문제' 부분은 진실에 부합하는 내용이고, '구원과 회개의 문제'와 '연구 결론' 부분은 乙교

단의 입장에서만 본다면 진실한 것이라고 수긍할 수도 있다. 이러한 점에 비추어보면, 비록 乙들이 甲의 교리와 주장을 비판함에 있어서 다소 과장되거나 부적절한 표현을 사용한바 있는 연구 보고를 각 책자에 게재하여 배포하였다 하더라도 乙들의 행위는 종교적 비판의 표현 행위에 해당되므로 위법성이 없다.

(2) **대법원 판결 요지** 원심의 위와 같은 사실 인정은 정당하고, 위 인정 사실에 의하면 乙교단이 교리상의 혼란으로부터 乙교단을 보호하기 위하여 그 산하의 사이비이단대책위원회로 하여금 甲의 주장에 대하여 연구하게 한 후 그 연구 결과를 총회보고서의 일부로 채택하고 그 연구 보고를 乙2가 소장으로 있는 乙1교단 소속의 사이비이단문제상담소에서 발간하는 책자에 게재하여 이를 주로 乙1교단 산하의 지교회들을 상대로 배포한 것이다. 그러므로 비록 그 공표 내용 중에 甲의 교리와 주장을 비판하고 그 명예를 침해하는 내용이 포함되어 있다고 할지라도, 이는 신앙의 본질적 내용으로서 최대한 보장받아야 할 종교적 비판의 표현 행위로서 그 안에 다소 과장되거나 부적절한 표현이 있다 하더라도 중요한 부분에 있어서 진실에 합치할 뿐만 아니라 乙1교단의 교리보호와 그 산하 지도자들 및 신자들의 신앙보호를 위하여 주로 그들을 상대로 주의를 촉구하는 취지에서 공표한 것이므로 위법성이 없다.

[해설 및 검토]

이 판결은 이단에 대한 종교적 비판이 명예훼손이 되지 않으려면 ① 비판행위의 목적이 교리상의 혼란을 방지하려는 데 있어야 하고, ② 비판행위의 공표(책자의 발간과 배포 등) 대상이 교인들이어야 하고, ③ 상당한 연구 결과 중요한 부분이 진실에 합치해야 한다는 3가지 점을 구비할 것을 요구한다. 이러한 점을 갖추고 있으면 그 표현이 다소 과장되거나 부절절하다고 하더라도 최대한 보장받아야 할 종교적 비판행위로서 위법성이 없어진다.

[I-2-4] 대법원 2010.9.9 선고 2008다84236 판결 【손해배상】

[사실관계]

(1) 甲1은 예수교장로회 평강제일교회이고 甲2는 담임목사로 재직하다가 은퇴하여 원로목사이며, 乙1외 18인은 총신대 교수들이다. 甲2 목사에 대해서는 수십 년 전부터 이단 시비가 있었고 1994년에는 甲교회 운전기사가 甲2의 이단성을 문제 삼은 탁명환(이단문제연구소장)을 살해하는 사건까지 발생하였다.

(2) 1991년 제76회 대한예수교장로회(통합) 총회에서는, 甲교회가 통일교와 유사한 성적 모티브를 가졌고, 정통교리를 부정하는 경향이 있고, 박 씨를 신격화하는 것으로 볼 수 있다는 등 7개 항을 지적하면서, 이단성을 인정하는 보고서를 채택하였다. 또 2004년 한국기독교 총연합회에서 발간한 책자에도 甲교회를 주요 이단 교회에 포함시키고 있다. 대한예수교장로회(합동)도 1997.5.경 발간된 〈다락방 운동 빈야드 운동의 분석 및 비판〉에서 甲교회를 한국의 대표적인 이단교파 중의 하나로 명시하였다.

(3) 甲들이 2002년경부터 예장 합동교단 소속 서북노회에 가입을 추진하자 합동교단 내에서 찬반논쟁이 활발히 벌어졌다. 이에 총신대 신대원 교수회에서 甲2의 이단성 검토할 연구위원회를 구성하였고, 신대원 교수 하계 세미나에서 연구위원회가 작성한 연구보고서(『평강제일교회 甲2에 대한 연구보고서』)를 제출 받고 甲2가 이단성이 있다는 성명서를 『기독신문』에 게재하기로 결정하여 2005.7.8. 이 광고를 게재하였다. 그 후 신대원 교수회에서 3차례에 걸쳐 연구보고서를 추가 검토한 후 보고서를 최종적으로 확정하고, 2005.9.12. 신대원 교수 일동 명의로 작성된 이 보고서를 신대원 학생들에게 배포하였다.

(4) 乙들은 이 보고서 등을 작성함에 있어 「씨앗 속임」 설교 녹취록, 「말씀의 승리가」, 「The Step

to the Word」, 「총회질의서에 대한 답변서」, 「월경하는 여인의 입장에서 탈출하자」, 「말씀이 인격화한 사람」, 「왜 아담을 흙으로 창조했나」, 「가인의 소속과 가인은 누구의 씨인가?」, 「헵씨바」, 「대성」, 「평강의 소식」, 「참평안」 등 甲들이 작성한 책자 등과 그 밖에 甲들의 이단성에 관한 수십 편의 논문 등을 검토하였는데, 甲2 및 甲교회 소속 목사의 최근 설교 내용은 참고하지 않은 것으로 보인다.

(5) 기독신문사는 합동교단 유지재단 산하기관이고, 2005.6. 기준으로 기독신문의 주된 구독자는 교단 산하 목사와 장로이고 교단 내 배포가 99% 이상이다. 2005.6.8.자 기독신문 광고문은 인터넷에 게재되지 않았고, 현재 기독신문은 인터넷 광고를 게재하지 않는다.

(6) 합동교단은 2005.9.27.부터 같은 달 31일까지 대전중앙교회에서 甲교회의 합동교단 가입승인 문제 등을 안건으로 하는 임시총회를 개최하였는데, 위 임시총회에서 乙들의 甲2에 대한 연구 결과를 합동교단의 공식 입장으로 수용하고 甲교회의 서북노회 가입을 철회하도록 하는 내용의 결의가 이루어졌다.

(7) 이에 甲1, 2는 乙들을 상대로 명예훼손을 이유로 하는 손해배상청구를 하였다. 제1심 법원은 乙들에게 손해배상책임을 인정하였다. 그러나 제2심에서는 비판 보고서 부분에 대해서는 甲의 청구를 기각하고 광고게재 부분에 대해서만 乙들의 책임을 인정하자 甲과 乙이 상고하였다.

[甲2 목사의 〈씨앗 속임〉 설교 발췌]

……(창세기 4장 1절을 읽고) 아담이 분명히 자기 아내 하와와 잠자리를 같이 했죠? 했는데 '하나님으로 말미암아 득남했다', 아담이 말하지 않고, 고 여자가 먼저 '하나님으로 말미암아 득남했다' 했단 말입니다. 알았죠? 이거 봐요, 이거 봐! 실패작이에요, 쉽게 말하면.

…… 그러면 가인은 누구의 자식이냐 이 말이야? 하와의 육체 속에 심어놓은 정말 아담이 모르는 사이에 마귀(뱀)가 와서 심어놓은 씨인 줄 아담은 깜깜하게 영계가 어두워서, 알 수 없는 가운데 있다는 것을 아시고 말씀을 들으시면 감사하겠습니다.

하나님으로 말미암아 낳은 자식이 왜 살인자가 되냐 이 말이야, 그런 씨앗 속임에 넘어가지 마세요. 이런 비밀을 가지고 있기 때문엘…… 믿지도 않아. …… 참 진실하게 믿겠다는 마음으로 와서 같이 읽어보시면서 정말 뜻을 받들며 읽어보면서 해야 이러한 입장에서 인사를 해야 그게 다 통하지……큰일 났어 앞으로는. 믿지 못하겠거든 믿지 말고 믿어지면 나오고 말야. 같이 울고

웃으면서 지내야지. 아브라함의 아내 사라가 돌 여자야, 석녀야 석녀.

……자, 이거 보세요. 이것만 받아들이면 의심할 것이 없습니다. 하나님으로 말미암아 낳았다는 게 탄로가 됐어 안 됐어? 니는 니 아비 뭐요? 마귀로 말미암아 낳았다! 바로 이거야 하와가 하나님으로 말미암아 낳았다고 말씀 받아서 말했어? 제 것처럼 말했어?(신도들: 제 것처럼 말했습니다!) 그러니까 여러분이 오늘 성경을 보거들랑 기도하는 가운데 보시게 되면, 이렇게 속임을 봤구나. 가인은 살인자에, 거짓말쟁이의 씨입니다.

하나님으로 말미암아 낳은 자식이 아닙니다. 알았죠? 여러분이 교회에 나와서 다른 영, 다른 복음, …… 다른 예수 그런 입장이 있습니다. …… 다 같이! 말씀은 그 나라의 씨. 마태복음 13장 38절, 말씀은 그 나라의 씨! 그렇게 나와 있어요. 성경에! 그러니까 말씀을 잘 받을 때 진짜 하나님으로 말미암아 우리가 이 신령한 말씀의 씨를 받을 수 있는 역사가 있기를 바랍니다. 이거 받지 못하면 거짓말쟁이 이단이야, 악행하고 말이지. 그 따위 짓 보면 몰라?

[광고의 내용]

'○○○○교회 ○○○ 씨에 대한 연구보고'

『총신대 신대원 교수회는 그동안 기도하는 마음으로 착수한 甲1 교회 甲2 씨에 대한 연구 결과를 다음과 같이 알려 드립니다. 甲2 씨의 가르침은 다음과 같은 측면에서 개혁신학에서는 수용할 수 없는 사상을 갖고 있습니다.

첫째, 하와가 뱀과 성관계를 갖고 태어난 자가 가인이라고 주장.

둘째, 선악과를 먹은 것을 하와와 뱀이 성관계한 것이라 해석.

셋째, 에덴동산이 이 땅 위에 "실지 있는 에덴동산이 아니라"고 주장하여 성경의 역사성을 거부함.

넷째, "말씀의 아버지, 동방의 아버지, 말씀의 주인"을 자신과 관련시켜 은연중에 신격화함.

다섯째, 말씀과 진리를 구분하여 예수 그리스도의 구속사역의 완성을 불인정.

여섯째, "인간이 신성을 가지게 된다"고 주장.

일곱째, 초림 예수가 구원 사역을 완성하지 못해 "재림예수님을 보내주실 것을 말씀하셨다"고 주장.

여덟째, 예수님이 "말씀으로 죄를 사해주려고 했으나 믿지 않으므로 십자가를 지셨다"고 주장.

아홉째, 신자를 생령의 씨알이라고 함.

열 번째, 3년 6개월 7일 지리산에서의 기도를 통해 말씀 계시를 받았다고 주장.

결론적으로, 위와 같은 ○○○ 씨의 주장과 가르침은 개혁주의 인죄론, 기독론, 구원론, 계시관에 비추어볼 때 비성경적이고 그 가르침에 있어서 이단성이 있다고 사료됩니다.』

[판결요지]

(1) **종교적 비판의 자유** 乙들이 이 사건 보고서·비판서에서 진실한 내용이라고 단정하기는 어려운 사실들을 적시하고 다소 과장되고 부적절한 표현을 사용하였을 뿐 아니라 甲들의 명예를 침해하는 내용을 다소 포함하고 있다고 하더라도 이는 신앙의 본질적 내용으로서 최대한 보장받아야 할 종교적 비판의 표현행위에 해당한다. 乙들은 교단 가입을 추진하는 甲들의 이단성 검증의 목적에서 이 보고서·비판서를 작성·배포한 것이므로 그 목적과 취지 등에 비추어 볼 때 위법성이 없다. 또한 乙들이 신학자로서 甲들의 교리에 관하여 연구하여 이 보고서·비판서를 작성한 후 장차 목회자가 될 신학대학원 학생들을 대상으로 위 보고서를 배포하고 자신들이 속해 있는 합동교단의 총회에서 위 비판서를 배포한 행위는 학문의 자유 및 교수의 자유에 의해 보호되어야 한다.

(2) **원심판결의 내용** 원심은, 乙들이 이 사건 보고서·비판서를 작성·배포한 행위는 종교적 비판의 표현행위에 해당한다는 이유 등으로 위법성이 없다고 판단하였음에도 이 사건 광고를 게재한 행위에 관하여는, ① 乙들은 이 광고를 게재할 무렵에 甲2 및 甲교회 소속 목사가 행하고 있던 설교 내용 등의 자료를 제대로 참조하지 아니한 채 甲들이 이단임을 단정하는 내용의 이 광고를 불특정 다수가 구독하는 기독신문에 게재한 점, ② 乙들이 그동안 甲들에 대하여 연구한 결과를 이 보고서로 작성하여 배포한 2005.8.31.경부터 약 두 달 전인 2005.6.8. 이미 이 광고를 통하여 甲들이 이단이라고 공개적으로 알린 점, ③ 그 시점이 甲들이 합동교단에 가입하기 위하여 합동교단 소속 서북노회에 가입 의사를 밝히고 위 서북노회가 특별위원회를 구성하여 甲들의 이단성을 검증하고 있는 등 교단 내에서 甲들의 이단성 검증에 관한 정당한 절차가 상당 정도 진행되고 있었던 상황인 점, ④ 신문의 광고물은 그 매체의 특성상

전파력이 높아 이 보고서나 비판서보다 명예훼손의 정도가 중하다고 보이는 점 등을 종합하여 볼 때, 헌법이 허용한 종교 비판의 자유의 한계를 넘는 위법한 행위이고, 학문의 자유나 교수의 자유에 의해 보호되는 범위 내의 행위라고 보기 어렵다고 판단하였다.

(3) 그러나 원심의 이러한 판단은 다음과 같은 이유에서 수긍하기 어렵다.

① 乙들이 甲2 및 甲교회 소속 목사의 최근 설교 내용을 참조하지 않았고, 이 광고 등의 게재·배포 당시 합동교단 내에서 甲들의 이단성 검증 절차가 진행 중이었던 사정에 있어서는 이 광고 게재행위와 이 보고서·비판서의 작성·배포행위 사이에 차이가 없는 점,

② 합동교단 내에 이미 甲2의 이단성에 관한 검토 자료가 상당히 축적되어 있었고, 총신대 신대원 교수회에서 연구위원회를 구성하고, 세미나에서 연구위원회의 연구보고서를 제출받아 검토 후 이 광고를 게재하기로 결정하였고, 그로부터 약 2개월 후에 완성된 이 보고서와 광고의 주요 내용에 있어서 별다른 차이가 없는바, 乙들이 제대로 연구·검토를 하지 않은 채 성급하게 이 광고를 게재한 것으로는 보이지 않는 점,

③ 기독신문의 99% 이상이 교단 내에 배포되므로 불특정 다수의 일반인이 구독하고 있다고 볼 수 없는바, 비록 이 광고의 배포 범위가 이 보고서·비판서보다는 넓다고 하더라도 그러한 사유만으로 양자의 위법성을 달리 보기는 어려운 점,

④ 乙들은 甲들의 설교, 발표문, 그 밖의 여러 논문을 충분히 참조한 것으로 보이고, 교단 내에서 이단성 검증 절차가 진행된다는 사정만으로 종전에 허용되던 종교 비판의 자유의 한계가 갑자기 제한되는 것은 아닌 점,

⑤ 서북노회에서 甲들을 옹호하면서 합동교단 가입을 강력하게 추진하는 상황이었으므로, 이에 반대하는 乙들로서는 적극적인 이단 논쟁을 제기할 필요가 있었고, 실제로 그 후 합동교단 총회에서 乙들의 연구 결과를 공식 입장으로 수용한 점 등을 종합하면,

(4) 결론 乙들의 이 광고 게재행위의 위법성에 관하여 이 보고서·비판서 작성·배포행위의 위법성과 달리 볼 합리적인 이유가 없고, 乙들의 지위, 비판행위로 얻어지는 이익, 가치와 공표가 이루어진 범위의 광협, 그 표현방법 등 그 비판행위 자체에 관한 제반사정과 그 비판에 의하여 훼손되거나 훼손될 수 있는 甲들의 명예 침해의 정도 등에 비추어 비록 그 표현에 다소 과장되고 부적절한 표현을 사용한 점이 있다 하더라도 이 보고서·비판서의 작성·배포행위가 종교적 표현행위로서 위법성이 없다고 본 것과 동일한 이유에서 乙들의 이 광고 게재행위 역시 위법성이 없다.

[해설 및 검토]

가. 판결의 의미

이 사안은 최근 한국 교계에 큰 영향을 준 대표적인 명예훼손 사건인 동시에 한국 교단의 난맥상을 여지없이 드러낸 사례이다. 한국 정통교단에서 그 이단성에 관해 끊임없이 지적되었고 또 확인된 대표적인 교회인 평강제일교회가 그 이단성을 희석시키기 위해 정통교단에 가입을 시도하였고 교단은 교리적 검토보다는 이 교회가 가지고 있는 교인 수나 경제력을 감안해서 교단의 세를 불리려는 목적으로 이를 받아들이려 한 데에서 문제가 발단된 것이다.[33]

결국 교단의 영향력에서 어느 정도 자유로운 신학교 교수들이 나서서 평강제일교회와 그 담임목사의 이단성을 비판하여 이를 저지하려 하자 신학교 교수 19인을 명예훼손 소송으로 몰고가는 초유의 사태가 발생한 것이다. 이 소송에서는 甲들은 乙들이 甲2를 비판하는 보고서 발간 행위와 기독교 신문에 甲2를 비판하는 광고 게재의 2가지 행위를 문제 삼아 소송을 제기하였다. 제1심은 모두 甲들의 손을 들어주었지만 제2심은 이 중에서 광고게재 부분에 대해서만 명예훼손을 인정하였는데, 대법원에서는 광고 부분에 대해서도 乙들의 책임을 인정하지 않았다.

나. 사례의 검토

이 판결에서는 앞에서 본 여러 사례에서의 법원의 입장을 종합하여 종교적 비판과 명예훼손의 성립에 관한 세부적인 기준을 제시하였다는 점에서 의미가 크다고 하겠다.

(1) 종교적 비판의 자유의 최대한 보장

원심법원은 보고서 발간과 광고행위는 그 명예를 훼손시키는 파급력에 있어서는 큰 차이가 있다는 이유에서 전자에 대해서는 위법성을 인정하지 않으면서도 후자에 대해서는 명예훼손을 인정하였다. 그러나 대법원은 종교적 비판의 자유가 최대한 보장되어야 한다는 원칙을 광고행위

---

33) 사실관계에서 보면 甲2 목사의 운전수가 한국의 대표적인 이단연구가인 탁명환 선생을 살해하기까지 하였다고 한다.

에도 적용하였다. 이는 결국 이단 논쟁에 법원이 개입할 것이 아니라 이를 교회와 신자들의 판단에 맡기는 것이 최선이라는 판단에 따른 것이라고 보인다. 이단 논쟁에 관한 종국적인 해결은 이단 의혹을 제기하는 비판자들을 상대로 법적 소송을 제기하는 방법(민사제소와 형사고소)에 의존할 것이 아니라 이단이라는 비판을 받은 측이 자신의 설교 테이프 및 기타 자료를 최대한 교계에 공개하고 자신의 주장과 그 주장을 뒷받침하는 자료를 교계 내지 신자에게 제출하고 알려서 그들로부터 검증 및 판단을 받는 것이 바람직하다는 점에서는 이 판결의 입장은 매우 타당하다.[34]

(2) 종교적 비판의 자유의 한계

종교적 비판을 함에 있어서도 인신공격적 내용을 포함시키거나 악의적이거나 현저히 상당성을 잃은 공격을 하는 것은 종교적 비판의 자유의 한계를 넘은 것으로서 위법하다. 이 사례에서 문제가 된 광고는 그 문안에 다소 과장된 표현이 있기는 하나 乙들이 신학교수로서 학문적이고 종교적 신념에 따라 이단으로 판단된 甲이 정통교단에 가입함으로써 정통교단의 교리를 흐리게 할 위험을 방지하고자 하는 목적에 따라 이루어진 것이라는 점에서 乙들에게 개인적인 동기나 인신공격적이거나 악의적이라고 할 수 없다고 판단되었다. 乙들이 만일 학문의 자유가 보장되는 신학 교수가 아닌 일반인인 경우에도 판결이 동일한 결론에 도달했을지는 의문이다.

(3) 공인 또는 공적 영역에 해당 여부

乙들이 甲을 비난하는 광고행위가 대법원이 명예훼손의 위법성 여부를 판단함에 있어서 새롭게 채택한 '공인 또는 공적 관심사에 대한 영역에 속하는 사안'인가 하는 점이 문제된다. 乙들의 광고행위가 수만 명이 모이는 대형교회인 甲교회가 한국의 대표적인 교단인 예장 합동에 가입함에 있어서 甲교회의 이단성에 관한 내용을 다루고 있다는 점에서 공적 영역에 속하는 사안이라고 보아야 할 것이다. 즉 교리와 신조가 사회와 개개인에게 끼치는 영향이 막대한 점에 비추어서도 종교단체에 대한 비판의 자유가 公職者와 公的 인물에 대한 비판의 자유와 마찬가지로 폭넓게 인정되어야 할 것이다.[35]

이러한 취지에서 하급심 판결 중에서는 "기독교를 표방하는 단체나 개인이 이단인지 여부는

---

34) 이충상, 위 논문, 270면.
35) 이충상, 위 논문, 277면.

기독교인들과 목회자들에게 있어서 공공성, 사회성을 갖춘 공적 관심 사안으로서 이에 대한 주장과 비판은 공공의 이익을 위한 행위로 볼 여지가 있는 점" 등을 들어 형법 제310조에 의하여 위법성이 조각된다고 판시하였다.[36]

[I -2-5] 대법원 2007.2.8 선고 2006도4486 판결 【명예훼손】

[사실관계]

(1) A목사는 하나님의 교회(B교회)의 교주이었다. A는 원래 제칠일 안식일 예수재림교회에 입교하여 1948년에 목사안수를 받았으나 1962년 안식교에서 탈퇴하여 1964년 4월 28일 부산에서 '하나님의 교회 예수증인회'를 창설하였다. 이후 교세를 확장하던 중 A가 1985년 2월 25일 사망하여 본부를 부산에서 서울로 옮겼고, 6월 2일 교회 명칭을 '하나님의 교회 안상홍 증인회'로 개칭하였다. A의 사후에는 하나님의 신부로 택함 받았다고 하는 장길자가 교주를 승계하였다.

(2) 乙은 캘빈신학교를 졸업한 장로교 전도사인데 A를 교주로 믿는 B교회가 이단이라고 생각하였다. 乙은 2003.9.2.부터 18.경까지 인천 남동구 일대를 돌아다니며 "자칭 신이라 주장하는, 시한부 종말론, 사이비 이단에 빠지지 맙시다. 하나님의 이름을 빙자하여 최근 가장 많이 활동하고 있는 사이비, 하나님의 교회 및 세계복음 선교협회. 이들은 안상홍을 하나님이라 부르면서 진실한 교인들이 섬기고 있는 하나님의 이름을 짓밟고 있는 자들이다"라는 내용의 전단지를 아파트에 투입하거나 행인들에게 전하고 전봇대에 붙였다.

---

36) 서울중앙지방법원 2006.2.2 선고 2005노3682 판결.

(3) 이에 A목사 측과 B법인은 乙을 명예훼손혐의로 고소하였다. 甲검사는 위 공소사실에 대하여 형법 제307조 제2항을 적용하여 乙을 허위사실 적시에 의한 명예훼손죄로 기소하였다. 이에 대해 원심은 허위사실 적시에 의한 명예훼손의 점에 대하여는 무죄로 판단하면서 다만 위 공소사실에는 형법 제307조 제1항의 사실 적시에 의한 명예훼손도 포함되어 있다고 보아 그 증거들에 의하여 사실 적시에 의한 명예훼손의 점을 유죄로 인정하였고 乙이 상고하였다.

[원심: 수원지법 2006.6.15 선고 2004노3901 판결 요지]

乙은 전단지를 읽는 상대방이 기독교의 교리를 알고 있거나 그 교리에 관심이 있는지의 여부를 불문하고 불특정 다수인을 상대로 전단지를 투입·부착하였고, 그 전단지의 내용은 예수의 재림, 신성 등에 관한 乙의 성경 해석 내용을 설명하면서 乙이 신봉하는 기독교와 다른 교리를 가진 종교, 종파들의 이름을 B교회와 함께 나열하고 이를 이단이라 규정하는 한편 그러한 종교에 빠지지 말도록 경계하는 내용으로 되어 있다. 그런데 위와 같은 내용이 논리적인 분석에 근거하여 서술되어 있다기보다는 주로 단정적인 단어와 문체로 표현되어 있는바, 乙의 위와 같은 표현행위를 통하여 乙이 신봉하는 기독교로 신자를 새로 규합하거나 기존의 기독교 신자들의 믿음을 강화할 수 있으리라고 기대되는 이익의 정도와 비교하여 볼 때, 불특정 다수인 앞에 훼손되는 B교회의 명예 침해의 정도가 상당히 더 크다고 판단되므로, 乙의 범행은 헌법으로 보장되는 종교의 자유의 한계를 벗어난 행위로서 위법성이 충분히 인정된다.

[판결요지]

(1) **종교적 표현의 자유** 우리 헌법 제20조 제1항은 "모든 국민은 종교의 자유를 가진다"라고 규정하고 있는데, 종교의 자유에는 자기가 신봉하는 종교를 선전하고 새로운 신자를 규합하기 위한 선교의 자유가 포함되고 선교의 자유에는 다른 종교를 비판하거나 다른 종교의 신자에 대하여 개종을 권고하는 자유도 포함되는바, 종교적 선전, 타 종교에 대한 비판 등은 동시에 표현의 자유의 보호대상이 되는 것이나, 그 경우 의 자유에 관한 헌법 제20조 제1항은 표현의 자유에 관한 헌법 제21조 제1항에 대하여 특별 규정의 성격을 갖는다 할 것이므로 종교적

목적을 위한 언론·출판의 경우에는 그 밖의 일반적인 언론·출판에 비하여 보다 고도의 보장을 받게 된다.

(2) **공공의 이익** 공연히 사실을 적시하여 사람의 명예를 훼손한 행위가 형법 제310조에 의하여 처벌되지 않기 위해서는 적시된 사실이 객관적으로 볼 때 공공의 이익에 관한 것으로서 행위자도 공공의 이익을 위하여 그 사실을 적시한 것이어야 한다. 여기에서 '공공의 이익'에는 널리 국가·사회 기타 일반 다수인의 이익에 관한 것뿐만 아니라 특정한 사회집단이나 그 구성원 전체의 관심과 이익에 관한 것도 포함되는 것이다. 그리고 적시된 사실이 공공의 이익에 관한 것인지 여부는 당해 적시 사실의 내용과 성질, 당해 사실의 공표가 이루어진 상대방의 범위, 그 표현의 방법 등 그 표현 자체에 관한 제반사정을 감안함과 동시에 그 표현에 의하여 훼손되거나 훼손될 수 있는 명예의 침해 정도 등을 비교·고려하여 결정해야 한다.

[해설 및 검토]

가. 판결의 내용

이 사안은 정통교단으로부터 이단성 문제가 여러 번 제기된 「안상홍 증인회 하나님의 교회」 관련된 형사고소사건이다. 앞의 여러 사례가 명예훼손을 이유로 하는 민사상 손해배상청구사건이라면 이들 사안은 형사책임을 묻는 사안으로서 판결에서는 모두 乙의 유죄를 인정하였다. [Ⅰ-2-5]에서는 허위사실에 의한 명예훼손책임은 인정하지 않았지만 그보다는 형량이 낮은 사실적시에 의한 명예훼손을 인정하면서 벌금형(30만 원)을 선고하였고, [Ⅰ-2-5A]에서는 명예훼손으로 기소되었지만 기소변경을 통해 명예훼손죄보다는 형량이 낮은 모욕죄의 성립을 인정하면서 벌금형(50만 원)을 선고하였다.

나. 종교적 표현의 자유의 한계

이 사안은 종교적 표현의 자유의 한계를 정한 점에서 의미가 있다고 하겠다. 즉 명예훼손죄의 위법성조각 사유로서의 '공공의 이익'의 여부에 대한 판단에 있어서 "당해 적시 사실의 내용과 성질, 당해 사실의 공표가 이루어진 상대방의 범위, 그 표현의 방법 등 그 표현 자체에 관한 제반 사정을 감안함과 동시에 그 표현에 의하여 훼손되거나 훼손될 수 있는 명예의 침해 정도 등을 비교·고려하여 결정하여야 한다"고 설시하였다.

이에 따라 乙의 행위는 ① 그 상대방이 기독교의 교리를 알고 있거나 그 교리에 관심이 있는지의 여부를 불문하고 불특정 다수인을 상대로 전단지를 투입·부착하였고, ② 표현 방법에 있어서 논리적인 분석에 근거하여 서술되어 있다기보다는 주로 단정적인 단어와 문체로 표현되어 있고, ③ 乙의 표현행위를 통하여 乙이 신봉하는 기독교로 신자를 새로 규합하거나 기존의 기독교 신자들의 믿음을 강화할 수 있으리라고 기대되는 이익의 정도와 비교하여 볼 때, 불특정 다수인 앞에 훼손되는 A목사 측 교회의 명예 침해의 정도가 상당히 더 크다고 판단되므로, 乙의 범행은 헌법으로 보장되는 종교의 자유의 한계를 벗어난 것이라고 판단하였다. 이 점이 [Ⅰ-2-4] 사례에서 ① 乙들이 주로 기독교인이 읽는 신문에 광고를 하여 상대방을 한정하였고, ② 표현방법에 있어서도 학문적·논리적 분석을 표현함으로써 위법성이 부인된 것과 구별된다.

다. 사례의 분석

(1) 공인 또는 공적사안

이 판결은 "특정 교회 또는 교단이 이단인 여부는 기독교인들과 목회자들에게 있어서 공공성, 사회성을 갖춘 공적 관심 사안으로서 이에 대한 주장과 비판은 공공의 이익을 위한 행위로 볼 여지가 있다"는 앞서 본 판결 취지에 어긋난다. 특히 A교회 측은 정통기독교단에서 그 이단성 시비가 여러 번 제기된 적이 있으며, 수천 명이 모이는 대형교회인 점에서 그 이단성에 관한 주장은 '공인 또는 공적 관심사 사안'에 대한 것으로서 위법성 판단에 있어서 보다 엄격한 기준이 적용되었어야 한다고 본다.[37]

(2) 비교형량의 문제

乙의 행위로 인해 '기독교인의 믿음을 강화하는 이익보다는 甲교회 측의 명예 침해 정도가 더 크기 때문에 위법성이 인정된다'는 판결의 결론 부분도 수긍하기 어렵다. 乙의 전단지 내용에서

---

37) 이충상, 위 논문 277면.

명예훼손이 문제된 부분은 '시한부 종말론', '사이비 이단', 'A목사를 하나님 아버지라 부르면서'라는 표현인데 이 부분에 대해서는 판결의 앞부분에서 허위사실이 아니라고 판단한바 있다. 그럼에도 불구하고 이를 비교형량의 대상으로 삼았다는 점은 설득력이 없다.

인신공격적 내용을 포함시키거나 악의적이거나 현저히 상당성을 잃은 공격을 하는 것은 종교적 비판의 자유의 한계를 넘은 것으로서 위법하지만 이 사안에서 甲교회 측을 이단으로 정죄한 것은 인신공격이나 乙의 개인적인 악의로 한 것이 아니라 어디까지나 乙이 목사로서의 종교적 양심과 기독교에 대해 잘 모르는 일반인들로 하여금 이러한 이단적인 교회에 빠지지 않도록 하려는 신념에 따른 것이라고 할 수 있다. 앞의 여러 판례에서 보듯이 특정교단의 이단 여부는 자신들의 교리를 솔직히 공개하여 교계의 판단을 받는 것에 맡겨야 하며 사법권이 형사처벌로 어느 일방을 정죄함으로써 이에 개입하는 것은 옳지 않다고 생각한다.[38]

(3) 명예훼손 개정 방향과 배치

이 판결은 사실 적시에 의한 명예훼손죄 규정을 삭제하려는 최근의 형법개정 방향에 배치된다.[39] 이러한 개정 움직임은 사실을 적시하였음에도 이를 명예훼손죄로 처벌하는 것은 법적 정의에 맞지 않고 이를 모욕죄로 처벌하면 충분하다는 독일, 일본 등 여러 선진국의 입법에 따른 것이다.[40]

---

38) 이충상, 위 논문 270면.
39) 2012년 1월 9일 국회에 발의된 「형법」 일부개정법률안.
40) 국회입법조사처, 「「형법」상 명예훼손죄의 개정 논의와 쟁점」, 『이슈와 논점』, 제401호, 2012.3.8.

[Ⅰ-2-5A] 서울북부지방법원 2008.9.25 선고 2008노635 판결 【명예훼손(인정된 죄명 모욕)】

[사실관계]

(1) 乙은 2006.12.26.경 기독교 TV방송국에서, '4인4색, 탁 소장의 이단의 뿌리를 찾아서'라는 프로그램 중 '진짜와 가짜를 구별하자'라는 소제목의 강의에서, A들이 '하나님의 교회' 소속 어린이 합창단에서 합창을 하는 모습의 동영상을 속칭 모자이크 처리 등 아무런 기술적 조치를 하지 아니한 채, 얼굴이 드러나도록 보여주면서 "네 살짜리, 다섯 살짜리 꼬맹이 아이들이요, 교주를 찬양하는 영상 노래를 저희가 어렵게 구했습니다. 교주를 찬양하는 노래를 부르는 모습을 보면서 저희들은 많이 힘들고 당혹스러웠던 적이 있었습니다"라고 말하여, A들이 이단에 빠져 교주를 찬양하는 비정상적인 사람인 것처럼 방송하였다.

(2) 乙은 2007.4.17.과 18. 양일 간 서울 서대문구 소재 대학교 내에서 불특정 다수의 학생들을 상대로 '이단세미나'라는 주제로 강연함에 있어 위 동영상을 보여주며 "그중에 우리 아이들, 원래는 기독교인이었을지도 모르는데 이단에 빠진 엄마, 아빠를 따라가 결국은 사이비종교 교주에게 충성을 바치면서 '십자가 필요 없어요, 일요일도 거짓말이에요, 우리 안상홍 님만 우리 구원자예요'라고 하는 등 네 살짜리 다섯 살짜리 아이들까지도 이단의 문제에서 자유롭지 못하답니다. 예, 남의 문제 아니고요, 북한의 아이들도 아니고요, 우리 아이들입니다"라고 말하여 A들이 믿는 종교는 사이비 종교이고, A들이 북한의 아이들처럼 부모들에 의하여 분별력 없이 맹목적으로 사이비 종교 교주에게 충성을 바치는 비정상적인 사람인 것처럼 말하였다.

(3) 이에 A들은 乙을 명예훼손 또는 모욕죄로 고소하였고, 1심은 무죄를 선고하자 甲검사가 항소하였다.

[제1심: 서울북부지원 2008.4.24 선고 2007고정3477 판결 요지]

乙이 공소사실 기재와 같은 내용을 적시하여 A들의 명예를 훼손한 사실은 인정된다. 그러나 乙이 사이비종교 피해자의 제보를 받아 기독교인들에게 알리는 일을 하고 있고, '안상홍 증인회 하나님의 교회'라는 교단을 종교적으로 비판하여 위 교단에 이단적 요소가 있음을 이유로 일반인들의 주의를 촉구하고자 위 동영상을 사용한 것으로 보이는 점, 위 동영상은 1998년(A들은 촬영은 1998년경 이루어졌으나 공개된 것은 2002년경이라고 주장하고 있다)에서 2006년경까지 '안상홍 증인회 하나님의 교회' 인터넷 홈페이지에 공개되어 있어 일반인들이 볼 수 있었던 점 등에 비추면, 乙의 행위는 종교적 비판의 표현행위에 해당하고, 공공의 이익에 관한 것으로 형법 제310조에 해당하여 위법성이 없다.

[검사의 항소이유]

乙이 하나님의 교회를 이단이라고 하면서 불필요하게 특정인의 신원이 식별가능하게 위 동영상을 보여준 점, 그런데 위 동영상의 내용은 이단성이 나타나는 부분이라기보다는 A등 아이들이 합창하고 있는 모습에 불과하여 오히려 사적인 부분에 가까운 점, A들이 교단 내에서 어떠한 지위를 갖고 있지 아니한 아동인 점 등에 비추면, 乙의 행위가 형법 제310조에 해당하여 위법성이 조각된다고 할 수는 없다.

[판결요지]

[1] 명예훼손죄에 대하여

(1) 乙이 불특정 다수인에게 보여준 동영상은 A들이 B를 찬양하는 내용의 노래를 부르는 것을 그 내용으로 하고 있고, 乙은 이에 대하여 '아이들이 교주를 찬양하고 있다', '우리들은 많이

힘들고 당혹스러웠다', '이단에 빠진 엄마, 아빠를 따라가 사이비종교 교주에게 충성을 바치고 있다', '네 살, 다섯 살짜리 아이들까지도 이단의 문제에서 자유롭지 못하다'는 설명을 덧붙였다.

(2) 그중 A들이 엄마, 아빠를 따라가 B를 찬양하고 있다는 부분은 사실의 적시에 해당하기는 한다. 그러나 A들 스스로 주장하는 바와 같이 기독교 성서의 해석 기타 이유에서 안상홍을 재림예수로 믿고 찬양하는 종교가 법질서에서 그 자체 금지되거나 부정적으로 평가되는 것은 아니며, 어떠한 사회적 해악을 끼치지 아니하는 한 오히려 그 종교활동은 헌법 제20조 제1항에서 정하는 종교의 자유로 보호된다. 위 종교활동이 적법하고, 그 누구도 (특정 교단의 관점이 아닌) 객관적·사회적 또는 법적 잣대에 의하여서는 이를 부정적으로 평가할 수 없는 이상, 안상홍을 찬양하는 내용의 동영상이 아래에서 보듯이 이단성을 뜻하게 되어 기성 기독교 교단 내에서의 평가를 저하시킬 위험은 별론하고(피해자들은 기성교단에 속해 있지도 아니하다), 그 자체로 A들에 대한 '사회적인' 평가를 저하시키는 내용 내지는 A들이 부끄러워해야 할 내용이라고 할 수는 없다(A들 스스로 위 동영상에 촬영된 바와 같은 활동을 좋은 추억으로 갖고 있으며 이를 자랑스러워하고 있다고 진술하고 있는 점, 위 동영상이 '안상홍 증인회 하나님의 교회' 인터넷 홈페이지에 2002년부터 2006년경까지 게시되어 있었던 점 등도 이를 뒷받침한다).

(3) 한편 '안상홍 증인회 하나님의 교회'를 '사이비종교'로 지칭한 부분은 구체적으로 그 사회적 해악을 적시하지 아니한 이상 단순한 경멸의 감정을 표현한 것에 불과하다. '이단'으로 지칭한 부분은 A들 스스로 주장하듯 이단의 통상적인 의미가 교회, 즉 특정 교단의 권위에 의하여 배척된 교리나 체제임을 뜻하는 것일 뿐이므로 이는 이미 기성교단의 권위를 인정하고 받아들이고 있는 기성교단 소속원들에 대한 평가의 저하를 의미할지언정 그 자체 그릇된 것이라는 뜻이라거나 사회적 평가를 저하시킬 만한 것이라고 볼 수는 없을 뿐 아니라 정통과 이단의 구별기준 자체도 논란의 대상이 될 수도 있으므로 고도의 평가적 판단에 해당하여 사실 적시로 볼 수 없다.

(4) 또한 B가 재림예수라는 '하나님의 교회'의 교리를 받아들이지 아니한 제3자로서는 B를 '하나님의 교회'의 창시자 내지 우두머리, 즉 '교주(교주라는 말 자체가 부정적인 의미를 갖고 있는 것은 아니다)'로 보는 것이 잘못되었다고 할 수도 없다. 이에 대하여 乙이 많이 힘들고 당혹스러웠다고 하고 있는 것은 자신의 감정의 표현에 불과하고 여기에 A들에 관한 어떠한

사실의 적시가 있다고 할 수 없다.

(5) 가사 A들이 위와 같은 활동을 하였다는 것이 그 자체 사회적으로 부정적인 평가를 받을 만한 내용이어서 A들에 대한 사회적 평가를 저하시킬 수 있는 사실의 적시에 해당한다고 볼 여지가 있다 하더라도, A들이 위와 같은 활동을 하였다는 점 자체는 객관적 사실에 부합하는 점, 乙은 그 이단성을 비판하기 위하여 위 사실을 적시한 것으로 보인다. 그리고 이를 적시하면서 그 근거로 사용한 자료 또한 A들이 인터넷을 통하여 일반 공중의 접근을 허락한 것들인 점, 이단성의 비판은 적어도 기독교 내지 일정 범위의 기성 교단으로서는 공적인 이익에 관한 것으로 볼 수 있을 뿐 아니라 선교의 자유에 포함되는 종교비판의 자유의 한 발현형태로서 특히 고도로 보장될 필요가 있는 점 등을 종합하여 보면, 乙의 강연 중 사실의 적시는 공공의 이익을 위하여 진실한 사실을 적시한 경우 내지 종교비판의 자유에 포함되는 경우로서 위법하지 아니하다고 봄이 상당하다.

[2] 모욕죄에 대하여

(1) 乙이 사실을 적시하여 A들의 명예를 훼손하였다고 할 수는 없으나, 乙이 A들의 행위에 대하여 쓴 표현, 특히 강연제목인 '진짜와 가짜', A들이 소속된 교단에 대한 표현인 '사이비종교', '북한의 아이들'과 같은 것들은 모두 A들에 대한 사회적 평가를 저하시킬 만한 가치 판단이나 경멸적 감정을 드러낸 것으로 모욕에 해당한다(다만, '이단'이라는 표현은 앞서 본 바와 같은 이유로 반드시 그 자체 사회적 평가를 저하시킬 만한 표현이라고 단정하기 어렵다). 이에 대하여 변호인은 비방목적이 없었다고 주장하므로 보건대, 형법상 모욕죄가 성립하기 위하여 비방의 목적이 요구되는 것은 아니므로, 위 주장은 이유 없다.

(2) 가사 위 변호인의 주장을, 乙은 특정인을 비난하고자 한 것이 아니라 종교비판을 하고자 한 것이므로 정당행위에 해당한다는 취지로 선해한다 하더라도, 특정 교단 전체 또는 당해 교단의 교리에 대한 비판과는 달리, 그 교단에 속한 개개인, 특히 그 교단의 운영과 교리 등에 별다른 영향을 미치지 아니한 채 당해 교단의 가르침에 따라 종교생활을 영위하고 있을 뿐인 평신도를 적시하여 비판을 함에 있어서는, 그와 같은 비판이 당해 개개인에 대한 외부적·사회적 평가와 개개인의 명예감정을 침해하지 아니하도록 주의하여야 할 것이다. 그런데 乙은 A들이 식별가능한 상태의 동영상을 보여주며, 이에 대하여 사이비종교에 빠져 있는 비정상적인 사람이라는 듯한 표현을 사용하였고, 종교비판을 위하여 특별히 A들의 신원을 밝혀야

할 필요가 있다고 볼 만한 사정도 없으므로, 乙의 위 행위는 종교비판의 한계를 벗어났다 할 것이다.

[해설 및 검토]

가. 사례의 의미

이 사례는 앞의 [Ⅰ-2-5]와 같이 「안상홍 증인회 하나님의 교회」와 관련된 형사사건으로서 처음에 검사는 명예훼손으로 기소하였으나 공소유지에 문제가 있을 것으로 생각하여 예비적 공소사실 및 적용법조를 추가하는 내용의 공소장 변경을 통해 모욕죄를 적용하였다. 모욕죄(侮辱罪)란 공공연하게 사람을 모욕함으로써 성립하는 범죄를 말한다(형법 제311조). 모욕죄에서 말하는 모욕이란 사실을 적시하지 아니하고 사람의 사회적 평가를 저하시킬 만한 추상적 판단이나 경멸적 감정을 표현하는 것이다. 가령 인터넷의 특정 기사에 댓글형식으로 그 기사에 등장하는 특정인에 대하여 경멸의 의사를 표시하는 글을 게재하는 행위가 모욕죄에 해당한다.[41]

명예훼손죄와 모욕죄는 보호하려는 법익이 다 같이 사람의 가치에 대한 사회적 평가인 '외부적 명예'인 점에서는 차이가 없으나 명예훼손은 사람의 사회적 평가를 저하시킬 만한 구체적 사실의 적시를 하여 명예를 침해함을 요함에 비해, 모욕죄는 구체적 사실이 아닌 단순한 추상적 판단이나 경멸적 감정의 표현으로서 사회적 평가를 저하시키는 점에서 차이가 있다.[42]

나. 명예훼손죄 부분

이 사안과 [Ⅰ-2-5]의 차이점은 가해자인 乙이 B목사 측을 비판하는 문서나 전단지를 만들어 배포한 것이 아니라 B목사 측이 제작하여 홈페이지를 통해 공개한 동영상을 그대로 사용한 점에 있다. 다만 그 사용 대상이나 사용하면서 '사이비 종교', '이단'으로 표현한 부분을 명예훼손죄의 성립에 있어서 중요한 '사실의 적시'로 볼 것인가 아니면 모욕죄의 성립에 요구되는 단순한 경멸의 표시인가에 있다. 이에 대해 판결은 "'사이비종교'로 지칭한 부분은 구체적으로 그

---

41) 서울중앙지법 2006.3.10 선고 2006고정885 판결.
42) 대법원 1987.5.12 선고 87도739 판결.

사회적 해악을 적시하지 아니한 이상 단순한 경멸의 감정을 표현한 것에 불과하고, '이단'으로 지칭한 부분은 이단의 통상적인 의미가 교회, 즉 특정 교단의 권위에 의하여 배척된 교리나 체제임을 뜻하는 것일 뿐이므로 그 자체 그릇된 것이라는 뜻이라거나 사회적 평가를 저하시킬 만한 것이라고 볼 수는 없을 뿐 아니라, 정통과 이단의 구별기준 자체도 논란의 대상이 될 수도 있으므로 고도의 평가적 판단에 해당하여 사실의 적시로 볼 수 없다"라고 하여 乙의 책임을 부인하였다. 이단성의 비판은 적어도 기독교, 기성 교단으로서는 공적인 이익에 관한 것으로 볼 수 있을 뿐 아니라 선교의 자유에 포함되는 종교비판의 자유의 한 발현 형태로서 특히 고도로 보장될 필요가 있는 점에서 볼 때 이 판결의 취지는 타당하다고 하겠다.

다만 이 판결에서 "안○○(B)을 재림예수로 믿고 찬양하는 종교가 법질서에서 그 자체 금지되거나 부정적으로 평가되는 것은 아니며, 어떠한 사회적 해악을 끼치지 아니하는 한 오히려 그 종교활동은 헌법 제20조 제1항에서 정하는 종교의 자유로 보호된다"라고 판시한 부분이다. 물론 교리 논쟁에 대해서는 법원이 개입해서는 안 되지만 자신을 재림예수라고 하는 것은 이단사이비에서 보통 내세우는 전형적인 행태임을 감안하면 이러한 주장에 대해서도 종교의 자유로서 보호해야 한다는 점은 이해하기 어렵다. 왜냐하면 기독교 교리의 핵심은 예수그리스도의 재림에 대한 신앙에 있는데, 성경은 예수의 재림에 대해서 "너희 가운데서 하늘로 올리신 이 예수는 하늘로 가심을 본 그대로 오시리라(사도행전 1:11)", "주께서 호령과 천사장의 소리와 하나님의 나팔로 친히 하늘로 좇아 강림하시리니 그리스도 안에서 죽은 자들이 먼저 일어나고(데살로니가전서 4:16)"라고 기록하고 있어 예수는 이 세상이 끝나는 날 심판주로 재림한다. 이에 따라 재림예수를 사칭하는 것은 명백한 기독교 신앙의 부정으로서 '종교'라는 이름으로 보호해야 할 대상이 아니라고 본다.

다. 모욕죄의 성립

이 사례에서 "피해자들의 행위에 대하여 쓴 표현, 특히 강연제목인 '진짜와 가짜', 피해자들이 소속된 교단에 대한 표현인 '사이비종교', '북한의 아이들'과 같은 것들은 모두 피해자들에 대한 사회적 평가를 저하시킬 만한 가치 판단이나 경멸적 감정을 드러낸 것으로 모욕에 해당한다고 판시되었다.

성경에서 예수그리스도는 말세에 많은 사람들이 나타나서 자신을 그리스도라고 할 것을 예언하였고 또 이들에 대해 '적그리스도'라는 표현을 하였다.[43] 이러한 차원에서 보면 정통교단에서 재림예수를 참칭하는 교단과 교주에 대해 '가짜' 또는 '사이비종교'라고 표현한 것은 이러한 성경말씀을 그대로 믿은 믿음의 표현이지 이를 타인을 경멸할 의도로 하였다고 볼 수 있는지 의문이다. '북한 아이들'이라고 표현한 부분도 아직 사리분별을 하지 못하는 어린아이들로 하여금 맹목적으로 교주를 찬양하는 모습이 마치 북한 어린이들이 그들의 최고지도자들에 대해 앵무새처럼 찬양하는 것과 다를 바 없다는 점을 나타낸 것에 불과하다면 이 표현에 대해서도 모욕죄를 적용한 것은 무리가 있다고 하겠다.

문제는 A목사 측 교회에서 그들의 교주를 재림예수로 부른 적이 있는지 또는 교주 자신이 자칭 재림예수라고 한 적이 있는지를 밝혔어야 한다.

[Ⅰ-2-6] 대법원 2007.10.26 선고 2006도5924 판결 【명예훼손】

[사실관계]

(1) 乙1은 대전 서구 소재 B교회 목사로서 대전광역시기독교연합회 소속 사이비대책위원회 위원장이고, 乙2는 C교회 목사로서 위 사이비대책위원회 회원이다. 乙들이 이단으로 규정하고 있는 A목사가 대전지역에서 '성경세미나'라는 이름으로 행사를 개최한다는 내용의 광고문을 지역일간지에 게재하는 등 교세를 확장하려고 하자 성경세미나의 실상을 일반인들에게 알리기로 마음먹고 서로 상의하였다.

---

43) **마태복음 24:26~27** 그러면 사람들이 너희에게 말하되 보라 그리스도가 광야에 있다 하여도 나가지 말고 보라 골방에 있다 하여도 믿지 말라 번개가 동편에서 나서 서편까지 번쩍임같이 인자의 임함도 그러하리라.
요한일서 2:18 아이들아 이것이 마지막 때라 적그리스도가 이르겠다 함을 너희가 들은 것과 같이 지금도 많은 적그리스도가 일어났으니 이러므로 우리가 마지막 때인 줄 아노라.

(2) 2004.10. 말경 대전 동구에 소재하는 인쇄소에서 "이단(구원파 A목사)으로부터 우리 가정과 고장 대전을 지킵시다"라는 제하로 "1. 구원파 대한기독침례회(A목사), 2. A목사는 체계적으로 신학을 공부한 적이 없다, 3. 구원파는 한국교회로부터 이단이라고 규정받았다, 4. 구원파는 '세미나'라는 모임을 통하여 대전 시민에게 다가간다, 5. 우리 고장 대전이 이단들이 발호하는 도시라는 불명예를 씻기 위하여"라는 소제목 등으로 표현된 내용과 성경 위에 활동하는 마귀나 벌레 등을 젓가락으로 집어내는 형상을 희화한 유인물 30만 부가량을 제작한 다음, 2004.11.1.부터 이틀간 대전 지방 신문 2곳과 『중앙일보』에 간지 형태로 삽입하여 불특정 다수 구독자들에게 배포하였다.

(3) 이에 A 목사는 乙1, 2를 명예훼손혐의로 고소하였고 1심 법원은 유죄를 인정하고 乙1에 대해서는 벌금 200만 원, 乙2에 대해서는 벌금 100만 원을 각각 선고하였다. 이에 대해 乙들이 항소하여 항소심에서는 乙1, 2에 대해 무죄가 선고되어 甲이 상고하였다.

[乙의 주장]

(1) **사실의 적시에 해당되지 않는다는 주장** 이 유인물의 내용은 종교적·교리적 의견표명에 불과하여 사실의 적시라고 볼 수 없고, 사실의 적시에 해당된다고 하더라도 명예훼손적 표현이라고 볼 수 없으며, 유인물 중앙의 배경그림은 보기에 따라서는 얼마든지 사람으로도 볼 수 있는 것으로서 이단이라는 의미의 상징적인 표현그림에 지나지 아니할 뿐만 아니라 乙들 소속 사이비대책위원회에서는 2003년에도 A와는 아무런 관계없이 위 배경그림을 전단지에 사용한 적이 있다.

(2) **종교적 비판의 표현행위에 해당되어 위법성이 없다는 주장** 乙들이 적시한 내용은 모두 진실한 사실이고, 이단적인 종교의 위험으로부터 기독교인뿐만 아니라 일반시민을 보호할 목적으로 이 유인물을 배포한 것이어서 A목사 및 구원파가 이단이라는 점은 대전 시민 전체의 관심과 이익에 관한 것이라고 할 것이다. 비록 乙들이 약 30만 부의 유인물을 만들어 비기독교인들이 포함된 대전 시민들을 상대로 배포하였다고 하더라도, A목사가 먼저 乙들이 소속된 기성교회들에 대한 명예훼손적 행위를 하여 왔다. 이 유인물에 표현된 문구의 바로 밑에는 인용된 책의 이름과 해당 면수가 명시되어 있고 위 책자들은 누구든지 쉽게 시중에서 구

해볼 수 있는 책들이다. 또 유인물의 그림형상은 성경의 정통성을 훼손하려는 이단사상을 뽑아내려 한다는 의미에서 그려진 그림이지 A목사를 마귀나 벌레라고 생각해서 집어낸다는 그림이 아니다. 따라서 乙들의 행위는 공공의 이익을 위한 것으로서 형법 제310조에 의하여 위법성이 없고, 또한 헌법 제20조에 의하여 보장되는 종교적 비판의 표현행위에 해당되어 위법성이 없다.

(3) **자구행위 내지 정당행위에 해당되어 위법성이 없다는 주장** 乙들은 대전광역시기독교연합회 소속 사이비대책위원회 위원장 및 회원의 직책을 맡고 있는 상황에서, 한국기독교총연합회 소속 각 교단으로부터 수차에 걸쳐 이단으로 규정받은 A목사와 그의 교회가 각종 언론매체를 통하여 비기독교인을 포함한 불특정 다수인을 대상으로 乙들이 소속된 기성교회들에 대하여 허위사실과 명예훼손적 표현이 담긴 광고를 배포하고 비방·편파 하는 등의 불법행위를 자행하였다. 乙들의 행위는 자신들의 명예가 훼손되는 급박한 법익침해에 처한 상황에서의 상당한 자구행위 내지 사회상규에 위배되지 아니하는 행위로서의 정당행위에 해당되어 위법성이 없는 행위이다.

[판결요지]

(1) **명예훼손죄와 사실 적시** 명예훼손죄가 성립하기 위해서는 사실의 적시가 있어야 하는데, '사실의 적시'란 가치판단이나 평가를 내용으로 하는 의견표현에 대치되는 개념으로서 시간과 공간적으로 구체적인 과거 또는 현재의 사실관계에 관한 보고 내지 진술을 의미하는 것이며 그 표현내용이 증거에 의한 입증이 가능한 것을 말한다. 그리고 판단할 진술이 사실인가 또는 의견인가를 구별함에 있어서는, 언어의 통상적 의미와 용법, 입증가능성, 문제된 말이 사용된 문맥, 그 표현이 행하여진 사회적 정황 등 전체적 정황을 고려하여 판단하여야 한다. 적시된 사실은 이로써 특정인의 사회적 가치 내지 평가가 침해될 가능성이 있을 정도로 구체성을 띠어야 하는 것이며, 비록 사실을 적시하였더라도 그 사실이 특정인의 사회적 가치 내지 평가를 침해할 수 있는 내용이 아니라면 형법 제307조 소정의 명예훼손죄는 성립하지 않는다. 헌법상 종교의 자유가 보장되는 점에 비추어 다른 종교 또는 종교집단을 비판할 자유 역시 최대한 보장되어야 한다.

(2) **판단** 위 법리와 기록에 비추어보면, 이 유인물의 내용 중에서 "대한예수교침례회는 구원파 계열의 이단이다", "A는 체계적으로 신학을 공부한 적이 없다"라는 기재부분은 그 의견의 기초가 되는 사실을 함께 기술하면서 의견을 표명한 것으로서 乙들의 주관적인 종교적·교리적 분석에 기초한 순수한 의견 또는 논평에 해당하는 것이다. "A가 기성교회를 공격하고 폄하하며 자기들을 드러내기만을 고집하려고 시도하였다." 또는 "A의 시도를 막아 우리 고장 대전이 이단들이 발호하는 도시라는 불명예를 씻어내고 우리 고장 대전과 우리 가정 및 자녀를 지켜내자"라는 등의 기재부분이나 "성경 위에 활동하는 마귀나 벌레 등을 젓가락으로 집어내는 형상"을 희화한 그림 부분 역시 전체적인 맥락에서 乙들의 의견을 표명하고 있는 것일 뿐 이를 사실의 적시에 해당한다고 보기 어렵다. "구원파는 '성경세미나'라는 모임을 통하여 대전 시민에게 다가간다"라는 기재부분 등은 A의 사회적 가치 내지 평가를 침해할 수 있는 명예훼손적 표현에 해당하지 않으므로, 乙들이 이 유인물을 배포한 행위를 명예훼손죄로 처벌할 수 없다.

[해설 및 검토]

이 사안은 종교적 비판행위가 명예훼손이 되려면 명예훼손죄의 구성요건인 '사실의 적시'가 있어야 함을 전제로 하여 乙들의 비판행위가 단순한 의견진술 또는 의견의 기초가 되는 사실을 함께 기술한 것에 지나지 않는다고 판시하여 乙들의 무죄를 선고하였다. 구원파도 이단성 시비가 끊이지 않는 교파인데 이 사건 이외에도 다음의 [Ⅱ-1-1] 사건에서 구원파를 비판한 책자 발간과 군종장교의 설교에 대해 정교분리원칙위반과 명예훼손을 이유로 공군참모총장과 군종장교를 상대로 소송을 제기하여 패소한 바 있다.

이 사안은 앞의 [Ⅰ-2-5] 사례와 비교된다. 이 두 사건은 모두 기독교인이 아니라 일반인을 상대로 하여 전단지를 살포한 점에서 동일하다. 다만 이 사례에서는 일간지의 간지 형태로 30만 부의 전단지를 배포한 점에서는 [Ⅰ-2-5] 사례와는 비교할 수 없을 정도로 그 파급력이 크다고 하겠다. 그럼에도 불구하고 [Ⅰ-2-5] 사례에서는 이른바 비교형량의 법리를 적용하여 乙의 행위로 인한 이익보다 甲의 명예훼손의 정도가 더 크다는 모호한 기준으로 乙의 형사책임을 인정하였음에 비해 이 사례에서는 乙의 무죄를 인정한 것은 균형이 맞지 않는다.

다만 이 사안은 乙의 표현이 '사실의 적시'에 해당하지 않기 때문에 비교형량의 필요가 처음부터 문제되지 않는다는 점에 차이가 있다. 그러나 [Ⅰ-2-5] 사례에서 乙이 배포한 전단지에는 "자칭 신이라 주장하는, 시한부 종말론, 사이비 이단에 빠지지 맙시다. 하나님의 이름을 빙자하여 최근 가장 많이 활동하고 있는 사이비, 하나님의 교회 및 세계복음 선교협회. 이들은 A를 하나님이라 부르면서 진실한 교인들이 섬기고 있는 하나님의 이름을 짓밟고 있는 자들이다"라고 표현되어 있는데, 이러한 표현이 이 사안에서 乙의 전단지 내용과 무슨 차이가 있어 판결의 결론이 달라졌는지 이해되지 않는다.

3. 선교의 자유

[Ⅰ-3-1] 헌재 2008.6.26 헌마1366 전원재판부 여권사용제한 무효확인

[사실관계]

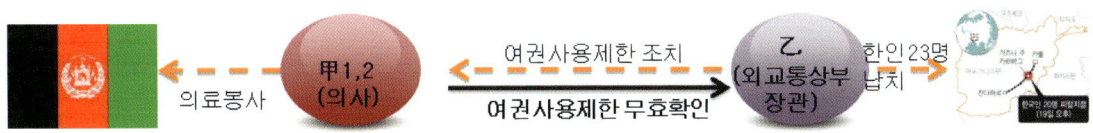

(1) 2007년 7월 19일 아프가니스탄에서 한국인 23명이 탈레반 무장 세력에 납치되어 억류 도중에 2명이 살해당하고 나머지 21명은 42일 만에 석방되는 사건이 일어나자, 외교통상부장관(乙)은 2007.8.6. '여권의 사용제한 등에 관한 고시'를 통하여 이라크, 소말리아, 아프가니스탄 등 3개 지역에 대하여 1년간 여권의 사용제한 등의 조치를 하였다.

(2) 甲1은 한의사로서 2003년경부터 아프가니스탄 북동부 및 중부에서 의료봉사 및 교육활동을 하다가 2007.8.3. 한국대사관으로부터 교민철수명령을 받고 2007.8.29. 귀국하였고, 甲2는 성형외과 전문의로서 2003년경부터 아프가니스탄 북부에서 의료봉사 및 교육활동을 하다가 2007.6. 일시 귀국하였는데, 각자 2007.9.경 다시 아프가니스탄으로 출국하려 하였으나 위 여권사용제한 고시에 의하여 그 뜻을 이루지 못하였다.

(3) 甲들은, 자신들이 오직 인도주의적 목적으로 봉사활동을 위하여 아프가니스탄으로 가려고 하였음에도 위 지역의 테러위험을 이유로 출국을 금지하는 것은 거주·이전의 자유, 종교의 자유 및 평등권을 침해하는 것이라고 주장하면서 2007.11.30. 이 헌법소원심판을 청구하였다.

(4) 심판의 대상은 2007.8.7. 외교통상부(乙) 고시 제2007-1호 '여권의 사용제한 등에 관한 고시'

의 위헌 여부이고, 그 내용은 아래와 같다.

1. 대상국가 또는 지역: 이라크, 소말리아, 아프가니스탄

2. 사유: 외국인을 대상으로 한 폭탄테러 납치 빈발

3. 기간: 관보게재일로부터 1년

[당사자의 주장]

[甲의 주장]	[乙의 주장]
(1) **거주·이전의 자유 침해** 거주·이전의 자유에는 국외이주의 자유 및 해외여행의 자유 등이 포함된다. 그런데 이 고시는 외국인을 대상으로 한 폭탄테러·납치가 빈발하는 국가라는 이유만으로 대한민국 국민이 아프가니스탄에 입국하는 것을 금지하는바, 이는 의료봉사 및 선교·교육활동을 위하여 아프가니스탄으로 가려는 甲들의 국외이주 및 해외여행 자유를 침해한다.	(1) **보충성요건의 결여** 이 심판청구는 甲의 여권사용허가신청에 대한 乙의 허가 여부에 관한 구체적인 처분(즉, 불허가처분)이 있을 때 비로소 기본권 침해가 있는 것일 뿐, 이 고시 자체로 직접 기본권을 침해한다고 볼 수 없어 직접성을 결여하였으며, 그와 같은 불허가처분에 관하여 행정심판 또는 행정소송으로 다툴 수 있으므로 보충성 요건을 충족하지 못한다.
(2) **종교의 자유 침해** 이 고시는 여권의 사용제한 등에 관하여 예외적으로 허가하는 경우를 규정하고 있으나, 대한민국 국민이 종교를 선전하고 전파하기 위한 목적에 대하여는 예외규정을 두지 않음으로써 선교목적으로는 아프가니스탄에 입국하지 못하게 되었으므로, 이는 종교의 자유, 그중에서도 선교의 자유를 침해하는 것이다.	(2) **기본권 제한의 목적과 수단의 적절성** 이 고시는 개정 여권법에 따라 乙이 제정한 것으로, 국가의 재외국민 보호의무를 이행하고 국민의 생명과 재산을 보호하기 위한 것으로 그 목적의 정당성이 있다. 위험 지역 국가에로의 여행 또는 체류를 금지하는 것은 국민보호조치를 이행하기 위한 적절한 수단이라 할 것이다. 위난 지역을 3곳으로 한정하고, 기간도 1년으로 제한하였을 뿐만 아니라, 예외적인 경우에 는 乙의 허가를 받아 해당 지역의
(3) **평등권 침해** 이 고시는 아프가니스탄에서	

취재 또는 보도를 하고자 하는 언론인이나 기업활동을 위하여 소관 중앙행정기관의 장의 추천을 받은 기업인에게는 외교통상부 장관의 허가를 받아 예외적으로 아프가니스탄의 입국을 허용하고 있음에도, 甲들과 같은 의료인, 종교인 또는 자원 봉사자의 아프가니스탄 입국을 전면적으로 금지함으로써 합리적 근거 없이 甲들을 언론인 또는 기업인과 차별하고 있다.

방문 및 체류를 가능하도록 함으로써 기본권제한을 최소화하였으므로 이 고시는 헌법에 위배되지 않는다.

[판결요지]

[1] 종교(선교활동)의 자유

(1) **종교전파의 자유** 종교의 자유에는 신앙의 자유, 종교적 행위의 자유가 포함되며, 종교적 행위의 자유에는 신앙고백의 자유, 종교적 의식 및 집회·결사의 자유, 종교전파·교육의 자유 등이 있다(헌재 2001.9.27. 2000헌마159 등). 이 사건에서 문제되는 종교의 자유는 종교전파의 자유로서 누구에게나 자신의 종교 또는 종교적 확신을 알리고 선전하는 자유를 말하며, 포교행위, 선교행위가 이에 해당한다. 그러나 이러한 종교전파의 자유는 국민에게 그가 선택한 임의의 장소에서 자유롭게 행사할 수 있는 권리까지 보장한다고 할 수 없으며, 그 임의의 장소가 대한민국의 주권이 미치지 아니하는 지역 나아가 국가에 의한 국민의 생명·신체 및 재산의 보호가 강력히 요구되는 해외 위난지역인 경우에는 더욱 그러하다.

(2) **선교의 자유 침해 여부** 甲들의 아프가니스탄에서의 선교행위가 제한된 것은, 이 여권의 사용제한 등 조치를 통하여 국민의 국외 이전의 자유를 일시적으로 제한함으로써 부수적으로 나타난 결과일 뿐, 甲들이 국내외를 포함한 다른 지역에서의 기독교를 전파할 자유를 일반적으로 제한하는 것은 아니라 할 것이므로 乙의 고시가 직접적으로 甲들의 선교의 자유를 침해하였다고 보기도 어렵다.

[2] 평등권 침해 여부

(1) **평등권** 헌법상 평등의 원칙은 일반적으로 입법자에게 본질적으로 같은 것을 자의적으로 다르게, 본질적으로 다른 것을 자의적으로 같게 취급하는 것을 금하고 있는 것으로 해석되고, 평등원칙위반 여부를 심사함에 있어 특별한 사정이 없는 한, 이른바 자의금지원칙을 위반하였는지의 여부를 심사하는 것으로 족하다고 할 것이다. 이 고시는 여권사용제한 등 조치의 예외 사유로서 해당국가의 영주권자 또는 공무(公務)활동을 위한 경우 이외에 언론보도, 기업활동 및 긴급한 인도적 활동을 규정하고 있다.

(2) **예외 허용 사유** 언론인이 위난 지역에 들어가 취재 또는 보도를 하는 것은 세계 각 지역의 천재지변 또는 전쟁 등 위난상황을 국민에게 정확하고도 상세히 알리고 교육함으로써 국민의 알권리를 충족시키는 중대한 책무를 이행하는 데 필수적인 활동이다. 기업인의 기업활동은 국민의 재산권과 국가의 경제적 이익에 관련된 것으로 일시에 중단할 수 없거나 중단할 경우에는 막대한 경제적 손실을 가져올 수 있다. 또한 해외 위난지역 주민에 대한 구호가 필요한 긴급한 상황이 발생하여 그 지역에 들어가 인도적 활동을 하거나 지원하는 것은 세계 평화와 인류공영이라는 헌법전문의 정신을 실현하고 우리나라가 국제사회의 일원으로서 역할을 다하며 국위를 선양하는 일이 아닐 수 없다.

(3) **의료봉사의 예외 해당 여부** 이에 반하여, 甲이 목적하는 바인 지역 주민을 위한 질병 진료나 언청이 수술, 생필품 구호물자 전달 등 일반 의료·봉사활동 및 컴퓨터 교육·기독교 선교활동은 위 여권사용제한 등 조치의 예외 사유에서와 같이 국민의 생명·신체 및 재산의 위험을 담보하면서까지 보호되어야 할 중대한 국가적 이익에 관련되어 있는 것이라고는 할 수 없으므로, 위 일반 의료·봉사활동 및 교육·선교활동을 여권사용제한 등 조치의 예외사유에 포함시키지 않은 것을 합리적 이유 없이 차별대우하는 것으로 볼 수 없다.

[3] 결론

그렇다면 이 사건 乙의 고시는 甲들의 거주·이전의 자유 및 종교의 자유 및 평등권을 침해하였다고 할 수 없으므로 甲들의 심판청구는 이유 없어 이를 기각하기로 하여 관여 재판관 전원의 일치된 의견으로 주문과 같이 결정한다.

[해설 및 검토]

가. 사례의 의미

이 사례는 선교의 자유 특히 해외선교의 자유에 관한 선례로서 중요하다. 이 사건이 발생한 시점은 아프가니스탄에 선교봉사를 갔던 분당샘물교회 신도들이 아프간 반군들에 의해 납치되어 2명이 살해되고 나머지 인질들의 석방을 위해 국가가 거액의 배상금을 지급한 직후이다. 이 사건을 계기로 하여 기독교계의 무분별한 해외선교에 대해 국민적 비난이 집중되었고 선교의 현실과 그 문제점에 관해 기독교계 내부에서도 자성하는 움직임이 커졌다.

이 사안에서는 이러한 위험지역의 여행이나 입국에 대해 국가가 국민의 보호차원에서 여행금지를 한 것이 결과적으로 이 지역에서 오랫동안 의료봉사활동을 하였고 또 부수적으로 선교활동을 한 甲들의 선교자유를 침해한 여부가 문제되었다.[44] 종교의 자유, 선교의 자유도 헌법이 보장하는 기본권이지만 국가안보나 기타 국민의 생명과 신체의 안전을 위해서는 이를 제한할 수 있다는 점에서 이 판결의 결론에는 수긍이 간다.

다만 이 사례에서 한 가지 문제가 되었던 것은 그 예외조치로서 취재를 목적으로 하는 언론인이나 기업활동과 긴급한 구호활동에 대해서는 이를 국위를 선양하는 행위로서 예외가 허용된 점이다. 甲들의 의료봉사도 이러한 긴급한 구호활동의 일환으로 볼 수 있다는 점에서는 예외에 해당하지 말라는 법은 없다. 다만 이들은 모두 기독교인들로서 주된 활동은 의료행위이지만 선교의 목적을 가지고 일하는 것이 분명한 이상 기독교에 대해 극도의 혐오감과 적대감을 가지고 있는 아프간의 이슬람 원리주의자들의 위협에 노출되어 있어 이를 불허한 것으로 보아야 한다.

---

44) 1991년 이래의 소말리아 내전, 2001.9.11. 미국 내 폭발테러사건과 이후 미국의 아프가니스탄 공격, 2003년 3월 경 발발한 미국-이라크 전쟁 등 국제적인 위난 상황이 계속하여 발생하자 재외국민을 포함한 국민의 생명, 신체 및 재산에 대한 국가의 보호가 중요한 문제로 부각되었고, 이에 따라 개정된 여권법은 외교통상부장관이 천재지변·전쟁·내란·폭동·테러 등 해외 위난상황으로 인하여 필요하다고 인정하는 때에는 해당 국가 또는 지역에서의 여권의 사용제한 등의 조치를 할 수 있도록 하면서, 그 절차와 방식을 대통령령으로 정하도록 하였다. 특히 2007년 7월 19일 아프가니스탄 피랍사건이 일어나자, 외교통상부장관은 2007.8.6. 이 사건 고시를 통하여 이라크, 소말리아, 아프가니스탄 등 3개 지역에 대하여 1년간 여권의 사용제한 등의 조치를 하기에 이르렀다.

나. 한국교회와 해외선교

(1) 선교현황과 문제점

한국교회들은 대부분 '선교하는 교회'라는 슬로건을 내걸고 선교, 특히 해외선교에 열성적이다. 한국기독교는 120년 전 언더우드, 아펜젤러 등 외국선교사들의 헌신적인 선교와 희생을 통해 복음의 씨가 뿌려진 이후 짧은 기간 동안에 전 세계에서 그 유래를 찾아볼 수 없을 정도로 양적·질적 성장을 거듭하여 오늘날 한국을 대표하는 종교의 하나로 성장하였다. 이와 같이 한국교회에 있어서 선교는 그 태생적인 동기인 동시에 교회가 성장하기 위한 강력한 동인이 되고 있다.[45] 이리하여 한국교회는 1980년대 해외선교가 본격화된 지 불과 30년 만에 해외선교사 파송 5대 국가 안에 진입하였다고 한다.[46] 그 대상국도 중국이나 북한 등 가까운 지역에서부터 아시아지역, 남미지역, 아프리카와 이스라엘은 물론이고 가장 기독교 선교가 위험하고 어렵다는 무슬림국가에 이르기까지 다양하다.[47]

그러나 이러한 해외선교는 동시에 많은 문제점도 노정하고 있다. 특히 지나치게 물량주의적이고 단기적·외형적 성과에 급급하다든지, 현지 교회와의 마찰을 빚는 일도 있으며 선교사 파송이 특정 몇몇 국가에 집중되면서 '선교를 위한 선교사 파송'이 아닌 '선교사와 파송교회를 위한 선교'라는 비판까지 나오고 있는 실정이다.[48] 특히 샘물교회 사태에서 보듯이 위험지역에 대한 선교와 그 결과에 대해 해당교회나 선교단체가 보여준 무책임한 대응도 문제이다.

(2) 위험지역에 대한 선교

이 사례에서도 문제된 바와 같이 이슬람이나 불교를 국교로 채택하고 타 종교, 특히 기독교에 적대적인 국가에 대해서도 계속 선교를 해야 하는가, 만일 선교를 하다가 테러를 당할 경우 누구의 책임인가에 대해서는 기독교인과 비기독교인들 간의 입장 차이가 크다는 점이 흥미롭다. 아프가니스탄 피랍사건 후 기독교연구소가 해외선교에 대한 의견을 조사한 결과 전체 응답자 중 64.5%가 이러한 지역에 대한 선교활동에 대해 중단해야 한다는 의견이었지만 기독교신자들의

---

45) 한국교회의 해외선교의 역사와 현황에 관해서는, 이순래, 「선교사 해외파송에 따른 테러상 문제점 및 대책」, 『한국사회학회 심포지엄 논문집』, 2010.9, 81면 이하 참조.
46) 권혁률, 「한국교회의 선교현황과 문제점」, 『한국여성신학』, 겨울 제44호, 26면.
47) 한국세계선교협의회 자료에 따르면 2010년을 기준으로 동아시아 26%, 동남아시아 17.5%, 중앙아시아 7.8%, 중동 3.7%, 아프리카 5%, 중남미 6%, 호주 등 4%, 유럽 9.4%, 북미지역 10%, 기타 15%로 분포되어 있다(한국선교 KMQ, 2010 봄호); 강승삼, 「21세기 세계선교동향과 한국교회 세계선교의 과제와 전망」, 『신학지남』, 2004.3, 221면: 유정우, 「한국교회의 아시아지역 선교사역과 그 추이」, 『한국기독교와 역사』, 제28호, 120면.
48) 권혁률, 위 논문, 27면.

절반 이상인 51.5%가 지속해야 한다고 응답하였다. 또한 피랍사태의 책임에 대해서도 전체 응답자의 70% 이상이 피랍 당사자나 파견교회의 책임이라고 본 반면, 기독교신자들은 40.4%가 어느 누구의 책임도 아니라는 의견이었고, 약 50% 정도가 파견교회와 피랍 당사자의 책임이라고 보고 있다. 즉 기독교 신자들은 반기독교 국가에서도 지속적 선교가 이루어져야 하며, 테러피해는 선교과정에서 발생할 수 있는 사건으로서 누구의 책임도 아니며, 만일 불행한 사태가 생기는 경우 스스로 그 책임을 져야 한다는 것으로 인식하는 경향이다.[49]

이에 따라 테러사건 이후에도 해외선교활동은 강화되는 추세이어서 2004년에 1만 2,000여 명 수준에서 2009년에는 2만 800명으로 거의 2배로 늘어났다. 뿐만 아니라 한국교회는 2030년까지 해외에 선교사 10만 명을 파송하는 'Target 2030운동'과 2020년까지 100만 명의 직업을 가진 자비량 선교사를 파송하는 'MT 2020운동'을 추진하고 있다. 이에 따라 선교사 해외파송에 따른 테러 위험성은 앞으로 더욱 증가할 것으로 예견할 수 있다.[50]

(3) 선교의 본질과 대책

이와 같이 한국 기독교인들이 선교를 하나님이 한국교회에 주신 사명으로 인식하는 한, 그리고 위험지역을 가리지 않는 순교의 정신으로 선교에 임하는 한 해외선교사에 대한 테러가 증대할 가능성은 충분히 예상할 수 있다. 이에 대해서는 교단이나 선교단체 차원에서 그리고 파송되는 선교사 개인 차원에서 치밀한 대비책을 강구할 필요가 있다. 특히 해외교민들의 안전을 책임지는 정부기관인 현지 재외공관과의 긴밀한 협조관계를 유지하고 위기 대비에 대한 관리교육을 충분히 받을 필요가 있다. 그리고 정부의 교민 보호를 위한 조치와 지시에는 가급적 순응해야 한다. 이러한 측면에서 한국교회가 'Target 2030운동' 계획을 수립하면서도 정부와 논의 없이 독자적으로 추진하고 있는 점은 재고할 필요가 있다.

흔히 '믿음이면 다 된다는' 식의 저돌적인 생각을 가지고 아무 준비 없이 선교현장으로 나가는 경우를 많이 본다. 그러나 예수님도 제자들을 파송하면서 "뱀처럼 지혜롭고 비둘기처럼 순결하라"고 주문하셨다.[51] 성경에서 '뱀'은 사탄 또는 세상을 의미하는데 세상이 가지고 있는 이상의 지혜를 준비해서 세상을 이기라는 뜻으로 생각된다. 따라서 해외선교에 임할 경우에는 현지어에 대한 충분한 훈련을 통해 언어 소통에 불편이 없어야 하고 현지 관습과 문화에 대한 숙지

---

49) 이순래, 위 논문, 82면.
50) 이순래, 위 논문, 83면.
51) 마태복음 10:16.

를 해서 불필요한 문화적 충돌의 여지를 축소해야 할 것이다.

그럼에도 불구하고 자신의 신앙양심상 실정법의 범위 내에서는 선교의 사명을 다할 수 없다고 판단되면 양심의 명령에 따라야 할 것이다. 기독교 역사에서 볼 때에도 사도 바울을 위시한 예수님의 제자들이나 모든 믿음의 선조들이 세상 법의 테두리를 뛰어넘은 하나님의 명령에 따라 선교지에서 순교함으로써 기독교가 오늘과 같이 세상에 널리 전파된 것이다.[52] 그러므로 선교, 특히 위험지역에서의 해외선교는 순교의 각오 없이는 섣불리 나서지 말아야 하며 만일의 경우 위험사태가 발생하더라도 스스로 책임을 지고 국가나 비기독교인들에게 부담을 주어서는 안 될 것이다.

---

52) **마태복음** 28:19~20 그러므로 너희는 가서 모든 족속으로 제자를 삼아 아버지와 아들과 성령의 이름으로 세례를 주고 내가 너희에게 분부한 모든 것을 가르쳐 지키게 하라 볼지어다 내가 세상 끝 날까지 너희와 항상 함께 있으리라 하시니라.

4. 종교적 양심의 자유

[Ⅰ-4-1] 대법원 2004.7.15 선고 2004도2965 전원합의체 판결 【병역법위반】

[Ⅰ-4-2] 헌재 2004.8.26 2002헌가1 병역법 제88조 제1항 제1호 위헌제청

[사실관계]

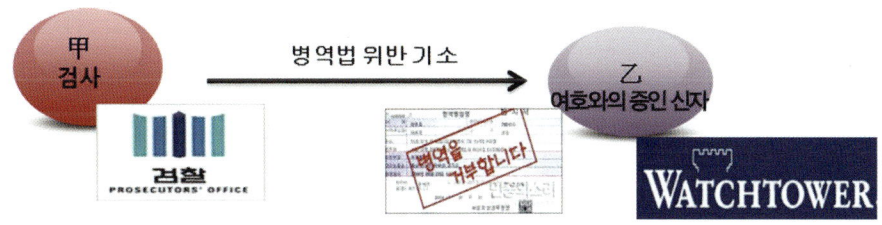

(1) [Ⅰ-4-1] 여호와의 증인 신도인 乙은 현역입영대상자로서 현역병으로 입영하라는 병무청장의 현역입영통지서를 받고도 입영일로부터 5일이 지나도록 이에 응하지 아니하였다. 이에 甲검사는 乙을 병역법 제88조 제1항 제1호 위반 혐의로 서울동부지방법원에 기소하였는데, 제1심 법원은 乙에 대해 징역 1년 6월의 실형을 선고하였다. 이에 乙이 항소하였으나 제1심과 동일한 판결이 나오자 대법원에 상고하였다.

(2) [Ⅰ-4-2] 여호와의 증인 신도인 乙(피고인 겸 제청신청인)은 현역입영대상자로서 현역병으로 입영하라는 병무청장의 현역입영통지서를 받고도 입영일로부터 5일이 지나도록 이에 응하지 아니하였다. 이에 甲검사는 乙을 병역법 제88조 제1항 제1호 위반으로 서울지방법원 남

부지원에 공소제기하여 재판이 계속 중이다. 이에 乙은 위 공소사실에 적용된 병역법 제88조 제1항 제1호가 종교적 양심에 따른 입영 거부자들의 양심의 자유 등을 침해한다고 주장하면서 위 법원에 위헌제청신청(2002 초기 54)을 하였고, 이를 받아들인 법원은 2002.1.29. 위 규정에 대하여 헌법재판소에 위헌여부심판을 제청하였다.

(3) [Ⅰ-4-2] 심판의 대상은 병역법 제88조 제1항 제1호(1999.2.5. 법률 제5757호로 개정)로 그 내용은 다음과 같다. "병역법 제88조(입영의 기피) ① 현역입영 또는 소집통지서(모집에 의한 입영통지서를 포함한다)를 받은 사람이 정당한 사유 없이 입영 또는 소집기일부터 다음 각호의 기간이 경과하여도 입영하지 아니하거나 소집에 불응한 때에는 3년 이하의 징역에 처한다. 다만, 제53조 제2항의 규정에 의하여 전시근로소집에 대비한 점검통지서를 받은 사람이 정당한 사유 없이 지정된 일시의 점검에 불참한 때에는 6월 이하의 징역이나 200만 원 이하의 벌금 또는 구금에 처한다. 현역입영은 5일."

[당사자의 주장]

[甲의 주장]	[乙의 주장]
(1) **행복추구권** 병역의무 이행은 국민의 평화적 생존권과 행복추구권을 보장하기 위해 필수 불가결한 것인데, 양심적 병역거부권을 인정하면, 병역을 이행하고자 하는 사람들이 줄어들어 국가의 존립에 중대한 위협을 가져오므로 이를 인정하지 않는 것이 행복추구권을 침해한다고 볼 수 없다.	(1) **인간으로서 존엄** 헌법 제10조는 인간의 존엄과 가치를 보장하고, 제37조 제1항은 헌법에 열거되지 않은 국민의 자유와 권리는 경시되지 않는다고 규정하고 있는 바, 진선미를 추구하면서 유한한 인생을 살아감에 있어서, 종교와 양심은 인간으로서의 존엄과 가치를 실현하는 데 없어서는 안 될 요소인데, 종교적 양심에 따른 병역 거부 등을 형벌로 제약하는 것은 이들 조항의 위배에 해당한다.
(2) **평등권** 객관적으로 현역복무가 불가능함이 드러나는 신체장애자와 객관적인 검증이 불가능한 양심적 병역거부자를 같게 취급할 수는 없고, 오히려 양심적 병역거부자에게 병역의무부과의 예외규정을 두면, 대다수 국민들의 평등권을 침해	(2) **평등권** 헌법 제11조가 종교 등을 사유로 하는 차별취급을 금지하고 있는데도 진실한 종교적 양심에 따라 병역을 거부하

할우려가 있으므로 특정 종교 신자들에게만 병역의무를 강제하지 않는 한, 평등원칙에 위반되지 않는다.

(3) **양심의 자유** 양심상 병역 거부를 양심실현의 자유에 포함시켜 본다고 하더라도, 이는 헌법 제37조 제2항에 의하여 그 제한이 가능한 권리로서 그 대외적인 표현이나 실현은 개인의 국가에 대한 기본적 의무에 의하여 제한되므로, 개인은 그 양심에 반할지라도 병역의무를 거부할 수 없으므로 양심의 자유를 침해한다고 볼 수 없다.

(4) **종교의 자유** 종교적 신념에 의한 양심적 병역거부자는 전쟁행위를 거부하는 것인바, 우리나라와 같은 특수한 안보상황에서 군사교육을 포함한 병역의무를 강제한다고 하더라도, 군사교육 자체가 곧 전쟁행위를 강제하는 것은 아니므로, 이것이 개인의 종교의 자유를 침해하는 것이라고 할 수 없다.

는 자에 대하여 강제로 징집을 실시하거나 형사처벌을 과하는 것은 평등원칙에 어긋난다. 여성이나 일정한 질병 및 심신장애를 가진 자를 병역의무자에서 제외하는 것처럼 양심적 병역거부자에게 대체복무를 부과하는 것은 합리적 차별의 범주 안에 있다고 할 수 있고, 그들이 겪은 과거의 불이익을 고려할 때, 적극적 평등실현조치의 관점에서 이를 고려해야 한다.

(3) **양심의 자유** 양심의 자유와 종교의 자유는 정신적인 강제로부터의 해방을 위한 필수적 전제조건이며, 사상의 다원성을 그 뿌리로 하는 자유민주적 기본질서의 불가결한 활력소인바, 형벌을 부과하여 병역을 강제하는 것은 양심이나 종교에 대한 본질적인 부담을 주는 반면, 징병강제를 통한 국가의 이익은 강제징집을 하지 않더라도 충족될 수 있으므로 국가법질서가 양보하는 것이 바람직함에도 불구하고 형벌을 통해 이들의 징집을 강제하는 것은 양심의 자유 등을 침해하는 것이다.

(4) **종교의 자유** 종교의 자유 중 신앙실현의 자유가 헌법 제37조 제2항이 정하는 한계 내에서 제한될 수 있다고 하더라도, 그 제한의 필요성 여부에 대한 판단기준은 명

백하고 현존하는 위험의 법리나 과잉금지의 원칙인데, 양심적 병역거부자들은 극소수의 인원에 불과하여 국방상 명백하고 현존하는 위험이 되지 않으며 대체복무 기회를 주지 않고 형벌을 가하는 것은 과잉금지 원칙에 위배된다.

(5) **대체복무** 대체복무제도를 인정할 경우 평등권위반이나 병역기피자 양산 등의 문제가 발생할 수 있으나, 이것은 복무기간, 고역의 정도, 합숙생활 등에서 현역복무에 상응하는 대체복무제도를 실시하면 문제가 없고, 양심적 병역거부자들이 징병 인원의 0.2% 정도인 점과 현대전이 과학전으로 바뀌고 있는 양상 등에 비추어볼 때, 대체복무제의 실시는 국방에 위해가 되기보다는 오히려 적절한 인력사용방법의 하나가 될 것이다.

[Ⅰ-4-1] [대법원 2004.7.15 선고 2004도2965 전원합의체 판결요지]

(1) **병역법상의 정당한 사유** 입영기피에 대한 처벌조항인 병역법 제88조 제1항의 '정당한 사유'는 원칙적으로 추상적 병역의무의 존재와 그 이행 자체의 긍정을 전제로 하되 다만 병무청장 등의 결정으로 구체화된 병역의무의 불이행을 정당화할 만한 사유, 즉 질병 등 병역의무 불이행자의 책임으로 돌릴 수 없는 사유에 한하는 것으로 보아야 할 것이다. 다만 다른 한편, 구체적 병역의무의 이행을 거부한 사람이 그 거부 사유로서 내세운 권리가 우리 헌법에 의하여 보장되고, 나아가 그 권리가 위 법률조항의 입법목적을 능가하는 우월한 헌법적 가치를

가지고 있다고 인정될 경우에 대해서까지도 병역법 제88조 제1항을 적용하여 처벌하게 되면 그의 헌법상 권리를 부당하게 침해하는 결과에 이르게 되므로 이때에는 이러한 위헌적인 상황을 배제하기 위하여 예외적으로 그에게 병역의무의 이행을 거부할 정당한 사유가 존재하는 것으로 봄이 상당하다.

(2) **소극적 방어권으로서의 양심의 자유** 헌법이 보호하고자 하는 양심은 '어떤 일의 옳고 그름을 판단함에 있어서 그렇게 행동하지 않고는 자신의 인격적 존재가치가 파멸되고 말 것이라는 강력하고 진지한 마음의 소리로서 절박하고 구체적인 양심'을 말하는 것인데, 양심의 자유에는 이러한 양심 형성의 자유와 양심상 결정의 자유를 포함하는 내심적 자유뿐만 아니라 소극적인 부작위에 의하여 양심상 결정을 외부로 표현하고 실현할 수 있는 자유, 즉 양심상 결정에 반하는 행위를 강제 받지 아니할 자유도 함께 포함되어 있다고 보아야 할 것이므로 양심의 자유는 기본적으로 국가에 대하여, 개인의 양심의 형성 및 실현 과정에 대하여 부당한 법적 강제를 하지 말 것을 요구하는, 소극적인 방어권으로서의 성격을 가진다.

(3) **법률에 의한 제한 가능성** 헌법상 기본권의 행사가 국가공동체 내에서 타인과의 공동생활을 가능하게 하고 다른 헌법적 가치 및 국가의 법질서를 위태롭게 하지 않는 범위 내에서 이루어져야 한다는 것은 양심의 자유를 포함한 모든 기본권 행사의 원칙적인 한계이므로, 양심실현의 자유도 결국 그 제한을 정당화할 헌법적 법익이 존재하는 경우에는 헌법 제37조 제2항에 따라 법률에 의하여 제한될 수 있는 상대적 자유라고 하여야 할 것이다.

(4) **병역법에 의한 양심의 자유 제한** 병역법 제88조 제1항은 가장 기본적인 국민의 국방의 의무를 구체화하기 위하여 마련된 것이고, 이와 같은 병역의무가 제대로 이행되지 않아 국가의 안전보장이 이루어지지 않는다면 국민의 인간으로서의 존엄과 가치도 보장될 수 없음은 불을 보듯 명확한 일이므로, 병역의무는 궁극적으로는 국민 전체의 인간으로서의 존엄과 가치를 보장하기 위한 것이라 할 것이고, 양심적 병역거부자의 양심의 자유가 위와 같은 헌법적 법익보다 우월한 가치라고는 할 수 없으니, 위와 같은 헌법적 법익을 위하여 헌법 제37조 제2항에 따라 피고인의 양심의 자유를 제한한다 하더라도 이는 헌법상 허용된 정당한 제한이다.

(5) **병역특례 불인정과 과잉금지 여부** 병역의무의 이행을 확보하기 위하여 현역입영을 거부하는 자에 대하여 형벌을 부과할 것인지, 대체복무를 인정할 것인지 여부에 관하여는 입법자에게 광범위한 입법재량이 유보되어 있다고 보아야 하므로, 병역법이 질병 또는 심신장애로 병역을 감당할 수 없는 자에 대하여 병역을 면제하는 규정을 두고 있고, 일정한 자에 대하여는

공익근무요원, 전문연구요원, 산업기능요원 등으로 근무할 수 있는 병역특례제도를 두고 있음에도 양심 및 종교의 자유를 이유로 현역입영을 거부하는 자에 대하여는 현역입영을 대체할 수 있는 특례를 두지 아니하고 형벌을 부과하는 규정만을 두고 있다고 하더라도 과잉금지 또는 비례의 원칙에 위반된다거나 종교에 의한 차별금지 원칙에 위반된다고 볼 수 없다.

(6) **양심위반에 대한 기대가능성** 양심적 병역거부자에게 그의 양심상의 결정에 반한 행위를 기대할 가능성이 있는지 여부를 판단하기 위해서는, 행위 당시의 구체적 상황하에 행위자 대신에 사회적 평균인을 두고 이 평균인의 관점에서 그 기대가능성 유무를 판단하여야 할 것인바, 양심적 병역거부자의 양심상의 결정이 적법행위로 나아갈 동기의 형성을 강하게 압박할 것이라고 보이기는 하지만 그렇다고 하여 그가 적법행위로 나아가는 것이 실제로 전혀 불가능하다고 할 수는 없다고 할 것인바, 법규범은 개인으로 하여금 자기의 양심의 실현이 헌법에 합치하는 법률에 반하는 매우 드문 경우에는 뒤로 물러나야 한다는 것을 원칙적으로 요구하기 때문이다.

(7) **[대법관 이강국의 반대의견]** 피고인에게 병역법상의 형벌법규의 기속력이 미치지 않는다고 할 수는 없겠지만, 그렇다고 하여 절대적이고도 진지한 종교적 양심의 결정에 따라 병역의무를 거부한 피고인에게 국가의 가장 강력한 제재 수단인 형벌을 가하게 된다면 그것은, 피고인의 인간으로서의 존엄성을 심각하게 침해하는 결과가 될 것이고 형벌 부과의 주요 근거인 행위자의 책임과의 균형적인 비례관계를 과도하게 일탈한 과잉조치가 될 것이며, 또한 피고인에 대한 형벌은 그 정도에 상관없이 범죄에 대한 응징과 예방, 피고인의 교육 등 그 어떠한 관점에서도 형벌의 본래적 목적을 충족할 수 없음이 명백해 보이고, 특히 보편적 가치관을 반영한 집총병역의무와 종교적 양심의 명령 사이의 갈등으로 인한 심각한 정신적 압박 상황에서 절박하고도 무조건적인 종교적 양심의 명령에 따른 피고인에게는 실정 병역법에 합치하는 적법한 행위를 할 가능성을 기대하기가 매우 어렵다고 보인다. 따라서 피고인과 같은 경우에는 국가의 형벌권이 한 발 양보함으로써 개인의 양심의 자유가 보다 더 존중되고 보장되도록 하는 것이 상당하다 할 것이어서 피고인에게는 범죄의 성립요건인 책임성을 인정할 수 없다고 보아야 하고, 이러한 점에서 피고인에게는 병역법 제88조 제1항의 적용을 배제할 '정당한 사유'가 존재한다.

(8) **[대법관 유지담, 윤재식, 배기원, 김용담의 다수의견에 대한 보충의견]** 대체복무제 도입은 입법정책상 바람직한 것이기는 하지만, 이를 국가의 헌법적 의무라고 보기는 어렵다. 이미

앞에서 다수의견이 지적한 바와 같이 법률로써 국민의 헌법상 기본의무인 국방의 의무를 구체적으로 형성하는 일은 그 목적이 국가의 안전보장과 직결되어 있고, 변화하는 국내외의 안보 상황을 정확하게 반영하여 최고의 국방능력을 갖춘 국군이 구성되도록 합목적적으로 대처하여야 할 영역이어서 이에 관한 한 입법자에게 광범위한 입법형성권이 주어져 있다고 할 것이므로, 병역법이 구체적 병역의무를 부과하면서 종교적인 이유 등으로 양심상의 갈등에 처하게 되는 일부 국민에게 이러한 갈등을 완화할 수 있는 대안을 제공하지 않고 있다고 하여 그것을 들어 바로 양심 및 종교의 자유를 침해하였다거나 평등의 원칙에 반하여 위헌이라고 할 수는 없다고 할 것이고, 국가가 양심의 자유와 병역의무를 합리적으로 조정하여야 할 헌법적 의무를 다하지 못하였음을 전제로 병역법 제88조 제1항의 적용을 배제할 '정당한 사유'가 있다는 해석론도 받아들일 수 없으며, 이 점에서 피고인에 대한 병역법 제88조 제1항의 적용은 불가피하다.

[Ⅰ-4-2] [헌재 2004.8.26. 2002헌가1 결정요지]

[다수견해]

(1) **소수자의 양심** 일반적으로 민주적 다수는 법질서와 사회질서를 그의 정치적 의사와 도덕적 기준에 따라 형성하기 때문에, 그들이 국가의 법질서나 사회의 도덕률과 양심상의 갈등을 일으키는 것은 예외에 속한다. 양심의 자유에서 현실적으로 문제가 되는 것은 국가의 법질서나 사회의 도덕률에서 벗어나려는 소수의 양심이다. 따라서 양심상의 결정이 어떠한 종교관·세계관 또는 그 외의 가치체계에 기초하고 있는가와 관계없이, 모든 내용의 양심상의 결정이 양심의 자유에 의하여 보장된다.

(2) **양심의 자유와 대체복무** 양심의 자유는 단지 국가에 대하여 가능하면 개인의 양심을 고려하고 보호할 것을 요구하는 권리일 뿐, 양심상의 이유로 법적 의무의 이행을 거부하거나 법적 의무를 대신하는 대체의무의 제공을 요구할 수 있는 권리가 아니다. 따라서 양심의 자유로부터 대체복무를 요구할 권리도 도출되지 않는다. 우리 헌법은 병역의무와 관련하여 양심의 자유의 일방적인 우위를 인정하는 어떠한 규범적 표현도 하고 있지 않다. 양심상의 이유로 병역의무의 이행을 거부할 권리는 단지 헌법 스스로 이에 관하여 명문으로 규정하는 경우에

한하여 인정될 수 있다.

(3) **양심의 자유와 공익의 관계** 양심의 자유의 경우 비례의 원칙을 통하여 양심의 자유를 공익과 교량하고 공익을 실현하기 위하여 양심을 상대화하는 것은 양심의 자유의 본질과 부합될 수 없다. 양심상의 결정이 법익교량과정에서 공익에 부합하는 상태로 축소되거나 그 내용에 있어서 왜곡·굴절된다면, 이는 이미 '양심'이 아니다. 따라서 양심의 자유의 경우에는 법익교량을 통하여 양심의 자유와 공익을 조화와 균형의 상태로 이루어 양 법익을 함께 실현하는 것이 아니라, 단지 '양심의 자유'와 '공익' 중 양자택일, 즉 양심에 반하는 작위나 부작위를 법질서에 의하여 '강요받는가 아니면 강요받지 않는가'의 문제가 있을 뿐이다.

(4) **현시점에서의 국가안보와 대체복무** 이 법률조항을 통하여 달성하고자 하는 공익은 국가의 존립과 모든 자유의 전제조건인 '국가안보'라는 대단히 중요한 공익으로서, 이러한 중대한 법익이 문제되는 경우에는 개인의 자유를 최대한으로 보장하기 위하여 국가안보를 저해할 수 있는 무리한 입법적 실험을 할 것을 요구할 수 없다. 한국의 안보상황, 징병의 형평성에 대한 사회적 요구, 대체복무제를 채택하는 데 수반될 수 있는 여러 가지 제약적 요소 등을 감안할 때, 대체복무제를 도입하더라도 국가안보라는 중대한 헌법적 법익에 손상이 없으리라고 단정할 수 없는 것이 현재의 상황이라 할 것인바, 대체복무제를 도입하기 위해서는 남북한 사이에 평화공존관계가 정착되어야 하고, 군복무여건의 개선 등을 통하여 병역기피의 요인이 제거되어야 하며, 나아가 우리 사회에 양심적 병역거부자에 대한 이해와 관용이 자리잡음으로써 그들에게 대체복무를 허용하더라도 병역의무의 이행에 있어서 부담의 평등이 실현되며 사회통합이 저해되지 않는다는 사회공동체 구성원의 공감대가 형성되어야 하는데, 이러한 선행조건들이 충족되지 않은 현 단계에서 대체복무제를 도입하기는 어렵다고 본 입법자의 판단이 현저히 불합리하다거나 명백히 잘못되었다고 볼 수 없다.

(5) **양심상 갈등을 완화할 국가의 의무** 입법자는 헌법 제19조의 양심의 자유에 의하여 공익이나 법질서를 저해하지 않는 범위 내에서 법적 의무를 대체하는 다른 가능성이나 법적 의무의 개별적인 면제와 같은 대안을 제시함으로써 양심상의 갈등을 완화해야 할 의무가 있으며, 이러한 가능성을 제공할 수 없다면, 적어도 의무위반 시 가해지는 처벌이나 징계에 있어서 그의 경감이나 면제를 허용함으로써 양심의 자유를 보호할 수 있는 여지가 있는가를 살펴보아야 한다. 그러므로 입법자는 양심의 자유와 국가안보라는 법익의 갈등관계를 해소하고 양 법익을 공존시킬 수 있는 방안이 있는지, 국가안보란 공익의 실현을 확보하면서도 병역거부자

의 양심을 보호할 수 있는 대안이 있는지, 우리 사회가 이제는 양심적 병역거부자에 대하여 이해와 관용을 보일 정도로 성숙한 사회가 되었는지에 관하여 진지하게 검토하여야 할 것이며, 설사 대체복무제를 도입하지 않기로 하더라도, 법적용기관이 양심우호적 법적용을 통하여 양심을 보호하는 조치를 취할 수 있도록 하는 방향으로 입법을 보완할 여부를 숙고하여야 한다.

[반대견해]

(1) **양심적 병역거부자가 받는 불이익** 양심적 병역거부가 인류의 평화적 공존에 대한 간절한 희망과 결단을 기반으로 하고 있음을 부인할 수는 없으며, 평화에 대한 이상은 인류가 오랫동안 추구하고 존중해온 것이다. 그런 의미에서 양심적 병역거부자들의 병역거부를 군복무의 고역을 피하기 위한 것이거나 국가공동체에 대한 기본의무는 이행하지 않으면서 무임승차식으로 보호만 바라는 것으로 볼 수는 없다. 그들은 공동체의 일원으로서 납세 등 각종의무를 성실히 수행해야 함을 부정하지 않고, 집총병역의무는 도저히 이행할 수 없으나 그 대신 다른 봉사방법을 마련해달라고 간청하고 있다. 그럼에도 불구하고 병역기피의 형사처벌로 인하여 이들이 감수하여야 하는 불이익은 심대하다. 특히 병역거부에 대한 종교와 신념을 가족들이 공유하고 있는 많은 경우 부자가 대를 이어 또는 형제들이 차례로 처벌받게 되고 이에 따라 다른 가족 구성원에게 더 큰 불행을 안겨준다.

(2) **병역거부자에 대한 형사처벌의 영향** 우리 군의 전체 병력 수에 비추어 양심적 병역거부자들이 현역집총병역에 종사하는지 여부가 국방력에 미치는 영향은 전투력의 감소를 논할 정도라고 볼 수 없고, 이들이 반세기 동안 형사처벌 및 유·무형의 막대한 불이익을 겪으면서도 꾸준히 입영이나 집총을 거부하여 온 점에 의하면 형사처벌이 이들 또는 잠재적인 양심적 병역거부자들의 의무이행을 확보하기 위해 필요한 수단이라고 보기는 어렵다.

(3) **대체복무를 통한 국방의무이행** 국방의 의무는 단지 병역법에 의하여 군복무에 임하는 등의 직접적인 집총병력형성의무에 한정되는 것이 아니므로 양심적 병역거부자들에게 현역복무의 기간과 부담 등을 고려하여 이와 유사하거나 보다 높은 정도의 의무를 부과한다면 국방의무이행의 형평성 회복이 가능하다. 또한 많은 다른 나라들의 경험에서 보듯이 엄격한 사전심사절차와 사후관리를 통하여 진정한 양심적 병역거부자와 그렇지 않은 자를 가려내는 것이 가능하며, 현역복무와 이를 대체하는 복무의 등가성을 확보하여 현역복무를 회피할 요인

을 제거한다면 병역기피 문제도 효과적으로 해결할 수 있다. 그럼에도 불구하고 우리 병역제도와 이 사건 법률조항을 살펴보면, 입법자가 이러한 사정을 감안하여 양심적 병역거부자들에 대하여 어떠한 최소한의 고려를 한 흔적을 찾아볼 수 없다.

[해설 및 검토]

가. 판결·결정의 의미

종교적 양심을 이유로 하는 병역거부와 그에 대한 형사처벌은 오랫동안 종교계, 학계, 법조계와 각종 인권 단체 간에 뜨거운 논쟁의 대상이 되어왔으며 이 판결은 이에 대한 일종의 결론인 셈이다. 대법원 판결은 양심상의 명령에 따라 입영을 거부하는 것이 병역법 제88조에서 말하는 입영거부의 '정당한 사유'에 해당하는지를 판단한 반면, 헌법재판소는 법률조항 자체의 헌법위반 여부를 심사하는 기관이므로 입영거부를 처벌하는 병역법 제88조가 헌법상 종교와 양심의 자유에 위반되는 여부에 그 초점이 맞추어져 있다.

두 판결 모두 남북한이 군사적으로 대치되어 있는 우리의 안보현실을 감안하면 양심의 자유를 이유로 하는 병역거부와 대체복무를 인정할 수 없다는 종래의 입장을 재확인하였다. 다만 헌법재판소는 우리 사회가 민주적으로 성숙한 이상 이제는 양심을 지키기 위해 수많은 희생자가 양산되는 병역거부 문제를 해결하기 위해 국가안보라는 공익의 실현을 확보하면서도 병역거부자의 양심을 보호할 수 있는 대안을 찾아보도록 입법자에 권고하였다. 이 권고에 따라 국가인권위원회를 중심으로 대체복무제도를 마련하기 위한 대안을 모색하였지만 보수 성향의 이명박 정권이 들어서면서 그러한 노력은 거의 중단된 상태이다.[53]

---

53) 국가인권위원회는 2005년 12월 26일 국회의장과 국방부장관에, 2008년 1월 3일 헌법재판소에, 2008년 7월 21일 국방부장관에, 총 세 차례에 걸쳐 양심적 병역거부자에 대한 형사처벌을 중단할 것과 시민대체복무제도를 도입할 것을 권고하였다. 특히 2006년 1월에 발표한 2007~2011 국가인권정책기본권고안(NAP)에서는 유엔 자유권규약위원회의 결의에 따라 양심적 병역거부를 인정하고 대체복무제도를 도입할 것을 국가정책 방향으로 제시하였다.

나. 병역거부와 대체복무

(1) 병역거부의 역사

국내에서는 종교적 병역거부가 주로 여호와의 증인 신도들에 의해 행해진다는 점에서 정통교회 측에서는 이를 이단적 믿음의 소산으로 여기는 경향이 강하다. 그러나 역사적으로 볼 때 종교적 병역거부는 기독교 평화주의 또는 비폭력주의에 뿌리를 두고 있다. 재세례파(재침례파) 지도자인 메노 시몬스가 창시한 메노나이트 교회는 신약성서에 근거를 두고 병역을 거부하고 대체복무를 실천하였으며, 개신교의 한 종파인 퀘이커에서도 신념에 따른 병역거부를 실천했다.

1950~1960년대에는 안식교와 여호와의 증인이 종교적인 이유로 병역을 거부하였는데, 당시 정부에서는 종교적 사유에서 병역을 거부한 안식교 신도들에 대해 비전투부대에서 근무하도록 배려한 적도 있었다. 그러나 유신시대에 접어들면서 박정희 정부의 강제 징집 방침에 따라 군복무가 강제되면서 대체복무에 대한 배려는 자취를 감추고 예외 없이 형벌로서 처벌하게 되었다.[54] 이리하여 안식교에서는 교단 차원에서 병역거부 신념을 철회하였으나 여호와의 증인들은 계속 병역거부를 고수하였다. 그런데 2001년 3군사령부 군사법원에서 병역거부 사건을 다룬 것을 계기로 하여 이후 병역거부 문제가 사회적으로 큰 관심을 받았고 이를 계기로 하여 여호와의 증인 신도들뿐 아니라 불교신자나 일반인들도 양심의 자유를 이유로 하는 병역거부 사례가 나오게 되었다.[55]

아래 <표 1>과 <표 2>는 2005년 8월까지의 병역거부 현황과 거부자의 종교에 관한 자료인데 대부분이 여호와의 증인 신자이며 병역거부자의 수는 연도별로 차이는 있으나 연평균 약 600여 명 정도가 발생하고 있음을 알 수 있다.

<표 1> 입대 후 집총거부 및 입영거부자 현황

구 분	'94	'95	'96	'97	'98	'99	'00	'01	'02	'03	'04	'05.8 (현재)
집총거부	233	471	342	436	498	544	656	267	–	3	1	–
입영거부	–	–	–	–	–	–	1	379	825	561	755	390
합계	233	471	342	436	498	544	657	646	825	564	756	390

---

54) 강인철, 「한국사회와 양심적 병역거부: 역사와 특성」, 『종교문화연구』, 제7호, 2005, 103~141면.
55) 윤영철, 「병역법 제88조 제1항과 양심적 병역거부」, 『비교형사법연구』, 제6권 제2호, 393면.

<표 2> 최근 5년간 병역거부자 발생인원

구분	'00	'01	'02	'03	'04	'05. 8.	계
여호와 증인	1	378	822	557	748	387	2,893
불교		1		1			2
기타※			3	3	7	3	16
계	1	379	825	561	755	390	2,911

출처: 국가인권위원회, 『양심적 병역거부 관련결정문』, 2006.2, 5면.

(2) 병역거부자에 대한 처벌

병역의무자가 소집영장을 받고 군에 입영한 후 집총이나 훈련을 거부하게 되면 군형법상 항명죄에 해당하여 징역 2~3년형의 중형이 선고되었다. 이를 감안한 때문인지 2001년 이후에는 입영 자체를 거부하는 양상으로 바뀌었다.[56] 입영거부에 대해서는 병역법 제88조가 적용되는데 동 조항은 "현역입영 또는 소집 통지서를 받은 사람이 정당한 사유 없이 입영일이나 소집기일부터 3일이 지나도 입영하지 아니하거나 소집에 응하지 아니한 경우에는 3년 이하의 징역에 처한다"라고 규정하고 있다.

병역거부자가 받는 가혹한 처벌에 대해 국내외적 비난이 고조되고 특히 사례 [I-4-2]에서 헌법재판소가 "법적용기관이 양심우호적 법적용을 통하여 양심을 보호하는 조치를 취할 수 있도록" 권고함에 따라 2001년 이후부터는 병역의무가 면제되는 제2국민역 처분기준인 1년 6월의 실형이 일률적으로 선고되고 있다. 한 보고서에 따르면 1950년부터 2006년 5월 31일까지 파악된 병역거부자와 선고 형량은, 1만 2,324명에게 2만 5,483년(20만 5,801개월)의 형이 선고됐다고 한다.[57] 이는 단일범죄로 인한 처벌 건수와 형량에 있어서 전 세계적으로도 그 유래를 찾아볼 수 없을 정도이다. 2011년 8월 현재 병역거부로 수감된 여호와의 증인이 761명이라고 한다.[58] 아래 <표 3>은 2000년부터 2005년까지의 병역거부자에 대한 형사처벌 현황이다.

---

56) 국가인권위원회, 『양심적 병역거부 관련 청문회자료집』, 2005.10.19, 10면.
57) 『한겨레21』 제653호.
58) http://news.kbs.co.kr/article/politics/200709/20070918/1427393.html,
　　http://news.kbs.co.kr/news.php?kind=c&id=1428164

<표 3> 최근 5년간 양심적 병역거부자 처리현황(2000~2005.8)

| 재판 계속 중 | 기소 유예 | 무혐의 | 기소 중지 | 집행 유예 | 징역 | | | | 계 |
					1년 이상	1년 6월 이상	3년 미만 ~2년 이상	소계	
444	4	53	3	14	11	2,363	19	2,393	2,911

출처: 국가인권위원회, 『양심적 병역거부 관련결정문』, 2006.2, 6면.

(3) 대체복무제도

병역거부자들이 줄기차게 주장하고 있는 대체복무제도는 종교적 혹은 정치·문화적, 세속적 이유로 입대를 거부하거나 혹은 집총을 거부하는 자에게 다른 사회적 활동을 통해 그 의무를 대체하도록 하는 제도를 의미한다. 대체복무제도를 실시하는 국가의 사례를 보면 병역거부자는 구제활동, 환자수송, 소방업무, 장애인 봉사, 환경미화, 청소년보호센터 근무, 문화유산 유지보호 활동 등을 하고 있다.[59] 징병제를 폐지하고 모병제를 도입한 국가는 전 세계에 90여 개국으로 알려져 있는데 이들 나라에서는 처음부터 병역거부는 문제되지 않는다.

징병제도를 유지하고 있는 국가 중에서 대체복무제도를 도입한 국가는 독일 등 30여 개 국가인데 특히 본토와 군사적으로 대립하고 있는 대만에서도 2001년부터 대체복무제도를 실시하고 있다. 다만 독일의 경우 1961년 대체복무제도 도입 후 병역거부자의 수가 대폭적으로 증가하여 연간 15만 명 이상이 이를 신청하고 있으며 대만의 경우에는 국민 대부분 불교신자로서 종교적 사유로 인한 대체복무자는 거의 없고 대체복무종사자도 50여 명에 불과하다고 한다.[60]

현재 국내에서도 이른바 공익근무요원제도나 전문연구요원제도를 두어 병역을 대체하고 있지만 이들에 대해서도 단기간이지만 집총훈련을 실시하기 때문에 병역거부자들이 요구하는 대체복무제도와는 다르다.

다. 병역거부와 대체복무 인정에 관한 국제법적 근거

양심적 병역거부자의 인정과 대체복무제도입에 관한 국제법적 근거로는 1948년 유엔이 채택

---

59) 국가인권위원회, 『양심적 병역거부 관련결정문』, 2006.2, 6면.
60) 국가인권위원회, 『양심적 병역거부 관련 청문회자료집』, 16면.

한 「세계인권선언」 제18조와 1966년 유엔의 「시민적·정치적 권리에 관한 국제규약」 제18조 및 유엔인권위원회의 각종 결의가 있다.[61]

1987년 유엔인권위원회 결의 제46호에서 최초로 양심적 병역거부를 국가가 존중해야 할 인권으로 선언하였다. 이 결의에서 유엔인권위원회는 "종교적·윤리적·도덕적·또는 이와 유사한 동기에서 발생하는 신념에 기초한 양심적 병역거부"를 각국이 인정해야 한다고 촉구하였다.[62] 이후 1989년 유엔인권위원회 결의 제59호,[63] 1993년 유엔인권위원회 결의 제84호,[64] 1995년 유엔인권위원회 결의 제83호가 이를 재확인하고 있다.

1998년 4월 22일 유엔인권위원회 결의 제77호[65]는 양심적 병역거부권이 '마그나 카르타'라고도 지칭되는데 이 결의에서는 ① 징병제를 채택하고 있는 국가는 양심적 거부의 이유에 부합하는 다양한 형태의 대체복무를 도입하되, 그 대체복무는 공익적이고, 징벌적 성격이 아닌 비전투적 또는 민간적 임무의 성격을 띤 것이어야 하며, ② 국가는 양심적 거부자를 구금하거나 반복적으로 형벌을 부과하지 않도록 해야 하며, ③ 국가는 양심적 병역거부자를 경제적·사회적·문화적·시민적 또는 정치적 권리 등의 측면에서 차별해서는 안 된다는 등의 내용을 포함하고 있다.[66]

이러한 유엔인권위원회의 결의는 권고적 성격을 띠고 있어 법적 강제력을 가진 것은 아니지만 이를 계속 무시할 경우 인권탄압국이라는 오해를 받을 수 있어 우리 정부에 상당한 부담이 되고 있다. 다만 유엔인권위원회 결의는 국가별 병역제도 결정의 고유한 특성을 고려하여 자국 실정에 맞게 합당한 대체복무제를 도입할 것을 촉구하고 있는 데 지나지 아니하므로 세계에서 가장 호전적인 집단인 북한과의 대치라는 한국의 특수 안보상황을 감안할 때 이 권고를 그대로 국내에 적용하는 데에는 무리가 있다고 본다.[67]

---

61) 인권선언에는 명문으로 양심적 병역거부권을 표현하고 있지는 않지만, 양심의 자유의 내용 중에는 양심에 반하는 행동을 강제 당하지 않을 자유가 포함되고 있기 때문에 양심적 병역거부권은 세계인권선언 제18조와 자유권규약 제18조에서 보호되는 권리라고 볼 수 있다.

62) E/CN/1987/60.

63) E/CN.4/1989/59, 전문, para.1.

64) E/CN.4/1993/122.

65) E/CN.4/RES/1998/77, 전문.

66) 2000년 4월 20일 결의 제34호, 2002년 4월 23일 결의 제45호, 2004년 4월 19일 결의 제54호로 이를 지지하고 있다.

67) 대법원 2004.7.15 선고 2004도2965 전원합의체 판결은 "우리나라가 가입한 '시민적 및 정치적 권리에 관한 국제규약(이른바 B규약)' 제18조의 규정은, 우리 헌법 제19조의 양심의 자유, 제20조의 종교의 자유의 해석상 보장되는 기본권의 보호 범위와 동일한 내용을 규정하고 있다고 보이므로 위 규약의 조항으로부터 피고인에게 예외적으로 이 법률조항(병역법 제88조 제1항)의 적용을 면제받을 수 있는 권리가 도출된다고도 볼 수 없다"고 판시함

라. 법리적 검토

(1) 병역거부자의 양심

이 사례에서 첫 번째로 문제가 된 것이 종교적 양심에 기해 병역을 거부하는 것이 헌법 제19조, 제20조가 보장하는 '양심'에 해당하는가이다. 왜냐하면 아무렇게나 행동하고 이를 양심상의 결정이라고 하면서 그 자유의 보장을 요구할 경우 국가법질서는 무너지고 말기 때문이다. 이에 대해 판결은 헌법이 보장하는 양심은 "어떤 일의 옳고 그름을 판단함에 있어서 그렇게 행동하지 않고는 자신의 인격적 존재가치가 파멸되고 말 것이라는 강력하고 진지한 마음의 소리로서 절박하고 구체적인 양심을 말한다"고 판시하고[68] 이어 "乙은 부모의 영향으로 어려서부터 여호와의 증인의 신자로서 신앙생활을 해왔고, 자신이 믿는 종교적 교리에 좇아 형성된 인격적 정체성을 지키기 위한 양심의 명령에 따라 현역병 입영을 거부한 것으로 보인다"고 판시하여 병역거부자의 양심이 헌법상 보장되는 양심이라고 보았다.

비록 다수의 양심과 다른 소수자의 양심이라고 하더라도 그 양심을 지키지 않으면 인격적 존재가치가 무너질 정도의 절박성을 가지고 있을 경우에는 헌법상의 보장을 받게 된다는 점을 명백히 하고 있다. 사실 양심의 자유가 문제되는 경우는 대부분 이렇게 소수가 가지고 있는 양심이다.

(2) 양심의 자유와 병역의무

비록 헌법이 이러한 양심의 자유를 보장하고 있지만 그것이 내심에 머무르지 않고 외부에 행동으로 표출될 경우에는 헌법과 법률에 의해 제한될 수 있다. 특히 이 사례에서와 같이 그것이 병역거부로 나타날 경우 헌법이 국민의 기본적 의무로 규정하고 있는 병역의무와 정면으로 충돌하게 된다. 이 사례에서 문제된 병역법은 이러한 헌법상 병역의무를 구체화하기 위해 헌법의 위임에 의해 제정된 법으로서 이 법에 의해 乙의 양심의 자유를 제한한다 하더라도 이는 헌법상 허용된 정당한 제한이라 할 것이다.

특히 남북의 긴박한 군사적 대치상황과 중국과 일본 등 한반도를 둘러싼 열강의 세력 확장 움직임에 대해 국가의 독립과 안보를 지키는 것이 중요하고 이를 위해서는 병역의무의 철저한 이행이 무엇보다도 중요한 국가적 과제가 아닐 수 없다. 그러한 관점에서 소수자의 양심을 이유로

으로써 양심적 병역거부에 대한 유엔헌장이나 결의를 국내법상 어떻게 수용하고 있는지를 설시하고 있다.
68) 헌재 1997.3.27. 96헌가11 전원합의체 결정, 1998.7.16. 96헌바35 전원합의체 결정.

병역을 거부하는 것이 병역법이 정하고 있는 입영거부의 '정당한 사유'로 인정하지 않은 판결의 입장은 타당하다고 본다.69)

(3) 대체복무제도

다만 [Ⅰ-4-1]의 소수견해나 [Ⅰ-4-2]의 헌법재판소의 권고에도 나와 있듯이 대체복무에 관한 유엔결의나 대체복무제를 허용하고 있는 대부분의 국가의 상황을 고려하고, 또 무엇보다도 무거운 형벌에도 불구하고 50년간 끊임없이 이어지는 여호와의 증인 신도들의 막대한 희생을 감안해서 이제는 대체복무제의 도입을 진지하게 논의할 때라고 본다.

앞에서 본 대로 우리나라의 양심적 병역거부자는 한 해 600명 정도로 추산되는데, 이는 연간 징병인원 약 30만 명의 0.2%에 불과하다고 한다. 따라서 대체 수단 도입 시에 양심적 병역거부자로 인정될 수 있는 명확한 기준을 마련하고, 대체 수단의 내용도 병역의무를 이행하는 것과 동일하거나 그보다 더 무거운 내용의 복무를 하도록 한다면 국가의 안전보장과 공평한 병역의무의 부여라는 헌법상의 법익도 충족될 수 있을 것이다. 이러한 대체 수단의 도입은 대다수 사회구성원과는 생각과 가치관을 달리하는 소수의 국민에 대하여도 통합을 위한 관용의 원칙을 실현하는 것이고 이로써 자유민주주의의 이념적 정당성과 우월성은 더욱 제고될 수 있을 것이다.70)

마. 교리적 검토

(1) 병역거부에 대한 종교계의 입장

우리나라 최대의 교인 수를 가지고 있는 불교는 원래 호국불교의 전통에서 볼 때 교단차원에서는 병역이 종교적 양심에 반하지 않는다는 입장을 취하는 것으로 생각된다. 천주교에서도 대체로 병역문제에 대해서는 진취적인 입장을 취하고 있다. 즉 천주교 교회법전 제289조는 "군복무는 성직자 신분에 덜 맞으므로, 성직자들과 성품후보자들은 자기 직권자의 허가가 없는 한 군대에 자원입대하지 말아야 한다"로 규정하고 법률이 허용하는 면제권을 사용하도록 권고하고 있다. 다만 이러한 면제권이 없는 한국 천주교 신학생들은 보통의 젊은이들처럼 사병으로서 국

---

69) 이 판결에 대한 비판적 견해로는 윤영철, 위 논문 참조.
70) 대법원 2004.7.15 선고 2004도2965 전원합의체 판결 대법관 이강국의 반대의견; 헌재 2004.8.26, 2002헌가 1 재판관 김경일, 전효숙의 반대의견 참조.

방의 의무를 하고 있다.71) 즉 모병제하에서는 자원입대가 바람직하지 않지만 징병제하에서는 병역의무를 이행하는 것이 교리에 어긋나지 않는다는 입장이다.

한편 장로교, 감리교 등 기독교 교단들은 여호와의 증인에 의한 병역거부에 대해서는 이단적 교리에 의한 불필요한 희생이라는 정도의 소극적 대응으로 일관하면서 큰 관심을 보이고 있지 않다.72) 다만 진보적 성향의 한국기독교교회협의회 인권위원회는 [Ⅰ-2-4], [Ⅰ-2-5] 판결 이후 양심에 따른 병역거부자에 대해 유감을 표한 정도이다. 이에 반하여 보수교단을 대표하는 한국기독교총연합회(한기총)는 "대체복무는 이단종교에 대한 특혜일 뿐 아니라 안보를 위협하는 요인"을 강조하면서 병역거부와 대체복무제도에 대해 강경한 입장을 보이고 있다. 이는 한국기독교의 최대 위협적 존재인 북한의 군사적 위협에 대비하는 병역의무는 하나님의 뜻으로 생각하는 이른바 '성전' 또는 '십자군' 논리에 바탕을 둔 것으로 보인다.73)

(2) 성경에서의 전쟁과 병역

그러나 대체복무제를 이단과 결부시키는 한기총의 태도에는 공감하기 어렵다. 왜냐하면 앞에서 설명한 대로 한국에서는 병역거부가 주로 이단으로 간주되는 여호와의 증인 신도들에 의해 행해지고 있지만 세계적으로 볼 때에는 기독교 평화주의에 입각한 다른 정통 교파도 병역거부를 지지하는 입장을 취하고 있기 때문이다.74)

그러면 기독교인들의 절대적인 판단 기준이 되는 성경은 과연 전쟁과 병역에 대해 어떠한 입장을 취하고 있는가? 먼저 여호와의 증인들이 병역거부의 근거로 내세우는 성구를 살펴보면 이사야 2:4절,75) 고린도후서 10:3~4,76) 로마서 12:977) 등이다. 그런데 이사야서 제2장은 이 세상 끝날 때 실현될 파라다이스를 보여주는 것이므로 선과 악이 갈등하는 현실 세계에 대한 하나님의 명령으로 해석하는 것은 명백히 성경을 왜곡한 것이다. 또한 고린도후서 10장에서 "우리의 병기는 육체에 속한 것이 아니라"는 말씀도 현실 세계에서의 전쟁을 의미하는 것이 아니고 영적

---

71) 김길민 신부, 「총 드는 것만이 평화를 위협하는 것일까」, 『경향잡지』, 44면.
72) 유경동, 『양심적 병역거부와 기독교 사회윤리: 정의와 인권을 중심으로』, 192면.
73) 강인철, 「한국개신교와 양심적 병역거부-정통과 이단을 넘어서-」, 『한신인문학연구』, 제6집, 117면.
74) 기독교와 병역문제에 관한 역사적인 고찰에 대해서는 강인철, 위 논문 참조.
75) **이사야 2:4** 그가 열방 사이에 판단하시며 많은 백성을 판결하시리니 무리가 그 칼을 쳐서 보습을 만들고 그 창을 쳐서 낫을 만들 것이며 이 나라와 저 나라가 다시는 칼을 들고 서로 치지 아니하며 다시는 전쟁을 연습지 아니하리라.
76) **고린도후서 10:3~4** 우리가 육체에 있어 행하나 육체대로 싸우지 아니하노니 우리의 싸우는 병기는 육체에 속한 것이 아니요 오직 하나님 앞에서 견고한 진을 파하는 강력이라.
77) **로마서 12:9** 사랑엔 거짓이 없나니 악을 미워하고 선에 속하라.

전쟁, 즉 악령과의 싸움을 뜻한다. 따라서 세상의 병기가 아닌 성령의 검으로 이러한 영적 전쟁에 임해야 한다는 뜻이다.[78]

그러면 성경은 과연 평화를 위해 전쟁을 피하라고 가르치는가. 그런데 성경, 그중에서도 구약성경은 이스라엘의 전쟁사라고 할 만큼 많은 전쟁이 기록되어 있다. 특히 여호수아에 의한 가나안 정복전쟁에서는 하나님은 피정복민에 대해서는 목숨이 있는 것은 선악을 구별하지 못하는 어린 유아에 이르기까지 하나도 남김없이 모두 진멸하도록 명령한 것은 현대적 휴머니즘의 시각에서는 이해하기 어려운 대목이다.[79] 또한 그리스도의 조상으로 구약에서 가장 중요시되는 다윗 왕은 수많은 전투에서 많은 피를 흘린 군인이었다.[80]

신약성경에서 예수님은 누구보다도 사랑과 화평을 강조하셨지만 전쟁의 병기를 상징하는 검에 대해서 "내가 세상에 온 것은 화평이 아니요 검을 주러 왔다"고 하셨고,[81] 예수의 수제자인 베드로는 검을 차고 다니면서 이 검으로 예수를 잡으러 온 자의 귀를 베기도 하였다.[82] 또 사도바울도 하나님의 전신갑주를 입고 성령의 검을 취하라고 권고하고 있다.[83] 나아가 요한계시록에는 이 세상 끝날 때 악령의 세력들과의 거대한 전쟁이 있을 것이 예언되어 있다. 물론 신약성경에서의 전쟁은 모두 영적인 의미를 가지지만 기독교 신앙을 위협하는 세력에 대해서는 무력을 사용해서라도 이를 물리치라는 것이 하나님의 뜻이라는 확고한 신앙이 자리 잡게 되었다. 그리하여 2천 년 기독교 역사에는 십자군 전쟁 등 많은 종교전쟁이 이른바 '성전'의 이름으로 행해졌다. 따라서 우리나라의 안보를 위협하는 적들의 침략에 대응하는 방위적 전쟁이나 우리 신앙을 지키기 위한 전쟁은 성경에 위반되지 않을 뿐 아니라 오히려 이를 회피하는 것은 신앙양심을 버린 것이라고 생각한다.

---

78) **에베소서 6:12** 우리의 씨름은 혈과 육에 대한 것이 아니요 정사와 권세와 이 어두움의 세상 주관자들과 하늘에 있는 악의 영들에게 대함이라.

79) **신명기 3:6** 우리가 헤스본 왕 시혼에게 행한 것과 같이 그 성읍들을 진멸하되 각 성읍의 남녀와 유아를 진멸하였으나.

　　여호수아 6:21 성 중에 있는 것을 다 멸하되 남녀 노유와 우양과 나귀를 칼날로 멸하니라.

80) **역대상 28:3** 오직 하나님이 내게 이르시되 너는 군인이라 피를 흘렸으니 내 이름을 위하여 전을 건축하지 못하리라 하셨느니라.

81) 마태복음 10:34.

82) 마태복음 26:51, 요한복음 18:10.

83) **에베소서 6:13** 그러므로 하나님의 전신갑주를 취하라 이는 악한 날에 너희가 능히 대적하고 모든 일을 행한 후에 서기 위함이라.

(3) 한국의 상황과 병역의무

북한의 군사적 위협과 이에 대응하기 위한 병역의무의 이행은 우리나라 국민 모두에게 중요하지만 특히 기독교신자들에게는 반드시 이행해야 할 의무라고 본다. 왜냐하면 북한 무신론자들이 남한의 여러 세력 중에서도 기독교를 가장 박멸해야 할 대상으로 간주하고 있어 만일 한반도가 저들의 수중에 들어간다면 기독교 신앙도 말살될 것이 뻔하기 때문이다. 이는 한때 동양의 예루살렘으로 칭송받던 평양이 공산화된 이후 기독교의 흔적도 찾아볼 수 없도록 변한 것만 보아도 짐작할 수 있다.

다만 신앙과 국가를 지키기 위한 기독교 신자들의 병역의무 이행이 성경에 나타난 하나님의 뜻이라는 것이 반드시 기독교 평화주의에 기해 양심상 병역을 거부하는 소수자에 대해 대체복무제의 관용을 베푸는 것과 양립할 수 없는 것은 아니라는 점은 유의할 필요가 있다.

바. 후속 판례

[Ⅰ-4-1]과 [Ⅰ-4-2]에서의 대법원과 헌법재판소의 병역거부에 대한 형사제재가 합헌이라는 판결이 내렸음에도 불구하고 하급심에서는 병역거부자에 대한 처벌의 위헌성 여부를 계속 문제 삼고 있다. 즉 2007년 5월 1일에 울산지방법원은 예비군 병역거부 사건에 대해 직권으로 위헌법률심판을 제청하였으며,[84] 2008년 9월 5일 춘천지방법원 항소심 재판부는 병역법 위반 사건에 대하여 직권으로 위헌법률심판제청결정을 하였다.[85] 그 후 대전, 천안, 전주, 수원, 대구김천지원에서 4건의 위헌제청이 뒤따랐다.[86] 그러나 가장 최근의 결정에서 헌법재판소는 7 대 2로 병역거부자 처벌에 대한 합헌 결정을 내림으로써 그 입장에는 아직 변화가 없다.[87]

---

84) 헌재 2007헌가12.
85) 헌재 2008헌가22.
86) 헌재 2009헌가7, 2010헌가24, 2010헌가37, 2008헌가16.
87) 헌재 2011.8.30. 2008헌가22.

5. 종교행사 참여의 자유

[1-5-1] 헌재 2005.2.15 2004헌마911 종교집회행사참여금지 위헌확인

[사실관계]

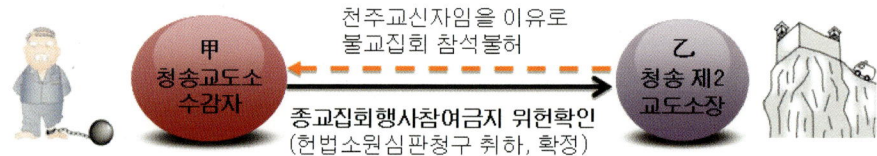

(1) 甲은 강도상해죄 등으로 구속된 후 2001.8.17. 청송 제2교도소에 수감된 다음 징역 3년 6월을 선고받고 판결이 2002.4.12. 확정된 자이다. 乙은 甲이 수감된 청송 제2교도소의 소장이다. 甲은 2004.11.17. 위 교도소 소속 교정공무원에게 종교집회에 참석하게 하여 달라고 신청하였으나 그 신청이 불허되었다.

(2) 이에 甲은 乙의 불허행위가 甲의 행복추구권과 종교의 자유권을 침해한다는 이유로 2004.11.24. 헌법소원심판을 청구하였다. 따라서 이 사건 심판대상은 甲의 종교집회 참가요청에 대한 2004.11.17.자 乙의 불허행위이다.

(3) 甲은 2005.1.26. 서면으로 이 헌법소원심판청구를 취하하였고, 이미 본안에 관한 답변서를 제출한 乙에게 취하의 서면이 2005.1.31. 송달되었으며 乙이 그날로부터 2주일 내에 이의를 하지 아니하였다. 이에 대해 甲은, 乙이 위 불허행위에 대하여 사과를 할 것이니 헌법소원심판청구를 취하하여 달라고 거짓말을 하여 이에 속은 甲이 헌법소원심판청구를 취하하였으나

이는 사기에 의한 의사표시로서 취소한다는 주장을 하였다.

[당사자의 주장]

[甲의 주장]	[乙의 주장]
(1) 乙의 2004.11.17.자 종교집회 참석 불허행위는 甲에게 보장된 헌법 제10조의 행복추구권과 헌법 제20조의 종교의 자유를 침해하는 것이다. (2) 자신이 위헌심판청구를 취하한 것은 乙이 불허행위에 대하여 사과를 할 것이니 헌법소원심판청구를 취하하여 달라고 거짓말을 하여 이에 속은 결과이니, 이는 사기에 의한 의사표시로서 취소할 수 있다.	(1) 甲은 천주교를 신봉하는 자로서 乙은 甲의 천주교집회에는 참석을 모두 허용하였으나 甲이 평소 신봉하지 않던 불교집회에 참석하겠다고 신청을 하여 이를 거부하였다. 이는 "수형자가 그가 신봉하는 종파의 교의에 의한 특별교회를 청원할 때에는 당해 소장은 그 종파에 위촉하여 교회할 수 있다"고 규정하고 있는 행형법 제31조 제2항 및 관련 규정에 따른 것이다. (2) 그뿐만 아니라, 수형자가 원한다고 하여 종교집회의 참석을 무제한 허용한다면, 효율적인 수형관리와 계호상의 어려움이 발생하고, 진정으로 그 종파를 신봉하는 다른 수형자가 종교집회에 참석하지 못하게 되는 결과를 초래하므로, 乙의 위와 같은 조치는 甲의 기본권을 본질적으로 침해하는 것이 아니다.

[판결요지]

(1) **헌법소원 취하** 헌법재판소법이나 행정소송법에 헌법소원심판청구의 취하와 이에 대한 乙의 동의나 그 효력에 관하여 특별한 규정이 없으므로, 소의 취하에 관한 민사소송법 제266조는 이 사건과 같은 헌법소원절차에 준용된다고 보아야 한다(헌재 1995.12.15. 95헌마221 등,

2001.6.28. 2000헌라1,; 2003.4.24. 2001헌마386). 기록에 의하면, 甲은 2005.1.26. 서면으로 헌법소원심판청구를 취하하였고, 이미 본안에 관한 답변서를 제출한 乙에게 취하의 서면이 2005.1.31. 송달되었는바, 乙이 그날로부터 2주일 내에 이의를 하지 아니하였음이 명백하므로, 민사소송법 제266조에 따라 乙이 甲과 승계참가인의 심판청구의 취하에 동의한 것으로 보아야 할 것이니, 이 사건 헌법소원심판절차는 특별한 사정이 없는 한 2005.2.15. 종료되었다.

(2) **헌법소원 취하의 효력** 甲은, 乙이 위 불허행위에 대하여 사과를 할 것이니 이 헌법소원심판청구를 취하하여 달라고 거짓말을 하여 이에 속은 甲이 헌법소원심판청구를 취하하였으나 이는 사기에 의한 의사표시로서 취소한다는 주장을 하면서, 이 헌법소원심판청구에 대한 취하의 효력을 다투고 있다. 그러나 헌법소원심판청구의 취하는 甲이 제기한 심판청구를 철회하여 심판절차의 계속을 소멸시키는 甲의 헌법재판소에 대한 소송행위이다. 그리고 소송행위는 일반 사법상의 행위와는 달리 내심의 의사보다 그 표시를 기준으로 하여 그 효력 유무를 판정할 수밖에 없는 것이다. 따라서 甲의 주장대로 甲이 乙의 기망에 의하여 헌법소원심판청구를 취하하였다고 가정하더라도 이를 무효라고 할 수도 없고, 甲이 이를 임의로 취소할 수도 없다 할 것이므로(대법원 1983.4.12 선고 80다3251 판결; 1997.6.27 선고 97다6124 판결; 1997.10.24 선고 95다11740 판결 등 참조), 甲의 위 주장은 받아들일 수 없다.

(3) 그렇다면, 이 사건 헌법소원심판절차는 甲의 심판청구 취하로 2005.2.15. 종료되었다.

[해설 및 검토]

가. 종교행사 참여의 자유

헌법상 종교의 자유는 예배, 법회, 미사 등 종교행사 참여의 보장이 전제되어야 한다. 종교행사에 참여함으로써 개인적으로는 신앙을 유지하고 또 다른 교인들과의 교류를 통해 신앙체험도 나눌 수 있기 때문이다. 종파마다 예배의식에는 많은 차이가 있는데 이는 예배의 형식이 신앙의 본질에 관련되는 중요한 요소로 간주되기 때문이다. 가령 루터나 캘빈에 의한 종교개혁은 무엇보다도 종교의식의 개혁에 그 초점이 맞추어져 있다고 해도 과언이 아닐 정도로 종교의식은 신앙에서 중요한 위치를 점하고 있다.

현재 우리나라에서는 국가에 의한 종교행사 참여 제한은 특별한 예외적인 상황[88]을 제외하고는 거의 무제한적으로 보장되고 있다. 다만 종교행사가 지나친 소음을 유발하거나 일반적인 상식 차원에서 용인되기 어려운 사이비적인 양상을 띨 경우에는 질서유지 차원에서 예외적으로 제한되어야 함은 당연하다.[89] 종교행사의 참여가 특별히 문제되는 경우로는 이 사례에서와 같이 감옥이나 유치장 같은 수용시설이나 군대와 같은 특별한 시설 내에서이다. 물론 헌법상 규정된 종교의 자유는 수형자에게도 보장되어야 하지만 수용소에서의 종교자유보장은 수형자에 대한 교화나 개선을 위해서도 중요한 역할을 한다.

나. 수용시설과 종교자유

(1) 교정에 관한 법체계

수용시설 내에서의 질서를 유지하고 수용자들의 인권을 보장하기 위해 「형의 집행 및 수용자의 처우에 관한 법률」이 제정되었다. 이 법은 1950년 제정된 「행형법」[90]이 인권존중의 시대적 요구에 미흡하다는 비판에 따라 2007년 전면 개정된 것이다.[91] 그 중요한 내용을 보면 ① 수형자·미결수용자 등 교정시설 수용자에 대한 차별금지 사유의 확대, 여성·노인·장애인 수용자에 대한 배려, 미결수용자에 대한 처우 개선, 서신검열의 원칙적인 폐지 등으로 수용자의 기본적인 인권 및 외부교통권이 보호될 수 있도록 하고, ② 수용자별 처우계획의 수립, 수용장비의 과학화, 보호장비의 개선, 징벌 종류의 다양화 등으로 수용관리의 효율과 수용자의 사회적응력을 높일 수 있도록 하며, ③ 그 밖에 청원제도 등 현행 제도의 미비점을 개선하여 수용자의 인권신장과 수용관리의 과학화·효율화 및 교정행정의 선진화를 이루려는 것이다.

또 이 법의 시행을 위해 「형의 집행 및 수용자의 처우에 관한 법률 시행령」과 「형의 집행 및 수용자의 처우에 관한 법률 시행규칙」이 제정되었다.[92]

---

88) 다음 [Ⅱ-4-1], [Ⅱ-4-2] 등의 사례에서와 같이 종교적 성일에 국가시험을 시행함으로써 결과적으로 예배의 참여가 제한되었다든지, 국가공무원이나 사기업의 근무자가 공휴일 비상근무로 인해 예배참여가 제한되는 경우이다.
89) 통일교에서는 중요한 종교행사의 하나로서 대규모 합동결혼식을 거행하고 있는데 정통교단에서는 그 진정성에 대해 의구심을 보이고 있다.
90) 1950.3.2. 법률 제105호
91) 법률 제8728호 전면개정 2007.12.21.
92) 법무부령 제700호 일부개정 2010.5.31.

(2) 종교행사의 참석 등

수용자처우법 제45조는 수용자에게 교정시설 안에서 실시하는 종교의식과 행사에 참여, 개별적 종교상담, 신앙생활에 필요한 서적이나 물품을 소지할 자유를 보장하고 있다. 다만 수형자의 교화 또는 건전한 사회복귀를 위하여 필요한 때나 시설의 안전과 질서유지를 위하여 필요한 때에는 이를 제한할 수 있도록 규정하고 있다. 한편 수형자 처우규칙은 이 법의 위임에 따라 수용자의 종교의 자유와 그 제한을 보다 상세하게 규정하고 있다.

우선 참석이 보장되는 종교행사로는 ① 종교집회: 예배·법회·미사 등, ② 종교의식: 세례·수계·영세 등, ③ 교리교육 및 상담, ④ 그 밖에 법무부장관이 정하는 종교행사로 세분하고 있다. 이를 위해서는 수용소 내에서 각종 종교단체 또는 종교인이 주재하는 종교행사를 실시하고 종교별 성상·성물·성화·성구가 구비된 종교상담실·교리교육실 등을 설치할 수 있도록 하였다.

수용자는 자신이 신봉하는 종교행사에 참석할 수 있다. 다만 ① 종교행사용 시설의 부족 등 여건이 충분하지 아니할 때, ② 수용자가 종교행사 장소를 허가 없이 벗어나거나 다른 사람과 연락을 할 때, ③ 수용자가 계속 큰 소리를 내거나 시끄럽게 하여 종교행사를 방해할 때, ④ 수용자가 전도를 핑계 삼아 다른 수용자의 평온한 신앙생활을 방해할 때, ⑤ 그 밖에 다른 법령에 따라 공동행사의 참석이 제한될 때에는 수용자의 종교행사 참석을 제한할 수 있다.

또 수용자가 종교상담을 신청하거나 수용자에게 종교상담이 필요한 경우에는 해당 종교를 신봉하는 교도관 또는 교정참여인사로 하여금 상담하게 할 수 있다. 그리고 수용자의 신앙생활에 필요하다고 인정하는 경우에는 외부에서 제작된 휴대용 종교서적 및 성물을 수용자가 소지하게 할 수 있지만 이 경우에는 그 재질·수량·규격·형태 등을 고려하여야 하며, 다른 수용자의 수용생활을 방해하지 아니하도록 하여야 한다.

다. 사례의 검토

수용시설 내에서 종교행사참여의 자유를 보장하는 데에는 위에서 본 대로 시설의 안전과 질서유지를 위하여 필요한 때에는 제한할 수 있다. 이는 교정시설이 범죄자들에 대한 형벌을 부과하는 동시에 이들을 교화해서 다시 건전한 시민으로서 사회에 복귀하도록 하는 목적을 가진 곳이므로 이러한 목적 달성을 위해 그들의 종교행사참여의 자유를 필요한 한도 내에서 제한하는 것이 합리적이기 때문이다.

이 사례는 수용자처우법이 시행되기 전 발생하였기 때문에 구 행형법이 적용되었다. 이 사안에서 문제가 되는 것은 천주교신자인 甲의 불교집회 참석 요청을 거절한 것이 甲의 종교자유를 제한한 것인가 하는 점이다. 구 행형법 제31조 2항은 "수형자가 그가 신봉하는 종파의 교의에 의한 특별교회를 청원할 때에는 당해 소장은 그 종파에 위촉하여 교회할 수 있다"고 규정하고 있고 또 현행 규정에서도 수용자가 신봉하는 종교행사에만 참여하도록 제한하고 있다. 그런데 이 규정에서 말하는 '신봉한다'는 것은 본인의 의사에 기해 확인할 수밖에 없는 사안이므로 가령 불교신자가 수용소에 들어와 심경의 변화를 일으켜 새로 기독교를 믿기로 하여 기독교 집회에 참여하기를 원하면 이는 수용자가 신봉하는 종교가 된다. 따라서 사회에 있을 때 불교신자라는 것만으로 기독교 집회참여를 거절하면 수용자의 종교행사 참여에 대한 제한이 될 수 있다. 다만 이 사례에서 甲이 진정으로 불교를 신봉하려는 의도가 있었는지 아니면 다른 목적으로 불교집회에 참석하려고 하였는지는 명확하지 않다.

이 사례에서 재판부는 甲의 종교자유가 침해되었는가 하는 실체적인 문제를 심사한 것은 아니고 甲이 헌법소원심판을 취하한 후 사기를 이를 무효로 할 수 있는가 하는 절차법적인 관점에서 검토한 후 甲의 청구를 기각하였다.

라. 다른 사례

(1) 헌재 2006.1.26. 2003헌마743 종교집회행사참여금지 등 위헌확인

이 사안에서 수용자가 마약범으로 징역 1년 8월을 선고받아 진주교도소에 정신질환자로 분류되어 구금되어 있는 동안, 정신질환수용자에 대해서는 종교행사에 참여할 기회를 박탈하였다고 주장하면서, 종교의 자유, 평등권 등의 침해를 이유로 헌법소원심판을 청구하였다. 이 심판청구가 있는 후에 진주교도소는 정신질환수용자에 대해 종교행사 참여를 보장하였고 또 심판청구인이 이미 만기출소가 된 후였다. 이에 따라 재판부는 헌법질서의 수호·유지를 위하여 그 위헌여부를 헌법적으로 해명해야 할 필요성이 없으므로 이를 별도로 심판할 이익이 없다고 각하하였다.

(2) 헌재 2006.4.11. 2006헌마295 교도소 종교행사 제한 위헌확인

청구인은 마산교도소가 미결수용자를 위한 종교행사를 매일 또는 매주 실시하지 않는 것이 헌법상 보장된 청구인의 종교의 자유를 침해한다고 주장하면서 위헌심판청구를 하였다. 이에 대해 재판부는 "헌법은 제20조 제1항에서 종교의 자유를 규정하고 제27조 제4항에서 형사피고인에 대한 무죄추정의 원칙을 규정하고 있으나 미결수용자의 종교 행사와 관련한 구체적인 규정은 두고 있지 않으며 미결수용자의 종교활동과 관련한 규정으로 볼 수 있는 행형법 제67조도 "미결수용자에 대하여는 신청이 있는 경우에 한하여 작업을 과하거나 교회를 행할 수 있다"고 규정하고 있을 뿐 달리 미결수용자의 종교행사에 대해 교도소장 등 수용시설의 장에게 청구인이 주장하는 것과 같은 내용의 구체적인 작위의무를 규정하고 있지는 않다. 따라서 마산교도소가 미결수용자를 위한 종교행사를 매일 또는 매주 실시하여야 할 작위의무가 헌법에서 유래하는 것으로 볼 수 없어 이 심판 청구는 헌법소원의 대상이 되지 않는 것에 대한 심판 청구로서 부적법하다고 판시하였다.

6. 종교의 자유와 가정

[Ⅰ-6-1] 서울가정법원 1988.10.10 선고 87드6835 판결【이혼】

[사실관계]

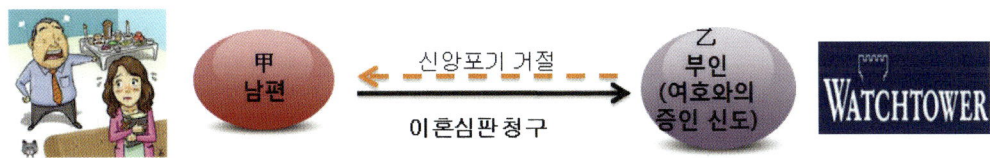

(1) 甲남과 乙녀는 1977년 초경 서로 만나 교제하던 끝에 같은 해 동거하다가 결혼식을 거행하고 같은 해 9.24. 혼인신고를 하였다. 甲은 혼인 당시 무역협회의 사원으로 근무하다가 직장을 옮겨 다니면서 1979.1.경부터 1986.5.경까지의 사이에 전후 4회에 걸쳐 약 6년 동안 해외에서 주로 건설현장의 책임자로 근무를 하였다. 乙은 甲이 해외취업 중인 1983.3.경부터 甲 본가에 들어가 시부모, 시동생들과 같이 생활하였고 시부는 같은 해 9.30.경 신병으로 사망하였다. 甲과 乙은 슬하에 1남 1녀를 두고 있다.

(2) 乙은 甲과 혼인하기 전에 여호와의 증인이라는 종교를 신봉하다가 혼인을 전후하여서는 그 신앙생활을 그만두고 있었는데 甲이 맨 처음 해외근무를 할 때인 1980년경부터 위 종교를 다시 신봉하기 시작한 이후 매주 화요일에 1~2시간씩, 금요일과 일요일에 2~3시간씩 각 교리연구와 예배를 보러 교회에 가느라 집을 비웠다. 여호와의 증인이라는 종교에서는 성경의 해석상 우상숭배라는 이유로 국기배례, 웃어른께 하는 큰절, 조상에 대한 제사 등을 금지하고 수혈과 군에 입대하는 것을 거부하는 것을 교리의 일부로 삼고 있다. 乙은 그와 같은 교리에 따라 국기배례, 큰절 등을 하지 아니하고 시부 등의 제사 때 배례를 하지 아니함은 물론

자녀들에게도 그와 같이 교육시켰다.

(3) 甲은 1차 해외근무를 마치고 귀국하였을 무렵인 1980.1. 중순경 乙이 위와 같은 종교활동을 하는 것을 알고 그 종교의 교리가 우리나라의 전통적인 윤리, 관습과 달라 가정의 화목을 해친다고 여겨 기회 있을 때마다 乙에게 종교활동을 그만두고 가정에만 충실할 것을 강력하게 요구하였으나 乙은 자기의 신앙을 포기하지 아니하고 교리에 따른 태도를 견지하였다.

(4) 乙은 신앙생활을 계속하면서도 가족의 식사준비, 빨래, 청소 등 가정주부로서 할 기본적인 일은 빠짐없이 하여 왔음은 물론 시모가 자극성 있는 음식을 잘 먹지 못한다고 시모의 음식을 따로 마련하는 등 정성을 다하였고 시부의 제사 때에도 배례는 하지 아니하였으나 제사 음식은 준비하였다. 또 甲이 乙의 종교활동을 강력하게 반대하기 때문에 위에서 인정한 교리 연구 및 예배활동 이외의 적극적인 포교활동 등은 일체 삼갔다.

(5) 원래 甲은 가부장적 권위를 중시하고 날카로운 성격을 가졌는데 1986.5.경 해외근무를 마치고 귀국한 이후에도 乙이 위와 같이 종교활동을 계속하자 乙에게 그 종교활동을 그만두라고 하면서 乙을 마구 구타하여 왔다. 그로 인한 부부 사이의 갈등과 불화가 심화됨에 따라 甲과 乙은 같은 해 6. 중순경부터 같은 집에 거주하면서도 따로따로 방을 사용하기에 이르렀다. 甲은 스스로 이러한 불화를 극복하지 못한 채 정신적인 안정을 잃고 방황하게 되어 1987.7.경 귀국 후 근무하던 삼성시계에서 근무태만으로 권고사직을 당하게 되었다. 甲은 1987.9.24.경 乙에게 가정과 종교 중 하나를 택일하라고 요구하고 乙이 둘 다 포기할 수 없다고 대답하자 거주하던 집의 전세금을 빼내어 乙과 乙소유의 물건만을 놓아둔 채 다른 곳으로 이사를 가버리고 乙을 이사 간 집에도 못 들어오게 하고 있다.

(6) 甲은 乙의 과도한 종교활동으로 인해 혼인생활이 회복하기 어려울 정도로 파탄에 이르렀다는 취지의 주장을 하면서 이혼심판을 청구하였다.

[판결요지]

(1) **종교의 자유와 가정** 우리 헌법은 국민 모두에게 종교의 자유가 있음을 확인하고 있다. 여호와의 증인이라는 특정한 성경해석론을 교리로 내세우는 종파를 사이비종교라거나 그 종교단체 자체를 불법단체로 단정할 수 없는 이상 그 교리를 지킨다는 동기에서 한 어떤 행위를

어느 누구도 그만두도록 강요할 수는 없다. 한편 부부는 가족이라는 혈연공동체를 이끌어가는 핵심으로서 가정의 유지와 향상을 위하여 서로 협조해야 할 의무가 있는 것이다. 따라서 부부가 각기 다른 교리를 따르고 상이한 윤리적 관념을 가지는 탓으로 제례의 봉행, 존속에 대한 예우, 자녀의 교육 등 중요한 가사에 관하여 의견이 대립되는 경우에는 종교적 신념과 가정평화라는 두 개의 가치를 함께 유지하기 위하여 상호의 이해와 양보로 합리적인 조화의 기준을 찾도록 노력할 책무가 있다고 할 것이다.

(2) **혼인파탄의 책임** 乙은 甲과 시모의 태도를 감안하여 최소한의 교리연구와 예배활동만 하고 포교활동 등 다른 적극적인 종교활동은 자제하면서 가정주부로서 해야 할 기본적인 일은 충실하게 하여 왔다. 또한 시부의 제사 음식을 준비하거나 시모의 음식을 따로 마련하는 등 위 종교활동으로 인하여 가정생활에 피해가 가지 않도록 노력하였으며, 지금도 가정이 회복되기를 간절하게 바라고 있는 태도를 지키고 있다. 이에 비하여 甲은 위와 같은 교리가 전통적인 윤리관념에 배치된다는 이유만으로 가부장적 권위를 내세워 신앙의 일방적인 포기만을 강요하고 뜻대로 따르지 않자 乙을 가정에서 축출하였다. 이러한 사정에 비추어보아 위에서 본 乙의 종교활동으로 인한 혼인생활의 파탄 정도는 乙의 종교활동의 자제의 노력과 함께 甲이 가정생활과 乙의 종교활동 사이에 조화점을 찾으려고 조금만 노력한다면 극복할 수 있는 상태인 것으로 보인다. 그뿐 아니라 가사 甲의 호소와 같이 혼인생활이 회복할 수 없을 정도로 파탄에 이른 것으로 보더라도 그 파탄의 주된 책임은 甲의 위에서 본 독선적 태도에 있다고 할 수밖에 없다.

(3) **결론** 그렇다면 甲과 乙 사이의 혼인생활이 乙의 책임 있는 사유로 회복하기 어려운 파탄에 이르렀다는 점을 전제로 한 甲의 이혼심판 청구는 이유 없어 이를 기각하고, 심판비용은 패소자인 甲의 부담으로 하여 주문과 같이 심판한다.

[참조판결] 대법원 1990.8.10 선고 90므408 판결 【이혼】

청구인과 그의 어머니가, 피청구인이 혼인 전부터 여호와의 증인이라는 종교를 신봉하는 것을 알고 그 신앙을 양해하여 혼인하게 된 것인데, 혼인 후 피청구인이 제사에 참여하지 아니하고 일요일마다 멀리 떨어진 곳에 있는 교회에 나가는 것에 불만을 품고 신앙을 바꿀 것을 요구하였으나 피청구인이 이에 응하지 아니하자 청구인이 어머니의 마음을 상하게 한다는 이유로 여러 차례 폭행을 가하고, 마침내 이를 견디지 못한 피청구인이 가출함으로써 가정생활이 파탄에 빠진 것이라면, 피청구인이 청구인을 악의로 유기한 것이라고 할 수 없고, 청구인과 그 어머니의 신앙포기요구에 피청구인이 따르지 아니하여 혼인생활이 파탄에 빠지게 되었다 하더라도 그 파탄의 주된 책임은 청구인에게 있으니 청구인은 이를 이유로 이혼을 청구할 수 없다.

[I -6-2] 대법원 1996.11.15 선고 96므851 판결 【이혼 및 위자료】

[사실관계]

(1) 甲과 乙은 1987.1.5. 혼인신고를 마치고 슬하에 A와 B 두 아들을 두고 있는 부부로서 비교적 원만한 부부생활을 하여 왔다. 그런데 1990년 여름경부터 乙이 여호와의 증인이라는 종교를 믿기 시작하면서 자주 집을 비우고 가사와 아이들의 뒷바라지를 소홀히 한 탓에 불화가 생겼다. 이에 甲은 종교로 인한 乙과의 갈등을 해소하기 위해서 1년간 甲이 위 종교의 교리를 공부해보되 그럼에도 위 종교를 믿을 마음이 생기지 않으면 乙도 위 종교를 믿지 않기로 약속하였다. 이에 甲은 1990년 가을경부터 2년 2개월간 교리공부를 하고 교인들을 만나는 등 위 종교를 이해하기 위하여 많은 노력을 기울였음에도 위 종교를 믿을 마음이 생기지 않았다. 이에 甲은 乙에게 약속대로 위 종교를 믿지 말라고 요구하였으나 乙은 이혼을 하면 했지 종교를 버릴 수 없다면서 이를 거절하였다.

(2) 乙은 1993.2.경 침례를 받아 위 종교의 정식 교인이 되었는데 그 이후 더욱더 종교활동에 심취, 경도되는 바람에 이로 인하여 서로 다투다가 같은 해 3.30.에 이르러 乙이 결혼할 때 가져온 금 1,500,000원을 위자료조로 지급하고 서로 이혼하기로 합의한다는 내용의 협의이혼서까

지 작성하였다. 乙은 평소 위 종교에서 금한다는 이유로 甲이 장남임에도 불구하고 시댁의 제사나 차례는 물론 시부모의 생일에도 참석하기를 거부할 뿐 아니라 제물 및 음식 차리는 일까지 거들지 않았으며 이로 인하여 乙의 시아버지와 싸우기까지 하였다.

(3) 乙은 A, B에게는 국기에 대한 경례나 애국가 제창 및 수혈을 하지 말도록 교육시키고 A, B의 수혈거부증까지 만들어 와서 甲과 다투기도 하였다. 甲은 나중에는 하는 수 없이 乙의 신앙 생활을 용인하면서 다만 가정 일에는 충실하기로 다짐을 받았으나, 乙은 전과 같은 태도로 계속 가정 일을 소홀히 하고 아이들에게 관심을 갖지 아니할 뿐 아니라 1994.3.19.에는 종교 집회에 참가한다고 집을 나가 5일간 들어오지 않는 바람에 甲이 아이들을 돌보느라 출근하지 못한 일도 있었다. 이에 甲은 같은 해 4월경 A를 甲의 본가가 있는 성남으로 전학시켜 조부모 밑에서 학교에 다니도록 하였다가 2개월 후 다시 데려오기도 하였다.

(4) 그 무렵인 甲은 협의이혼서대로 乙에게 금 1,500,000원을 지급한 다음 이혼해줄 것을 요구하였으나 乙은 이를 거절하였다. 그 후에도 乙은 甲의 수차에 걸친 요청에도 불구하고 종교에 경도되어 가정 일을 소홀히 하다가 급기야는 직장에 있는 甲에게 전화를 걸어 집을 나갈 터이니 아이들을 책임지라고 일방적으로 통고하고, 아이들에게는 "엄마는 멀리 여행 간다. 미안하다"는 내용의 메모를 남기고 집을 나가버렸다.

(5) 甲은 乙을 상대로 이혼 및 위자료반환 청구와 A, B에 대한 친권자 및 양육권자 지정을 청구하였다.

[판결요지]

(1) 신앙의 자유는 부부라고 하더라도 이를 침해할 수 없는 것이지만, 부부 사이에는 서로 협력하여 원만한 부부생활을 유지하여야 할 의무가 있으므로 그 신앙의 자유에는 일정한 한계가 있다 할 것인바, 처가 신앙생활에만 전념하면서 가사와 육아를 소홀히 한 탓에 혼인이 파탄에 이르게 되었다면 그 파탄의 주된 책임은 처에게 있는 것으로 보아야 할 것이다.

(2) 원심이 이와 같은 취지에서 甲이 乙을 이해하기 위하여 2년 이상 위 종교의 교리를 배우는 등 원만한 혼인생활을 하기 위하여 부단히 노력을 하고 그간 수차례 乙에게 가정생활에 충실할 것을 호소하였음에도, 乙이 이에 불응하고 甲과의 약속을 저버리고 종교에 몰두하여 가

정 및 혼인생활에 소홀히 함으로써 甲과 乙 사이의 혼인관계가 파탄에 이르게 되었으므로 그 파탄의 주된 책임이 乙에게 있다고 판단한 것은 정당하고, 원심판결에 소론과 같은 위법이 있다고 볼 수 없다. 논지도 이유가 없다.

(3) 관계 증거와 기록에 의하면, 원심이 사건 본인들(A, B)에 대한 친권행사자 및 양육자로 甲을 지정한 것은 정당하고, 원심판결에 소론과 같은 위법이 있다고 볼 수 없다. 논지도 이유가 없다.

[해설 및 검토]

가. 종교의 자유와 가정

종교의 자유는 가정 내에서도 존중되어야 한다. 동시에 부부는 원만한 가정생활을 유지하기 위한 협력의무를 지고 있다. 그런데 부부가 같은 종교를 신봉하는 경우에는 문제가 없지만 한쪽만 종교를 가지고 있다든가 서로 다른 종교를 믿을 경우에는 종교가 가정불화의 원인이 되기도 한다. 특히 여호와의 증인과 같이 열성적인 종교생활을 하는 종파에서 과도한 신앙생활로 인해 가정파탄에 이른 경우가 많고 위 사례는 그중에 대표적인 경우이다.

그러나 정통기독교에서도 신앙상의 차이로 인해 부부간 또는 부모와 자식 간의 긴장관계가 형성되는 경우가 많다. 가령 조상에 대한 제사는 우리 고유문화이지만 기독교에서는 살아 있는 사람과 하나님 이외에는 절하는 것을 우상숭배로 금하고 있기 때문에 이를 둘러싸고 많은 갈등이 있다. 특히 과거 여성들은 주로 가사를 담당하고 남자들은 직장생활로 인해 바쁘다 보니 주로 여성들을 상대로 한 선교가 집중되어 신도들의 대부분이 여성인 경우가 많았다. 그러한 연고로 제사를 거부하는 며느리와 이에 대한 시댁의 박해가 교계의 큰 기도 제목이 되기도 하였다.

나. 법리적 검토

(1) 민법상 이혼

우리 민법에는 협의이혼과 재판상 이혼의 두 가지 방법이 인정된다. 협의이혼은 부부 합의에 의한 이혼이며 재판상이혼은 부부 일방이 이혼을 원하지만 상대방이 이에 응하지 않을 경우 소송을 통한 이혼이다. 따라서 재판상 이혼에는 민법 제840조가 정하는 이혼하지 않을 수 없는 사유가 존재해야 하는데, 가령 부부 일방이 간통을 하였거나 폭력을 행사하거나 장기간 별거를 하는 경우 등이다. 이러한 이혼 사유 중에 가장 많은 부분을 차지하는 것이 「혼인을 계속하기 어려운 중대한 사유」가 있는 경우이다.

어떠한 경우에 이혼이 허용되는가에 대해서는 파탄주의와 유책주의가 있다. 파탄주의란 이혼사유의 발생에 대한 책임이 누구에게 있는가를 따지지 않고 이미 혼인관계가 파탄에 이르렀을 경우에는 이혼을 허용하는 제도이며, 유책주의란 혼인 파탄에 책임 있는 당사자에게는 이혼청구를 허용하지 않는 제도이다.[93] 협의이혼은 파탄주의에 가깝지만 재판상 이혼은 기본적으로 유책주의에 입각하고 있다.[94] [Ⅰ-6-1]의 경우는 파탄의 책임이 甲에게 있음을 들어 그 이혼청구가 받아들여지지 않은 반면, [Ⅰ-6-2]에서는 乙에게 책임이 있다고 보아 甲의 이혼청구를 받아들였다.

(2) '혼인을 계속하기 어려운 중대한 사유'에 해당 여부

민법 제840조가 말하는 혼인을 계속하기 어려운 중대한 사유가 무엇인지는 구체적인 사례를 통해서 구체화될 수밖에 없는데[95] 이 사례에서와 같은 부부 일방의 과도한 신앙생활이 포함될 것인지가 문제된다. 이는 헌법상 인정되는 종교활동의 자유와 가정생활을 원만하게 유지해야 할 부부의 협조의무를 어떻게 조화시킬 것인가 하는 문제에 귀착된다. 여기에서 중대한 사유가 있는지에 대한 판단에 있어서는 혼인생활의 회복이 가능한지 여부가 중요한데 [Ⅰ-6-1]에서는 "이러한 사정에 비추어보아 乙의 종교활동으로 인한 혼인생활의 파탄 정도는 乙의 종교활동의 자제의 노력과 함께 甲이 가정생활과 乙의 종교활동 사이에 조화점을 찾으려고 조금만 노력한다면 극복할 수 있는 상태"로서 아직 혼인생활의 회복이 가능한 상태로 판단하고 있다.

이에 비하여 [Ⅰ-6-2]에서는 "甲이 乙을 이해하기 위하여 2년 이상 위 종교의 교리를 배우는 등 원만한 혼인생활을 하기 위하여 부단히 노력을 하고 그간 수차례 乙에게 가정생활에 충실할

---

93) 한복룡, 「파탄주의 이혼법의 도입 필요성」, 『人權과 正義』, 제343호, 2005.3. 참조.
94) 판례도 재판상 이혼법제의 기본성격을 유책주의로 보고(대판 1983.3.22. 82므57; 대판 1986.3.25. 85므98; 대판 1987.9.22. 87므8) 유책배우자의 이혼청구를 배척하는 것이 기본입장이다. 다만 최근의 판례 중에서는 일정한 사유가 있는 경우 유책배우자에게도 이혼청구를 허용하는 사례가 있다.
95) 최창열, 「婚姻을 繼續할 수 없는 重大한 事由」, 『家族法研究』, 15-2, 2001.12, 202면.

것을 호소하였음에도, 乙이 이에 불응하고 甲과의 약속을 저버리고 종교에 몰두하여 가정 및 혼인생활에 소홀히 함으로써 甲과 乙 사이의 혼인관계가 파탄에 이르게 되었다"라고 판시하여 이미 혼인생활의 회복이 불가능하다고 판시하였다.

(3) 종교의 자유와 부부의 협력의무

내적인 종교적 신념 내지 양심의 자유는 제한할 수 없다고 함은 앞에서 설명한 바와 같다. 또한 헌법 제36조 제1항은 "혼인과 가족생활은 개인의 존엄과 양성의 평등을 기초로 성립되고 유지되어야 하며, 국가는 이를 보장한다"고 규정하고 있는데 이 조항에서 말하는 '개인의 존엄'에는 남편 또는 아내의 개인으로서의 신앙의 자유 내지 종교적 양심의 자유에 대한 존중이 포함되어 있다. 따라서 부부로서의 협력의무 혹은 혼인공동생활체 유지의무의 내용을 이해하기 위해서는 이러한 종교적 신념의 자유와 개인의 존엄에 관한 헌법적 보장을 함께 고려해야 할 것이다.[96]

이러한 취지에서 보면 아무리 부부간의 협조의무가 중요하더라도 甲은 乙에게 종교적 신념을 버리거나 신념에 반하는 행동을 강요할 수는 없는 것이고 다만 과도한 종교생활을 자제할 것을 요구할 수는 있다는 측면에서 판결의 취지에 동의한다. 그런데 [I-6-2]에서 판결이 "시댁의 제사나 차례는 물론 시부모의 생일에도 참석하기를 거부할 뿐 아니라 제물 및 음식 차리는 일까지 거들지 않았다"라는 것을 혼인파탄의 책임으로 열거하는 것은 좀 더 세밀히 관찰할 필요가 있다. 다음에서 상세히 살피겠지만 조상에 대한 제사는 우상숭배를 금지하는 기독교의 가장 중요한 계명을 범하는 문제가 있기 때문이다. 제사나 차례에 참석하는 것 자체는 가족의 일원으로서 당연히 해야 할 부부간 협조의무에 속하지만 제사상에서 눈에 보이지 않는 죽은 조상에게 절을 하도록 요구하는 것은 종교적 신념에 반하는 행위를 강요하는 것으로서 부부간 협조의무의 범위를 벗어난 것으로 본다.

다. 교리적 검토

(1) 성경에서의 가정과 이혼

성경은 남녀 간의 결합으로 이루어지는 가정을 하나님의 창조의 원리에 포함시킬 만큼 중요시

---

96) 최행식, 「이혼사유로서의 과도한 종교생활-대법원 1996.11.15 선고, 96므851판결-」, 『가족법연구』, 제13호, 1999, 228면.

한다.97) 이는 그리스도인의 결혼을 통해 이루어진 가정이 예수그리스도와 교회 사이의 관계를 반영하는 것으로 간주하기 때문이다.98) 사도들도 가정의 평화를 이룩하기 위해 가정의 구성원인 남편과 아내 그리고 부모와 자식이 지켜야 할 여러 규례를 정하여 권고하고 있다.99) 특히 가정 내에서 아내들이 자신의 남편에게 복종하기를 주께 하듯 하라고 명령하고 있다.100) 이는 가정을 이루는 혼인을 하나님이 짝지어주신 운명적 결합으로 보고 있기 때문이다.101) 따라서 배우자에게 부정이 있는 경우를 제외하고는 이혼을 허락하지 않는다.102)

이러한 관점에서 보면 [Ⅰ-6-2]에서 乙의 태도는 성경적 가르침에 어긋난다. 성경 어디에도 가정과 가족을 내버리고 나가서 믿음 생활하라고 가르치고 있지 않다. 특히 사실관계를 보면 나중에는 甲이 乙의 신앙생활을 용인하면서 다만 가정 일에는 충실하기로 다짐을 받았지만 乙이 계속 가정 일을 소홀히 하고 심지어는 가출까지 하여 정상적인 가정을 유지할 수 없는 상황에 이르렀다. 따라서 이 사례에서 乙은 종교인으로서의 최소한의 양심을 저버린 사람으로서 종교의 자유를 운운할 자격도 없다. 乙이 참된 신앙을 가진 사람이라면 주부로서의 본분을 충실히 수행하여 신앙인으로서의 본을 보이면서 남편을 설득함으로써 믿음을 지켜야 한다. 잘못된 믿음은 차라리 믿음이 없는 것보다 못하다.

(2) 제사와 우상숭배

이 사례에서 甲과 乙 간에서 직접 충돌이 생긴 것은 과도한 종교생활, 특히 시댁의 제사에 참

---

97) **창세기 2:22~24** 여호와 하나님이 아담에게서 취하신 그 갈빗대로 여자를 만드시고 그를 아담에게로 이끌어 오시니 아담이 가로되 이는 내 뼈 중의 뼈요 살 중의 살이라 이것을 남자에게서 취하였은즉 여자라 칭하리라 하니라 이러므로 남자가 부모를 떠나 그 아내와 연합하여 둘이 한 몸을 이룰지로다.
 마태복음 19:4~5 예수께서 대답하여 가라사대 사람을 지으신 이가 본래 저희를 남자와 여자로 만드시고 말씀하시기를 이러므로 사람이 그 부모를 떠나서 아내에게 합하여 그 둘이 한 몸이 될지니라 하신 것을 읽지 못하였느냐.
98) 에베소서 5:32, 고린도후서 11:2.
99) 고린도전서 11:3, 에베소서 5:23, 6:1, 골로새서 3:20.
100) **에베소서 5:22~24** 아내들이여 자기 남편에게 복종하기를 주께 하듯 하라 이는 남편이 아내의 머리 됨이 그리스도께서 교회의 머리 됨과 같으니 그가 친히 몸의 구주시니라 그러나 교회가 그리스도에게 하듯 아내들도 범사에 그 남편에게 복종할지니라.
101) **마태복음 19:6** 이러한즉 이제 둘이 아니요 한 몸이니 그러므로 하나님이 짝지어주신 것을 사람이 나누지 못할지니라 하시니.
 에베소서 5:31~32 이러므로 사람이 부모를 떠나 그 아내와 합하여 그 둘이 한 육체가 될지니 이 비밀이 크도다 내가 그리스도와 교회에 대하여 말하노라.
102) **마태복음 19:9** 내가 너희에게 말하노니 누구든지 음행한 연고 외에 아내를 내어 버리고 다른 데 장가드는 자는 간음함이니라.
 고린도전서 7:39 아내가 그 남편이 살 동안에 매여 있다가 남편이 죽으면 자유 하여 자기 뜻대로 시집갈 것이나 주 안에서만 할 것이니라.

석을 거부하는 부인의 종교적 신념이 문제되었다. 사실 우리나라의 전통적인 조상에 대한 孝의 문화와 기독교인의 종교적 신념이 충돌하는 것은 어제 오늘의 일이 아니었다. 조선 말기 천주교가 전래되면서 수많은 순교자가 발생한 것도 직접적으로는 제사거부로 인한 것이었다. 그러나 아이러니컬하게도 그토록 많은 피를 흘렸던 천주교는 조상제사를 수용한 반면[103] 19세기 말 늦게 전파된 기독교(개신교)는 아직도 제사문제에 대해 엄격한 입장을 고수하고 있다.[104]

이러한 기독교의 제사에 대한 태도에 대해서는 조상제사를 사람으로서 감당해야 할 하나의 효행과 삶의 현장에서 일상화된 문화적인 요소라고 보고, 복음의 토착화라는 차원에서 개선 또는 수용하자고 하는 견해가 있다.[105] 이에 대해 정통기독교에서는 제사가 민족 고유의 전통의식이라 하더라도 우상성이 내포된 것은 묵과할 수 없다는 입장이다. 즉 성경에 절하지 말고 섬기지 말라는 내용은 죽은 조상에게 절하는 것을 금한 것이기 때문에 죽은 자에게 절하는 것은 합당치 않다고 한다.[106]

생각건대 기독교인들이 조상에 대한 제사를 드리지 않는 것은 조상에 대한 공경이나 우리 문화에 대한 배척에서 나온 것이 아니라 살아계신 하나님 한 분 이외에는 누구도 섬겨서는 안 된다는 성경적 가르침에 충실하기 위함이다. 오히려 성경은 부모에 대한 공경을 제5계명으로 규정하고 있으며[107] 예수님도 눈에 보이는 부모를 공경하지 못하는 자가 어떻게 눈에 보이지 않는 하나님을 섬길 수 있는가라고 반문하고 계신다. 따라서 부모님의 기일이나 명절에 가족들이 모여 조상들에 대한 존경과 사랑을 표시하는 추도식 등을 거행하는 것은 성경적 가르침에 위반되지 않는다고 본다.

---

103) 초기 선교 역사를 순교의 피로 채운 천주교는 결국 1939년 12월 8일 교황 비오 12세(Pius XII)의 교서를 통해 새로운 차원의 전환점을 맞이하게 되었다. 교황의 교서에 의하면 '배공제조(拜孔祭祖)' 또는 '경공제조(敬孔祭祖)' 즉, 공자를 숭상하고 조상께 제사함은 시대의 변천과 풍속 정신이 바뀐 현 세대에 와서는 한갓 선조에 효성을 표시함에 지나지 않는 민간의식이라고 정의하였다. 그리고 중국과 한국의 조상제사를 전통문화임과 동시에 민간인들의 습관인 생활 문화양식으로 인정하여 의례를 허락하였다(박근원, 『기독교와 관혼상제』, 전망사, 1984, 80).
104) 기독교의 제사문제로 인한 박해와 그 전개과정에 대해서는, 박남규, 「한국 개신교의 제사금지정책에 대한 비판적 고찰과 대안 연구」, 박사학위논문(계명대학교), 2009.6, 120면 이하 참조.
105) 이정순, 「조상제사 문제를 어떻게 이해할 것인가?-한국교회의 영성형성의 과제와 관련해서-」, 『신학과 실천』; 박영도, 「조상제사에 대한 복음적 조명」, 한신대 석사논문, 1996 등 다수.
106) 이종윤, 『한국교회와 제사문제』, 엠마오, 1985, 74면.
107) 출애굽기 20:12, 에베소서 6:2.

7. 종교자유의 한계와 남용

[Ⅰ-7-1] 대법원 1995.4.28 선고 95도250 판결 【사기 등】

[Ⅰ-7-1A] 대법원 1997.6.27 선고 97도508 판결 【사기】

[사실관계]

　피고인은 신도들을 상대로 하여 자신을 스스로 "하나님", "구세주", "이긴 자", "생미륵불", "정도령", "완성자" 등으로 지칭하면서 자신은 성경의 완성이고 모든 경전의 완성이자 하나님의 완성으로서 자기를 믿으면 모든 병을 고칠 수 있을 뿐만 아니라 핏속의 마귀를 박멸 소탕하여 영원히 죽지 않고 영생할 수 있다고 하였다. 또한 자신이 인간들의 길흉화복과 우주의 풍운조화를 좌우하므로 1981년부터 10년 동안 한국 땅에 태풍이나 장마가 오지 못하도록 태풍의 진로를 바꿔놓고 풍년이 들게 하였다고 주장하였다. 그리고 재물을 자신에게 맡기고 충성하며 자기들이 시행하는 건축공사에 참여하면 핏속의 마귀를 빨리 박멸 소탕해주겠다고 하였다. 또 자신이 하나님인 사실이 알려져 세계 각국에서 금은보화가 모이면 마지막 날에 1인당 1,000억 원씩을 나누어주겠으며, 헌금하지 않는 신도는 하나님이 깍쟁이 하나님이므로 영생할 수 없다는 취지의 설교를 사실인 것처럼 계속하여 신도들로부터 거액의 헌금을 편취하였다.

[판결요지]

종교의 자유는 인간의 정신세계에 기초를 둔 것으로서 인간의 내적 자유인 신앙의 자유를 의미하는 한도 내에서는 밖으로 표현되지 아니한 양심의 자유에 있어서와 같이 제한할 수 없는 것이지만 그것이 종교적 행위로 표출되는 경우에 있어서는 대외적 행위의 자유이기 때문에 질서유지를 위하여 당연히 제한을 받아야 하며 공공복리를 위하여서는 법률로써 이를 제한할 수 있다고 할 것이다(당원 1995.4.28 선고 95도250 판결 참조). 위 사실관계에서 보듯이 피고인은 신도들을 기망하였음이 분명한 이상 이는 종교의 자유의 한계를 일탈한 것으로서, 원심이 이에 기망당한 신도들로부터 헌금명목으로 고액의 금원을 교부받은 것을 형법상 사기죄에 해당한다고 하여 처단한 것이 헌법상 종교의 자유나 양심의 자유, 종교적 행복추구권에 관한 법리를 잘못 오해한 데 기인한 것이라고 할 수 없다.

[해설 및 검토]

가. 판결의 의미

이 사례는 대표적인 사이비 종교단체인 영생교승리제단의 교주가 허무맹랑한 설교로 교인들을 기망하여 헌금 명목으로 거액을 편취한 것을 사기죄로 처단한 것이다. 이 사례에서 피고인은 종교의 자유를 내세워 자신의 무죄를 주장하였으나 이러한 행위는 종교의 자유의 한계를 일탈한 것으로서 법의 보호를 받지 못한다는 점을 분명히 하였다.

이 사례는 종교라는 이름을 빙자하여 금품을 강요하거나, 체벌 등 폭력을 행사하고, 사기적 방법을 동원하여 헌금을 갈취하며 심지어는 여신도를 성추행하는 등 여러 사회적인 물의를 일으키고 있는 사이비종교에 대한 처벌 기준을 제시하였다는 점에서 의미가 있다고 하겠다. 나아가 헌법상 종교의 자유라는 기본권 보장의 대상이 되는 '종교'의 개념과 그 범위를 어떻게 설정할 것인가 하는 근본적인 의문을 던지기도 한다.

나. 종교의 개념

(1) 종교개념 정립 필요성

우리 헌법이나 법률에는 종교가 무엇인지를 적극적으로 정의하거나 개념을 규정하고 있지 않다. 그럼에도 불구하고 어떤 단체가 종교의 범주에 포함되면 헌법상 종교의 자유가 보장될 뿐아니라 다음에서 보듯이 각종 조세부담상의 특례를 인정받게 되며, 또한 종교 관련 집회에 대해서는 집시법 등의 규제를 받지 않게 된다. 특히 이 사례에서와 같이 종교라는 이름을 빙자하여 각종 불법행위를 자행하는 사이비종교와 정통 종교를 구별할 필요에서도 종교개념의 정립은 반드시 필요하다.

그러나 그 구별기준은 반드시 명확한 것은 아니며 국가가 입법이나 법원의 해석 작용을 통해 적극적으로 그 개념정립을 시도하는 것은 자칫 종교와 국가의 분리라는 원칙을 훼손할 우려가 있다. 역사적으로 보더라도 그 시대의 지배적인 종교에 대항하는 소수 종교들이 처음에는 사이비 이단으로 정죄된 예가 많았기 때문이다. 이러한 취지에서 앞의 [Ⅰ-6-1]에서 법원은 "여호와의 증인이라는 특정한 성경해석론을 교리로 내세우는 종파를 사이비종교라거나 그 종교단체 자체를 불법단체로 단정할 수 없는 이상 그 교리를 지킨다는 동기에서 한 어떤 행위를 어느 누구도 그만두도록 강요할 수는 없다"고 판시한 바 있다.

(2) 학설

학자들은 종교를 ① 인간의 형이상학적인 신앙을 그 내용으로 하는 것으로서 상념의 세계에만 존재하는 초인적인 절대자에 대한 귀의 또는 신과 내세에 대한 내적인 확신의 집합개념,[108] ② 인간의 상념의 세계에서만 존재할 수 있는 신이나 절대자 등 초월적 존재를 신봉하고 그것에 귀의하는 것,[109] ③ 신과 피안의 세계에 대한 우주관적 확신,[110] ④ 신이나 절대자를 인정하여 일정한 양식 아래 그것을 믿고, 숭배하고 받아들임으로써 마음의 평안과 행복을 얻고자 하는 정신문화의 한 체계,[111] ⑤ 인간의 형이상학적 신앙이며, 신앙이란 신과 피안에 대한 내적 확신[112]

---

108) 허영, 『한국헌법론』, 박영사, 2008, 401면.
109) 권영성, 『헌법학원론』, 법문사, 2002, 485면.
110) 홍성방, 『헌법학』, 현암사, 2008, 478면.
111) 성낙인, 『헌법학』, 법문사, 2008, 482면.
112) 한수웅, 『헌법학』, 법문사, 2012, 716면.

등 다양하게 정의한다.

(3) 판례-서울행정법원 2007.11.28 선고 2007구합18291 판결

판례에서 정면으로 종교의 개념을 규정지은 바는 없지만 최근의 파룬파파(法輪功) 사건은 법원이 종교를 어떻게 보고 있는지를 이해할 수 있는 사례라고 하겠다. 이 사례에서 원고는 '파룬따파(法輪功)'라는 체육 관련 비영리사단법인의 설립허가를 신청하였으나 서울시장은 파룬따파가 종교단체라는 이유로 그 신청을 반려하였다. 이에 원고는 비록 파룬따파가 몸과 마음을 함께 수련하는 심신수련법이기는 하나, 5장 공법으로 구성된 연공동작은 신체건강을 위한 자발적이고 일상적인 체육활동으로서 파룬따파에는 신체를 단련하는 체육적 요소가 분명히 있다고 주장하면서 서울시장의 법인설립허가반려처분의 취소를 구하는 행정소송을 제기하였다.

이에 대해 법원은 ① 종교라고 함은 '신이나 초자연적인 절대자 또는 힘에 대한 믿음을 통하여 인간 생활의 고뇌를 해결하고 삶의 궁극적인 의미를 추구하는 문화체계(국립국어원의 표준국어대사전)' 내지 '어떤 믿음의 대상을 섬기며 그 가르침을 최고의 진리로 여기고 생활의 원리로 받아들임으로써 행복이나 영생을 얻을 수 있게 된다고 생각하는 믿음의 체계(성안당·국어사전)'를 이르고, 체육이라 함은 '운동경기·야외 운동 등 신체 활동을 통하여 건전한 신체와 정신을 기르고 여가를 선용하는 것'으로서, 결국 종교와 체육은 그 차원을 달리하는 것으로서 종교가 '인간이라는 유한자에 주어진 실존적인 삶의 상황(삶과 죽음, 시간, 고통, 자아 등)에서 의미가 물어지는 물음에 대해 하나의 믿음으로서의 해답을 제공하는' 정신적 문제의 차원이라면, 체육은 '신체활동을 통한 건강 향상과 체력 증진을 도모하는' 육체적 문제의 차원이라고 할 것이며, ② 어느 단체의 사업활동에 종교적 요소와 체육적 요소가 결부되어 있다면, 어느 요소가 다른 요소에 대해 보다 주도적이고 우위적인지 여부 등을 실질적·종합적으로 살펴 그 사업활동이 종교활동인지 또는 체육활동인지 여부를 결정하여야 할 것이므로, 만약 어느 단체의 사업활동에 체육에 유사한 활동이 일정부분 포함되어 있다고 하더라도 그 단체의 믿음이나 교리체계가 제시하는 정신적인 복락을 달성하는 데 요구되는 수행법에 불과할 뿐이라면 위 단체가 목적으로 삼는 사업활동이 체육 사업에 해당하는 것이라고는 볼 수 없으며, ③ 따라서 원고가 설립허가를 신청한 법인의 목적 사업이 종교사업에 해당하여 서울시장이 한 반려처분은 합리적이라고 판시하였다.

결국 법원도 종교의 개념을 정의하는 데 있어서 어떠한 적극적인 기준을 제시하기보다는 사전적 의미에 의존하고 있음을 알 수 있다.

다. 종교의 기준

이상의 학설과 판례를 종합해보면 종교와 종교가 아닌 것, 특히 사이비종교를 구별하는 기준으로 다음과 같은 몇 가지를 생각해볼 수 있다.

첫째, 유한한 인생이 해결할 수 없는 근본적인 물음, 즉 삶과 죽음, 시간, 고통, 자아 등에 대해 믿음으로서의 해답을 제공하는 가치체계라야 한다는 점이다.113) 그러므로 필연적으로 종교는 인간 이성의 한계를 넘는 신비적인 요소를 지니게 마련이며114) 이것이 극대화될 경우 여러 가지 부작용이 초래될 수도 있다.

둘째, 종교는 현세보다는 내세지향적이라는 점이다. 그러나 내세지향적이라는 것은 종교가 현세를 무시해도 좋다는 의미는 아니다. 오히려 정통 종교일수록 현세의 가치 있는 삶을 통해서 내세를 준비한다는 점에서 강한 윤리성과 현실성을 보이고 있다.115) 그래서 진실한 종교는 일상적인 삶에 있어서의 근면과 경건을 중시하고 세속 정권들이 미처 돌아보지 못하는 사회의 어둡고 소외된 부분을 어루만지고 치유하는 봉사에 힘을 쏟게 된다.116)

셋째, 종교는 이러한 가치관을 실현하기 위해 부단한 영적 훈련과 수행에 주력한다는 점이다.117) 이는 예배나 종교집회를 통해서도 이루어지지만 목숨을 건 선교활동이나 종교교육을 통해 다음 세대에도 그들의 믿음을 전해주려는 노력으로 나타난다.

넷째, 종교는 이러한 인생의 문제에 대한 해답을 줄 수 있는 경전을 가지고 있다는 점이다. 그리고 이러한 경전은 대개 초월자의 계시나 오랜 수행을 통한 깨달음에 기초하고 있다.118) 기독

---

113) **로마서 1:17** 복음에는 하나님의 의가 나타나서 믿음으로 믿음에 이르게 하나니 기록된바 오직 의인은 믿음으로 말미암아 살리라 함과 같으니라.
114) **고린도후서 12:1, 4** 무익하나마 내가 부득불 자랑하노니 주의 환상과 계시를 말하리라 그가 낙원으로 이끌려 가서 말할 수 없는 말을 들었으니 사람이 가히 이르지 못할 말이로다.
115) **베드로후서 3:11~13** 이 모든 것이 이렇게 풀어지리니 너희가 어떠한 사람이 되어야 마땅하뇨 거룩한 행실과 경건함으로 하나님의 날이 임하기를 바라보고 간절히 사모하라 그날에 하늘이 불에 타서 풀어지고 체질이 뜨거운 불에 녹아지려니와 우리는 그의 약속대로 의의 거하는바 새 하늘과 새 땅을 바라보도다.
116) **갈라디아서 5:22~23** 오직 성령의 열매는 사랑과 희락과 화평과 오래 참음과 자비와 양선과 충성과 온유와 절제니 이 같은 것을 금지할 법이 없느니라.
117) **디모데전서 4:8** 육체의 연습은 약간의 유익이 있으나 **경건**은 범사에 유익하니 금생과 내생에 약속이 있느니라.
118) **디모데후서 3:16~17** 모든 성경은 하나님의 감동으로 된 것으로 교훈과 책망과 바르게 함과 의로 교육하기에 유익하니 이는 하나님의 사람으로 온전케 하며 모든 선한 일을 행하기에 온전케 하려 함이니라.

교의 성경이라든지, 불경, 코란 등이 대표적이다.

이러한 기준에 비추어볼 때 이 사례에서의 피고인은 종교인이 아니며 종교의 탈을 쓴 파렴치범(사기범)으로서 종교의 자유를 입에 담는 것은 어불성설이다.

[Ⅰ-7-2] 대법원 1980.9.24 선고 79도1387판결 【유기치사 · 의료법위반】

[사실관계]

(1) 乙1은 만 11세 남짓한 딸 A가 전격성간염에 걸려 장내출혈의 증세까지 생기자 병원으로 데리고 가서 치료를 받게 하였다. 병원 의사 B는 당시의 의료기술상 최선의 치료방법이라고 하면서 수혈을 권유하였지만 乙1은 자신이 믿는 종교인 여호와의 증인의 교리에 어긋난다는 이유로 시종일관 완강히 거부하였다.

(2) 乙2는 乙1의 남편으로서 같은 여호와의 증인 신자이다. 乙2는 병실에서 A에게 수혈을 하려는 의사 B의 앞을 가로막고 고함을 지르면서 소란을 피우고 항의하여 결국 B가 수혈을 못하게 하였다. 한편 乙1, 2의 11세 난 딸인 A도 부모의 교육에 따라 B에게 수혈을 거부한다는 말을 하였다.

(3) 적기에 수혈을 하지 못함에 따라 A는 장내출혈로 인해 실혈사하였다. 이에 검사 甲은 乙1, 2를 유기치사 및 의료법 위반과 예비적 업무방해죄로 각각 기소하였다. 원심법원이 乙1, 2에게 유죄를 선고하자 乙1, 2는 종교적 신념의 자유를 이유로 상고하였다.

[판결요지]

(1) **종교적 신념과 수혈거부의 정당성** 乙이 질병으로 인하여 보호를 요하는 딸(A)을 병원에 입원시켜 놓고 의사(B)가 그 당시 국내의 의료기술상 최선의 치료방법이라는 수혈을 하려 하여도 이를 완강하게 거부하고 방해하였다면 이는 결과적으로 부조를 요하는 자를 위험한 장소에 두고 떠난 것이나 다름이 없다고 할 것이다. 비록 그 환자의 증세로 보아 회복의 가망성이 희박한 상태(그렇다고 하여 처음부터 회복의 전망이 전혀 없다고 단정하기에 족한 증거자료도 없다)이어서 의사가 권하는 최선의 치료방법인 수혈이라도 하지 않으면 그 환자가 사망할 것이라는 위험이 예견 가능한 경우에 아무리 생모라고 할지라도 자신의 종교적 신념이나 후유증 발생의 염려만을 이유로 환자에 대하여 의사가 하고자 하는 수혈을 거부하여 결과적으로 그 환자로 하여금 의학상 필요한 치료도 제대로 받지 못한 채 사망에 이르게 할 수 있는 정당한 권리가 있다고는 할 수 없다.

(2) **11세 아동의 수혈거부** 그리고 그 당시 사리를 변식할 지능이 없다고 보아야 마땅할 11세 남짓의 환자 본인(A)이 그 생모(乙1)와 마찬가지로 수혈을 거부한 일이 있다고 하여도 이것이 乙의 수혈거부 행위가 위법한 것이라고 판단하는 데 어떠한 영향을 미칠 만한 사유가 된다고 볼 수는 없다.

(3) 따라서 乙의 소위가 유기치사죄에 해당한다고 판단한 원심의 조치에 논지가 지적한 바와 같은 심리 미진, 판단유탈 및 유기치사죄에 대한 법리오해, 치료방법을 선택할 수 있는 자유권의 행사인 정당행위에 관한 법리오해와 종교의 자유를 보장한 헌법위반 등의 위법사유가 있다고 할 수 없다.

[Ⅰ-7-3] 서울동부지방법원 2010.10.21. 2010카합2341 결정 【진료업무방해금지 가처분】

[사실관계]

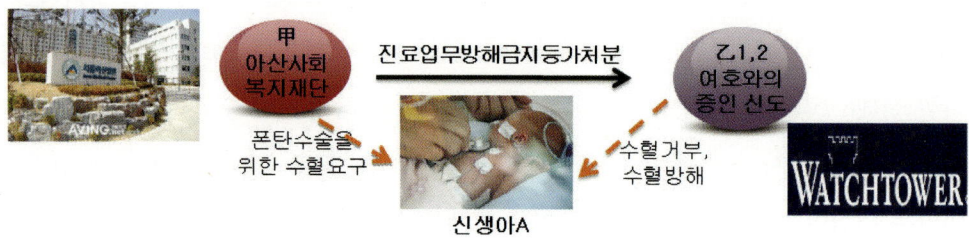

(1) 乙들의 딸인 A는 2010.9.6. 태어나 대동맥판막의 선천 협착, 양방단실유입증, 심방심실 중격 결손증 등의 진단을 받고, 甲 산하 서울아산병원의 신생아중환자실에서 치료를 받고 있다. 甲병원은 2010.9.24. A에게 우선적으로 폐동맥 밴딩술을 시행하였으나, A의 심장 질환을 완전히 치료하기 위해서는 심장교정 수술인 폰탄 수술이 필요하다고 진단하였다.

(2) 이 수술은 A와 같이 단심실 형태를 가진 심장 기형에 대해 일반적으로 행해지는 수술 방법으로 3단계를 거쳐 행해지는데, 甲병원은 이 수술 중 수혈이 필수적인 1단계 수술(Norwood 수술)을 시행할 경우 A의 회복가능성을 30% 내지 50%로 예상하고 있으며, 1단계 수술이 성공할 경우 나머지 수술은 약간의 위험을 감수한다면 수혈 없이 시행하는 것도 가능하다. 1단계 수술은 무수혈 방법으로 시행될 수도 있으나 그 경우 회복가능성을 5% 미만으로 예상하고 있고, 이 수술을 하지 않을 경우 A의 기대 생존기간은 길게 잡아도 3개월에서 6개월 정도로 예상하고 있지만 그 이전에 생명에 위해가 되는 응급 상황이 발생될 가능성도 매우 높은 것으로 보고 있다.

(3) 甲병원은 이러한 상황을 설명하고 乙들에게 수혈에 대한 동의를 구하였으나, 乙들은 '여호와의 증인'신도로서 수혈을 금하는 자신들의 종교적 신념에 기초하여 수혈을 거부한다는 의사를 표시하였다. 이에 甲병원은 윤리위원회를 개최하여 수혈의 필요성을 설명하고 乙들의 동의를 재차 구하였으나 여전히 이를 거부하였다. 이에 甲병원은 乙들을 상대로 진료방해금지 가처분을 신청하였다.

[결정요지]

[1] 환자의 자기결정권과 진료행위에 대한 동의

(1) **진료와 자기결정권** 의료인은 진료행위를 하는 경우 당시의 의료수준에 비추어 상당하다고 생각되는 사항을 설명하여 당해 환자가 그 필요성이나 위험성을 충분히 비교해보고 그 진료행위를 받을 것인지의 여부를 선택하도록 함으로써 그 진료행위에 대한 동의를 받아야 한다. 이때 환자의 동의는 헌법 제10조에서 규정한 개인의 인격권과 행복추구권에 의하여 보호되는 자기결정권을 보장하기 위한 것이므로 환자가 생명과 신체의 기능을 어떻게 유지할 것인지에 대하여 스스로 결정하고 진료행위를 선택하는 것이 원칙이다(대법원 2009.5.21 선고 2009다17417전원합의체 판결 참조).

(2) **친권자의 동의와 자기결정권** 그런데 A와 같은 신생아는 자기결정권을 가지고 있으나 문제되는 진료행위를 받을 것인지 여부를 판단하고 그러한 의사를 표시할 수 있는 능력이 없다. 이러한 경우 친권자가 자녀를 대신하여 진료행위에 대한 동의를 하게 되는데, 이러한 친권자의 동의는 자기결정권이 일신전속적인 성격을 갖고 있음을 고려할 때 자녀의 자기결정권을 대리하여 행사하는 것이 아니라 자신의 친권에서 파생되는 것이라고 봄이 상당하다.

(3) **친권의 한계** 민법 제912조는 "친권을 행사함에 있어서는 자의 복리를 우선적으로 고려하여야 한다"고 하여 '자녀의 복리'가 친권 행사의 기준이 됨을 명시하고 있고, 민법 제913조는 '친권자는 자를 보호하고 교양할 권리의무가 있다'고 정하고 있으므로, 친권은 자녀를 양육, 보호 및 감호하여 자녀의 복리를 실현하도록 하기 위한 친권자의 권리이자 의무의 성격을 갖는다. 따라서 친권자의 친권 행사가 자녀의 생명·신체의 유지, 발전에 부합하는 것이 아니라면 그러한 내용의 친권의 행사는 존중되어서는 아니 된다 할 것이고, 이는 민법에서 친권의 상실을 허용하고 있는 점에 비추어보더라도 명백하다.

(4) **친권남용과 진료** 또한 의사능력이 없는 자녀에 대한 진료행위가 긴급하고 필수적으로 이루어져야 하는 상황에서 친권자가 존재하지 아니하거나 친권자가 친권을 남용하여 그러한 진료행위를 거부하는 경우에는 예외적으로, 의료인은 객관적이고 합리적인 자료에 기초하여 의사능력이 없는 자녀의 진료행위에 대한 의사를 추정하여 제한적이고 필수적인 범위에 한하여 필요한 진료행위를 할 수 있다고 보아야 한다.

[2] 이 사건에 대한 판단

(1) **친권남용과 치료거부** 앞서 인정한 사실에 따르면, 이 수술이 시행되지 않거나 무수혈 방법에 의할 경우 회복의 가망성이 희박하여 A의 생명에 중대하고도 심각한 침해결과가 발생할 가능성이 큰 반면, 수혈을 수반하여 이 수술이 시행될 경우 그 회복가능성이 훨씬 높은 것으로 보이고, 현재 임상의학의 수준에서 이와 동일한 수준의 결과를 가져올 수 있는 다른 대체 진료방법이 없다. 따라서 A의 생명을 유지하기 위하여 현재 시행될 수 있는 가장 적절하고도 필수적인 치료방법은 수혈을 수반하는 수술이라 할 것이므로, 이를 시행하는 것이 乙들의 딸인 A의 복리에 부합한다. 그럼에도 A의 친권자인 乙들은 자신들이 믿고 있는 종교의 교리에 반한다는 이유로 수혈을 거부하고 있는바, 乙들의 이러한 행위는 부모를 자녀의 친권자로 지정한 취지 및 친권 행사의 기준에 비추어볼 때 정당한 친권 행사의 범위를 넘어서는 것이므로 乙들이 표시한 수혈에 대한 거부의 의사는 그 효력을 인정하기 어렵다.

(2) **신생아의 의사** 한편 A는 태어난 지 1달 남짓 된 신생아로서 자신에 대한 진료행위에 동의할 것인지 여부를 추정할 수 있는 객관적 자료가 없으나, 앞서 살핀 A의 현재 상태와 치료과정 및 회복가능성과 생명을 유지하고자 하는 것은 인간의 본성인 점을 함께 고려한다면, 진료행위의 긴급성이 충분히 인정되는 현재의 상황에서 A는 수혈을 받는 데 동의하는 의사를 가지고 있다고 봄이 상당하다.

(3) **종교의 자유와 생명권** 비록 乙들은 자신의 신앙에 반하는 행위를 강요받지 아니할 종교의 자유를 가지고 있어 자신들이 믿는 종교의 교리에 반하는 수혈에 대한 동의를 강제할 수는 없다 할지라도, 생명권은 인간의 생존본능과 존재목적에 바탕을 둔 선험적이고 자연법적인 권리이고 헌법에 규정된 모든 기본권의 전제로 기능하는 기본권 질서의 가치적인 핵으로서 다른 기본권보다 우선되어야 할 것이다. 또한 수혈을 통한 이 수술이 시행되어야 할 필요성이 절실하고 긴급한 점 등의 사정을 종합적으로 고려해본다면, 甲병원은 A에 대하여 수혈을 시행할 수 있다고 보아야 할 것이고, A의 친권자인 乙들이 이에 동의하지 않는다면 甲병원으로서는 乙들에 대하여 이러한 진료행위에 대한 방해의 배제를 구할 수 있다고 봄이 타당하다.

[해설 및 검토]

가. 판결의 의미

[I-7-2]와 [I-7-3]은 여호와의 증인 신도에 의한 수혈거부와 관련된 대표적인 사례이다. [I-7-2]는 수혈거부로 인해 11세 난 딸이 사망한 결과에 이르자 수혈거부를 한 부모에게 유기치사죄를 적용한 형사사건이고, [I-7-3]은 수술담당 병원에서 부모의 수혈거부를 배제하고 수술을 시행하기 위한 가처분 사건이다. 두 사건 사이에는 약 30년의 시간이 지났지만 수혈거부를 정당한 치료행위에 대한 방해로 본 법원의 입장에는 변함이 없다.

이 사안은 수혈이 최선의 의료방법인가, 치료를 받음에 있어서 미성년자에게 동의권 내지는 자기결정권이 있는가, 부모는 자녀의 치료에 대한 동의권 내지 자기결정권을 대행할 수 있는가, 부모의 수혈거부가 범죄행위라면 의사의 강제수혈은 정당행위인가, 수혈거부에 대한 형사제재가 종교의 자유나 양심의 자유를 침해하는가 등 여러 쟁점을 제기한다.

나. 법리적 검토

(1) 수혈의 의미와 필요성

수혈은 외상이나 수술로 인해 다량의 피를 흘린 경우나 용혈성 질환과 같이 혈액의 성분을 파괴하는 질환과 백혈병이나 혈우병과 같이 혈액 내 필요한 성분을 만들지 못하는 질환 등 여러 이유로 다른 사람의 혈액을 받는 일종의 치료를 말한다. 이와 같이 수혈이 일종의 치료행위로서 선택됨에도 불구하고 피에는 각 사람의 특이한 인자나 병원체(AIDS) 등이 포함되어 있어 수혈로 인한 감염 위험도 큰 것이 사실이다. 이에 따라 요즈음은 꼭 종교적 신념이 아니라도 수혈을 거부하고 무수혈 수술이 시행이 되기도 한다.

그러나 현대 과학으로도 아직 인간의 피를 완전하게 재생산할 수 있는 방법이 없는 상황에서 다량의 출혈이 수반되는 수술 등을 위해 타인의 수혈이 필수적으로 요구된다. 이에 따라 대한적십자사가 운영하는 혈액은행은 많은 자발적 헌혈자의 도움으로 필요한 혈액을 보관하면서 필요시에 대비하고 있다.

(2) 수혈이 당시의 의료기술상 최선의 치료방법인가

수혈거부가 종교적 신념이 될 수 있는가 하는 점은 차치하고라도 그러한 신념에 반해서 수혈을 강요하고 이를 거부하여 환자가 사망한 경우 형사처벌이 가능하기 위해서는 수혈이 가장 좋은 치료방법이었는가 하는 점이 문제된다. 이에 대해 [Ⅰ-7-2]에서 법원은 수혈이 당시 의료수준에 비추어 최상의 치료방법이었다고 판단하고 있다. 그런데 이 판결을 비판하는 견해에 따르면 미국에서는 당시 벌써 수천 건의 무혈 수술을 성공시키는 사례를 축적시켜 가고 있는 중이고 현재 수많은 대체요법이 실시되어 성공을 거두고 있을 뿐만 아니라 최근에는 수혈이 오히려 많은 위험성을 수반한다는 논거를 제시하고 있다.[119]

그러나 앞에서도 본 바와 같이 무수혈 수술이 발전하고 있다고 하더라도 당해 환자에 있어서 가장 최선의 치료방법이 무엇인가는 전문가인 의료진의 판단에 맡겨야 한다. 그러므로 대체가능한 여러 치료방법 중 무수혈 치료가 가능할 경우 환자의 선택권은 보장되어야 하지만 수혈을 하지 않으면 생명에 대한 위험이 현저히 높게 진단될 경우에는 환자의 선택권은 제한되는 것이 마땅하다. 왜냐하면 환자 생명에 대한 위험을 최소화하는 진료방법을 선택하는 것이 의료진의 윤리인 동시에 생명존중의 가치에 부합하기 때문이다.

이러한 취지에서 [Ⅰ-7-3]에서 법원은 "이 수술이 시행되지 않거나 무수혈 방법에 의할 경우 회복의 가망성이 희박하여 A의 생명에 중대하고도 심각한 침해결과가 발생할 가능성이 큰 반면, 수혈을 수반하여 이 수술이 시행될 경우 그 회복가능성이 훨씬 높은 것으로 보이고, 현재 임상의학의 수준에서 이와 동일한 수준의 결과를 가져올 수 있는 다른 대체 진료방법이 없다. 따라서 A의 생명을 유지하기 위하여 현재 시행될 수 있는 가장 적절하고도 필수적인 치료방법은 수혈을 수반하는 수술이다"라고 판시하고 있다.

(3) 환자의 자기결정권—성인의 경우

의료행위에 있어서 환자는 치료방법이나 내용과 범위 등을 스스로 결정할 수 있는 자유를 가진다. 이는 헌법이 보장하는 인격권 내지 행복추구권에서 파생되는 권리이며 이러한 자기결정권은 의료계약에 의해 실현된다.[120] 그런데 환자가 종교적 신념에 따라 생명을 구하는 의료행위를

---

119) 오종권, 「宗敎的 良心과 輸血 拒否-대법원 1980.9.24 선고 79도1387판결-」, 『釜山法潮』, 17호(2000년).
120) 의료계약에 대해서는 김민중, 「의료계약」, 『사법행정』, 제32권 제1호, 1991, 제36면; 강남진, 「의료계약에 관한 소고」, 『민사법의 실천적 과제』, 정환담 교수 화갑기념논문집, 2000, 307면; 석희태, 「의사와 환자의 기초적 법률 관계」, 『법률연구』, 연세대, 1983, 165면 이하 등 참조.

거부하는 경우 종교의 자유와 생명의 존엄이라는 가치와 충돌하게 된다. 이 경우에 의사의 입장은 환자가 원한다고 해서 충분히 건질 수 있는 생명을 포기하든지 아니면 인도적 입장에서 민형사상의 책임위험을 무릅쓰고 일단 살려놓고 보아야 하는지에 대한 기로에 서게 된다.[121]

일반적으로 보면 종교적 실천이 반사회적이거나 공익에 직접적 위협이 될 경우에는 제한될 수 있지만 치료의 거부가 타인의 복리에 직접적인 위협이 된다고는 할 수 없을 것이다. 그렇다고 하더라도 경각에 달린 생명을 구할 치료를 거부하는 것은 마치 자기 생명을 포기하는 행위이고 죽음에 대한 동의와 다를 바 없다. 법상으로는 이와 유사한 안락사나 자살에 대한 동의를 인정하지 않기 때문에 치료거부에 대해서도 동일한 입장을 취해야 하지 않을까 생각된다. 참고로 미국에서는 종교적 자유를 우선해야 한다는 판례[122]와 의사가 법원으로부터 수혈허가명령을 받아서 수혈할 수 있다는 입장으로 나뉘어 있다.[123][124]

이와 관련해서 무수혈특약, 즉 환자가 '어떤 사태가 발생하더라도 수혈을 받고 싶지 않다'고 하는 의사표시를 하고, 의사가 그 청약을 승낙한 경우의 효력이 문제된다. 이 점에 대해서도 의사의 구명의무와 충돌하는 무수혈 특약은 선량한 풍속 기타 사회질서에 위반하여 무효로 된다는 견해와 본인의 진정한 의사에 의한 연명치료의 중단이 인정되다시피 죽음으로 이어질 가능성이 있는 수혈의 거부도 단순한 부작위를 구하는 경우에 불과하므로, 공서약속에 반한다고 볼 수 없다는 견해가 있다[125].

생명을 단축하는 수혈거부를 연명치료거부와 동일시하는 견해에는 동의할 수 없다. 인간의 생명은 하나님이 주신 가장 귀한 선물이고 이를 어떠한 경우에도 인위적으로 단축시키는 것은 성경적 원리에 반한다고 본다.[126] 연명치료 거부는 인간으로서의 존엄을 도저히 유지할 수 없는 식물인간 상태에서만 인정되는 예외적인 권리인데 이를 잘못된 종교적 신념에 따라 죽음으로 바로 직결되는 수혈거부에 갖다가 붙이는 것은 논리의 비약이다.

---

121) 이 점에 관한 영미법상의 태도에 대해서는 송상현, 「종교적 신념에 의한 치료거부와 관련된 법적 제문제」, 『심당법학논집 II』, 박영사, 2007.3, 780면 이하 참조.
122) In re Estate of Brooks, 32 Ill. 2d 361, 205 N.E. 2d 435(1965).
123) State v. Massey, 229 N.C. 734, 51 S.E. 2d 179(1949); Dunn v. North Carolina, 336 U.S. 942(1942).
124) 미국에서의 여호와의 증인과 관련한 수혈거부의 문제에 관하여는 JL H Letsoalo, Law, Blood Transfusion and Jehovah's Witnesses, 17 MEDLAW 633; Karen L. Diaz, Refusal of Medical Tretment Based on Religious Beliefs: Jehovah's Witness Patents, 16 JCLI 85 참조.
125) 김민중, 「의료계약의 당사자로서의 '환자'와 관련한 문제에 대한 검토」, 『의료법학』, 10권 2호(2009), 278.
126) **마태복음 16:26** 사람이 만일 온 천하를 얻고도 제 목숨을 잃으면 무엇이 유익하리요 사람이 무엇을 주고 제 목숨을 바꾸겠느냐.

(4) 친권자의 수혈거부—미성년자인 경우

위 두 사안 모두 어린 자녀에 대한 수혈을 부모가 거부하여 결국 자녀가 생명을 잃은 안타까운 경우이다. 여기에서 미성년자녀의 치료방법에 대한 부모의 결정권이 어느 범위에서 보장되어야 하는 가라는 의문이 제기된다. 이 점에 대해 [Ⅰ-7-2]에서 법원은 "그때에 사리를 변식할 지능이 없다고 보아야 마땅할 11세 남짓의 환자 본인이 가사 그 생모와 마찬가지로 위의 수혈을 거부한 일이 있다고 하여도 이것이 乙들의 위와 같은 수혈 거부행위가 위법한 것이라고 판단하는 데 어떠한 영향을 미칠만한 사유가 된다고 볼 수는 없다"고 설시함으로써 11세인 자녀에게 동의권 내지 결정권이 없는 것으로 판시하고 있다.

또 [Ⅰ-7-3]에서는 수혈이 가장 적합한 진료방법이라는 의료진의 판단에도 불구하고 "A의 친권자인 乙들은 자신들이 믿고 있는 종교의 교리에 반한다는 이유로 수혈을 거부하고 있는바, 乙들의 이러한 행위는 부모를 자녀의 친권자로 지정한 취지 및 친권 행사의 기준에 비추어 볼 때 정당한 친권 행사의 범위를 넘어서는 것이므로 乙들이 표시한 수혈에 대한 거부의 의사는 그 효력을 인정하기 어렵다. A는 태어난 지 1달 남짓 된 신생아로서 자신에 대한 진료행위에 동의할 것인지 여부를 추정할 수 있는 객관적 자료가 없으나, 앞서 살핀 A의 현재 상태와 치료과정 및 회복가능성과 생명을 유지하고자 하는 것은 인간의 본성인 점을 함께 고려한다면, 진료행위의 긴급성이 충분히 인정되는 현재의 상황에서 A는 수혈을 받는 데 동의하는 의사를 가지고 있다고 봄이 상당하다"고 판시하고 있다.

의료행위에 대하여 주체적 결정을 할 수 있는 판단능력은 민법상의 법률행위능력과 달리 의료행위가 가지는 성질이나 그 효과 및 결과와 위험을 이해할 수 있는 정도의 능력을 의미한다. 영국에서는 의료행위에 관한 승낙에 대하여 16세 이상의 미성년자는 성인과 동일하게 취급하고, 미국에서는 성숙한 미성년자에게 자기의 판단에 의하여 임신중절수술을 받을지를 결정할 수 있는 권리를 인정하고 있다고 한다.127)

이와 같이 판단능력이 없는 미성년자의 치료에 대해서는 친권자가 승낙을 대행할 수 있음은 물론이다. 다만 친권자의 대행은 자녀의 복지와 이익을 최대한 보장하는 방법으로 행사해야만 한다는 제한이 있다. 따라서 수혈을 하지 않으면 사망이 분명한 상황에서는 자신의 종교상 신념에 따라 수혈을 거부하는 행위는 명백한 친권의 남용이다. [Ⅰ-7-3]에서 신생아는 물론이고 [Ⅰ

---

127) 김민중, 위 논문, 300면.

-7-2]에서 11세 된 어린아이가 부모의 쇠뇌교육에 따라 수혈을 거부했다고 하더라도 이는 자신의 판단에 따른 것이 아니라 부모의 종교적 신념에 따른 것이므로 친권 남용이며 그 결과 죽음에 이르게 하였다면 유기치사죄의 책임을 지는 것은 당연하다. 부모가 그 자녀를 순교자로 만드는 경우에까지 종교의 자유를 보장하여야 한다고 할 수는 없기 때문이다.[128] 다음과 같은 미국 연방대법원의 판결문은 우리에게 많은 시사점을 준다.[129]

"부모가 그 자신의 목숨을 끊는 것은 자유일지 모르나 동일한 상황에서 그들의 자녀들이 스스로 선택할 수 있는 완전하고 법적인 재량의 나이에 도달하기 전에 이 아이들을 부모가 마음대로 희생시킨다는 것은 당연히 수반되는 논리가 아니다."

다. 교리적 검토

(1) 여호와의 증인과 수혈거부

여호와의 증인이 수혈을 거부하는 성서적 근거는 구약성경 창세기 9:3~6이다. 홍수 심판이후 하나님은 노아에게 "무릇 산 동물은 너희의 식물이 될지라. …… 그러나 고기를 그 생명 되는 피째 먹지 말 것이니라. 내가 반드시 너희 피 곧 너희 생명의 피를 찾으리니 짐승이면 그 짐승에게서, 사람이나 사람의 형제면 그에게서 그의 생명을 찾으리라 무릇 사람의 피를 흘리면 사람이 그 피를 흘릴 것이니 이는 하나님이 자기 형상대로 사람을 지었음이니라"라고 명령하셨다. 또 신명기 12:23~25에서 모세는 이스라엘 백성에게 "너는 그것을 먹지 말고 물 같이 땅에 쏟으라 너는 피를 먹지 말라 네가 이같이 여호와께서 의롭게 여기시는 일을 행하면 너와 네 후손이 복을 누리리라"[130]라고 명령하였다.

또 신약성경에서 예루살렘공의회 결의사항으로 사도들은 "우상의 제물과 피와 목매어 죽인 것과 음행을 멀리"하는 것을 구약의 율법에 대체해서 새로운 그리스도인들이 지켜야 할 규범으로 정하였다.[131] 여호와의 증인들은 이러한 피에 관한 성구들을 단지 의식 혹은 식품에 관한 법령이 아니고 근본적 윤리 규범을 제시한 것으로서 받아들인다. 그리고 사람들이 입으로 피를 취하는 것과 마찬가지로 혈관으로 피를 취하는 것에도 성서의 법이 적용된다고 믿는다.

---

128) 김민중, 위 논문, 300면.
129) Prince v. Commonwealth, 321 U.S. 158, 170(1944)(송상현, 위 논문 791면에서 인용).
130) 레위기 7:26, 27; 에스겔 33:25.
131) 사도행전 15:22~29, 21:25

(2) 검토 및 비판

그러면 여호와의 증인들의 수혈거부의 근거로 들고 있는 위 성경에 대한 해석은 과연 문제가 없는 것인가? 그런데 창세기 제9장은 홍수심판에서 구원받은 노아에게 하나님이 새로운 언약을 맺으면서 동물의 '피'를 먹지 말고 또 사람의 '피'를 흘리지 말 것을 명령하신 내용이다. 구약에서 동물, 특히 하나님께 드리는 희생의 제물인 동물의 사체에서 피를 먹지 말고 땅에 버리라고 한 것은 그 짐승의 피로서 사람들의 죄를 속죄하는 제사의식 때문이다. 이는 신약에 와서는 모든 사람의 대속물로서 하나님께 드려진 하나님의 아들 예수그리스도의 십자가 보혈을 상징하는 의미이기도 하다.132) 또한 예루살렘공의회에서 사도들이 '피를 멀리하라'고 결정한 것도 피를 먹지 말라는 뜻이라기보다는 무고한 사람의 피를 흘리지 말 것을 요구한 것으로서 이는 제6계명에서 말하는 '살인하지 말라'라는 의미이다.

정통교회도 성경은 그 문자 하나하나가 성령의 감동으로 기록된 것으로 정확무오한 하나님의 말씀으로 믿는다.133) 그러나 성경을 문자 그대로 믿는다는 것과 성경 한 구절에만 매달려 전체적으로 고려하지 않는다는 것은 다르다. 왜냐하면 성경에는 언뜻 보기에는 서로 상충되고 모순된 많은 성구가 있기 때문이다. 즉 피를 멀리하라는 앞의 말씀과는 대조적으로 가령 예수님은 우리의 구원을 위해서 자신의 피를 마실 것을 요구하고 있다.134) 또 최후의 만찬에서 예수님은 제자들에게 포도주를 따라주면서 "저녁 먹은 후에 잔도 이와 같이 하여 가라사대 이 잔은 내 피로 세우는 새 언약이니 곧 너희를 위하여 붓는 것이라"라고 친히 말씀하셨다.135)

---

132) **히브리서 9:7~14** 오직 둘째 장막은 대제사장이 홀로 일 년 일 차씩 들어가되 피 없이는 아니하나니 이 피는 자기와 백성의 허물을 위하여 드리는 것이라 성령이 이로써 보이신 것은 첫 장막이 서 있을 동안에 성소에 들어가는 길이 아직 나타나지 아니한 것이라 이 장막은 현재까지의 비유니 이에 의지하여 드리는 예물과 제사가 섬기는 자로 그 양심상으로 온전케 할 수 없나니 이런 것은 먹고 마시는 것과 여러 가지 씻는 것과 함께 육체의 예법만 되어 개혁할 때까지 맡겨 둔 것이니라 그리스도께서 장래 좋은 일의 대제사장으로 오사 손으로 짓지 아니한, 곧 이 창조에 속하지 아니한 더 크고 온전한 장막으로 말미암아 염소와 송아지의 피로 아니하고 오직 자기 피로 영원한 속죄를 이루사 단번에 성소에 들어가셨느니라 염소와 황소의 피와 및 암송아지의 재로 부정한 자에게 뿌려 그 육체를 정결케 하여 거룩케 하거든 하물며 영원하신 성령으로 말미암아 흠 없는 자기를 하나님께 드린 그리스도의 피가 어찌 너희 양심으로 죽은 행실에서 깨끗하게 하고 살아 계신 하나님을 섬기게 못하겠느뇨.

133) **디모데후서 3:16** 모든 성경은 하나님의 감동으로 된 것으로 교훈과 책망과 바르게 함과 의로 교육하기에 유익하니: **웨스트민스터 대요리문답** 문3. 하나님의 말씀은 무엇인가? 답. 신구약 성경이 하나님의 말씀이며 신앙과 행위의 유일한 법칙이다(딤후 3:15, 16; 벧후 1:19~21; 엡 2:20; 계 22:18, 19; 사 8:20; 눅 16:29, 31; 갈 1:8, 9).

134) **요한복음 6:53~57** 내가 진실로진실로 너희에게 이르노니 인자의 살을 먹지 아니하고 인자의 피를 마시지 아니하면 너희 속에 생명이 없느니라 내 살을 먹고 내 피를 마시는 자는 영생을 가졌고 마지막 날에 내가 그를 다시 살리리니 내 살은 참된 양식이요 내 피는 참된 음료로다 내 살을 먹고 내 피를 마시는 자는 내 안에 거하고 나도 그 안에 거하나니 살아 계신 아버지께서 나를 보내시매 내가 아버지로 인하여 사는 것같이 나를 먹는 그 사람도 나를 인하여 살리라.

135) **누가복음 22:19~20; 고린도전서 11:23~26** 내가 너희에게 전한 것은 주께 받은 것이니 곧 주 예수께서 잡

이러한 성경의 말씀들을 종합해서 볼 때 정통기독교에서는 '피'는 예수그리스도의 대속을 상징하는 영적 의미를 가지는 것이지 이를 실제 인간의 몸속에 흐르는 피를 직접 가리키는 것으로 보지 않는다. 더구나 수혈은 피가 없어 생명의 위험에 빠진 환자를 구하는 치료법으로 사용되는 것인데 이를 계명을 어겨 먹고 즐기는 것으로 보는 것은 자신들의 교리를 세우기 위해 성경을 왜곡 해석하는 것이라고 보지 않을 수 없다. 더구나 이러한 왜곡된 교리를 가지고 자신의 생명도 아니고 사리 분별을 하지 못하는 어린아이의 생명에 위협을 줄 경우에는 성경에서 정말 엄하게 금하는 '살인하지 말라'는 계명을 어기는 셈이 된다.[136]

[참조판례] 대법원 2004.8.20 선고 2003다26075 판결 【보험금】

자신이 유발한 교통사고로 중상해를 입은 동승자를 병원으로 후송하였으나 동승자에 대한 수혈을 거부함으로써 사망에 이르게 한 경우, 수혈거부가 사망의 유일하거나 결정적인 원인이었다고 단정할 수 없다면 수혈거부행위가 사망의 중요한 원인 중 하나이었다는 점만으로는 보험회사가 보험금의 지급책임을 면할 수 없다.

히시던 밤에 떡을 가지사 축사하시고 떼어 가라사대 이것은 너희를 위하는 내 몸이니 이것을 행하여 나를 기념하라 하시고 식후에 또한 이와 같이 잔을 가지시고 가라사대 이 잔은 내 피로 세운 새 언약이니 이것을 행하여 마실 때마다 나를 기념하라 하셨으니 너희가 이 떡을 먹으며 이 잔을 마실 때마다 주의 죽으심을 오실 때까지 전하는 것이니라.

136) **출애굽기 20:13 살인**하지 말지니라.
　　신명기 5:17 살인하지 말지니라.

[Ⅰ-7-4] 서울고법 1988.11.10 선고 88노2534 제5형사부판결 【상해치사(안수기도)】

[사실관계]

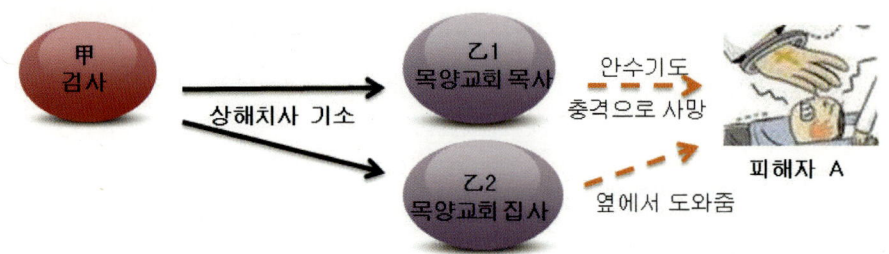

(1) 乙1은 목양교회 목사이며 乙2는 집사이다. 乙1은 A의 부모로부터 의뢰를 받고 1986.2.18.부터 3.5.까지 사이에 매일 아침, 저녁으로 A의 정신질환을 치료하기 위한 안수기도를 행하였다. 안수기도 방법은 A를 교회의 예배용 나무의자에 앉히거나 눕게 한 후 乙1이 손으로 가슴과 머리를 누르면서 기도를 바치는 것으로 행하였으며 乙2는 옆에서 乙1을 도왔다. 안수기도 시 A의 가슴과 머리를 누르는 정도는 그로 인해 A의 전흉부에 약 20×10cm 크기의 피하출혈과 좌측두정부 및 우측두정부에 피하출혈이 있을 정도로 강한 것이었으며, 이때 A가 아프다고 심하게 비명을 지르기도 하였다.

(2) 안수기도 기간 동안 A에게는 충분한 급식을 하지 않아 A는 항상 배고픔을 호소하였으며, 특히 A가 사망하기 2일 전부터는 거의 금식을 시키고 안수기도를 하였다. 평소에는 A가 안수기도 시 말을 하였는데 그날은 아무 말을 아니하자 머리와 가슴을 누르는 외에 A의 입을 벌리게 하기 위하여 손으로 턱을 목 쪽으로 강하게 밀어붙여 A의 하악부에 상당한 크기의 표피박탈이 생기게 되었다.

(3) A는 흉선의 비대, 심관상동맥발육부전으로 인한 동맥내강의 협소, 간장의 경도지방변성, 장간막임파선비대증식 등의 이상체질자로서 이와 같은 이상체질자는 외부의 충격에 약하고, 저항력이 약한 특징이 있다. 시신 부검결과 A의 직접사인은 급성심부전인 것으로 밝혀졌으나 안수기도 시 받은 외부적인 충격이 없었던들 사망이라는 결과는 발생될 가능성이 없었던 사실이 인정된다.

(4) 甲검사는 乙1, 2를 상해치사혐의로 기소하였으며 1심에서 유죄가 인정되자 乙들이 항소하였다.

[乙의 항소이유]

(1) 乙들은 정신질환자인 A의 보호자들의 간청에 따라 乙들의 신앙심에 근거하여 질병치료의 목적으로 A의 보호자 및 일반신도들이 참여한 가운데 공개된 장소인 교회예배실내에서 아무런 대가도 받지 않고 안수기도의 방법으로서 A의 가슴을 쓸고, 이마에 손을 얹어놓는 등 사회상규에 반하지 않는 방법으로 기도하였을 뿐이다. 그런데 A가 심관상동맥발육부전 등의 내재적인 이상체질자였기 때문에 사망하게 된 것으로 乙들은 A가 이상체질자라는 것을 전혀 알지 못하였으므로 A가 안수기도로 사망하리라는 것을 乙들이 전혀 예견할 수 없었고, 또 예견하지 못한 데 대해 乙들의 잘못도 없다.

(2) 결국 ① 乙들의 행위는 질병치료를 위한 정당행위이고, ② A의 사망과 乙들의 행위 사이에는 인과관계가 있다고 할 수 없으며, ③ 乙들의 안수기도행위는 사람에게 통증을 준다거나 그 외 어떠한 해악을 가하는 것이 아니고 상쾌감과 안정감을 주게 하는 행위이므로 이를 폭행이라 할 수도 없는 것이므로 가사 인과관계가 있다 하더라도 이는 과실치사로 의율함이 상당하고, ④ 乙들의 행위는 A의 승낙에 의한 행위로서 사회통념에도 어긋나지 아니하는 행위이며, ⑤ 특히 乙2는 A가 사망하기 10여 일 전까지 단 4일간에 걸쳐 乙1의 안수를 옆에서 거들었을 뿐 자신은 아무런 폭행을 가하거나 기타 가해행위를 한 사실이 없으므로 공동정범이 될 수 없음에도 불구하고 원심은 위 각 점에 대하여 사실을 오인하거나 법리를 오해하여 乙들을 모두 유죄로 인정함으로써 판결의 결과에 영향을 미친 위법을 범하였다.

(3) 가사 위 주장이 모두 이유 없다고 하더라도 앞에서 든 여러 정상 및 A 측과 원만히 합의된 점, 乙들의 사회적 신분이 확실한 점 등에 비추어볼 때 원심이 乙들에 대하여 선고한 형의 양정은 너무 무거워서 부당하다.

[판결요지]

(1) **정당행위라는 주장에 대하여** 어느 행위가 형법 제20조에 규정된 정당행위에 해당한다고 인정되기 위해서는 ① 그 행위가 정당한 목적을 위하여 정당한 수단을 사용하여야 하고(목적과 수단의 정당성), ② 그 경우에도 수단, 방법이 상당한 정도의 것이어야 하며(수단, 방법의 상

당성), ③ 그 행위로 인하여 희생되는 법익보다 보호되는 법익이 더 커야 하고(법익의 교량), ④ 그 행위 당시의 정황에 비추어 그 행위가 긴급을 요하고 부득이한 것이어야 하며(긴급성), ⑤ 그 행위 이외에 다른 수단, 방법이 없었을 것(보충성) 등의 요건을 갖추어야 한다. 그런데 乙의 행위는 A의 정신질환을 치료하고자 하는 정당한 목적을 가진 행위라는 점만이 인정될 뿐 그 나머지 요건, 즉 수단, 방법의 상당성, 법익의 교량, 긴급성, 보충성의 요건은 어느 것도 갖추지 못한 행위라고 평가되므로 정당행위에 해당될 수 없다.

(2) **인과관계를 부인하는 주장에 대하여** A가 비록 이상체질자였다고 하더라도 앞서 인정한 바와 같이 乙이 안수기도를 한다는 이유로 16일간에 걸쳐 아침, 저녁으로 A의 가슴 및 머리를 상당한 정도의 피하출혈이 있을 만큼 심하게 누르고, 사망 2일 전과 사망 당일에는 금식을 시킨 상태에서 턱 부분의 표피가 박탈될 정도로 심하게 턱을 밀어붙이는 등의 외부적 충격을 가함으로써 그로 인하여 A가 급성심부전을 일으켜 사망한 것으로 인정된다. 이러한 경우 乙의 행위와 A의 사망 사이에 상당 인과관계가 없다고 할 수 없고, 또한 A는 수년 동안 정신질환을 앓아온 자로서 안수기간 동안 충분한 급식을 하지 않았고 특히 사망 2일 전과 당일에는 금식을 시켜 상당히 허약한 상태에 있었다는 것을 같은 乙이 충분히 알고 있었으므로 乙이 A가 이상체질자라는 구체적인 내용을 몰랐다고 하더라도 이러한 행위를 할 때에 사망이라는 결과발생에 대한 예견 가능성도 있었다고 보는 것이 상당하다. 그러므로 발생된 치사의 결과에 대한 결과적 가중범의 죄책도 면할 수 없다.

(3) **乙의 행위는 폭행에 해당하지 아니하여 과실치사에 불과하다는 주장에 대하여** 순수한 의미에서의 안수기도행위 자체는 신앙심에 근거한 종교적 행위로서 타인에게 해악을 가하는 행위가 아니므로 이는 폭행행위가 아니라고 하겠다. 그러나 이 사건의 경우 같은 乙이 A에 대하여 안수기도를 행하면서 기도행위 이외에 A의 가슴과 머리를 세게 누르고, 턱을 밀어붙이는 등의 행위를 한 것은 사람에 대한 유형력의 행사로써 이는 형법 제260조에 규정된 폭행에 해당한다.

(4) **피해자의 승낙에 의한 행위라는 주장에 대하여** 형법 제24조의 규정에 의하여 위법성이 조각되는 피해자의 승낙은 그 승낙이 윤리적·도덕적으로 사회상규나 공서양속에 반하지 않는 것이어야 하는 것이다. 乙은 A의 부모로부터 A의 정신질환치료를 위한 안수기도를 의뢰받은 사실은 앞에서 본 바와 같으나 그로 인해 A가 사망에 이를 정도로 심한 폭행을 가하여도 좋다는 뜻의 승낙이 있었다고 볼 수는 없다. 가사 그와 같은 승낙이 있었다고 한다면 이는 사회

상규나 공서양속에 반하는 승낙이라 할 것이므로 위 주장 또한 이유 없다.

(5) **양형부당의 주장에 대하여** 이 사건 범행의 동기 수단과 결과, 같은 乙의 연령, 성행, A에 대한 관계, 범행 후의 정황 등 양형의 기준이 되는 모든 사정을 검토하여 보면, 乙이 주장하는 정상을 참작하더라도 원심이 같은 乙에 대하여 선고한 형의 양정은 적당하고, 너무 무거워서 부당하다고는 인정되지 않는다.

[Ⅰ-7-5] 대법원 2008.8.21 선고 2008도2695 판결 【상해·폭행】

[공소사실]

기도원을 운영하는 피고인(乙)이 정신분열증을 앓던 25세의 피해자 A에 대하여 2006.8.18.과 8.20. 및 8.21. 등 3회에 걸쳐 기도원에서 안수기도 명목으로 A를 눕혀 머리를 乙의 무릎 사이에 끼우고 몇몇 신도들로 하여금 A의 팔과 다리를 붙잡아 움직이지 못하게 한 뒤, 수회에 걸쳐 손가락으로 A의 눈 부위를 세게 누르고 뺨을 때리는 등으로 폭행하였다. 이에 甲검사는 乙을 상해와 폭행죄로 기소하였고 원심이 무죄를 선고하자 甲이 상고하였다.

[원심: 인천지방법원 2008.03.21 2007노1743 판결 요지]

(1) **사실관계** ① 乙로서는 아들인 A의 정신질환을 치료해 달라며 위 기도원에 찾아온 B의 부탁을 받고 A에게 도움을 주고자 하는 의도에서 안수기도를 해준 것이지 A에게 유형력을 행사하여 고통을 주려는 의도가 있었다고 보기 어려운 점, ② A자의 보호자인 B는 '환자 입실 경우 반드시 보호자와 동반해야 하며 환자에 대한 모든 책임은 보호자에게 있고, 위 사항 위반 시에 민·형사상의 이의를 제기하지 않을 것을 서약한다'는 내용의 주의 사항란에 서명까지 하고 그 후 A의 안수기도 장면을 옆에서 지켜보는 한편, 2006.8.22.에는 자신이 직접 안수기도를 받기도 하는 등 안수기도의 실시방법이나 안수기도에 따르는 고통에 대하여 설명을 들어서 어느 정도 알고 있었던 것으로 보이는 점, ③ 안수기도의 방법은 환자를 눕혀 머리를

乙 무릎 사이에 끼운 상태에서 환자가 乙의 손을 환자의 눈 위에 올려놓는 행위만으로도 고통을 느껴 몸부림을 심하게 치는 경우가 많아, 미리 다른 사람들로 하여금 환자의 팔과 다리를 붙잡아 움직이지 못하게 한 뒤 환자의 눈 위에 얇은 수건을 올려놓고 수회에 걸쳐 손가락으로 A의 눈 부위를 누르고 뺨을 가볍게 때리는 정도이었던 점, ④ 안수기도의 대가로 乙이 취한 금전적 이득은 B로부터 받은 5만 원의 헌금이 전부인 점 등의 사정을 종합하면,

(2) **정당행위** 위 안수기도를 하면서 乙이 행사한 유형력은 그 동기나 수단, 방법에 있어서 상당성이 인정되어 형법 제20조의 '사회상규에 위배되지 않는 행위'에 해당한다고 판단하는 한편, A가 乙로부터 안수기도를 받으면서 몸에 멍이 들기도 했지만, 이는 다른 신도들이 A를 움직이지 못하게 잡고 있을 때 A가 심하게 몸부림을 치는 바람에 생긴 것이지 위 안수기도로 인하여 발생했다고 보기는 어려워 乙의 폭행 혹은 그로 인한 상해의 공소사실은 무죄라고 판단되므로 검사의 항소를 기각한다.

[판결요지]

(1) **종교적 기도행위와 정당행위** 그러나 종교적 기도행위의 일환으로서 기도자의 기도에 의한 염원 내지 의사가 상대방에게 심리적 또는 영적으로 전달되는 데 도움이 된다고 인정될 수 있는 한도 내에서 상대방의 신체의 일부에 가볍게 손을 얹거나 약간 누르면서 병의 치유를 간절히 기도하는 행위는 그 목적과 수단 면에 있어서 정당성이 인정된다고 볼 수 있을 것이지만, 그러한 종교적 기도행위를 마치 의료적으로 효과가 있는 치료행위인 양 내세워 환자를 끌어들인 다음, 통상의 일반적인 안수기도의 방식과 정도를 벗어나 환자의 신체에 비정상적이거나 과도한 유형력을 행사하고 신체의 자유를 과도하게 제압하여 그 결과 환자의 신체에 상해까지 입힌 경우라면, 그러한 유형력의 행사가 비록 안수기도의 명목과 방법으로 이루어졌다 해도 사회상규상 용인되는 정당행위라고 볼 수 없음은 물론이고, 이를 치료행위로 오인한 피해자 측의 승낙이 있었다 하여 달리 볼 수도 없다(대법원 1994.8.23 선고 94도1484 판결, 대법원 2006.3.10 선고 2005도10250 판결 등 참조).

(2) **정당행위 여부에 대하여** 그런데 원심의 인정 사실에 의하더라도 ① 乙이 실시한 이 사건 안수기도는 의료적 치료행위임을 전제로 A의 어머니 B로부터 시술에 따른 책임을 전가하는

각서까지 받은 점, ② 그 실시에 앞서 A가 고통을 느껴 몸부림칠 것에 대비하여 다수의 사람들을 동원해서 A의 신체를 장시간 강제로 제압하도록 하였고, 실제 안수기도 과정에서 A가 신체에 상해(A측이 제출한 진단서상으로는 3주간의 치료를 요하는 다발성좌상 및 피하출혈흔 등의 상해)를 입는 것을 감수하면서까지 고통으로부터 벗어나고자 저항하였을 정도인 데다가, 기록에 의하면 A와 달리 정신적 질환이 없는 B마저 乙의 권유로 위 안수기도를 받다가 고통을 못 이겨 소리를 지르는 바람에 큰 소동이 벌어졌음에 비추어 위 안수기도로 A가 느낀 고통은 단순한 심리적·정신적 고통이 아닌 신체적 고통으로 볼 여지가 많다는 점, ③ A가 입은 2006.8.21.자의 상해가 원심의 인정처럼 위 안수기도와 무관한 乙의 별도의 가해행위로 인한 것이 아니라면 그것이 A의 자해행위에 의한 것도 아닌 이상에야 결국, 위에서 본 이 사건 안수기도의 불법적인 폭력행사의 측면 때문에 초래된 것이라고 볼 수밖에 없다는 점 등의 사정을 종합하여 보면, 이 사건 눈 안수기도의 명목으로 乙이 사용한 일련의 유형력의 행사 및 그로 인한 상해의 결과는 그 목적뿐만 아니라 수단과 방법의 측면에 있어서도 사회상규상 용인될 수 있는 정당행위라고 보기 어렵다 할 것이다.

[해설 및 검토]

가. 판결의 의미

이 판결은 기독교계에 만연되어 있는 안수기도로 인해 환자가 상해를 입거나 사망한 경우 그 책임의 요건과 한계를 정한 판결로서 중요하다. 안수기도는 예수그리스도가 병자의 머리에 손을 얹고 기도함으로써 불치병이 치유함을 받은 기적이 나타난 데 기원한다. 기독교가 혹독한 박해에도 불구하고 세상에 널리 전파되는 데에는 이러한 기적의 역사(役事)가 뒷받침되었음은 물론이며 성경에서도 안수기도를 통한 치유를 하나님이 주신 능력으로 이해한다.[137]

그런데 이러한 치유(기독교에서는 신유(神癒)라고도 한다)의 은사가 한국 고유의 기복신앙과

---

137) **마가복음 16:17~18** 믿는 자들에게는 이런 표적이 따르리니 곧 저희가 내 이름으로 귀신을 쫓아내며 새 방언을 말하며 뱀을 집으며 무슨 독을 마실지라도 해를 받지 아니하며 병든 사람에게 손을 얹은즉 나으리라 하시더라. **야고보서 5:15** 믿음의 기도는 병든 자를 구원하리니 주께서 저를 일으키시리라 혹시 죄를 범하였을지라도 사하심을 얻으리라 이러므로 너희 죄를 서로 고하며 병 낫기를 위하여 서로 기도하라 의인의 간구는 역사하는 힘이 많으니라.

결합하면서 이를 마치 목회자나 설교자의 영적 능력을 나타내는 잣대로 간주될 만큼 과대포장 되었다.[138] 이리하여 많은 신도들이 모이는 집회나 기도원 등에서는 경쟁적으로 병자의 치료를 위한 안수기도가 행해지고 병자가 나았다는 소문이 돌면 구름처럼 신도가 모여들곤 한다. 보통 안수기도는 신도의 머리에 손을 얹고 기도하는 정도이지만 이 사례에서와 같이 병자의 환부를 압박하거나 심한 폭력을 수반하는 경우도 있다. 이로 인해 환자의 상태가 악화되거나 심지어는 환자가 사망하는 경우도 있어 그 책임의 한계가 문제된다.

나. 검토

(1) 상해치사죄

[Ⅰ-7-4]에서 乙들에게 적용된 죄명은 상해치사죄인데 이는 결과적 가중범의 한 유형이다. 형법 제259조가 정하는 상해치사죄는 사람의 신체를 상해하여 사망에 이르게 한 범죄로서 3년 이상의 유기징역에 처하도록 되어 있다. 상해치사죄가 성립하려면 ① 상해와 사망의 결과 간에 인과관계가 있어야 하고, ② 사망의 결과에 대하여 예견가능성(과실)이 있어야 한다.[139]

상해와 사망 간에 상당한 인과관계가 있으면 되고 또 상해가 사망의 유일한 원인일 필요도 없다. 따라서 이 사례에서와 같이 A가 여러 지병을 앓고 있는 이상체질자라고 하더라도 乙들의 흉부압박과 강제적 금식, 그리고 머리에 대한 강한 충격과 사망 간에 인과관계를 인정함에는 문제가 없다. 다음으로 문제되는 것이 乙들에게 A의 사망에 대한 예견가능성이 있어야 한다는 점이다. 예견가능성은 정상적인 주의를 하였더라면 사망의 결과발생을 인식하거나 회피할 수 있었을 경우, 즉 '과실'이 있는 경우를 말한다.[140] 이는 乙들에게 A를 치료하겠다는 좋은 뜻을 가지고 있었는가 하는 것과는 구별되며 그들의 폭력적인 안수기도가 허약한 A의 사망으로 이어질 수 있다는 가능성을 인식하는 것으로 족하다.

(2) 정당행위

A가 사망하였거나 상해를 입었더라도 그것이 형법 제20조가 정하는 정당행위에 해당하면 위

---

138) 박성모, 「안수에 관한 연구」, 대한신학연구원, 학위논문, 1988에서는 안수기도의 현황과 문제점에 관한 상세한 검토를 하고 있다.
139) 임웅, 『형법각론』, 법문사, 2005, 63면.
140) 임웅, 위 책, 63면.

법성이 조각된다. 그런데 정당행위가 되기 위해서는 목적과 수단이 정당해야 하고 그 방법이 사회적인 상당성이 있어야 하며 그 행위 이외에는 다른 방법이 없어야 한다는 기준이 충족되어야 한다. 乙의 행위는 A의 정신질환을 치료하고자 하는 정당한 목적을 가진 행위라는 점만이 인정될 뿐 그 나머지 요건, 즉 수단, 방법의 상당성, 법익의 교량, 긴급성, 보충성의 요건은 어느 것도 갖추지 못한 행위라고 평가되므로 정당행위에 해당될 수 없다.

Ⅱ. 정교분리

마태복음 22:21 이에 가라사대 그런즉 가이사의 것은 가이사에게, 하나님의 것은 하나님께 바치라 하시니.

로마서 13:1 각 사람은 위에 있는 권세들에 복종하라 권세는 하나님으로부터 나지 않음이 없나니 모든 권세는 다 하나님께서 정하신 바라.

헌법 제20조 ② 국교는 인정되지 아니하며, 종교와 정치는 분리된다.

　　제11조 ① 모든 국민은 법 앞에 평등하다. 누구든지 성별·종교 또는 사회적 신분에 의하여 정치적·경제적·사회적·문화적 생활의 모든 영역에 있어서 차별을 받지 아니한다.

[정교분리 개관]

가. 기독교와 정교분리

(1) 성경과 정교분리

바리새인들이 예수께 가이사(황제)에게 세금 바치는 것이 가하냐고 물었을 때 예수는 "가이사의 것은 가이사에게 하나님의 것은 하나님께 바치라"라고 말씀하셨다.[1] 이는 하나님이 자신의 목적을 위하여 세속국가를 세우시기 때문이며 이후 기독교 세계에서 종교와 정치의 분리에 관한 가장 고전적인 근거가 되었다. 다른 사람들처럼 기독교인들도 국가가 보장해주는 질서로부터 자신의 신앙을 지키는 등 유익을 얻고 따라서 국가를 존중하며 국가의 명령에 순종한다.[2] 그러나 국가가 하나님으로부터 권위를 받았다는 사실이 정부행위의 정당성을 무조건 보증하는 것은 아니다. 따라서 만일 국가가 하나님이 금하신 것을 명하거나 하나님이 명하신 것을 금지한다면 사람보다 하나님께 먼저 순종하는 것이 기독교인들의 태도이다.[3]

이리하여 성경은 하나님의 왕국과 세속국가를 구분하며 세속국가의 권위를 인정하고 있는데, 그리스도가 다스리는 하나님의 왕국은 무력(권력)으로 다스리는 세속국가와는 다르다. 로마총독 빌라도가 예수에게 "네가 유대인의 왕이냐"라고 질문하였을 때 "내 나라는 이 세상에 속한 것이 아니라 만일 내 나라가 이 세상에 속한 것이었더라면 내 종들이 싸워 나로 유대인들에게 넘기지 않게 하였으리라 이제 내 나라는 여기에 속한 것이 아니니라"라고 답변한 것이 바로 이 때문이다.[4] 이와 같이 신약성경에서의 예수그리스도와 사도 바울의 가르침 속에는 정치와 종교의 분리 사상이 내재되어 있다.

(2) 어거스틴과 캘빈의 교리

중세기독교 교리를 확립한 어거스틴에 의하면 이 세상에는 하나님의 도성과 인간의 도성이 있으며 말세에 하나님의 심판 날에 두 도성이 완전히 분리되기까지는 두 도성 사이의 이중시민

---

1) 마태복음 22:21.
2) **로마서 13:1~2** 각 사람은 위에 있는 권세들에 굴복하라 권세는 하나님께로 나지 않음이 없나니 모든 권세는 다 하나님의 정하신 바라 그러므로 권세를 거스르는 자는 하나님의 명을 거스름이니 거스르는 자들은 심판을 자취하리라.
3) **사도행전 5:29** 베드로와 사도들이 대답하여 가로되 사람보다 하나님을 순종하는 것이 마땅하니라.
4) 요한복음 18:33~38.

권이 일반적이라고 한다.5) 즉 본질적으로 죄성을 가진 인간으로서는 아무리 하나님의 도성 하나에만 시민이 되기를 열망하여도 여전히 두 도성의 지배 아래 놓일 수밖에 없다는 것이다. 그리고 두 도성을 지배하고 있는 영적 권력과 세속권력이 서로 다른 기능을 유지하는 것이 매우 중대한 문제로 보았다. 그리하여 어거스틴과 교부들은 세속적인 국가권력이 영적인 교회권력과는 철저하게 분리되어야 함을 강조하였다.6) 그러나 콘스탄틴 황제의 기독교 공인과 테오도시우스 황제의 기독교 국교화 이후 로마가톨릭교회는 중세시대를 통해 교황권의 절대적 우위에 바탕을 두고 국가를 종교에 예속시켰다. 이러한 교회권력에 의한 세상권력의 지배는 교회의 부패로 이어져서 종교개혁을 야기하였다.

그러나 근세에 들어와 국가는 더 이상 교회에 예속된 것이 아니라 교회와 대등한 관계이며 왕은 하나님으로부터 권위를 위임받은 하나님의 대리자라고 보는 왕권신수설이 등장하였다. 이는 교회의 영향력의 범위가 신자들로 국한되고 권위도 영적인 영향력만으로 제한된 반면에, 국가는 신자든 불신자든 대상을 막론하고 강력한 통치권을 갖게 되었다는 뜻이다. 이를 바탕으로 종교개혁의 이론가인 캘빈은 '이중정부론'을 주장하였다. 이중정부론이란 세상에는 영적인 정부와 세속적인 정부(spiritual and civil government)라는 이중통치구조가 필요하며, 영적인 통치와 세속적인 통치는 서로 구분되어야 하지만 서로 협력하고 보완해야 한다고 보았다. 즉 국가의 통치가 부패하였다고 하여 그리스도인이 교회를 국가로부터 분리하는 것은 불가하며 그리스도인들은 영적인 통치와 세속적인 통치의 이중 지배를 받으며 살아야 한다는 것이다.7) 이러한 캘빈의 사상은 청교도들에 의해 건국된 미국 헌법에 계승되고 있다.

나. 각국의 정교분리

(1) 각국의 상황

우리 헌법 제20조 제1항은 종교의 자유를 보장하면서 제2항에는 국교는 인정하지 않고 정교와 정치는 분리된다고 하여 정교분리원칙을 선언하고 있다. 그런데 종교의 자유가 거의 모든 문명국에서 헌법상 보장되는 것과는 달리 정교분리원칙은 각국의 전통이나 관습에 따라 서로 다른 양상

---

5) 이를 두 도성(two cities) 사상이라고 한다.
6) 강휘원, 「기독교의 정교분리사상: 성서시대부터 계몽주의사상까지」, 『신학사상』, 136집, 2007 봄.
7) 정준봉, 「캘빈의 이중정부론에 비추어본 한국교회의 정교분리 사상: 자성적 캘빈주의」, 『개혁논총』, 2011.12.

을 보인다. 즉 국민의 거의 대부분이 이슬람을 믿는 무슬림국가들이나 불교 신도가 대부분인 국가에서는 헌법상으로도 이슬람 또는 불교를 국교로 천명하는 경우가 많다.[8][9] 이러한 국가도 외형상으로는 국교 이외의 종교에 대해서도 자유를 인정하지만 현실적으로는 타 종교에 대한 박해나 차별이 만연되어 있는 상황이다. 특히 이슬람 원리주의자들은 기독교로 개정하는 자에 대해서는 공공연하게 폭행을 자행하는 등 폭력적인 양상까지 띠는 경우도 있다.

서구민주주의 국가 중에서도 영국은 성공회를 국교로 인정하고 다만 각료들의 신앙에 대해서는 종교의 자유를 인정하고 있다. 독일은 국교를 부인하지만 종교를 공법인화하여 국가와 종교 간의 정교조약을 통해 종교에 대한 국가적인 규제와 함께 지원을 하고 있다.[10] 이에 대해 프랑스는 엄격한 분리원칙을 가지고 종교에 대한 국가의 지원을 배제하고 있다. 한편 한국교회에 가장 큰 영향을 주고 있는 미국은 건국의 배경을 청교도적 개척정신에 두고 있는 만큼 기독교가 정치, 사회, 문화의 모든 면에 깊숙이 영향을 주고 있어 정교분리원칙이 확립되는 데에는 많은 시간이 요구되었다.

(2) 미국의 정교분리

미국 수정헌법 제1조에 명시된 정교분리원칙은 매우 추상적으로 규정되어 있어 이후 많은 판례를 통해서 구체화되었다. 그 주요사례를 보면 다음과 같다.

① 1947년의 Everson v. Board of Education 판결[11]-가톨릭 학교의 통학비용을 주정부가 보정해 주는 공적 보조가 수정헌법 제1조를 위반한 여부가 문제되었다. 재판부는 공립학교와 사립학교에 다니는 자녀들의 통학 교통비를 지원하는 주법은 公的 福祉立法의 하나로서 정교분리원칙에 위배되지 않는다고 판시하였다.

② 1971년의 Lemon v. Kurtzman 판결[12]-가톨릭 교구에서 설립한 학교 등 비공립학교 교사(비

---

8) 이슬람을 국교로 하는 나라 중 ① 파키스탄, 말레이시아, 이란 등은 공식 국가명을 이슬람 공화국이라고 표기하고 성문 헌법상 이슬람을 국가 통치의 근간으로 한다는 내용을 적시하고 있으며, ② 아랍에미리트, 오만, 예멘, 사우디아라비아 등 중동지역 대부분의 국가는 헌법상 국교로 지칭하고 있지는 않으나 헌법 및 하위 법률 조항에서 이슬람을 국가 통치의 중요 이념으로 다루고 있다. ③ 이에 대해 터키와 레바논은 전 국민의 90% 이상이 무슬림으로 이루어진 국가이지만, 헌법상 종교의 자유가 보장되어 있으며 실제 하위 법에서도 종교법을 인정하지 않는 세속주의 국가이다.
9) 공식적으로 불교를 국교로 선언한 나라는 태국, 스리랑카이지만 그 이외에도 미얀마, 라오스, 캄보디아 등 동남아시아 국가들은 국민의 거의 대부분이 불교(소승불교) 신도들이다.
10) 가령 독일은 국민들에게 종교세를 부과하여 이를 재원으로 목사 등 성직자들에게 급여형식으로 지원한다.
11) Everson v. Board of Education 330 U.S. 1(1947).
12) Lemon v. Kurtzman 403 U.S. 602(1971).

종교과목 담당)의 급여를 주정부가 지급하도록 한 법 규정이 위헌인 여부가 문제되었다. 재판부는 정교분리원칙의 침해 여부를 판단함에 있어서 'Lemon Test'로 불리는 중요한 심사기준을 제시하였는데 이는 ⅰ) 국가나 주정부의 지원이 세속적인 목적을 가져야 하고, ⅱ) 그러한 지원으로 인해 국가가 종교 간에 '지나친 유착관계'가 초래되지 않아야 한다는 것이다. 그런데 이 사례에서는 주정부로부터 급여를 받는 교구학교 교사들이 비종교과목을 가르침에 있어 종교적 중립을 지키는 여부에 대해 주정부가 지속적인 감독을 하게 되는데 이로서 주정부와 종교 간의 지나친 유착관계가 초래된다고 판단되었다.[13]

③ 1976년의 Roemer v. Board of Public Works 판결[14]-주립대학을 설립하는 대신 사립대학에 매년 지원금을 주는 메릴랜드 州에서 4개의 가톨릭 학교(전체 대학의 5%)에 대한 지원이 문제되었다. 재판부는 주정부의 지원이 교육이라는 세속적인 목적을 위한 것이며 지원에 따른 주정부의 감독도 거의 없으므로 지나친 유착관계라는 정교유착이 발생할 위험이 없다고 판시하였다.

④ 1984년의 Lynch v. Donnelly 판결[15]-시청사 앞의 크리스마스 장식에 예수 탄생 장면을 포함시키는 것이 기독교에 특혜를 주는 여부가 문제되었다. 재판부는 크리스마스 장식의 예수 탄생 장면은 미국 사회에서 종교의 존재를 인정하는 다른 무해한 상징물들이 그러하듯 기독교에 특혜를 주려는 것이 아니라 크리스마스 휴일의 기원을 기념하고 묘사하기 위한 것으로서 정당한 세속적 목적에 의한 것이라고 판시하였다.[16]

⑤ 1987년의 Edwards v. Aguillard 판결[17]에서는 초등학교에서 진화론을 가르친다고 창조론도 가르칠 것을 명하는 주법은 세속적인 목적 원칙에 위배된다고 판단하였고, 1992년의 Lee v. Weisman 판결[18]은 공립 고등학교 졸업식 행사에서 학교의 지원을 받아 성직자가 기도를 이끄는 것은 위헌이라고 판시하였다.

다. 정교분리의 주요내용

국교의 불인정과 정치와 종교의 분리를 내용으로 하는 정교분리원칙은 이를 선언하고 있는

---

13) 임지봉, 「미국 헌법상의 정교분리원칙」, 『미국헌법연구』, 18권 2호(2007.9), 308면.
14) Roemer v. Board of Public Works 426 U.S. 736(1976).
15) Lynch v. Donnelly 465 U.S. 668(1984).
16) 임지봉, 위 논문, 313면.
17) Edwards v. Aguillard 482 U.S. 578(1987).
18) Lee v. Weisman 505 U.S. 577(1992).

헌법 규정의 추상성과 정교분리의 역사성과 문화적 배경의 다양성으로 인해 그 내용을 정형화하기가 용이하지 않다. 특히 우리나라와 같은 다종교국가에서는 정교분리원칙은 흔히 종교차별금지와 직결되는데, 그 구체적인 내용은 다음에서 검토하는 여러 사례를 통해서 상세히 설명하겠지만 이를 개략적으로 유형화하면 다음과 같다.

① 입법과 정책영역에서는 종교인에 대한 과세, 군종제도, 종교적 기념일의 공휴일제도, 공휴일 시험제도, 납골시설의 설치 장소의 제한 등이 문제된다.

② 공권력 행사영역에서는 교도소에서의 종교집회 금지, 군대에서의 종교의 자유, 국공립병원에서의 종교의 자유, 종교적 공간에 대한 법집행 유보, 여권 사용 제한 등 이전의 자유 제한, 공직 취임식에서의 종교의식 등이 문제된다.

③ 정치·문화·복지와 종교 관련 영역에서는 종교적 문화유산의 보존과 지원, 템플스테이와 같은 종교기관에서 행해지는 문화, 복지, 교육의 지원 등이 문제된다. 또한 연등이나 크리스마스 트리와 같은 공공기관의 종교적 장식 및 지원도 문제된다.

④ 종교시설에서의 공적행사로는 종교시설에서의 투표소 설치의 문제가 있다.

⑤ 종교적 표현의 자유보장과 제한과 관련해서는 공공장소에서의 종교적 행사, 집회의 허용이나 지하철 등 공공장소에서의 전도행위는 종교의 자유로 보장되지만 공공장소에서 종교적 광고에 특혜를 주는 것은 위헌소지가 높다.

⑥ 공직자의 종교의 자유와 관련해서는 개인적 공간에서의 종교의 자유, 신우회 등 종교적 모임, 종교를 이유로 한 채용 등 불이익, 다른 동료 공무원에 대한 전도 등 종교적 표현 등이 문제된다.

⑦ 교육영역에서는 종립학교의 종교전파 자유, 강제배정 학생들에 대한 종교교육 강제, 입학자격제한, 대학에서의 종교시설 및 종교동아리 지원 등이 문제된다.[19]

이와 같이 정교분리의 구체적 내용으로 들어가면 종교의 자유와 연계된 사항이 많이 있는데 여기에서는 판례상 주로 문제가 되는 공직자와 정교분리, 국가의 종교지원, 종교시설 내 투표소 설치, 종교적 성일과 국가시험, 화폐문양과 종교차별의 순서로 살펴본다. 그리고 종교와 세금, 건축, 교육, 종교적 난민의 문제는 특수한 분야이므로 이를 따로 묶어서 제3장에서 다루기로 한다.

---

19) 문화관광부, 『국내외 종교차별 사례연구』, 2009.12. 참조.

1. 공직자와 정교분리

[II-1-1] 대법원 2007.4.26 선고 2006다87903 판결 【손해배상】

[사실관계]

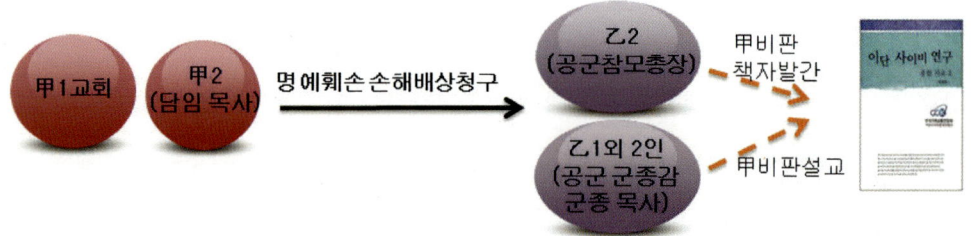

(1) **당사자:** 甲1 교회는 독립침례교회이며 甲2는 그 담임목사로서 선교사 딕욕(Dick York)으로 부터 목사안수를 받았다. 乙1들은 공군본부 군종감실 군종감, 공군본부 군종장교(예장합동 및 감리교)의 3인이며, 乙2는 공군참모총장이다.

(2) **교육책자 배포:** ① 乙2는 공군 내에서 甲1 교회 소속 신자가 기존 기독교를 믿거나 신앙이 없는 장병들을 대상으로 한 전도의 과정에서 강요를 하는 등으로 물의를 빚는 사건을 일으 키자, 공군군종감(乙1)에게 공군 내 이단종교 신봉자를 파악하여 그에 대한 대책을 강구하라 는 지시를 하였다. ② 군종감실의 조사 결과, 2003.7. 말 현재 공군 내에는 장교 5명, 부사관 3명, 병 4명, 군무원 3명, 총 15명의 甲1 교회 소속 신자가 있음이 확인되었다. ③ 이에 군종 감실은 2회에 걸쳐 군내 사이비 이단종교 확산 방지를 위한 대책회의를 거쳐, 乙2의 지시를 이행하는 차원에서 이단종교에 대한 예방대책의 일환으로 乙1들로 하여금 교육책자를 집필

하게 한 결과, 2003.12.29.『이단, 사이비란 무엇인가?』라는 총 75면의 교육책자를 발행하였다. ④ 이 책자에는 '이단의 의의, 이단이 군에 미치는 영향, 2003년도 현재 공군 내에서 활동하고 있는 구원파 등 18개 사이비 종교단체의 폐해와 실상, 그 교리에 대한 비판' 등의 내용이 담겨져 있는데, 그중 甲교회와 관련된 부분은 모두 3면이다. ⑤ 이 책자는 총 3,000부가 발행 배포되었다.

(3) **설교:** 乙1들은 乙2로부터 사이비 이단종교들에 대한 대책과 지침이 하달된 상황에서 기지교회 교인들로부터 甲교회의 신자들이 기존 기독교인들을 상대로 적극적인 포교활동을 벌이는 바람에 甲교회의 교리에 현혹되어 폐해가 발생되고 있다는 정보를 접하고, 2003.12.경 공군 제20 전투비행단 내 기지교회에서 약 500여 명에게 甲교회의 이단성에 관하여 주일 설교를 하였다.

(4) 甲교회 측은 乙1, 2를 상대로 위 교육책자 발간 및 乙1들의 설교가 자신들의 명예를 훼손하였다는 이유로 손해배상청구소송을 제기하였고, 원심에서 패소하자 상고하였다.

[책자의 내용]

2003.12.29. 발행된 이 책자는 甲교회를 이단단체로, 甲목사를 이단단체인 甲교회의 창시자로 묘사하면서 아래와 같은 내용을 포함하고 있다.

(1) 위의 책자 제23쪽은 甲교회를 속칭 '구원파'라고 지칭하면서 이단종교인 '구원파'를 신봉하게 될 경우 겪게 되는 가정불화, 일탈행위, 인간관계의 문제점 등을 예를 들어 적시하는 한편, 구원파를 신봉하는 남편이 甲교회에 빠져 가정에 무관심하고 처를 과도로 협박하거나 폭행하면서, 처에게 기존 교회의 잘못을 지적하면서 죄 사함을 받아 구원을 받을 것을 강요하는 등의 부당한 처우를 하여 결국 이혼에 이르게 된 사례를 소개하였는데, 이는 월간『현대종교』74~77쪽 사이에 실린 사례를 인용한 것이다.

(2) 위의 책자 제24쪽은 甲교회와 관련하여 '구원파'의 유래, 계보를, "구원파 측 교회의 선두에 있는 신흥조직으로서 구원파 지도자들 사이의 주도권 다툼 끝에 다른 자들은 ○○침례회라는 간판으로, 甲목사는 예수교 ○○침례회라는 간판으로 지교회를 설립하기 시작했다. 甲목사는 1980년대 말 교단명을 甲교회로 개칭하고, 선교단을 조직하여 세력확장에 나서고 있으며, '죄 사함과 거듭남의 비밀'을 전파한다"고 설명한다.

(3) 위의 책자 제25쪽은 甲교회의 교리적 특징을, "죄 사함과 거듭남을 극단적으로 강조한다. 구원을 확증하는 방법으로 '당신은 구원을 받았습니까?, 언제, 어디서 구원받았습니까?'라는 질문으로 구원 여부에 혼란을 주고 기성 신자들과 일반인들을 미혹한다. 그들은 구원의 문제를 오직 '죄 사함'에만 국한시킨다", "구원파 교회는 자신들의 교회에만 구원이 있다고 생각하여 기존 정통종교와 갈등을 일으키는 것은 물론이고 모든 사건을 구원과 종말의 기준으로 바라보고 해석하기 때문에 현실세계에 대한 정확한 판단력이 부족하다. 또한, 자신이 속한 가정이나 직장 공동체에 불화와 갈등의 요소를 증폭시켜 단결력을 저해시키는 등 많은 문제를 안고 있다"고 설명한다.

[당사자의 주장]

[甲의 주장]	[乙의 주장]
(1) **직무상 위법행위** 乙1 등은 국가공무원으로서 직무를 수행함에 있어서 종교적 중립을 준수하여야 할 의무가 있음에도 이를 위반하여 甲교회를 비판하는 내용으로 하여, 그중 乙1(군종감)은 이 책자를 발행·배포하고, 乙1(군종장교)은 이 설교를 함으로써 직무상 위법행위를 하였고,	(1) **군종목사의 지위** 군종목사인 乙1들은 참모장교로서의 지위와 소속 종단으로부터 파송된 성직자의 신분도 겸유하고 있는데, 성직자의 지위에 있는 乙1들은 자신들의 교파나 종파에 맞게 종교활동을 할 수 있어 근본적으로 종교적 중립의 의무가 없는 것인바, 이 책자의 발간과 설교행위는 乙1들이 기독교 성직자의 지위에서 한 것인 이상, 이를 위법한 행위라고 할 수 없고,
(2) **인격권 침해** 乙1들은 甲교회와 무관하거나 허위의 사실을 내용으로 하는 이 책자를 발행·배포하고, 설교를 함으로써 甲들의 명예 등 인격권을 침해하였으며,	(2) **종교적 비판** 책자와 설교는 권위 있는 교단의 자료들을 인용하여 대부분 객관적 사실과 합치되거나 수사적인 표현의 내용만을 담고 있을 뿐 아니라 근본적으로 종교적 비판의 표현행위에 해당되어 위법성이 없으며,
(3) **정교분리 위반** 대한민국은 헌법상의 정교분리의 원칙에 따라 특정 종교를 우대하거나 차별하는 행위를 하여서는 아니 됨에도 이를 위반하여 乙2 및 乙1들을 통하여 甲들을 구원파에 속하는 이단의 하나로	

적시한 이 책자를 발행·배포함으로써 교리 내지 신앙의 문제에 적극적으로 개입하여 甲들의 명예 등 인격권을 침해하였다.

(3) 정교분리 위반 乙2가 공군 내에서 종교문제로 인하여 단합을 저해할 정도로 갈등이 심화되는 상황에서 특정 종교의 폐해에 대한 정보를 제공함으로써 장병들의 정신전력을 극대화하기 위한 조치의 일환으로써 乙1들에게 지시하여 이 책자를 발행·배포한 것인 이상, 대한민국이 헌법상의 정교분리의 원칙을 위반한 것으로 볼 수 없다.

[판결요지]

(1) 종교적 중립의무 위반 여부 직무상 군대 내에서 군종장교는 국가공무원인 참모장교로서의 신분뿐 아니라 성직자로서의 신분을 함께 가지고 소속 종단으로부터 부여된 권한에 따라 설교를 하거나 종교의식을 할 수 있는 종교의 자유를 가지는 것이므로, 군종장교가 최소한 성직자의 신분에서 주재하는 종교활동을 수행함에 있어 소속종단의 종교를 선전하거나 다른 종교를 비판하였다고 할지라도 그것만으로 종교적 중립 의무를 위반한 직무상의 위법이 있다고 할 수 없다.

(2) 종교적 비판의 자유와 명예훼손 우리 헌법 제20조 제1항은 "모든 국민은 종교의 자유를 가진다"고 규정하고 있는데, 종교의 자유에는 자기가 신봉하는 종교를 선전하고 새로운 신자를 규합하기 위한 선교의 자유가 포함되고, 선교의 자유에는 다른 종교를 비판하거나 다른 종교의 신자에 대하여 개종을 권고하는 자유도 포함된다. 종교적 선전과 타 종교에 대한 비판은 동시에 표현의 자유의 보호대상이 되는 것이나, 그 경우 종교의 자유에 관한 헌법 제20조 제1항은 표현의 자유에 관한 헌법 제21조 제1항에 대하여 특별규정의 성격을 갖는다 할 것이다. 따라서 종교적 목적을 위한 언론·출판의 경우에는 그 밖의 일반적인 언론·출판에 비하여 고도의 보장을 받게 되고, 특히 그 언론·출판의 목적이 다른 종교나 종교집단에 대한 신앙교리 논쟁으로서 같은 종파에 속하는 신자들에게 비판하고자 하는 내용을 알리고 아울러 다

른 종파에 속하는 사람들에게도 자신의 신앙교리 내용과 반대종파에 대한 비판의 내용을 알리기 위한 것이라면 그와 같은 비판할 권리는 최대한 보장받아야 할 것이다. 그로 인하여 타인의 명예 등 인격권을 침해하는 경우에 종교의 자유보장과 개인의 명예 보호라는 두 법익을 어떻게 조정할 것인지는 그 비판행위로 얻어지는 이익, 가치와 공표가 이루어진 범위의 광협, 그 표현방법 등 그 비판행위 자체에 관한 제반사정을 감안함과 동시에 그 비판에 의하여 훼손되거나 훼손될 수 있는 타인의 명예 침해의 정도를 비교 고려하여 결정하여야 한다.

(3) **비판 책자의 위법성** 이 사건 책자와 설교의 내용 중에 甲들의 교리와 주장을 비판하고 그 명예 등 인격권을 침해하는 내용이 포함되어 있다 할지라도, 이는 신앙의 본질적인 내용으로서 최대한 보장받아야 할 종교적 비판의 표현행위로서 그 안에 다소 과장되거나 부적절한 표현이 있다 하더라도 중요한 부분에 있어서 진실에 합치할 뿐 아니라 장병들의 신앙보호와 교리상의 혼란을 방지하기 위하여 주로 그들을 상대로 객관적 정보를 제공하여 경각심을 불러일으키기 위한 취지에서 이 사건 책자를 발행·배포하거나 이 사건 설교를 행한 것이므로, 위법성이 없다.

(4) **정교분리원칙 위반** 우리 헌법 제20조 제2항이 "국교는 인정되지 아니하며, 종교와 정치는 분리된다"고 규정하고 있으므로, 국가가 특정 종교를 특별히 보호하기 위하여 특혜를 가하거나 억압하기 위하여 부당한 대우를 하는 것은 원칙적으로 금지된다고 할 것이다. 그러나 공군참모총장이 전 공군을 지휘·감독할 지위에서 수하의 장병들을 상대로 단결심의 함양과 조직의 유지·관리를 위하여 계몽적인 차원에서 군종장교로 하여금 교계에 널리 알려진 특정 종교에 대한 비판적 정보를 담은 책자를 발행·배포하게 하였더라도, 특별한 사정이 없는 한 이러한 행위가 정교분리의 원칙에 반하는 위법한 직무집행에 해당된다고 보기 어렵다.

(5) **[원심판결]** 공군참모총장이 특정 교회의 교리를 비판하고 이를 경계하는 내용의 책자를 발행하게 하여 교회 및 그 지도자의 인격권을 침해하였다 하더라도, 위 교회 측이 정통종파를 믿는 기독교인들을 대상으로 포교활동을 적극적으로 벌여왔고, 그로 인하여 적지 않은 장병들이 가정생활에 어려움을 겪는 등의 피해가 발생하였으며, 위 교회 측이 신앙체계의 계보상 사회적으로 물의를 일으킨 다른 종교집단과 연계되어 있어 정통 기독교 교단으로부터 경계의 대상이 되어 왔으므로, 공군참모총장으로서는 조직의 안정감이나 단결심이 해쳐지지 않도록 장병들을 상대로 계몽적인 차원에서 교계에 알려진 위 교회에 대한 비판적인 정보를 제공할 필요성이 있으므로 정교분리 원칙에 위반하는 직무집행은 아니다.

[해설 및 검토]

가. 사례의 내용

이 사례는 공직자, 그중에서도 군대라는 특수조직에 몸담고 있는 군종장교가 특수한 교파에 속한 교회와 그 목사에 대해 이단으로 비판한 서적을 발간하여 군대 내에 배포하고 또 군 교회에서 설교한 것이 공직자로서 지켜야 할 정교분리 원칙에 위반한 것인가 하는 점이 문제된 대표적 사례이다. 또한 이단적 종파에 대한 종교적 비판이 명예훼손이 되는가 하는 점도 아울러 문제되었다.

나. 군종장교제도

(1) 군종제도의 목적

군인은 소속부대장이 정하는 교회·사찰 또는 기타 장소 등에서 종교의식에 참여할 수 있으며, 군종장교가 보직되어 있지 아니하거나 교회 또는 사찰 등이 없는 부대의 군인은 소속부대장의 허가를 받아 인근 부대의 교회·사찰 또는 민간의 교회·사찰 등에서 종교의식에 참여할 수 있고,[20] 군인은 자기가 믿는 종교의 교리 또는 종교생활을 이유로 임무수행에 위배되거나 군의 단결을 저해하는 일체의 행위를 하여서는 아니 된다.[21] 이와 같이 군종제도는 고된 훈련과 병영생활에서의 긴장감에 시달리는 장병들로 하여금 종교적인 믿음과 활동을 통해 정서적 안정감을 갖게 하고 군대 내에서 단결을 도모하고자 하는 목적을 가지고 있다. 한편 군종제도는 장병들이 입대 전부터 신봉하던 종교생활을 군대 내에서도 계속할 수 있게 함으로써 종교의 자유를 보장하려는 취지도 아울러 가지고 있다.

(2) 제도의 연혁

군종장교는 군대에서 성직자의 임무를 수행하는 특수직 장교이다. 현재 대한민국 군대에서는 개신교, 천주교, 불교, 원불교 성직의 군종장교가 존재한다. 우리나라는 정부수립 직후인 1951년 한국전쟁에 파견된 미군의 요청에 따라 개신교 신자이던 이승만 대통령이 기독교(개신교, 천주

---

20) 군인복무규율 제30조 제1, 2항.
21) 군인복무규율 제31조.

교) 군종장교만을 허용하였다. 1968년에는 불교국가인 베트남전쟁 파병을 계기로 하여 불교계의 요청에 따라 박정희 대통령이 불교 군종장교제를 도입하였다. 이후 근 40년간 3대 종교에서만 군종장교를 선발하여 왔는데 원불교를 비롯한 소수 정파에서 강하게 이의를 제기하였다. 이는 한국 남자라면 다 가는 군대야말로 교세를 확장할 수 있는 가장 좋은 선교지가 되기 때문이다.

결국 2002년 병역법과 시행령의 개정을 통해 군종장교 대상과 군종사관후보생 지정대학의 문호를 소수종교에도 개방하였다. 즉 목사, 신부, 승려로 제한된 군종장교 편입대상을 '목사, 신부, 승려, 그 밖에 이와 동등한 직무를 수행하는 자'로 바꿨다.[22] 또 신학대학, 불교대학에만 적용한 군종사관후보생 지정대학을 '성직자 양성을 목적으로 하는 대학 재학생'으로 범위를 크게 넓혔다. 또한 군종배출 종교의 선정기준도 ① 사회통념상 종교로서 인정되는 교리와 조직을 갖추고 성직의 승인·취소 및 성직자 양성교육이 제도화되어 있고, ② 교리의 내용 및 종교의식 등이 장병의 올바른 가치관의 확립, 도덕심 및 준법성의 함양과 정신전력의 강화에 이바지할 수 있으며, ③ 국민 전체 및 군 내 신자의 수, 종교 의식·행사의 원활한 수행 가능성 등을 고려해서 이를 충족하면 군종장교를 배출할 수 있도록 하였다.[23]

(3) 운영현황

이러한 관련법의 허용에도 불구하고 소수종교의 경우 군대 내에서 신도 수가 상대적으로 적어 군종장교 배출이 사실상 불가능하였다. 국방부는 군종장교와 군종사관후보생의 선발대상종교를 선정하기 위해 군종장교운영심사위원회[24]를 구성하여 운영하고 있는데 여기에서는 '3대 종교를 제외한 소수종교의 경우 각 종교 신자 장병이 2% 이상일 경우(대대급 500명 기준) 해당 종교의 민간인 성직자를 초청하여 종교행사를 실시한다'는 원칙을 고수하였기 때문이다. 위원회는 2006년 원불교에 대해서도 군종장교를 허용하였다.

군종장교의 선발 기준은 종교마다 다르다.[25] ① 개신교에서는 군종목사라 하며 국방부 지정 신학대학 2학년에 재학 중에 국방부 주최 후보생 시험에 합격한 사람이 신학대학원을 졸업하고 목사 혹은 강도사의 자격을 취득한 경우와 신학대학원을 졸업하고 목사 자격을 취득한 군필자

---

22) 병역법 제58조 제1항, 시행령 제118조의3 제1항 제1호.
23) 병역법 제58조 제1항, 시행령 제118조의2.
24) 병역법 시행령 제119조의2.
25) 병역법 시행령 제118조의3 제2항 및 「군종장교 등의 선발에 관한 규칙」 제6조는 군종 분야의 현역장교를 선발하려는 경우에는 해당 종교단체에 선발대상자의 추천을 의뢰하고 그 추천을 받아 선발하도록 정하고 있다.

중에 군종목사로 복무하기를 희망하는 경우에 선발되어 군종목사로 복무한다. ② 천주교에서는 군종신부라 하며 원 교구의 명령에 의거하여 천주교 군종교구로 파견되는 형식을 취한다. ③ 불교에서는 군종법사라 하며 군 미필자 중 동국대 불교대학, 중앙승가대 학인스님들 중에서 국방부 주최 후보생 시험에 합격한 사람과 병역을 필한 4년제 대학 졸업한 스님들 중에서 군종교구 시험에 합격한 사람들 중에서 선발되어 군종법사로 복무하고 있다. ④ 원불교에서는 군종교무라 하며 현재는 대위 2명이 존재한다.

(4) 문제점

군종제도는 군인의 종교생활을 통하여 전투를 대비하는 군인들에게 마음의 평안을 가질 수 있게 하여 정신전력의 강화 및 사고발생의 예방이라는 세속적인 목적을 가지는 것이다. 그러나 이 제도는 감수성이 예민하면서도 사회와 격리되어 이른바 종교적 선교가 가장 잘 먹히는 젊은 이들을 대상으로 한다는 점에서 군종장교를 둘 수 있는 종교와 그렇지 못한 종교 간에 차별이 문제될 수 있다.[26] 다만 군종장교를 임명하는 데에는 군조직과 예산상의 한계가 있을 뿐 아니라 신도 수가 어느 정도 확보되어야 한다는 현실적 한계가 있어 모든 소수 종교에 대해 문호를 개방할 수는 없는 노릇이다.

그러한 관점에서 현역 장교가 아닌 민간인에 의한 군종업무를 수행하게 해야 한다는 의견 제시는 경청할 만하다. 즉 민간종교인과의 계약을 통하여 군종업무에 근무를 할 수 있도록 하면 군인의 종교생활을 지원하는 제도의 취지에 적합할 뿐 아니라 종교적인 관점에서도 군대의 계급을 벗어나 종교활동을 할 수도 있는 것이므로 군이 장교로만 임명할 필요도 없다고 하겠다.[27] 생각건대 군대 내에 신도 수가 많은 3대 종교에 대해서는 기존의 군종장교제도를 시행하되 예산상 제약으로 독자적인 군종장교를 둘 수 없는 소수종교에 대해서는 민간인 군종제도를 활용하는 것이 종교차별 오해를 불식시킬 수 있을 것이다.

---

26) 군대 내에서 소수종교에 대한 차별은 사관학교에서도 문제된다. 2007년 2월에 개정된 생도규정 제5~37조와 제5~38조에는 사관학교 내에서의 종교생활에 관하여 "종교를 통한 인성교육의 차원에서, 매주 수요일 교내 종교시설(교회, 성당, 법당)에서 실시하는 종파별 종교활동에 전 생도가 참석한다. 다만 개인적 사유로 인하여 열외가 필요시 사전에 훈육관의 승인을 득한다"라고 규정하고 있다. 이에 대해서는 전 생도에게 특정종파의 종교행사에 참여하도록 사실상 강요한다는 측면에서 위헌 소지가 있다는 비판이 있다(이상철, 『군사법의 제 문제(상)』 한국학술정보, 2008.2, 616면 이하).

27) 송기춘, 「종교 관련 제도의 헌법적 문제점과 그 개선방향」, 『헌법학연구』, 12권 5호(2006.12).

다. 법리적 검토

이 사안에서는 첫째, 공군 참모총장이 특정교파에 속한 교회에 대한 비판서적을 발간하여 공군 내에 배포하도록 한 행위가 정교분리원칙에 위배된 것이 아닌가 하는 점과 둘째, 참모총장의 명을 받아 비판책자를 발간하고 또 군종장교들이 비판설교를 한 것이 국가공무원으로서 종교적 중립을 지켜야 할 의무를 위반한 것이 아닌가 하는 점이 문제되었다.

(1) 공군참모총장의 의무위반

각 군 참모총장은, 전투를 주 임무로 하는 작전부대에 대한 작전지휘·감독을 제외하고는, 국방부장관의 명을 받아 각각 해당 군을 지휘·감독한다.[28] 따라서 乙2는 공군의 최고 지휘관으로서 공군 내 조직의 안정감이나 단결심을 고취하기 위하여 이를 저해하는 요소를 사전에 색출하여 대비할 직무상 책임이 있다. 한편 乙2는 공적 지위에서 종교적 중립의무를 부담한다. 甲들은 乙2의 비판책자 발행을 종교적 차별행위라고 주장하였으나 재판부는 이는 어디까지나 공군 내의 조직의 안정을 기하기 위해 정통교단으로부터 경계의 대상으로 된 교파에 의한 피해 사례를 모아 계몽적인 차원에서 장병들에게 비판적인 정보를 제공한 것이므로 정교분리 원칙에 위반하는 직무집행은 아니라고 판시하였다.

乙2의 지시가 특정종교의 이단성 여부를 가리거나 이를 비판하기 위한 것이 아니라 그 종파의 과도한 선교로 장병들의 정서적 안정감을 해치고 있어 군기 확립차원에서 한 것이므로 판례의 취지는 타당하다고 본다.

(2) 군종장교의 의무위반

공군본부직제 규정 제8조에 의하면 군종실장은 영관급 장교로 보하며, 신앙활동, 인격지도 및 선도활동, 그 밖에 종교업무에 관련된 사항에 관하여 참모총장을 보좌한다. 즉 군종장교는 참모총장을 보좌하는 군인인 동시에 각 종교단체로부터 파송받아 군대 내에서 해당 종교에 관한 종교활동을 주도하고 선교활동을 하는 성직자라는 이중적 지위를 가지고 있다. 이 중에서 어느 편을 우선시할 것인가 하는 점이 이 사례에서 문제되었다.

---

28) 국군조직법 제10조 제2항.

그런데 국방부가 1999.12.24. 산하 군종실을 편집자로 하여 발간한 『군종업무지침』이라는 책자에 의하면 군종장교는 ① 계급이나 다른 전문직위에 관계없이 목사, 신부 및 법사 등 소속종단의 명칭으로 호칭되며, ② 지휘관의 참모로서 특별 참모업무 수행과 군종장교 임무 수행을 위한 군종기능으로서 참모 및 지휘조언, 종교활동, 군종교육, 상담 및 선도활동, 군종행정, 연락 등의 기능을 수행하며, ③ 군종활동의 주요 내용은 군인들의 신앙을 심어주거나 그 신앙을 견고히 해주는 종교적 활동 및 국가안보를 위한 국가적 임무를 잘 수행하도록 군인들의 정신 등 무형전력을 증강시키는 활동 등을 포함하며, ④ 부대원들이 각기 신봉하는 종교의 신앙지도를 받을 수 있도록 기회를 제공해야 하며, 군종장교가 종교행사에서 설교, 강론 또는 설법을 행하거나 종교의식 및 성례를 할 수 있는 권한은 소속종단으로부터 부여된 것이며, ⑤ 군의 종교의식은 주요 종단의식에 따라 실시해야 하고, 성직자로서 종교의식을 접전할 때 종단이 정하는 예복과 사복 정장, 장교로서 군복 및 군 예복을 착용할 수 있다.

원심 재판부는 이를 근거로 비록 군종장교가 국가공무원으로서의 신분을 가지고 있다 하더라도 최소한 성직자의 신분에서 주재하는 종교활동을 수행함에 있어서는 특정한 종교를 선전하거나 비판하여서는 아니 된다고 하는 종교상의 중립의무를 기대할 수 없다고 판시하였고 대법원도 이러한 원심의 입장을 지지하였다.

(3) 종교적 비판의 자유와 명예훼손

이 사건 책자와 설교의 내용 중에 甲들의 교리와 주장을 비판하고 그 명예 등 인격권을 침해하는 내용이 포함되어 있고 이것이 다소 과장되거나 부적절한 표현이 있다 하더라도 중요한 부분에 있어서 진실에 합치할 뿐 아니라 장병들의 신앙보호와 교리상의 혼란을 방지하기 위하여 주로 그들을 상대로 객관적 정보를 제공하여 경각심을 불러일으키게 한 것이라면 이는 신앙의 본질적인 내용으로서 최대한 보장받아야 할 종교적 비판의 표현행위로서 위법성이 없다고 판단하였다.

라. 교리적 검토

(1) 교리에 대한 법원의 판단

이 사안에서는 구원파라고 지칭되는 甲들의 교리와 그 선교방법이 공군 내에 여러 가지 문제를 일으키고 이것이 장병들의 사기와 단합을 해친다는 세속적인 관점에서 판단하고 있어 구원파가 과연 이단인가 하는 점에 대해서는 직접 언급을 하지 않고 있다. 다만 ① 기독교도들을 대상으로 신앙의 본질적 요소인 '구원'의 확신을 흔든 다음 자신들의 믿음을 강요하는 포교활동을 적극적으로 벌여왔고, 그로 인하여 적지 않은 장병들이 기존의 안정된 신앙생활에서 벗어나 가정생활에 어려움을 겪는 등의 피해사례가 속출하였고, ② 더욱이 甲 측이 신앙체계의 계보상 사회적으로 물의를 일으킨 전력이 있는 다른 종교집단과 연계를 가지고 있어 기존 정통 기독교 교단으로부터 경계의 대상이 되어왔다고만 판단하고 있다.

(2) 구원교리

이 사건에서 문제가 된 『이단, 사이비란 무엇인가?』라는 책자의 제25쪽은 甲교회의 교리적 특징을, "죄 사함과 거듭남을 극단적으로 강조한다. 구원을 확증하는 방법으로 '당신은 구원을 받았습니까? 언제, 어디서 구원받았습니까?'라는 질문으로 구원 여부에 혼란을 주고 기성 신자들과 일반인들을 미혹한다. 그들은 구원의 문제를 오직 '죄 사함'에만 국한시킨다"라고 기술하고 있다. 이 책자가 구원파의 구원교리를 정확하게 파악하고 있다는 전제에서 이들의 구원교리를 검토하기로 한다.

기독교에서는 하나님의 아들 예수그리스도가 인간을 죄에서 구원하기 위해 이 땅에 사람으로 오시고(성육신), 33년간의 사생애와 공생애를 통해 하나님의 공의에 합치하는 거룩한 삶을 사시고, 십자가에 죽으심과 부활로 우리의 죄를 대속(사죄)할 뿐 아니라 예수님의 義를 우리의 義로 입히시고(稱義), 이를 통해 영생의 약속을 주신 것으로 믿고 있다. 따라서 기독교에서의 구원은 이 땅에서 이미 실현된 구원(重生구원)과 예수님의 재림 시에 이루어질 구원(復活과 永生구원)의 2가지로 구분된다.[29]

나아가 성경은 인간을 靈과 肉의 2가지 요소로 되어 있다고 보고 영의 구원과 육의 구원을 구

---

29) 웨스트민스터 신앙고백서 등 참조.

별한다. 즉 하나님의 형상대로 지으심을 받은 영의 구원은 예수님의 대속을 믿는 자에게 단번에 이루어짐에 비해(중생구원), 우리의 육은 비록 법적으로는 영과 함께 구원을 받았지만(기본구원), 육의 요소들은 아직도 죄의 세력 밑에 있어 우리의 일생을 통해 구원이 반복적으로 계속된다고 본다(성화구원, 건설구원). 따라서 예수를 믿고 구원받은 성도들이라도 이 세상에 살면서 계속 죄를 지을 수밖에 없는 것은 구원을 받지 못해서가 아니라 중생구원을 바탕으로 성화구원을 이루어가는 과정에 있기 때문이다.30)

그러므로 우리 구원의 바탕이 되는 기본구원은 전적으로 예수그리스도의 대속의 공로로 말미암아 은혜로 주시는 하나님의 선물이다.31) 따라서 구원을 이루는 데 있어서 인간의 노력이나 품성과 같은 요소는 하나도 기여하지 않고 전적으로 하나님의 객관적인 예정과 섭리로서 주어지는 것이다.32) 그리고 그러한 구원이 우리에게 임하는 순간에 대해서는 사도 바울의 회심과 같이 그 일시가 명확한 사람이 있는가 하면33) 대부분의 경우에는 언제, 어디에서 이루어졌는지를 알 수 없다고 성경은 증거하고 있다. 즉 예수그리스도가 교법사 니고데모에게 거듭남(중생)을 가르치면서 "사람이 물과 성령으로 나지 아니하면 하나님 나라에 들어갈 수 없느니라 육으로 난 것은 **육**이요 성령으로 난 것은 **영**이니 내가 네게 거듭나야 하겠다 하는 말을 기이히 여기지 말라 **바람**이 임의로 불매 네가 그 소리를 들어도 어디서 오며 어디로 가는지 알지 못하나니 성령으로 난 사람은 다 이러하니라"라고 하셨다. 즉 우리의 중생은 마치 바람이 어디에서 부는지를 알지 못함과 같이 우리에게 임한다는 뜻이다.34)

이러한 성경의 가르침에 비추어볼 때 구원파의 구원교리는 매우 잘못됨을 알 수 있다. 즉 "당신은 구원받았습니까?"라는 질문에 대해 확실한 대답을 못하면 구원이 없다고 하는 것은 성경 어디에 근거를 둔 것인지 묻고 싶다. 만일 인간의 구원이 각 사람의 구원에 대한 확신에 근거한다면 과연 이 세상에서 누가 구원을 받을 수 있을까? 앞에서 본 대로 기독교 교리를 확립한 사도 바울마저도 "내 자신이 마음으로는 하나님의 법을, 육신으로는 죄의 법을 섬기노라"라고 자신의

---

30) 사도 바울은 이러한 이중적 상태를 **로마서 7:21~25**에서 "그러므로 내가 한 법을 깨달았노니 곧 선을 행하기 원하는 나에게 악이 함께 있는 것이로다 내 속 사람으로는 하나님의 법을 즐거워하되 내 지체 속에서 한 다른 법이 내 마음의 법과 싸워 내 지체 속에 있는 죄의 법 아래로 나를 사로잡아 오는 것을 보는도다 오호라 나는 곤고한 사람이로다 이 사망의 몸에서 누가 나를 건져내랴 우리 주 예수 그리스도로 말미암아 하나님께 감사하리로다 그런즉 내 자신이 마음으로는 하나님의 법을, 육신으로는 죄의 법을 섬기노라"라고 고백하고 있다.

31) 로마서 5:15~17, 에베소서 2:5~8.

32) 에베소서 1:2~9.

33) 사도행전 9장.

34) 요한복음 3:5~8.

육체의 연약함을 고백하고 있지 않은가? 기독교에서 말하는 구원은 만물보다 거짓된 인간의 마음이나 확신에 좌우되는 그러한 값싼 구원이 아니다. 우리의 구원은 전능하신 하나님의 영원 전 예정 가운데서 정해진 구원이며 이 구원을 이루기 위해 하나님이신 예수그리스도가 십자가상에서 모든 것을 쏟아부은 거룩한 희생에 근거해서 우리에게 거저 주시는 은혜이다.

[II-1-2] 헌재 2008.11.18 2008헌마661 선출직 공무원 종교편향행위 위헌확인

[사실관계]

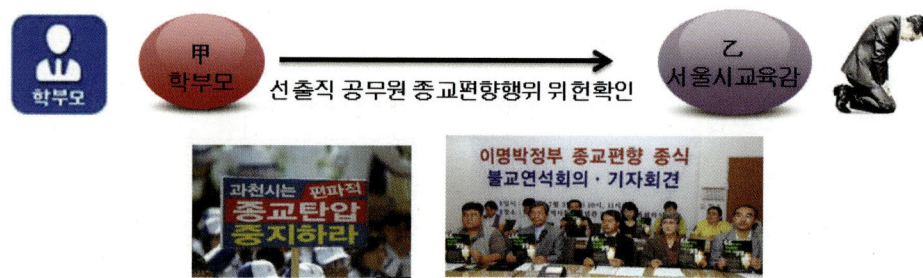

(1) 甲들은 각각 서울 소재 ○○중학교 및 ○○초등학교에 재학 중인 자녀를 두고 있는 학부모이다. 甲들은 선출직 공무원인 서울특별시 교육감(乙)이 사전 홍보를 거쳐 2008.8.12. 근무시간 중에 특정종교시설인 ○○교회에서 진행되는 '서울시 교육발전을 위한 기도회'에 참석하여 기독교 의식에 따라 기도한 행위를 하였다.

(2) 이로 인하여 甲들의 행복추구권, 종교의 자유, 평등권 등을 침해받았다면서 2008.11.4. 乙의 위와 같은 기독교회에서의 기도회 참석 및 기도 행위의 위헌확인을 구하는 이 사건 헌법소원심판을 청구하였다.

[판결요지]

(1) **헌법소원 청구대상** 헌법재판소법 제68조 제1항 본문은 "공권력의 행사 또는 불행사로 인하

여 헌법상 보장된 기본권을 침해받은 자는…… 헌법재판소에 헌법소원심판을 청구할 수 있다"고 규정하고 있는바, 이는 공권력의 행사 또는 불행사로 인하여 헌법상 보장된 자신의 기본권을 현재 직접적으로 침해당한 자만이 헌법소원심판을 청구할 수 있다는 뜻이므로, 공권력의 행사로 인하여 헌법소원을 청구하고자 하는 자의 법적 지위에 아무런 영향이 미치지 않는다면 애당초 기본권침해의 가능성이나 위험성이 없으므로 그 공권력의 행사를 대상으로 헌법소원을 청구하는 것은 허용되지 아니한다(헌재 1999.6.24. 97헌마315, 판례집 11-1, 802, 817; 헌재2008.5.29. 2007헌마712, 공보 140, 830, 838).

(2) **乙의 행위와 공권력행사** 그런데 이 사건에서 甲이 헌법소원의 대상으로 삼고 있는 공권력의 행사는 乙이 기독교회의 기도회에 참석하여 기독교 의식에 따라 기도한 행위인바, 직무시간 중에 이루어진 乙의 위와 같은 행위에 대하여 도덕적·정치적 비판이 가능함은 별론으로 하고, 乙의 위와 같은 행위는 학부모인 甲들의 권리나 법적 지위에 어떠한 영향을 미칠 수 없는 것임은 물론 헌법소원의 대상이 되는 행정청이 우월적 지위에서 일방적으로 강제하는 권력적 사실행위에도 해당하지 아니하므로, 애당초 기본권침해의 가능성이나 위험성이 없어 헌법소원의 대상이 되는 공권력의 행사에 해당한다고 볼 수 없다.

(3) 따라서 이 사건 심판청구는 헌법소원의 대상이 될 수 없는 것을 대상으로 하는 청구로서 부적법하다.

[II-1-2A] 헌재 2011.4.19 2011헌마171 종교행위 위헌확인 등

[사건의 개요]

(1) 청구인은 언론사의 사건 조작과 법원·검찰의 잘못된 판단으로 오랜 기간 구속생활을 하였고 이에 따라 가정파탄 및 사업 실패 등의 피해를 입었다고 주장하는 자이다.

(2) 청구인은 기독교계 대학에서 예배강의를 이수한 자들이 언론인과 법조인, 공직자가 되어 종교편향적 행위를 함에 따른 결과라고 주장하면서, 2011.3.30. ① 한국기독교학교연맹 회원인 총 69개 대학교의 예배강의, ② 한국기독교총연합회에서 매년 주최하는 국가조찬기도회, ③

애국가의 가사 중 "동해물과 백두산이 마르고 닳도록 하느님이 보우하사" 부분, ④ 법원, 검찰, 경찰, 동사무소 등 모든 국가기관 내의 종교시설과 종교행위, ⑤ 언론기관(KBS, MBC, SBS와 각 신문사)의 종교시설 및 집회의 취소를 구하는 헌법소원심판을 청구하였다.

[판결요지]

(1) 헌법재판소법 제68조 제1항 본문은 "공권력의 행사 또는 불행사로 인하여 헌법상 보장된 기본권을 침해받은 자는…… 헌법재판소에 헌법소원심판을 청구할 수 있다"고 규정하고 있다. 따라서 헌법소원의 대상이 되는 행위는 국가기관의 공권력작용에 속하여야 하고, 공권력의 행사라고 하더라도 헌법소원을 청구하고자 하는 자의 법적 지위에 영향을 미쳐야 한다(헌재 2009.2.26. 2005헌마837, 판례집 21-1상, 182, 196 참조).

(2) 살피건대, 이 사건 심판대상들은 모두 국가기관이 우월적인 지위에서 일방적으로 행하는 공권력 작용이라고 볼 수 없을 뿐 아니라, 청구인이 취소를 구하는 행위들이 청구인의 법적 지위에 불이익을 준다고 볼 수 없으므로 기본권 침해가능성이 없다. 부적법하다.

[II-1-3] 헌재 2008.1.8 2007헌마1391 성공회 신부 통일부 장관 임용 위헌확인

(1) 청구인은 대통령이 2006.12.11. 성공회 신부인 청구 외 이○정을 통일부 장관에 임명하고 청구 외 대통합민주신당이 기독교 목사인 청구 외 오○일을 당 대표로 선정하여 2007.8.8. 등록한 것은 종교의 자유를 비롯한 청구인의 기본권을 침해한 것이라고 주장하며 그 위헌확인을 구하는 이 사건 심판을 청구하였다.

(2) 살피건대 헌법재판소법 제68조 제1항에 의한 헌법소원은 공권력의 행사로 인해 자기의 기본권이 현재, 직접 침해당한 자가 제기할 수 있으며, 그 공권력의 행사에 대하여 간접적·사실적인 이해관계가 있을 뿐인 제3자는 헌법소원을 제기할 수 없다. 대통령의 장관 임명이나 정당의 대표 선정 및 등록은 그 자체로 청구인의 법적 지위에 아무런 영향을 미치지 못하여 청구인의 기본권을 침해할 수 없음이 명백하다.

[II-1-4] 헌재 2001.10.9 2001헌마650 통일교 교주 국회의원회관 내 강연허가 위헌 확인

(1) 청구인은, 2001.7.13. 국회 의원회관에서 국회의원 박○수, 김○일 등이 주선하여 소위 통일교 문○명 교주의 강연회가 열렸으며 20여 명의 국회의원들이 참석한바, 이는 헌법상 정교분리원칙을 위반하여 청구인 등 일반 국민의 종교의 자유 등을 침해한 것이라며 2001.9.18. 이 사건 소원을 청구하였다.

(2) 그런데 헌법재판소법 제68조 제1항에 의한 헌법소원을 청구할 수 있는 자는 공권력의 행사 또는 불행사로 인하여 기본권을 직접적으로 침해받은 자여야 하며, 단순히 간접적·사실적 또는 경제적 이해관계가 있을 뿐인 경우는 제외된다(헌재 1998.9.30. 97헌마404, 판례집 10-2, 563, 565).

(3) 이 사건 심판청구 이유서를 보면 청구인은 단순히 일반 국민의 한 사람으로서 국민의 대표기관이 통일교를 옹호하는 행위를 한 것은 자신의 종교의 자유, 양심의 자유, 행복추구권 등을 침해한 것이라고 다툰다.

(4) 그렇다면 청구인은 위 국회의원 등의 강연허용행위에 관하여 일반 국민의 지위에서 사실상의 또는 간접적인 이해관계를 가진다고 할 수는 있으나, 이로 인하여 청구인 자신의 법적 이익 또는 권리를 직접적으로 침해당한 피해자라고는 보기 어려우므로, 이 사건 심판청구는 헌법소원심판청구에 있어서 필요한 자기관련성 또는 직접성을 인정할 수 없다.

[해설 및 검토]

가. 공직자와 종교 편향

이 사례들은 헌법재판소에 제기된 공직자의 종교편향행위 등에 관한 헌법 소원사건들이다. 우리나라는 다종교사회로서 비교적 종교 간 균형이 잘 유지되어 왔으며 종교적 문제로 인한 갈등은 그다지 크지 않았다. 그런데 개신교 신자인 이명박 정권이 들어서면서 공직자들의 잦은 종교

편향적 발언으로 인해 주로 불교계에서 종교차별문제를 강하게 제기하였다.[35]

(1) 관련 규정

공직자의 종교차별을 금지하는 가장 중요한 근거규정은 평등권을 보장하고 있는 헌법 제11조이다. 헌법 제11조는 "누구든지 성별·종교 또는 사회적 신분에 의하여 정치적·경제적·사회적·문화적 생활의 모든 영역에 있어서 차별을 받지 아니한다"라고 규정하고 있다. 공직자의 종교편향문제가 제기된 2009년에는 국가공무원법과 지방공무원법을 개정하여 공무원의 복무조항에 종교중립의무를 신설하였다. 즉 국가공무원법 제59조의2는 "① 공무원은 종교에 따른 차별 없이 직무를 수행하여야 한다. ② 공무원은 소속 상관이 제1항에 위배되는 직무상 명령을 한 경우에는 이에 따르지 아니할 수 있다"라고 규정하였고 지방공무원법 제51조의2(종교중립의 의무)에도 동일한 규정을 두고 있다.

한편 「국가공무원 복무규정」(2008.9.18. 개정) 제4조 제2항에는 "공무원은 직무를 수행함에 있어서 종교 등에 따른 차별 없이 공정하게 업무를 처리하여야 한다"라는 규정을 신설하였고 「공무원 행동강령」(2008.11.5. 개정) 제6조(특혜의 배제)는 "공무원은 직무를 수행할 때 지연·혈연·학연·종교 등을 이유로 특정인에게 특혜를 주거나 특정인을 차별하여서는 아니 된다"라고 규정하였다.[36]

(2) 정교분리와 종교의 자유

공직자에게도 일반인과 마찬가지로 종교의 자유가 보장된다. 이에 따라 공직자들도 특정종교를 신봉할 수 있으며 종교행사에 참여할 수 있다. 그러나 공직자는 개인으로서의 신분과 공인으로서의 신분을 같이 가지고 있으므로 개인으로서 누리는 종교의 자유와 공인으로서 지켜야 할 종교적 중립의무는 엄격하게 구분할 필요가 있으며 그 한도 내에서는 일반인들보다 종교의 자유가 제한되는 정도가 크다고 할 수 있다.

가령 서울시장이 "서울시를 하나님에게 봉헌한다"라는 식의 발언은 자기의 개인적인 종교적

---

35) 2009년 8월에는 대한불교조계종이 '헌법파괴·종교편향 종식 범불교대책위원회'를 운영하면서 공직자의 종교편향·차별 행위를 감시하기 위해 모니터 요원을 확충하였다. 그리고 종교자유정책연구원도 2009년 12월에 『종교차별과 종교인권』(서울: 도서출판 초록마을, 2009)을 발간하여 종교자유라는 이름으로 기독교에 대한 비판 행위를 주도하고 있다.

36) 정부는 2008년 10월부터 문화체육관광부에 '공직자 종교차별 신고센터'를 설치하여 사례들을 접수받고, 12월에 각 시도에 관련 교육교재를 배포하였다.

신념으로는 문제가 되지 않지만 이를 공식적 행사에서 할 경우에는 비종교인이나 비기독교 신자들의 입장에서는 종교적 차별로서 볼 수밖에 없을 것이다. 그러한 차원에서 공직자에게는 일반인들에게 보장되는 종교적 표현의 자유가 상당한 정도로 제한될 수밖에는 없다. 또 [Ⅱ-1-2]에서와 같이 공직자가 공직을 수행하는 근무시간에 자신이 신봉하는 특정 종교행사에 참여해서 기도를 하는 행위는 자칫 종교적 차별논란을 불러올 수 있다.[37]

나. 법리적 검토

(1) 기본권 침해 여부

헌법재판소는 위 4가지 사례에서 모두 공직자들의 종교편향행위의 위헌성 여부에 대한 실체적 심사를 하지 않고 헌법재판소법 제68조가 규정하는 '공권력의 행사 또는 불행사로 인하여 헌법상 보장된 자신의 기본권을 현재 직접적으로 침해'된 여부만을 심사하여 요건불비를 이유로 신청인의 청구를 기각하였다. 다시 말하면 비록 공직자들이 직무시간 중에 종교편향행위를 하였다고 하더라도 이로 인해 신청인들의 기본권에 어떠한 침해도 발생하지 않았다고 본 것이다. 즉 이는 헌법소원으로 다툴 법적인 문제가 아니라 도덕적·정치적인 문제라는 것이다. 헌법재판소법의 해석론으로서는 당연한 결론이지만 위 사례에서 문제된 공직자들의 행위가 과연 위헌인지 여부에 대한 판단이 없어 아쉽다.

(2) 세속적 목적

[Ⅱ-1-2]에서 교육감인 乙이 공무수행 중에 기독교 시설인 교회에서 주최하는 행사에 참여하여 기도한 것이 공무원복무규정과 행동강령에서 말하는 '종교에 따른 차별 없이 직무를 수행하여야 한다'는 규정에 위반한 것으로 볼 수 있는가? 이에 대해서는 乙이 참석한 행사가 반드시 특정 종교만을 위한 행사인가를 따져 보아야 할 것이다. 왜냐하면 이 행사는 비록 기독교 시설인 교회에서 개최되기는 하였지만 '서울시 교육발전을 위한 기도회'로서 일종의 공공적 행사이기 때문이다. 만일 乙이 참석한 기도회가 '부흥회'라든지 '성경세미나'와 같은 순수한 종교행사인 경우에는 당연히 종교편향이라는 비판을 받아야 마땅하지만 서울시 교육의 수장으로서 서울시 교육발전을 위한 행사에 참석하는 것은 마땅히 해야 할 공무수행의 하나이다. 다만 乙이 불교계

---

37) 송기춘, 「종교의 자유와 정교분리원칙에 관한 연구」, 『公法研究』, 35-2, 154면.

가 주관하는 동일한 행사에는 참석을 거부하였다면 이는 종교 간 차별행위가 될 수 있을 것이다.

생각건대 우리나라에서는 종교가 수행하는 역할이 순수한 종교적 내부 영역을 넘어 사회 여러 분야에 미치고 있는 것이 현실이다. 특히 공적 행정력이 모자라는 사회복지부분이나 교육분야에서는 종교의 영향력이 매우 크다고 할 수 있다. 따라서 공직자, 특히 선출직 공직자들로서는 이러한 분야에서 종교단체의 주관하에 치르는 각종 행사에 참여하는 것은 문제가 되지 않는다. 이는 앞에서 설명한 정교분리 위반의 판단에 있어서 중요한 기준인 '세속적 목적'에 합치할 뿐 아니라 일회성 종교행사의 참여로 정치와 종교 간의 '지나친 유착관계'가 발생하지는 않기 때문이다.

다. 관련 문제

(1) 국가조찬기도회

국가조찬기도회는 1966년에 처음 시작되어 연례행사로 지속되어 오고 있다.[38] 이 조찬기도회에는 대통령을 비롯한 국가의 중요정책 결정자들이 참가를 하는데 이들이 개신교의 특정기도회에 참석하는 것이 과연 헌법상 정교분리원칙에 반하지 않는가 하는 문제가 발생한다.[39] 이에 대해서는 종교적인 행사라 하더라도 이미 하나의 관습화된 문화현상이라고 파악이 된다면 헌법 제20조 제2항에 위반되는 공권력의 행사가 되지는 않는다고 전제한 후, 국가조찬기도회는 경우 불과 40년도 안 되는 단편적인 행사에 불과하여 헌법적·문화적 가치로 받아들이기에는 미흡하기 때문에 헌법 제20조 제2항에 위반되는 국가공권력의 행사라고 보는 견해가 있다.[40]

또 이 기도회가 본래 독재시기에 대통령을 위한 기도회로 출발하여 정치권력을 종교가 정당화하는 역할을 수행하였을 뿐 아니라 현재는 종교단체가 국가권력에 자신의 영향력을 행사하는 통로로 자리 잡고 있다는 점, 국가의 고위공직자들이 기도회에 개인적으로가 아니라 공적 지위를 내세우면서 참석하고 있으며, 전체 절차 가운데 중요 부분을 담당하고 있다는 점, 대통령의 입장 행사와 대통령을 위한 기도 등 특정 공직자를 위한 기도회로 기획되어 있다는 점 등에서 정교분리의 원칙에 위반된다고 볼 여지가 많다는 견해도 있다.[41]

---

38) 국가조찬기도회의 연혁에 대해서는, 송기춘, 「'국가조찬기도회'의 헌법적 문제」, 『헌법학연구』, 18-1(2012.3) 참조.

39) 2011년 제43회 국가조찬기도회에서 현직 대통령 등이 '국가조찬기도회'에 참석하여 무릎을 꿇고 기도한 것이 크게 문제가 되었다.

40) 최우정, 「헌법상 정교분리원칙과 문화국가원리」, 『헌법판례연구』, 제7권(2005.12), 164면.

41) 송기춘, 위 논문.

그러나 공직자가 참석하는 종교행사가 '문화'로서 확립되지 않는다면 모두 위헌이라는 이 견해에는 찬성할 수 없다. 앞에서 본 대로 미국 판례에서도 정교분리원칙 위반 여부가 '세속적 목적'과 '지나친 유착관계'라는 2개의 기준으로 판단되고 있는바 국가조찬기도회는 그 법인설립 취지문에서 밝힌 것처럼 "국가와 민족의 번영과 안녕 그리고 한반도의 평화와 통일 그리고 세계 평화를 위해 기도"한다는 세속적 목적을 위한 것이고, 또 대통령 등 주요 국가 인사들이 참석하는 기도회는 1년에 한 번 이루어지는 일회성 행사로서 정치와 종교 간의 지나친 유착관계가 형성된다고 볼 수는 없기 때문이다. 실제로 불교계가 주관하는 구국법회나 연등행사 등에 많은 공직자들이 참석하여 축사를 하거나 예불에 참석하는 경우가 많은데 이에 대해서는 아직 한 번도 문제가 제기된 적이 없다.

다만 역대 국가조찬회가 과연 국정 최고책임자에 대해 쓴소리를 하였으며 각 시대를 향한 하나님의 뜻을 제대로 전달하는 통로 역할을 하였는가에 대한 자성의 목소리는 귀 기울일 만하다.[42] 기독교를 빙자한 정치꾼들이 권력자를 찬양하고 아첨하는 장소로서 조찬회를 이용한 것이 아닌지, 조찬회를 주관하는 인사가 마치 한국 기독교를 대표하는 것처럼 인식되어 어떻게 해서든지 이 자리에 끼어보기 위해 동분서주한 기독교 지도자들이 없었는지 묻지 않을 수 없다. 그리하여 1993년 제25회 국가조찬기도회에서 김영삼 대통령은 부정에 연루된 사람들 중에 기독교인들이 적지 않다는 점을 개탄하면서 '빛과 소금'을 자처하는 기독교의 타락상을 질타하였다고 한다.[43] 무소불위의 권력을 가진 다윗 왕이 죄를 범하였을 때 선지자 나단이 하나님의 준엄한 꾸짖음을 전한 모습은 한국교회의 지도자들에게는 찾아볼 수 없는 것일까.[44]

(2) 종교의 정치참여

한국 기독교는 권위주의 정부 시절에는 현실정치에 무관심하고 냉소적인 태도를 보이다가 최근에 들어와 정치문제에 목소리를 높이면서 정치적 영향력을 확대하고 있다는 비판이 있다. 개신교가 정치에 참여하는 양상은 크게 다음과 같은 세 가지로 나타나고 있다. ① 정권교체기에 친기독교적 성향을 가진 정권창출을 위한 선거운동의 개입이고, ② 사학법 개정 반대운동이나 보안법 폐지 반대와 같은 입법 활동, 그리고 ③ 기독교 정당의 창당을 위한 정치세력화이다. 이

---

42) 한규무, 「'국가조찬기도회', 무엇을 남겼는가」, 『기독교사상』, 48-1, 2004.
43) 한규무, 위 논문, 30면.
44) 사무엘하 12장.

러한 움직임은 헌법이 보장하고 있는 정치활동이나 종교자유 범주에 속하기 때문에 법적으로는 크게 문제되지 않는다. 실제로 독일과 같이 정교분리원칙을 헌법이 선언하고 있는 나라에서도 기독교민주당(CDU)이 왕성한 정치적 활동을 하여 집권당이 되기도 하고 미국에서도 기독교 정당은 아니지만 기독교가 정치에 미치는 영향은 매우 크다.

그러나 우리나라는 이들과는 달리 기독교적 전통이 매우 짧을 뿐 아니라 다종교 사회인 데다가 정치문화가 성숙하지 못한 상황이어서 기독교정당의 창당과 선거개입은 적지 않은 신앙적·윤리적 논란을 불러일으키고 있다.45) 기독교 정당 설립을 통한 현실정치에의 참여에 대해서는 논자에 따라서는 그 입장이 다를 수 있다. 생각건대 예수님이 빌라도를 향하여 '내 나라는 이 세상에 속한 것이 아니라'고 하신 말씀에 따라 기독교가 우선적으로 관심을 쏟아야 할 것은 정당을 만들어 정치에 참여하기보다는 그리스도의 복음을 전하고 종교적·윤리적 가치들을 사회 속에 구현함으로써 사회의 변화와 개혁을 주도하는 일이다. 기독교가 추구해야 할 힘은 현실 정치의 힘이 아니라 윤리적인 힘, 영적인 힘이어야 한다.46)

---

45) 조용훈, 「정교분리원칙에서 본 최근 한국 개신교의 정치참여문제」, 『한국기독교신학논총』, 66집, 308면.
46) 에베소서 6:12 우리의 씨름은 혈과 육에 대한 것이 아니요 정사와 권세와 이 어두움의 세상 주관자들과 하늘에 있는 악의 영들에게 대함이라.

2. 종교와 국가지원

[II-2-1] 대법원 2009.5.28 선고 2008두16933 판결【토지수용재결처분취소】

[사실관계]

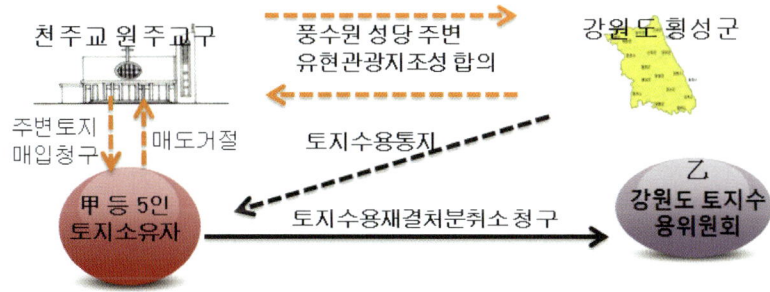

(1) 甲 등은 횡성군 소재 토지 소유자들이고 乙은 강원도 토지수용위원회이다. 횡성군 유현리에
소재하는 풍수원성당은 1906년경부터 1907년경까지 고딕양식으로 건립되었다. 풍수원성당
은 우리나라에 현존하는 성당 중 세 번째로 오래된 성당이자 강원도 최초의 본당으로서 1982
년경 그 문화적 가치가 인정되어 문화재보호법에 따라 강원도 유형문화재 제69호로 지정되
었다. 천주교 원주교구와 횡성군은 2002.3.15. 국민의 정신적 휴식공간과 천주교의 성지를 조
성하고 신관광자원화로 지역의 경쟁력을 강화한다는 취지로 유현문화관광지(Bible Park) 조
성사업을 추진키로 하는 내용의 협약을 체결하였다.

(2) 협약서에 의하면, 횡성군은 국·도·군비를 확보하여 진입로 등 기반시설과 성서마을, 역사
마을 조성사업에 투자하고, 원주교구는 휴양마을 조성과 부지매입, 지장물 보상 등에 투자하
며, 시설 조성 후 관리·운영의 주체는 원주교구로 하되, 수익적 시설(역사마을의 가마터, 원

터 등과 같이 기념품 및 토속음식의 판매가 가능한 시설)은 천주교 관련 민간단체에 위탁운영하기로 하였다.

(3) 강원도지사는 2003.4.4. 횡성군수의 신청에 따라 관광진흥법에 기해 甲소유 토지가 포함된 풍수원성당 일대 149,000㎡를 유현문화관광지로 지정하였고, 횡성군수는 유현문화관광지 조성계획을 수립하여 강원도지사로부터 조성계획 승인을 받은 다음 날 이를 고시하였다. 승인사유는 '풍수원성당이 지니고 있는 역사ㆍ문화적 가치가 풍부하여 관광기능을 접목, 테마가 있는 문화관광지로 개발하여 국민 모두가 체험하고 탐방할 수 있을 뿐 아니라, 인근의 어답산, 치악산국립공원, 강원민속촌, 정금민속마을과 연계 차별화된 문화관광지로 개발하여 국민여가생활 및 심신휴양과 관광수요와 역개발 촉진을 도모'한다는 것이다.

(4) 조성계획 승인내용에 의하면, 유현 2리 일원에 공공편익시설, 숙박시설, 상가시설, 휴양문화시설(사제관, 피정의 집 등), 완충용 녹지를 조성하고, 총 사업비 95억 중 공공 62억 원으로 나머지는 민자로 조달하도록 하였다. 그런데 甲1 소유의 토지에는 만남의 집이, 甲2 소유의 토지에는 수구대 마을이, 甲3 소유의 토지에는 피정의 집이, 甲4 소유의 토지에는 강론광장이, 甲5 소유의 토지에는 초가예배당과 지하성전이 조성되도록 계획되었다.

(5) 원주교구와 횡성군수는 甲 등에게 협의매수를 시도하였으나 응하지 않자 乙위원회에 수용재결을 신청하여 乙위원회는 2006.4.4. 甲 소유 토지에 대하여 이 수용재결을 하였다. 이에 甲등은 乙을 상대로 토지수용재결처분 취소소송을 제기하였으나 원심에서 패소하자 상고하였다.

[판결요지]

(1) **정교분리원칙과 문화국가원리** 오늘날 종교적인 의식 또는 행사가 하나의 사회공동체의 문화적인 현상으로 자리 잡고 있으므로, 어떤 의식, 행사, 유형물 등이 비록 종교적인 의식, 행사 또는 상징에서 유래되었다고 하더라도 그것이 이미 우리 사회공동체 구성원들 사이에서 관습화된 문화요소로 인식되고 받아들여질 정도에 이르렀다면, 이는 정교분리원칙이 적용되는 종교의 영역이 아니라 헌법적 보호가치를 지닌 문화의 의미를 갖게 된다. 그러므로 이와 같이 이미 문화적 가치로 성숙한 종교적인 의식, 행사, 유형물에 대한 국가 등의 지원은 일정 범위 내에서 전통문화의 계승ㆍ발전이라는 문화국가원리에 부합하며 정교분리원칙에 위배

되지 않는다.

(2) **정교분리원칙 위반 여부** 풍수원성당은 1907년에 고딕양식으로 건립된 성당이고 우리나라에 현존하는 성당 중 세 번째로 오래된 성당으로서 문화재로 보호할 가치가 충분하다고 할 것이므로, 국가 등이 풍수원성당을 문화재로 지정하고 일정한 범위 내에서 보호 내지 지원을 하는 것은 정교분리원칙에 위반되지 않는다고 할 것인바, 이 사건 유현문화관광지 조성계획은 풍수원성당 관련 시설 이외에는 별다른 관광자원을 보유하지 못한 횡성군이 위 시설 등의 활용을 통한 지역경제의 활성화를 도모하기 위한 목적에서 추진한 것으로 보이고, 유현문화 관광지 조성사업으로 풍수원성당을 원조하는 효과가 있다고 하더라도 이는 부수적이고 간접적인 효과에 불과하므로, 이 유현문화관광지 조성계획이 특정 종교를 우대·조장하거나 배타적 특권을 부여하는 등 정교분리원칙에 위반된다고 할 수 없다.

[해설 및 검토]

가. 사례의 배경과 의미

(1) 판결의 의미

이 사례는 종교적 건축물인 풍수원성당이 문화적 가치를 인정받아 유형문화재로 등록이 되고 이러한 문화재를 관광자원화하기 위한 횡성군의 정책에 따른 토지수용재결의 적법성을 확인한 판결이다. 이에 따르면 비록 종교적 건축물이라고 하여도 이를 국가가 지원함은 헌법상 문화국가원리에 입각한 것으로서 정교분리원칙에 위배되지 않는다고 보았다. 이 판결은 종교에 대한 국가의 문화적 지원과 정교분리원칙의 적용 한계를 설정한 대표적 사례이다.

(2) 헌법상 문화국가원리

우리나라를 위시해서 대부분 문명국가들은 헌법에 문화주의 이념을 수용하고 있다. 우리 헌법 제9조도 "국가는 전통문화의 계승·발전과 민족문화의 창달에 노력하여야 한다"라고 규정함으로써 이러한 원리를 천명하고 있다. 전통문화와 민족문화는 국가의 계속성과 민족의 정치적 정체성을 결정하는 데 중요한 자산이며, 특히 민족문화는 민족국가의 정체성의 본질적 부분을 이루고 있으므로 민족문화의 창달이야말로 국제사회에서 문화민족으로서의 생존을 가늠하는 중요한 잣대가 되기 때문이다.[47)

또한 문화국가원리는 개인의 문화형성능력을 증진시킴으로써 인간의 존엄과 가치라는 헌법적 가치를 실현하는 데 기여한다. 왜냐하면 인간은 사회적·문화적 존재로서 문화를 형성하는 주체인 동시에 문화소비자이기도 한데, 국가는 개인의 인격형성에 지대한 영향을 미치는 문화조성자이기 때문이다.[48) 이러한 문화국가원리에 비추어보면 우리 전통문화의 많은 부분을 차지하는 불교유산이나 근대문화유산인 기독교 문화재를 보수하고 이를 국민이 향수하도록 하는 사업에 대한 국가나 지방자치단체의 재정지원은 세속적 목적을 위한 것이고 이로서 국가와 종교 간의 지나친 유착관계는 형성되지 않는다면 정교분리원칙에 위배되지 않는다.

나. 종교적 문화재보호와 지원

(1) 문화재보호

헌법상의 문화국가원리를 실현하기 위해 1962년에 문화재보호법이 제정되었는데,[49) 동법은 이 법에서는 '지정문화재'와 '등록문화재' 제도를 두고 있다. 지정문화재란 문화유산 중 특히 중요하다고 생각되는 보호 대상을 지정하고, 그 소유자에 관계없이, 그 대상의 보존을 목적으로, 법적으로 제한을 가하는 제도이다.[50) 지정문화재에는 국가지정문화재와 각 지방자치단체 지정문화재가 있는데 전체 약 3,300건의 국가지정문화재 중 종교 관련 문화재는 약 3분의 1 정도에 해당하며 그 대부분은 불교유산이며 천주교와 기독교 유산은 7건과 4건 정도로 미미하다.

한편 등록문화재는 2001년 문화재보호법의 개정에 따라 새로 도입한 제도인데, 지정문화재가 주로 전통문화재 보호를 위한 것이라면 등록문화재는 비교적 근대문화재 중에서 보존과 관리, 활용을 위하여 특별한 조치가 필요한 문화재로 문화재보호법이 정한 절차에 따라 등록한 문화재를 말한다. 2010년 현재 454건이 근대문화재로 등록되었는데 이 중 종교건축이 52건으로 11.4%이며, 52건의 종교건축을 종교별로 보면 불교 1건, 유교 6건, 천주교 18건, 기독교 27건이라

---

47) 류시조, 「한국헌법상의 민족국가의 원리」, 『공법학연구』, 5권 1호, 2005, 138면.
48) 류시조, 「한국 헌법상의 문화국가원리에 관한 연구」, 『헌법학 연구』, 14권 3호, 2008, 310면.
49) 이외에도 고도 보존에 관한 법, 전통사찰법, 향교재산법, 박물관 및 미술관 진흥법, 각 지방자치 단체의 문화재 보호 조례및 시행령, 시행규칙이 제정되었다.
50) 문화재보호법 제2조 제2항.

고 한다.[51]

(2) 문화재의 활용

종교문화유산을 보존하고 활용하는 방법으로는 불교의 템플스테이나 유교의 충효교실과 같은 교육적 활용 이외에도 이 사례에서 문제가 된 바와 같은 관광단지 또는 테마파크의 조성사업이 있다. 대표적으로는 2004년 문을 연 경상북도 영주 선비촌 사업을 들 수 있는데 영주 선비촌은 조선시대 유교문화를 체험해볼 수 있는 테마파크형 문화유적 체험단지로서 문화쇼핑영역, 전시 숙박영역, 휴게영역, 교육영역, 편의 시설 등으로 구분되었다.

한편 정부는 2010년 4월 12일 기독교 선교사들이 활동했던 광주 양림동 일대를 근대문화유산 관광단지로 조성하는 사업에 착수했다. 2013년까지 모두 307억을 투입하여 선교사들의 묘지를 정비하고, 그 주변에 기념공원을 조성하는 사업으로서 1920년대 지어진 것으로 추정되는 윌슨 (우월순) 선교사의 사택을 보수하고, 마을 공동우물터와 상징 문을 복원하고, 광주 최초 근대사 립학교와 의료원으로 사용된 유진벨(배유지) 선교사의 사택을 원형 복원해 근대역사전시관으로 활용할 예정이라고 한다.[52]

다. 법리적 검토

이 사례에서는 지방문화재로 지정된 풍수원성당 일대를 관광자원화하기 위한 Bible Park 조성 사업으로 인해 甲들의 토지를 수용한 것이 정교분리원칙에 위반하여 개인의 재산권을 부당하게 침해한 것이 아닌가의 문제가 있다. 토지수용이 적법하기 위해서는 ① 풍수원성당이 문화적 가 치가 있어야 하고, ② Bible Park 조성사업이 국민 모두에 이러한 문화적 가치를 누리게 할 사업 이어야 한다.

(1) 풍수원 성당의 문화적 가치

원심판결은 풍수원 성당이 문화적 가치가 있는 이유에 대해, ① 19세기경 천주교에 대한 박해 를 피해 천주교 신자들이 강원 횡성군 서원면 유현리 1097 일대에 모여 살던 중 1890년경 프랑

---

51) 백종구, 「한국정부의 종교문화정책과 기독교」, 『장신논단』, 제41집, 2011, 118면.
52) 백종구, 위 논문, 125면.

스인 신부 르메르가 초대 신부로 부임할 무렵 우리나라의 네 번째 천주교회인 풍수원성당이 설립되었고, 풍수원성당의 2대 신부인 정규하 신부가 부임한 후인 1906년경부터 1907년경까지 사이에 위 토지상에 고딕양식의 풍수원성당이 건립되었고, ② 풍수원성당은 우리나라에 현존하는 성당 중 세 번째로 오래된 성당이자 강원도 최초의 본당으로서 1982년경 그 문화적 가치가 인정되어 문화재보호법에 따라 강원도 유형문화재 제69호로 지정되었다는 두 가지를 들고 있다.

(2) 테마파크 조성 가치

강원도 지사가 유현문화관광지 조성계획 승인사유로 들고 있는 사항은 '풍수원성당이 지니고 있는 역사 · 문화적 가치가 풍부하여 관광기능을 접목, 테마가 있는 문화관광지로 개발하여 국민 모두가 체험하고 탐방할 수 있을 뿐 아니라, 인근의 어답산, 치악산국립공원, 강원민속촌, 정금 민속마을과 연계 차별화된 문화관광지로 개발하여 국민여가생활 및 심신휴양과 관광수요에 능동적으로 대처하고 지역개발촉진을 도모'한다는 것이다.

법원은 풍수원성당 관련 시설 이외에는 별다른 관광자원을 보유하지 못한 횡성군이 이 시설의 활용을 통한 지역경제의 활성화를 도모하기 위한 목적에서 추진한 것으로서 이 사업으로 풍수원성당을 원조하는 효과가 있다고 하더라도 이는 부수적이고 간접적인 효과에 불과하므로, 특정 종교를 우대 · 조장하거나 배타적 특권을 부여하는 등 정교분리원칙에 위반된다고 할 수 없다고 판시하였다. 정교분리에 관한 '세속적 목적'과 '지나친 유착관계'라는 기준에 비추어볼 때 판결의 취지는 수긍이 간다.

라. 기독교문화유산의 보존

오랜 전통을 가진 불교나 천주교에 비해 기독교는 국내에 전파된 지 불과 130년밖에 되지 않아 정부의 지원을 받을 수 있는 문화재를 많이 보유하고 있지 못하다. 그나마 2001년도부터 새로이 도입된 근대문화유산등록으로 인해 기독교 유적들이 문화재로 발굴되어 등록되고 있는 상황이다. 그러나 기독교문화유산을 발굴하고 보존하는 노력은 교계보다는 오히려 정부쪽에서 적극적이다. 앞에서 본 대로 기독교 문화재 중 지정문화재는 4건이고 등록문화재가 27건인데 그나마도 멸실 훼손에 대비하여, 문화재를 보존하려는 노력은 기독교 내에는 아직 눈에 띄지 않는다.

대신 정부에서는 1999년부터 근대문화유산 건축물에 대하여 정밀실측 사업을 추진해왔는데, 총 36건의 사례 중 기독교 건축물은 7건으로 유형별로는 사적 4건,[53] 시도유형문화재 1건, 등록문화재 2건이다. 또 정부는 문학, 음악, 신문잡지, 의료, 군사분야의 근대문화유산 목록화 사업을 추진하고 있는데 현재 목록화가 완료된 것 중 기독교 관련 사항을 보면, 기독교 관련 음악 4점, 기독교 관련 신문 5개, 잡지 4개와 의료관련 기록물 중 기독교관련 건수는 16점이다.

이러한 정부의 노력에 자극받아 한국기독교총연합회는 기독교 문화재발굴보존본부를 신설하고 한국 기독교 문화유산을 목록화하는 작업을 시작했다. 2006년 3월부터 조사를 시작하여 2010년 6월까지 조사를 끝내고 2010년 11월 『한국기독교근대문화유산도록』을 발간하였다. 이 『도록』은 기독교선교사들이 남기고 간 건물과 무덤, 묘비들 가운데 1960년까지 건립된 것들 171개소를 수록하였다. 또 교단 차원에서 능동적으로 문화유산을 발굴, 보존, 관리하고 있는 예는 지리산 왕시루봉 일대 선교사 수양관과 노고단 예배터의 발굴 보존 사업이 있다.[54]

이와 같이 기독교 문화유산은 그 수에 있어서도 다른 종파에 비해 적을 뿐 아니라 그나마 이를 발굴하고 보존하려는 교계의 노력도 미미한 실정이다. 그러나 비록 한국 기독교 역사가 짧다고는 하나 한국의 근대화와 민주화에 미친 영향은 다른 종파에 비할 바가 아니다. 구한말 국권을 일본에게 빼앗기고 절망상태에 빠져 있을 때 기독교는 국민들에게 그리스도의 사랑과 하늘의 소망을 전파하였을 뿐 아니라 학교와 병원을 세우고 봉사활동을 통해 민족정신을 일깨우고 독립에의 의지를 심었다. 기미독립선언을 한 민족 대표 33인 중에는 기독교인이 3분의 1을 넘었다는 사실은 이를 단적으로 보여준다.

따라서 기독교가 이러한 자랑스러운 역사를 보존하고 후세에 이를 전해야 할 책임이 있다. 이를 위해서는 선진들의 믿음의 발자취를 보여줄 문화유산을 적극적으로 발굴하고 보존하는 데 한국교계가 앞장서야 할 것이다. 기독교유산은 기독교인들에게는 '문화'가 아니라 '믿음'의 유산인 것이다.[55]

---

53) 사적 4건은 정동교회(사적 256), 연세대학교 스팀슨관(사적 257), 언더우드관(사적 276), 아펜젤러관(사적 277)이다. 시도유형문화재 1건은 선교사 스위스주택(대구 24)이며, 등록문화재 2건은 여수애양병원(등록 32)과 애양교회(등록 33)이다.

54) 백종구, 위 논문 126면.

55) **히브리서 12:1~2** 이러므로 우리에게 구름같이 둘러싼 허다한 증인들이 있으니 모든 무거운 것과 얽매이기 쉬운 죄를 벗어버리고 인내로써 우리 앞에 당한 경주를 경주하며 믿음의 주요 또 온전케 하시는 이인 예수를 바라보자 저는 그 앞에 있는 즐거움을 위하여 십자가를 참으사 부끄러움을 개의치 아니하시더니 하나님 보좌 우편에 앉으셨느니라.

[II-2-2] 헌재 2007.3.29 2006헌마363 결정 [문화재관람료통합징수행위취소]

[사실관계]

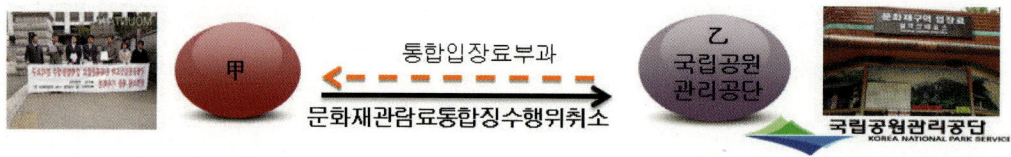

(1) 甲은 2006.2.2. 변산반도국립공원에 입장하면서 내소사 문화재 관람료로 1,600원, 같은 해 2.5. 설악산국립공원에 입장하면서 신흥사 문화재 관람료로 1,800원, 같은 해 2.6. 및 2.7. 지리산 남부국립공원에 입장하면서 천은사 및 화엄사 문화재 관람료로 1,600원 및 2,200원을 각기 국립공원 입장료와 함께 지불하였다.

(2) 甲은 乙이 국립공원 입장료와 문화재 관람료를 통합하여 징수함으로써 문화재를 관람할 의사 없이 단지 국립공원에 입장하려는 사람들에게 문화재 관람료를 내도록 강제하는 것은 헌법상 보장된 재산권·행복추구권 등을 침해하는 것이라며, 위 통합징수 행위의 취소를 구하는 이 사건 헌법소원심판을 청구하였다. 이 사건 심판의 대상은 乙이 위와 같이 甲으로부터 국립공원 입장료와 문화재 관람료를 통합하여 징수한 행위가 甲의 기본권을 침해하였는지 여부이다.

[관련규정]

(1) **자연공원법 제37조**(입장료 및 사용료의 징수) ① 공원관리청은 자연공원에 들어가는 자로부터 입장료를 징수할 수 있으며 공원관리청이 설치한 공원시설을 사용하는 자로부터 사용료를 징수할 수 있다. 다만, 환경부령이 정하는 자에 대하여는 입장료의 징수를 면제할 수 있다. ③ 제1항 및 제2항의 규정에 의한 입장료 및 사용료의 징수에 관하여 필요한 사항은 국립공원에 있어서는 환경부령으로 정하고, 도립공원 및 군립공원에 있어서는 그 공원관리청이 속하는 지방자치단체의 조례로 정한다.

(2) **문화재보호법 제39조**(관람료의 징수) ① 국가지정문화재의 소유자·보유자 또는 관리단체는

그 문화재를 공개하는 경우에는 관람자로부터 관람료를 징수할 수 있다.

[당사자의 주장]

[甲의 주장]	[乙의 주장]
(1) 통합징수로 국립공원 입장료 외에 문화재 관람료까지 일괄하여 부담하도록 하는 것은 국립공원에 자유롭게 접근할 권리를 제약하는 것으로, 헌법 제34조 제1항의 '인간다운 생활을 할 권리'를 침해하는 것이다. (2) 또 문화재를 관람할 의사나 관람한 사실이 없는 사람에게까지 문화재 관람료의 납부를 강제하는 것은 헌법 제23조의 '재산권'과 헌법 제10조 제1항으로부터 도출되는 '사적 자치권' 내지 '하기 싫은 일을 강요당하지 아니할 권리'를 침해하는 것이다.	(1) 통합징수는 국립공원 입장과 문화재 관람의 기회가 동시에 주어지는 지역에서 유사한 요금의 이중징수에 따른 탐방객의 불편을 해소하고자 하는 정부 방침과 지시에 따른 것이다. 판매수입금은 징수 주체에 따라 개별적으로 관리·귀속되고 있으므로 乙은 이로써 아무런 부당이익을 취한 바 없고, 징수 방법의 불합리 등 문제점이 있더라도 乙로서는 이를 개선할 권한이 없다. 다만 乙로서는 통합징수에 따른 문제점을 시정하기 위하여 정부와 협의하여 왔으며, 국립공원 입장료의 폐지를 추진하고 있다. 통합징수는 위법한 공권력의 행사에 해당하지 않는다. (2) 통합징수는 乙이 대한불교조계종단과의 협약에 따라 문화재 관람료의 징수업무를 대행하는 것으로, 이는 사경제 작용에 그칠 뿐, 공권력의 행사에 해당하지 않으며, 통합징수가 甲의 기본권을 제한한다고 볼 수 없다. 또 문화재 관람료의 성격과 용도, 개인에 대한 부담 정도를 고려할 때 통합징수가 재산권을 침해한다고 볼 수 없다.

[판결요지]

[1] 통합징수의 경과

(1) 국립공원 입장료는 1973년도에 개정된 공원법에 따라 본격적으로 징수되었고, 그 후 자연공원법 제37조 제1항에 따라 공원관리청이 징수업무를 담당하다가, 1987. 7. 乙공단이 설립되면서 이를 소관 업무로 위임받아 시행하여 왔다. 한편 문화재 관람료는 문화재보호법 제39조 제1항에 따라 '국가지정문화재의 소유자·보유자 또는 관리단체'가 징수한다. 이와 같이 국립공원 입장료와 문화재 관람료는 근거 법령과 징수 주체가 다름에도 불구하고 1970년도 이래 통합징수되었고, 더욱이 이는 법률이나 시행령 아닌 일종의 행정지침에 따라 이루어졌으며, 乙이 제출한 자료에 따르면 1987. 1. 건설부장관이 국립공원 입장료와 문화재 관람료의 통합징수를 지시한 사례도 있다.

(2) 통합징수는 국립공원 안에 있는 문화재의 소유자인 사찰 측의 요청에 따른 것으로, 국립공원 입장료와 문화재 관람료를 분리 징수할 경우 발생할 수 있는 여러 가지 불편을 해소하자는 데 그 목적이 있었다. 이에 대하여 일반인들의 민원이 끊이지 않자 일부 국립공원은 1997년도에 자체적으로 분리징수를 시도하였으나 논란 끝에 다시 통합징수를 유지하게 되었다.

(3) 乙은 2006년 말까지 문화재 관람료를 통합징수하였고, 각 국립공원 관리사무소는 대부분 통합징수상의 편의를 위하여 국립공원수입 징수규칙(국립공원관리공단규칙 제226호)에 따라 국립공원 입장료와 문화재 관람료를 합산하여 징수한 후 입장권과 관람권의 성격을 겸유하는 1장의 입장권을 발부하여 왔다.

(4) 정부는 국립공원의 공공성을 높이기 위하여 입장료를 폐지하기로 하고, 국립공원의 운영비용을 예산에서 지원하기로 하여 관련 예산안을 2006.9.27. 국무회의에서 심의한 뒤, 같은 해 9.29. 국회에 제출하였고, 같은 해 12.27. 국회에서 의결되었다. 이에 환경부장관은 각 시도 등에 입장료 폐지를 시달하였고, 이로써 2007.1.1.부터 국립공원 입장료는 폐지되었다.

[2] 권리보호이익의 인정 여부

(1) 헌법소원제도는 국민의 기본권침해를 구제해주는 제도이므로 권리보호의 이익이 없으면 부적법하다. 그런데 헌법소원은 주관적인 권리구제뿐만 아니라 객관적인 헌법질서 보장의 기

능도 겸하고 있으므로 甲의 주관적 권리구제에는 도움이 되지 아니한다 하더라도, 같은 유형의 침해행위가 앞으로도 반복될 위험이 있고 헌법질서의 수호·유지를 위하여 그에 대한 헌법적 해명이 긴요한 사항에 대하여는 심판청구의 이익을 인정할 수 있다(헌재 1997.11.27. 94헌마60, 판례집 9-2, 675, 688). 그러나 이 사건에서는 甲에게 문제된 통합징수 행위가 이미 종료되었고, 앞서 본 바와 같이 2007.1.1.부터 국립공원 입장료가 폐지되어 현재로서는 국립공원 입장료와 문화재 관람료의 통합징수가 다시 반복될 여지가 없게 되었다.

(2) 그렇다면 문화재 관람료의 징수와 관련된 기본권 침해행위가 반복될 가능성이 있다고 볼 수 없고, 또 사안을 볼 때 헌법적 해명이 긴요한 경우에 해당한다고 보기도 어려우므로, 결국 이 사건 심판청구의 이익을 인정할 수 없다.

[재판관 조대현의 반대의견]

(1) 기본권을 침해하는 공권적 행위가 있었다면, 기본권침해행위가 과거의 행위로서 배제시킬 방도가 없다거나 이미 종료되거나 실효되어 취소할 필요가 없어졌다거나 장차 반복될 가능성이 없다고 하더라도, 손해배상청구의 바탕을 확보하거나 정당한 법률상 지위나 권리의무관계를 확인하기 위하여 헌법재판소의 심판을 받아야 할 필요와 이익이 있다고 볼 수 있다. 과거의 공권적 행위가 기본권을 침해하였는지 여부를 밝히는 것 자체가 기본권 보호에 관한 헌법질서를 선명(鮮明)하고 수호하는 일이기 때문에 헌법적 해명의 필요성과 심판의 이익은 여전히 존재한다.

(2) 甲은 국립공원에 입장하면서 4차례에 걸쳐 국립공원 입장료와 문화재 관람료를 통합징수 당하였다는 것이므로, 그러한 통합징수가 甲의 기본권을 침해하는 것인지 여부를 심판받을 필요가 있다. 2007.1.1. 이후·甲의 기본권침해로 인한 손해와 불만이 해소되었다거나 甲이 심판청구를 취하하였다고 볼 만한 자료가 없다. 따라서 본안에 들어가 청구의 당부에 관하여 심판하여야 한다.

[Ⅱ-2-3] 의정부지법 2008.6.4 선고 2007가단29379 판결 【부당이득금반환】

[사실관계]

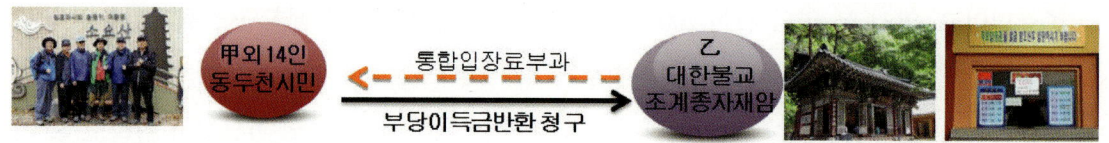

(1) 甲들은 모두 동두천시 시민으로 2007.3.28.부터 2007.4.13. 사이에 동두천시 상봉암동 소재 소요산을 등산하면서, 소요산 입구에 설치된 매표소에서 각각 2,000원을 내고 입장권을 구입한 사람들이다.

(2) 乙사찰은 소요산 일대 임야 10필지(소요산의 95%)를 소유한 대한조계종 봉선사의 말사로서, 소요산 입구에서 약 1.2㎞ 떨어진 곳에 매표소를 설치하고, 이곳을 지나는 등산객들로부터도 동두천시로부터 위임받은 입장료 800원과 문화재관람료 1,200원을 합한 입장료 2,000원을 일괄적으로 징수하고 있다.

(3) 소요산 등산로는 소요산관리사무소, 매표소, 일주문, 乙사찰 등을 통과하는 코스 외에도 위 관리사무소, 매표소, 일주문, 구절터, 공주봉, 의상대, 나한대, 상백운대, 중백운대, 새로 생긴 매표소, 참전비, 관리소 등으로 이어지는 코스 등 반드시 乙사찰을 거쳐야 하는 것은 아니다. 甲들은 乙사찰을 통과하지 않는 코스를 이용하여 등산을 마쳤다.

(4) 乙사찰은 대웅전, 삼성각, 나한전, 일주문, 백운암, 요사채 등으로 구성되어 있고, 乙사찰이 보유하고 있는 문화재는 보물 제1211호로 지정된 반야바라밀다심경약소 언해본으로, 대웅전에 영인본을 설치하는 등의 방법으로 이를 공개하고 있다.

(5) 동두천시 소요산관광지입장료 및 시설사용료 징수조례 제8조 제2항 제1호에 의해 동두천시에 주민등록을 두고 공공기관에서 발급한 사진이 부착된 증명서를 제시한 시민, 또는 동반 미성년 자녀의 경우 소요산 관광지의 입장료가 면제되며 매표소 입구에는 위와 같은 취지의 문구가 크게 부착되어 있다.

(6) 甲은 乙을 상대로 乙이 부당이득한 입장료 1,200원씩을 반환하라는 소송을 제기하였다.

[판결요지]

(1) **부당이득반환채무의 발생** 乙사찰이 소요산 등산객을 상대로 입장료와 더불어 문화재관람료를 징수할 수 있는 근거는 문화재보호법 제44조 제1항으로, '문화재를 공개하는 경우 관람자로부터 관람료를 징수할 수 있다'고 규정되어 있다. 그런데 ① 소요산의 등산코스가 반드시 乙사찰을 거쳐야 하는 것은 아니고, ② 乙사찰이 보유한 문화재는 乙사찰 중에서도 일부 건물인 대웅전 내부에 공개되어 있는 점, ③ 乙사찰은 매표소를 지나 일주문을 통과하고도 상당한 거리에 떨어져 있는 사실이 인정된다. 이러한 사정을 종합하면 乙사찰로서는 문화재관람료를 징수하기 위한 매표소의 위치를 乙사찰 입구로 옮기는 등의 방법으로 乙사찰이 보유한 문화재를 관람하거나 적어도 乙사찰의 대웅전을 통과하는 등 위 문화재를 관람할 것으로 예상되는 등산객과 그렇지 않은 등산객을 구별하여 징수할 다른 방법을 찾을 수 있을 것으로 추정된다. 그렇다면 乙사찰이 소요산 입구로부터 약 1.2㎞ 정도밖에 떨어지지 않은 소요산 진입부분에 매표소를 설치하여, 乙사찰을 통과하거나 문화재를 관람할 의사가 전혀 없는 등산객들로부터도 그 의사와 무관하게 일률적으로 문화재관람료 1,200원이 포함된 입장료 2,000원을 징수한 행위는 그 법률상 근거를 찾기 어렵다. 따라서 乙사찰은 甲들로부터 징수한 각 문화재관람료 1,200원 상당액을 부당이득하였으므로, 특별한 사정이 없는 한 甲들에게 각 1,200원을 반환할 의무가 있다.

(2) **비채변제 항변에 관한 판단** 동두천시에 주민등록을 두고 공공기관에서 발급한 사진이 부착된 증명서를 제시한 시민 등은 소요산 관광지의 입장료가 면제되며 매표소 입구에는 위와 같은 취지의 문구가 크게 부착되는 사실이 인정된다. 그렇다면 甲들로서는 동두천시민들로 모두 입장권 면제 대상인 사정을 잘 알면서도 입장권을 구입한 후 이 소송에 이르게 된 것으로 보인다. 이는 민법 제742조의 비채변제, 즉 "채무 없음을 알고 변제한" 경우에 해당하여 그 부당이득의 반환을 구할 수 없는 경우에 해당한다. 매표소 입구에 무료입장에 관한 내용이 상세히 안내되어 있던 점 등에 비추어 甲6을 제외한 甲들이 이러한 사정을 몰랐다는 취지의 주장은 이를 받아들이기 어렵고, 당시 甲들은 신분증을 가지고 있지 않아 무료입장의 혜택을 누리지 못하였다는 주장은 이를 인정할 아무런 증거가 없다. 그렇다면 甲은 乙에게 소요산 관광지 입장료 중 문화재관람료 부분에 관하여 이를 부당이득으로 주장하여 그 반환을

청구할 수는 없다.

[해설 및 검토]

가. 관람료 통합징수

[Ⅱ-2-2]와 [Ⅱ-2-3]는 모두 국립공원 내 사찰이 보유하고 있는 문화재의 관람료에 관련된 사안이다. 이 중에서 [Ⅱ-2-2]는 국립공원입장료와 문화재관람료의 통합징수에 관한 헌법소원이고 [Ⅱ-2-3]은 통합징수가 폐지된 이후에도 각 사찰이 국립공원입구에 매표소를 두고 문화재관람 명목으로 사실상 입장료를 강제로 징수하고 있는 데 따른 관람료의 반환을 요구하는 민사소송이다.

사찰의 문화재관람료 징수는 국가지정문화재의 소유자 또는 보유자는 그 문화재를 공개하는 경우 관람자로부터 관람료를 징수할 수 있다는 문화재보호법 제49조 제1항의 근거에 따른 것이다. 한편 [Ⅱ-2-2]에서 문제된 국립공원입장료는 공원관리공단은 자연공원에 들어가는 자로부터 입장료를 징수할 수 있다는 자연공원법 제37조 제1항에 근거를 두고 있다. 이와 같이 문화재관람료와 국립공원입장료는 법적근거나 징수권자 그리고 징수목적이 다를 뿐 아니라 통합징수에 대한 법적 근거가 없음에도 불구하고 정부는 2006년 말까지 국립공원입구에 매표소를 설치하고 통합징수를 하였다.

그러나 이에 따른 민원의 발생이 끊이지 않자 정부는 2006년 9월 사회적 갈등해소와 일반국민의 문화휴식공간의 제공 등 대국민서비스를 제공한다는 명분으로 국립공원입장료를 폐지하기로 결정하였고 2007년 1월부터 그 시행에 들어갔다. [Ⅱ-2-2]는 이러한 정부의 국립공원입장료 폐지 결정으로 문화재관람료만 징수하는 상황에서 통합징수의 위헌성 여부를 문제 삼은 이른바 뒷북을 친 것이다. 따라서 통합징수로 인한 기본권 침해가 발생할 가능성이 없다는 이유로 기각되었다.

나. 부당이득반환청구 관련 판례

그러나 사찰들은 2007년 1월 국립공원입장료가 폐지된 이후에도 [II-2-3]에서 보는 바와 같이 국립공원입구에 문화재관람료 매표소를 설치하고 사찰소유의 문화재를 관람하지 않는 국립공원 탐방객들에게도 문화재관람료를 계속 징수함으로써 갈등이 커지게 되었다. 이러한 갈등은 [II-2-3]에서와 같이 이미 지급한 문화재관람료를 부당이득반환으로 청구하는 소송에 이르게 되었다.

(1) 서울지방법원 2001.6.12 선고 2000가소101328 판결

설악산 국립공원에 입장한 원고가 국립공원입장료와 문화재관람료를 납부하고 매표소를 통과한 다음 소공원을 지나 케이블카를 이용하여 권금성을 관광하였는데, 위 매표소는 설악산천연보호구역 중 신흥사 소유 토지부분 내로 1.4㎢ 진입한 곳으로 곧 신흥사 경내지로 이어지고 그 인근에는 강원도문화재자료인 신흥사부도군이 위치하고 있으며, 위 관광구간 전부는 설악산천연보호구역 중 신흥사의 소유부분 내에 속해 있다. 원고는 신흥사를 상대로 문화재관람료 1,200원의 반환을 구하는 소송을 제기하였다.

이에 대해 법원은 "문화재관람계약의 성립에 있어 그 관람의 의사는 외부적·객관적 관점에서 규범적으로 판단되어야 하는 것으로, 원고가 국립공원입장료 및 문화재관람료를 납부하면 국립공원에 입장할 수 있는 기회 이외에 문화재를 관람할 수 있는 기회도 부여된다는 사실을 인식하고 이를 납부한 다음 실제로 피고 소유부분 내의 설악산천연보호구역을 관광하였다면 외부적·객관적으로 그 관람의 의사가 추인되는 것이고, 원고가 위 설악산천연보호구역이 국가지정문화재임을 몰랐다거나 문화재를 관람하고자 하는 내심의 의사가 없었다는 등의 사정은 위 추인을 방해하지 않는다"고 하여 원고의 청구를 기각하였다.

(2) 서울지방법원 2002.1.17 선고 2001나20560 판결

원고는 전남 구례읍과 남원시 산내면 사이를 연결하는 최단거리의 도로상에 설치된 '지리산 국립공원 천은 매표소'에 이르러 국립공원 입장료와 문화재 관람료 합계 2,000원을 납부하였으나, 실제 천은사 소유의 문화재를 관람하지는 아니하였다. 이 도로는 도로법에 의하여 지방자치단체인 전라남도가 노선 인정을 한 도로인데 위 매표소를 거치지 않는 다른 우회도로도 있다.

원고는 이 도로를 이용하여 산내면으로 이동하기 위하여 이 매표소를 통하여 국립공원에 입장한 것이지 국립공원 내에 소재하고 있는 천은사 소유의 문화재를 관람할 의사가 없었고 실제로 관람하지도 않았음에도 천은사 측이 국립공원에 입장한다는 사실만으로 문화재를 관람하는 것으로 취급하여 문화재 관람료를 징수한 것은 부당하다고 주장하면서 문화재 관람료에 해당하는 금 1,000원의 반환을 청구하였다.

이에 대해 법원은 "'문화재 관람자'에 해당하는 여부는 실제로 문화재를 관람하고자 하는 내심의 의사가 있었는지 여부 또는 관람료 납부 후에 실제로 관람행위를 하였는지 여부는 물론이고 그러한 의사나 행위가 없었다 하더라도 적어도 문화재가 공개되고 있는 장소에 임하여 그 문화재에 대한 물리적·장소적 접근 기회의 부여를 요구하는 외부적인 의사표시를 한 것으로 볼 수 있는지 여부까지 고려하여 객관적으로 결정되어야 한다"고 전제한 후 "원고는 2000.4.30. 차량을 이용하여 이 도로를 따라 방광리 방면에서 산내면 방면으로 이동하였을 뿐 실제로 피고 소유의 문화재를 관람하지는 아니한 점, 원고가 매표소에서 문화재 관람료를 납부하였다고 하더라도 이는 통합징수되는 문화재 관람료를 납부하지 않고서는 이 도로를 이용할 수 없는 상황에서 도로 이용을 위하여 부득이 이루어진 것일 뿐 그 관람료 납부행위를 들어 원고가 피고에 대하여 피고 소유의 문화재에 대한 관람을 요구하는 외부적인 의사표시를 한 것으로 해석할 수는 없다"고 판시하여 천은사 측의 부당이득반환의무를 인정하였다. [II-2-3]은 이 판결과 그 입장을 같이하고 있다.

다. 판례의 분석

이와 같은 거듭된 법원의 판결에도 불구하고 불교계는 아직도 대부분의 국립공원입구에 매표소를 설치하여 탐방객의 문화재관람 의사와는 상관없이 문화재관람료를 징수하고 있어 국립공원을 이용하려는 많은 국민들의 원성을 사고 있다. 사찰 측이 사찰입구가 아닌 국립공원 입구에 매표소를 고집하는 것은 표면적으로는 국립공원입구가 모두 사찰소유의 토지라는 것을 들고 있지만 막대한 입장료 수입상실을 우려하기 때문이다.56) 이는 정부의 묵인하에 특정 종교에 대한 막대한 금전적 지원을 하는 것으로 정교분리 원칙에 정면으로 반하는 위헌적 처사이다.57)

---

56) 1년에 약 2,600만 명이 국립공원을 방문하거나 문화재가 있는 곳을 방문한다는 자료에 의하면, 입장료 수입은 연 3조 원에 달한다.

57) 문화재관람료는 문화재를 보수하고 유지하는 데 사용되어야 하는데 불교계가 막대한 관람료 수입을 어디에 사용하고 있는지에 대한 심사는 거의 없는 실정이다.

(1) 문화재의 소유권

우리나라 문화재의 대부분을 차지하는 불교문화재는 조계종과 같은 특정 종단의 소유가 아니라 국가 소유라는 주장이 있다. 이는 역사적으로 사찰 건축은 국가가 비용을 대는 국책사업이었고 현재도 중요한 불교문화재의 보수나 중건 등이 모두 국민의 세금으로 지원되고 있기 때문에 조계종의 불교문화재에 대한 소유권주장은 문제가 있다는 것이다.58)

그러나 이러한 주장은 정치적·이념적인 차원에서는 몰라도 실정법상으로 무리라고 보겠다. 왜냐하면 문제가 되고 있는 사찰의 대부분이 조계종을 소유자로 하는 등기가 경료되어 있는데 부동산 등기에는 추정력이 있어 이를 깨뜨리기 위해서는 사찰이 원시취득자가 아님을 증명해야 하기 때문이다. 또 비록 사찰이 원시취득자가 아니라고 하더라도 대부분 등기 후 20년이 경과되어 취득시효를 하였다고 보아야 한다.59) 위의 3건의 판결에도 사찰 측에 문화재 소유권이 있음을 전제로 하고 있다.

(2) 문화재 관람자

부당이득반환청구에 있어서 핵심은 문화재관람료 징수의 근거가 되는 문화재보호법 제49조에서 말하는 '문화재관람자'의 범위를 어디까지로 볼 것인가이다. 이 조항에서 말하는 문화재관람자란 주관적으로 문화재를 관람하고자 하는 의사를 가지고 객관적으로 문화재 관람행위를 행하는 자를 말한다. 이러한 관점에서 본다면 국립공원탐방객에게 문화재 관람의사가 없다면 문화재 관람자로 볼 수 없고 따라서 사찰 측의 문화재관람료 징수는 법적 근거가 없는 셈이다. 문화재 관람의사는 관람자의 의사표시를 어떻게 해석할 것인가 하는 법률적 판단의 문제이다.

이에 대해 신흥사 사건에서는 "그 관람의 의사는 외부적·객관적 관점에서 규범적으로 판단되어야 한다"라고 하여 규범적 해석을 하는 한편 천은사 사건에서는 실제로 문화재를 관람하고자 하는 내심의 의사가 있었는지 여부 또는 관람료 납부 후에 실제로 관람행위를 하였는지 여부는 물론이고 문화재에 대한 물리적·장소적 접근 기회의 부여를 요구하는 외부적인 의사표시를 한 것으로 볼 수 있는지 여부까지 고려하여 객관적으로 결정되어야 한다고 판시하였다. 다만 [Ⅱ-2-3]에서는 甲들에게 문화재 관람의사가 없었음이 명백하여 문제가 되지 않았다.

---

58) 국회의원 천영세 외, 『문화재관람료 논란! 어떻게 풀 것인가?』, 2007, 37면.
59) 이에 대한 상세한 논의는 임락균, 「문화재관람료 관련 갈등에 대한 법적 검토」, 서울대학교 석사학위논문, 2012, 19~23면 참조.

라. 문화재보호법 제49조의 위헌성

(1) 규정의 내용

문화재보호법 제49조(관람료의 징수)는 "① 국가지정문화재의 소유자 또는 보유자는 그 문화재를 공개하는 경우 관람자로부터 관람료를 징수할 수 있다. 다만, 관리단체가 지정된 경우에는 관리단체가 징수권자가 된다. ② 제1항에 따른 관람료는 해당 국가지정문화재의 소유자, 보유자 또는 관리단체가 정한다"라고 규정하고 있다. 여기에서 관리단체라고 함은 사찰의 경우 종단으로서 대부분 조계종이 된다. 이 규정에 의하면 문화재관람료를 얼마로 하고 또 징수방법을 어떻게 정할 것인지에 대해서는 국민의 대변기관인 국회가 관여할 수 없고 이를 받는 자에게 포괄적으로 맡겨버린 셈이다.

(2) 문화재관람료의 성격

문화재관람료란 문화재를 관람하는 자에게 부담시키는 일종의 수익자부담금이다. 수익자부담금이란 어떠한 공익사업으로부터 특별한 이익을 받은 자에게 그 특별이익의 범위 안에서 당해 사업에 필요한 경비를 부담시키는 것이다. 문화재의 보존과 관리는 앞에서 본 대로 민족문화를 향상시키는 헌법상 문화국가원리의 실현을 위한 공익사업이고 문화재관람자는 문화재를 관람하는 특별한 이익을 받는 자에 해당한다. 따라서 문화재관람료의 부과는 국민의 재산권을 제한하는 행정작용적 성격을 가지는 행위로 법률유보원칙과 포괄위임금지원칙이 적용된다고 보아야 한다.[60]

(3) 위헌성

위에서 본 대로 국립공원 방문자 또는 문화재 관람자 수가 2,600만 명이 넘는 상황에서 관람료 징수의 근거가 되는 문화재보호법 제49조는 문화재관람료에 대한 어떠한 규정도 없이 바로 모든 내용을 문화재관리 단체에 위임하고 있는바, 이는 국민에게 부담을 지우는 조치는 법률에 의해서만 규정하도록 한 헌법상의 법률유보원칙에 명백히 위배된다.[61] 나아가 국민의 권리를 제한하거나 부담을 주는 경우에는 근거 법률에 징수대상자, 징수기준, 징수액의 상한, 징수방법

---

60) 임락균, 위 논문, 44면.
61) 임락균, 위 논문, 40면.

및 절차 등에 관한 대강을 정해야 하는데 이를 문화재의 소유자나 관리단체에서 정하도록 한 것은 포괄 위임금지원칙에 위배된다.[62]

실제로 문화재의 소유자 등이 문화재관람료를 징수하는 경우 그 금액은 미리 문화재청장의 승인을 받도록 하는 문화재보호법 개정안이 2008년 2월 19일 국회 본회의를 통과하였다. 그러나 이에 대하여 불교계가 강력하게 반발했고, 총선을 앞둔 국회의원들은 개정안의 내용은 규제강화로 볼 수 있다는 이유를 들어 문화재관람료를 현행대로 유지하도록 2008년 2월 26일 수정 가결한 적도 있다.[63]

[II-2-4] 헌재 2003.1.30 2001헌바64 전원재판부 전통사찰보존법 제6조 제1항 제2호 위헌소원

[사실관계]

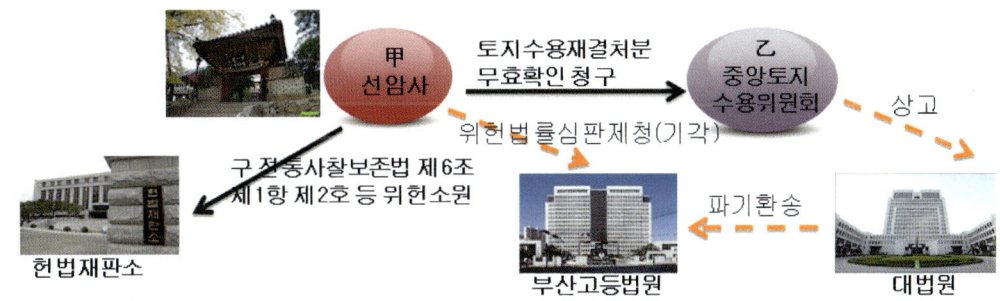

(1) 甲사찰은 서기 675년(신라 문무왕 15년)에 원효대사가 창건한 사찰로서, 문화공보부장관의 지정에 따라서 1988.7.19. 전통사찰보존법 제3조 소정의 전통사찰로 등록되었다.

(2) 건설부장관은 택지개발촉진법에 의하여 부산 부산진구 당감동 일원에 대하여 택지개발예정지구를 지정하면서 1992.9.14. 그 사업시행자로 대한주택공사를 지정하였는데, 전통사찰보존법 소정의 전통사찰 경내지인 甲소유의 부산 부산진구 부암동 수 필지의 경내지 및 그 부속

---

62) 천영세, 위 글, 32∼35면.
63) 임락균, 위 논문, 49면.

건물 등이 예정지구에 편입되었다.

(3) 그 당시 택지개발촉진법 등에 의하면 건설부장관이 예정지구를 지정한 때에는 이를 고시하여야 하는데, 필요적 고시사항은 ① 예정지구의 명칭, ② 위치, ③ 지정일자, ④ 면적뿐이었고, 그 예정지구지정 이전에 토지소유자 등에게 사전통지를 하거나 그 의견을 청취하는 법률규정이 존재하지 않았다. 한편, 건설부장관은 이 토지에 관한 예정지구지정처분을 하는 과정에서 전통사찰의 보존업무를 관장하는 관계 장관에게 사전통지나 협의절차를 이행하지 않았고, 甲사찰은 예정지구지정에 관한 어떠한 통지를 받았다는 자료는 없다.

(4) 乙은 1995.5.26. 사업시행자인 대한주택공사의 재결신청에 따라서, "이 토지를 수용하면서 그 손실보상금을 정하고, 수용의 시기는 1995.7.7.로 한다"라는 취지의 수용재결을 한 다음, 이를 甲에게 통지하였다. 이에 甲은 乙을 상대로 토지수용재결처분의 무효확인을 구하는 소송을 부산고등법원에 제기하여 승소판결을 받았으나 乙이 대법원에 상고하여 파기환송되었다. 환송을 받은 부산고등법원에 甲은 위헌법률심판을 제청하였으나 기각되자 헌법재판소법 제68조 제2항의 규정에 따라 헌법소원심판청구를 하였다.

[심판 대상 법률조항]

(1) 심판대상은 처분 당시 시행되던 법(1997.4.10. 법률 제5320호로 개정되기 전의 것) 제6조 제5항 중, 제1항 제2호 소정의 '동산 또는 대통령령이 정하는 부동산의 양도'에 관련된 부분이 헌법에 위반되는지 여부이다.

(2) **법 제6조(허가사항)** ① 전통사찰의 주지가 다음 각 호의 1에 해당하는 행위를 하고자 할 때에는 대통령령이 정하는 바에 따라 문화체육부장관의 허가를 받아야 한다. 2. 동산 또는 대통령령이 정하는 부동산의 대여, 양도 또는 담보의 제공 ⑤ 제1항의 규정에 의한 허가를 받지 아니하고 제1항 제2호의 행위를 한 때에는 이를 무효로 한다.

(3) **제2조(정의)** 이 법에서 사용하는 용어의 정의는 다음 각 호와 같다. 1. "전통사찰"이라 함은 불상 등 불교신앙의 대상으로서의 형상을 봉안하고 승려가 수행하며 신도를 교화하기 위하여 건립, 축조된 건조물(경내지, 동산 및 부동산을 포함한다. 이하 "사찰"이라 한다)로서 제3조의 규정에 의하여 등록된 것을 말한다. 3. "경내지"라 함은 불교의 의식, 승려의 수행 및

생활과 신도의 교화를 위하여 사찰에 속하는 토지로서 대통령령이 정하는 것을 말한다.

[당사자의 주장]

[甲의 주장]	[乙의 주장]
(1) 우리 헌법 제9조의 규정과 법의 입법취지 등에 비추어볼 때, 주지가 전통사찰의 경내지를 처분하는 소유권변동과 공용수용으로 인한 소유권변동의 경우 모두 민족문화유산인 전통사찰이 훼손될 수 있다는 점에서 본질적으로 아무런 차이가 없다.	(1) 국가기관의 전통사찰 경내지 등에 대한 공용수용은 헌법 제23조에 근거한 것으로서, 이를 전통사찰 주지의 경내지 등에 대한 처분행위와 다르게 취급한 것이 평등원칙에 위배된다고 볼 수 없다.
(2) 그럼에도 불구하고, 이 사건 법률조항은 전통사찰의 경내지에 대한 주지의 처분행위와 공용수용을 합리적 이유 없이 차별한 것이고, 또한 위 경내지에 대한 공용수용에 관하여 아무런 규제를 하지 아니함으로써 비례의 원칙을 위반하여 甲의 재산권을 침해한 것이다.	(2) 甲에게 정당한 보상이 지급되는 이상 비례의 원칙을 위반하여 甲의 재산권을 침해한 것으로 볼 수도 없다.

[환송 전 부산고등법원(95구7963)의 재판절차]

(1) 甲은 1995.7.7. 이 처분에 불복하면서 乙에 대하여 이 토지를 사업지구에서 배제하든지 아니면 사업지구경계를 변경하여 달라는 등의 내용으로 이의신청을 한 다음, 부산고등법원에 乙 등을 상대로 이 처분의 취소를 구하는 행정소송을 제기하였다가, 그 소송의 계속 중 청구취지를 처분의 무효확인을 구하는 것으로 변경하였다.

(2) 부산고등법원은 1998.12.4. "전통사찰의 경내지인 이 토지에 대한 수용에 관련하여 법 제6조 소정의 문화체육부장관의 허가를 받지 아니하는 경우 그 수용행위를 무효라고 보아야 하는

데, 건설부 장관은 이 토지 일대의 지역을 택지개발예정지구로 지정함에 있어 관계중앙행정기관인 문화체육부 장관과의 협의절차를 전혀 거치지 아니하였고, 乙도 이 토지의 수용에 관하여 문화체육부 장관의 허가 내지는 동의를 받지 아니한 상태에서 이 처분을 하였으므로, 이 토지에 대한 수용행위는 당연 무효에 해당한다"라고 판시하였다.

[대법원(99두653)의 재판절차]

(1) 乙이 원심판결에 불복, 상고하였는데, 대법원은 2000.10.13. 다음과 같은 이유로 원심 판결을 파기, 환송하였다.

(2) 공용수용으로 인한 전통사찰 경내지 등의 소유권 변동은 법 제6조 소정의 문화체육부 장관의 허가대상이 아니다.

(3) 택지개발촉진법에 근거한 택지개발예정지구의 지정, 택지개발계획의 승인, 이에 기한 수용재결 등은 각각 독립한 행정처분이고, 이미 불가쟁력이 생긴 선행처분에 위법사유가 있다고 할지라도 그것이 당연무효의 사유가 아닌 한 선행처분의 하자가 후행처분에 승계되는 것이 아니다. 건설부장관이 택지개발예정지구를 지정함에 있어 같은 법 제3조에서 규정한 관계중앙행정기관의 장과 협의를 거치지 아니하였다고 하더라도 이는 예정지구 지정처분을 취소할 수 있는 원인이 되는 하자 정도에 불과하고, 이 지정처분이 당연 무효가 되는 것은 아니다.

[환송 후 부산고등법원(2000누4149)의 재판절차]

(1) 甲은 환송 후 부산고등법원의 재판절차에서 전통사찰보존법 제6조 제1항 제2호, 제5항에 대한 위헌법률심판제청신청을 하였다.

(2) 부산고등법원은 2001.8.3. "관련 법률규정이 위헌이라고 하더라도, 새로운 입법행위가 없는 이상 공용수용에 관계 장관의 허가를 요한다거나 그러한 허가가 없는 공공수용이 무효가 되는 것은 아니기 때문에, 청구인의 신청은 '재판의 전제성' 요건을 갖추지 못하여 부적법하다"라는 이유로 위헌법률심판제청신청을 각하하면서, 대법원 판결과 같은 이유로 甲에게 패소 판결을 하였다.

(3) 각하결정을 2001.8.18. 송달받은 甲은 2001.8.23. 헌법재판소법 제68조 제2항의 규정에 따라
  이 헌법소원심판청구를 하였다.

[결정요지]

(1) **전통사찰보존법의 보호법익** 전통사찰보존법의 입법목적은 '민족문화의 유산으로서 역사적
  의의를 가진 전통사찰을 보존함으로써 민족문화의 향상에 이바지하게 하는 것'으로서, '국가
  는 전통문화의 계승·발전과 민족문화의 창달에 노력하여야 한다'라고 규정한 헌법 제9조에
  근거하여 제정된 것이다. 관할 행정관청의 전통사찰 지정은 국가의 '보존공물(保存公物)'을
  지정하는 것으로서, 헌법적 보호법익은 '민족문화유산의 존속'이다.

(2) **재산권 침해 여부** 건설부장관이 이 사건 토지를 택지개발예정지구에 편입시킴으로써 청구인
  의 소유권 등을 제한한 행위에 대한 근거법률은 택지개발촉진법이고, 이 사건 법률조항을 비
  롯한 전통사찰보존법의 경우 헌법 제9조 소정의 '민족문화유산의 보존'에 관련된 내용만을
  규율하고 있을 뿐이므로, 이 사건 법률조항이 평등원칙을 위반하였는지 여부는 별론으로 하
  고, 청구인의 재산권을 침해한다고 할 수는 없다.

(3) **평등권 침해 여부** 민족문화유산을 보존하는 것이 국가의 은혜적 시혜가 아니라 헌법상 의무
  이므로, 일단 관할 국가기관에 의하여 민족문화유산으로 지정된 전통사찰의 경우, 사정이 허
  락하는 한 이를 최대한 지속적으로 보존하는 것이 헌법 제9조 등의 규정취지에 부합한다. 한
  편, 헌법상 명령에 근거하여 엄격한 보존방법이 규정된 전통사찰보존법을 제정함으로써 민
  족문화유산으로 지정된 전통사찰을 철저하게 보존하겠다는 입법자의 의사가 분명하게 표명
  된 이상, 그 경내지 등의 소유권변동으로 인한 전통사찰의 훼손이 불가피한 것인지 여부와
  이러한 보존 및 훼손에 관한 판단·결정이 헌법 등에 근거하여 정당한 권한을 행사할 수 있
  는 관할 국가기관에 의하여 이루어지는 것인지 여부 등이 가장 본질적인 문제이고, 전통사찰
  을 훼손할 수 있는 경내지 등에 대한 소유권변동을 시도한 주체가 사인(私人)인지 아니면 건
  설부장관과 같은 제3자적 국가기관인지 여부, 또는 그 형식이 양도(혹은 강제집행)인지 아니
  면 공용수용인지 여부는 본질적인 문제가 될 수 없다. 이 법률조항의 경우, 전통사찰을 훼손
  하고자 시도하는 주체가 제3자적 국가기관이고 그 형식이 공용수용이라는 우연한 사정의 유

무에 따라서 전통사찰을 훼손하는 것이 불가피한 것인지 여부를 관할 국가기관이 실효성 있게 판단·결정할 수 있는 기회를 실질적으로 배제하는 사안과 그렇지 아니한 사안을 구별하는 중요한 차별을 행하는 것이 되어, 평등의 원칙에 어긋나는 위헌적인 법률이다.

(4) **법률조항의 효력 유지** 위헌결정 또는 단순한 헌법불합치결정만을 선고할 경우 이 사건 법률조항은 헌법재판소가 결정을 선고한 때부터 더 이상 적용할 수 없게 된다. 이 경우 제한된 범위 내에서 민족문화유산인 전통사찰을 보존하고 있는 근거규정이 효력을 잃게 됨으로써 상당한 법적 공백이 생기게 된다. 그러므로 이 사건 법률조항의 요건에 따라서 전통사찰을 실효성 있게 보존할 수 있는 제1, 2유형에 대해서는 이 사건 법률조항을 잠정적으로 적용할 수 있게 하여야 한다. 따라서 입법자는 이 결정에 따라 조속한 시일 내에 이 사건 법률조항을 헌법에 합치하는 내용으로 개정하여, 이 사건과 같이 제3자적 국가기관이 그 소유자의 의사와 관계없이 공용수용 등의 형식으로 그 경내지 등의 소유권을 변동시키려고 시도하는 제3유형에 관하여도 이를 용인하는 관할 국가기관의 의사표시를 그 소유권변동의 효력요건으로 함으로써 해당 전통사찰의 보존을 실질적으로 보장할 수 있는 내용의 입법을 하여야 하고, 그 개정 시까지 이 사건 법률조항의 효력은 잠정적으로 존속한다.

[재판관 하경철, 재판관 송인준의 반대의견]

(1) 전통사찰의 경내지의 소유권변동의 원인에 따라서 헌법 제9조 소정의 보호법익에 대한 '침해결과'가 달라지는 것은 아니다. 그러나 공용수용은 '공공의 필요성'이 인정되는 경우에 한하여 헌법 제23조 등에 근거하여 개인의 재산권을 제한하는 것이므로, 양자의 '침해목적'은 분명히 다르고, 사적인 처분행위와 국가 권력을 토대로 하여 이루어지는 공용수용행위는 본질적으로 그 특성을 달리한다. 또한, 공공의 필요성이 인정되는 경우 개인의 재산권을 수용할 수 있도록 허용하고 있는 헌법적 이념에 따라서 택지개발촉진법 등이 별도로 마련되어 있는 마당에, 굳이 입법자에게 전통사찰 경내지 등의 소유권이 변동되는 모든 경우에 대하여 중첩적으로 '관할 행정관청'의 의견이 반드시 반영되도록 하는 규정내용을 이 사건 법률조항에 삽입할 의무는 없다.

(2) 따라서, 민족문화유산의 '문화적 가치의 본질적인 내용'이 훼손되지 않는 이상, 건설교통부장관의 경우 공공필요에 의하여 과다한 경내지 등에 대하여 관계중앙행정기관의 장과 협의를 거치는 등 일련의 절차를 거쳐서 이를 택지개발예정지구에 포함시킬 수 있고, 이러한 조

치는 합헌적이다.

(3) 그렇다면, 입법자가 이 법률조항에서는 사인(私人)인 주지의 처분행위에 대해서만 규제를 하고, 별도의 법률을 통하여 적정한 규제를 하고 있는 제3자적 국가기관에 의한 공공수용행위에 대해서까지 이 법률조항에서 실질적으로 동일한 규제를 하지 않았다고 하여 이를 평등의 원칙에 위배되거나 합리성이 결여되었다고 볼 수는 없다.

[해설 및 검토]

가. 결정의 의미

이 사례는 불교계의 최대 관심 사항 중의 하나인 전통사찰보전법의 일부조항에 대한 헌법소원사건으로서 근 8년에 걸쳐 고등법원과 대법원을 오가며 엎치락뒤치락한 데다가, 대법원의 파기환송판결에도 불구하고 헌법재판소가 대법원판결과 어긋나는 취지의 결정을 함으로써 양 기관 간의 자존심싸움의 양상까지도 보인 사건이다. 다만 헌법재판소는 이 규정에 대해서는 헌법불합치결정을 하되 법 개정 시까지는 효력을 유지하게 함으로써 결과적으로는 대법원판결의 결론이 유지되었다.

나. 전통사찰보전법

(1) 연혁

전통사찰보전법이 제정되기 이전 시행되던 불교재산관리법은 '모든' 불교단체를 관할청에 등록하도록 하고, 관할청이 모든 불교단체의 전반적인 재산관리 등을 감독함으로써 사적 재산권침해의 소지가 높아 불교계의 불만의 표적이 되었다. 이에 정부는 1987년 11월 불교재산관리법을 폐지하면서 이에 대신해서 전통사찰보전법을 제정하였다.[64] 이 법은 불교재산관리법과는 달리 '민족문화의 유산으로서 역사적 의의를 가진 전통사찰'만을 그 규제대상으로 하면서 전통사찰을 보존함으로써 민족문화의 향상에 이바지하게 하는 것을 그 입법목적으로 하고 있다(제1조).

---

64) 1987.11.28. 법률 제3974호.

(2) 전통사찰의 지정

이 법이 대상으로 하는 '전통사찰'이란 불상 등 불교신앙의 대상으로서의 형상을 봉안하고 승려가 수행하며 신도를 교화하기 위하여 건립, 축조된 건조물(경내지, 동산 및 부동산을 포함한다) 중 역사적 의의를 가진 사찰로서 대통령령이 정하는 요건을 갖춘 것으로 지정된 사찰을 의미한다. 전통사찰로 지정된 경우 이를 관할 행정관청에 등록하도록 하였다(제2조, 제3조). 법 시행령 제4조에 의하면 문화공보부장관이 승려와 학계, 문화·예술계 등에 종사하는 사찰 관계 전문가의 의견을 들은 다음, 역사적으로 보아 시대적 특색을 현저하게 지니고 있다고 인정되는 사찰 등과 같이 문화적 가치로 보아 전통사찰로 등록함이 타당하다고 인정되는 사찰을 등록대상으로 지정하도록 되어 있다.

문화공보부장관이 등록대상 사찰을 지정한 경우 당해 사찰의 주지에게 그 사실을 통보하고, 전통사찰로 지정된 사찰의 주지는 사찰등록의무를 부담한다. 이 사례에서 甲사찰은 이러한 문화공보부장관의 지정에 따라서 1988.7.19. 전통사찰로 등록되었다.

(3) 전반적인 규율체계

전통사찰로 지정·등록되면 그 주지는 관할 행정관청에 대하여 그 취임을 신고해야 하고(제4조), 선량한 관리자로서 전통사찰을 보존·관리하여야 하며(제5조), 그 재산목록을 작성·비치해야 하고(제7조), 전통사찰의 경내지 등을 대여, 양도 또는 담보를 제공하는 경우 관할 행정관청의 허가를 받아야 할 뿐만 아니라(제6조), 관할 행정관청의 허가를 받지 아니하고 경내지 등을 임의로 처분하는 경우 형사처벌까지 부담한다(법 제15조).

한편 전통사찰의 등록 이후에 발생한 사법상(私法上) 금전채권으로는 그 경내지 등에 대하여 압류할 수 없으며(제10조), 전통사찰의 주지가 분규 등으로 인하여 그 입법목적을 달성할 수 없는 경우 관할 행정관청이 당해 사찰의 재산관리인을 임명할 수 있고(제12조), 국가 또는 지방자치단체가 전통사찰의 보존·관리를 위하여 필요한 경비의 일부를 보조할 수 있는 등(제14조), 일반 사찰의 경우와 대비하여 볼 때 문화재에 관한 사무를 관장하는 관할 행정관청이 전통사찰에 대하여 차별적이고도 광범위한 보호 및 규제를 할 수 있다.

(4) 과잉규제 여부

이러한 규제에 대해서는 전통사찰보전법이 합리적인 근거 없이 불교재산을 다른 종교와 비교해서 현저히 차별대우하는 것으로서 과잉금지의 원칙에도 반하는 불평등 입법이라는 주장이 있다.[65] 그러나 이 법의 입법목적에서도 밝혔듯이 이 법은 민족문화의 보고인 전통사찰의 보전과 유지를 위해 제정된 것이고 전통사찰의 보존에 직접적인 영향을 미칠 수 있는 경내지 처분을 엄격히 제한하지 않고서는 이러한 입법목적을 달성할 수 없기 때문에 부득이하게 도입된 규제이다. 헌법재판소도 이 점에 대해 "그 경내지 등을 임의로 대여, 양도, 또는 담보제공을 할 수 없고, 만일 관할 행정관청의 허가를 받지 아니하고 임의처분을 하는 경우 형사처벌까지 받아야 하는데(법 제15조), 이러한 소유권행사에 관한 광범위하고 엄격한 규제는 헌법 제9조의 명령 등에 의거하여 민족문화유산인 전통사찰을 철저하게 보존하겠다는 우리 입법자의 강력한 의지의 표명으로 해석할 수 있다"고 판시하여 그 합헌성을 인정하고 있다.[66]

정부는 이러한 불교계의 불만을 고려해서 2008년 법 개정을 통해 법의 명칭을 「전통사찰의 보존 및 지원에 관한 법률」로 변경하고 규율보다는 지원 쪽에 더 비중을 두고 있다.

다. 사례의 검토

(1) 전통사찰 경내지의 양도제한

전통사찰보전법상의 규제 중에서도 가장 중요한 사항이 경내지 처분에 대한 제한이다. 이에 대해 이 사건의 심사대상인 법 제6조는 '전통사찰의 주지가 그 경내지 등을 양도하고자 할 경우 국가의 문화재에 관한 사무를 관장하는 관할 행정관청의 허가를 받아야 하고, 위와 같은 허가를 받지 아니하고 한 경내지 등의 양도는 무효이다'라는 취지로 규정되어 있다. 즉 이 규정은 단속규정이 아니라 이른바 효력규정이라는 것이다.

그런데 전통사찰 보존에 직접적인 영향을 미칠 수 있는 소유권변동은 크게 ① 전통사찰의 대표자인 주지가 임의로 그 경내지 등을 제3자에게 처분하는 경우(제1유형)와 ② 강제집행절차 등을 통하여 그 소유권을 변동시키는 경우(제2유형), ③ 이 사례처럼 제3자적 국가기관이 소유권변

---

65) 손성, 「전통사찰보전법의 종교법학적 연구-법정책학적 접근」, 『동국논총』, 32집, 226면; 연기영, 「종교관계법령의 문제점과 입법정책적 과제」, 『법과 사회』, 2호(1990.3), 177~178; 김동윤, 『사찰의 법률관계』, 312면.
66) 헌재 2003.1.30. 2001헌바64.

동을 시도하는 공용수용(제3유형)으로 세분할 수 있다. 그런데 법 제6조는 이 중에서 제1유형에 대해서만 규정을 두고 있는데, 제2유형에 대해서는 대법원은 '법 소정의 경내지 등의 소유권이 강제경매절차를 통하여 이전된 경우에도 관할 행정관청의 허가를 받지 아니하면 그 소유권변동은 무효이다'라고 판시하여 제6조에서 말하는 '양도'에 이를 포함시키고 있다.[67]

문제는 제3유형인데 전통사찰의 경내지에 대한 모든 소유권변동은 그 변동원인의 종류나 유형에 관계없이 전통사찰을 훼손할 가능성이 있음에도 불구하고 私人에 의한 양도는 허가를 받아야 하고 공용수용의 경우에는 허가를 받지 않아도 되도록 한 것이 평등권을 침해하는 여부가 문제되었다.[68]

(2) 평등권침해 여부

헌법재판소는 "이 법의 입법목적과 전반적인 규율체계 등에 비추어볼 때, 당해 전통사찰에 대한 직접적 이해관계자로서 법에서 규정한 범위 내에서 보존·관리책임 등을 부담하고 있는 소유자가 자의(自意)로 경내지 등을 처분하는 제1유형과 그 보존에 아무런 이해관계가 없는 제3자적 국가기관이 그 소유권변동을 시도하는 제3유형을 차별하면서, 제3유형에 관하여 위 전통사찰을 실효성 있게 보존할 수 있는 법적 안전장치를 제1유형보다 현저하게 완화시키는 것 역시 아무런 합리성을 가지지 못한다"라고 판시하여 동 조항이 위헌임을 선언하였다.

그러나 「반대견해」가 밝히고 있는 것처럼 공용수용은 '공공의 필요성'이 인정되는 경우에 한하여 헌법 제23조 등에 근거하여 개인의 재산권을 제한하는 것으로서, 사적인 처분행위와 국가권력을 토대로 하여 이루어지는 공용수용행위는 본질적으로 그 특성을 달리한다고 보아야 할 것이다. 물론 공용수용을 하는 행정주체(건설교통부장관)와 경내지 양도 허가를 하는 행정주체(문화관광부장관)가 다르기는 하지만 양자 간의 협의를 거치는 등 일련의 절차를 거쳐서 이를 택지개발예정지구에 포함시킬 수 있을 것이다. 따라서 법 제6조에서 실질적으로 동일한 규제를 하지 않았다고 하여 이를 평등의 원칙에 위배되거나 합리성이 결여되었다고 보는 것은 지나친 견해가 아닌가 한다.

---

67) 대법원 1999.10.22 선고 97다49817 판결.
68) 대법원 2000.10.13 선고 99두653 판결은 '공용수용으로 인한 경내지 등의 소유권 변동은 관할 행정관청의 허가 대상이 아니다'라고 판시함으로써 이 조항의 본래적 의미를 밝히고 있다.

(3) 한정헌법불합치결정

헌법재판소가 법 제6조를 위헌으로 판단한 것은 제1유형이나 제2유형에 대해서가 아니라 제3유형이 포함되지 않았기 때문이므로 제3유형이 포함되는 법 개정 시까지는 이 조항의 효력을 지속시킬 필요에서 한정헌법불합치결정을 하였다. 이러한 결정에 따라 정부는 2008년 2월 법 개정을 통해 경내지의 보호에 관한 규정을 삽입하여 위헌소지를 제거하였다.[69]

---

69) 법 제13조(경내지의 보호) ① 전통사찰의 경내지에 대하여 다른 법률에 따른 수용·사용 또는 제한의 처분을 하려는 자는 미리 문화체육관광부장관의 동의를 받아야 한다. ② 문화체육관광부장관은 제1항에 따른 동의를 하려면 전통사찰의 소속 대표단체의 대표자와 협의하여야 한다.

3. 종교시설 내 투표소 설치

[II-3-1] 헌재 2010.11.25 2008헌마207 종교시설 내 투표소 설치 위헌확인

[II-3-1A] 헌재 2010.10.28 2008헌마332 종교시설 내 투표소 입법부작위 위헌확인

[사실관계]

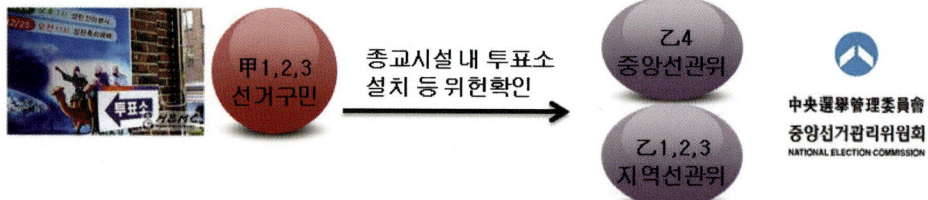

(1) 甲1은 乙1인 수원시 장안구 파장동 선거관리위원회가 2007.12.9. '제17대 대통령선거를 위한 관할 제3투표소'를 기독교종교시설인 선교제일교회에 설치한다고 공고함에 따라 2007.12.19. 위 선교제일교회에서 투표를 하였는바, 불교도로서 투표장소인 위 교회에 출입하는 것이 매우 부담스러웠다.

(2) 甲2는 乙2인 서울 강서구 화곡 1동 선거관리위원회가 2007.12.9. '제17대 대통령선거를 위한 관할 제2투표소'를 기독교종교시설인 화곡동교회에 설치한다고 공고함에 따라 2007.12.19. 위 화곡동교회에서 투표하였는바, 투표소 입구에서 교회유인물을 나누어주며 교회홍보를 하는 것을 보고 가톨릭교도로서 불쾌한 기분이 들었다.

(3) 甲3은 乙3인 부천시 원미구 역곡 2동 선거관리위원회가 2007.12.9. '제17대 대통령선거를 위한 관할 제2투표소'를 기독교종교시설인 역곡감리교회에 설치한다고 공고함에 따라 2007.12.19. 위 역곡감리교회에서 투표하였는바, 불교도로서 투표소 정면에 종교적 상징물인 대형십자가가 가려지지 않은 채 투표가 진행되는 모습을 보고 불쾌한 기분이 들었다.

(4) 이에 甲들은 乙1 내지 3의 각 동 선거관리위원회들이 각 투표소를 기독교종교시설인 교회 내에 설치하기로 결정, 공고한 행위와 乙4인 중앙선거관리위원회가 나머지 乙들의 부당한 투표소 설치 결정을 취소 또는 변경하지 아니한 부작위가 비개신교도들인 甲들의 종교의 자유, 선거권, 일반적 행동자유권, 평등권 등을 침해하였다고 주장하면서 2008.2.27. 이 사건 헌법소원심판을 청구하였다.

[당사자의 주장]

[甲의 주장]	[乙의 주장]
(1) **종교의 자유** 종교적 행위의 자유에는 적극적 자유뿐만 아니라 소극적 자유도 포함되며, 소극적 자유에는 어떠한 종교적 행사로부터 거리를 두거나 어떠한 종교적 상징물을 거부할 수 있는 권리가 포함된다. 그런데, 이 투표소들이 설치된 각 교회가 종교적 상징물임은 명백하므로, 불교와 천주교를 믿는 甲들은 자신이 신봉하지 않는 종교적 상징물을 거부하거나 그것으로부터 거리를 둘 수 있는 자유가 제한되었다.	(1) **권리보호 이익** 투표소 설치 공고에 따른 제17대 대통령선거는 이미 종료되었으므로 甲들이 위 공고에 대하여 다툴 주관적 이익이 없다. 그리고 乙들은 종교시설 내 투표소 설치를 최소화하기 위하여 노력하고 있어 이러한 기본권침해가 반복된다고 할 수 없고, 이러한 행위가 기본권침해와 관련되는지 여부에 관해 헌법적으로 해명할 필요가 중대하다고 할 수 없으므로, 이 사건 심판청구는 권리보호이익이 없어 부적법하다.
(2) **비례의 원칙** 乙들은 교회가 아닌 시설을 투표소로 선택할 수 있었음에도 불구하	(2) **종교의 자유** 수년에 한 번씩 있는 공직선거 투표일에 투표하기 위하여 일시적으

고 교회를 투표소로 선택하여 적절한 방법을 선택하지 아니하였을 뿐만 아니라, 피해의 최소성원칙을 준수하지 아니하였다. 또한, 각 투표소 설치 공고 행위로 인한 공익은 미미한 반면, 甲들은 자신들의 종교적 신념에 반하여 교회에 진입할 것인가, 선거를 포기할 것인가를 고민하게 되어 甲들의 기본권 제한이 너무나 중대하므로, 투표소 설치 공고는 법익균형성원칙에 위반된다. 따라서 乙들의 투표소 설치 공고는 비례원칙에 위배하여 甲들의 종교의 자유를 침해하였다.

(3) **일반적 행동자유** 투표소 설치 공고는 공고된 장소의 종교적 상징물과 다른 종교를 가진 국민 또는 종교가 없는 국민으로 하여금 그 투표소의 출입 자체를 어렵게 함으로써 甲들의 선거권을 침해하거나, 종교적 신앙에 어긋나는 장소에 들어가도록 강요함으로써 그런 시설에 들어가지 않을 자유인 일반적 행동자유권을 침해하였다.

(4) **평등권 침해** 투표소 설치 공고는 비개신교도들인 甲들로 하여금 교회에 출입하도록 사실상 강제함으로써, 비개신교도들인 甲들로 하여금 기독교도인 선거인들에 비하여 정치적 생활 영역에서 종교적 이유로 차별을 받게 한 것이므로 헌법상 평등

로 종교시설에 출입해야 하는 것만으로 종교의 자유가 제한되었다고 볼 수 없다.

(3) **비례의 원칙** 설사 이 투표소 설치 공고가 甲들의 종교의 자유를 제한한다고 하더라도 그 제한은 다음과 같은 이유로 비례의 원칙을 준수하였다.

(가) **피해최소성원칙** 투표소 설치 공고는 공직선거법 제147조에 따라, 투표구 내 중심지로서 선거인이 찾기 쉽고 교통이 편리한지, 투표하기 편한 적정 규모의 장소인지, 장애인 등의 투표 편의 시설이 있는지 등을 고려하여 투표소를 정한 것으로서, 그 목적이 선거권자의 공공복리를 위한 것으로 정당하고, 방법도 적합하다. 또한, 위 공고에서 지정된 투표소를 대체할 다른 적절한 장소가 존재하지 않으므로 피해최소성의 원칙에 위배되지 아니한다.

(나) **법익균형성** 甲들이 투표하기 위하여 교회에 출입함으로써 제한받는 종교의 자유 등 사적 불이익은 선거행위 자체의 제한이 아닌 선거 장소의 제한에 불과하고, 그 제한 정도도 일시적이고 일회적인 것에 불과하여 甲들이 감내하기 어려운 정도로 중대한 것이라고 보기 어려운 반면, 다수 유

권을 침해한다.

(5) **정교분리 원칙** 투표소 설치 공고는 국가가 행하는 대통령선거에서 종교적 상징물인 교회를 투표소로 지정함으로써 특정 종교에 종교 선전의 자유를 제공하거나 방조하여 특정 종교를 우대하였으므로, 헌법 제20조 제2항에서 규정하는 정교분리의 원칙을 위반한 것이다.

권자가 편리한 장소에서 투표할 수 있음으로 인해 얻게 되는 공익은 지대하다고 할 것이므로, 이 투표소 설치 공고는 법익균형성을 준수하였다.

(4) **평등권 침해** 투표소 설치 공고로 인하여 甲들이 종교를 이유로 정치적 영역에서 불이익한 차별대우를 받았다고 하더라도 이러한 차별은 비례의 원칙에 위배되지 아니하므로, 甲들의 평등권이 침해되지 아니하였다.

(5) **정교분리 원칙** 乙들이 종교시설인 교회에 투표소를 설치한 것은 국민의 선거권행사를 편리하게 하기 위함이지, 특정 종교행사를 선전하게 하려 한 것은 아니므로, 투표소 설치 공고는 정교분리 원칙에 위배되지 아니한다.

[결정요지]

(1) **권리보호이익** 헌법소원은 원래 국민의 기본권침해를 구제하기 위한 제도이므로, 헌법소원심판청구가 적법하다고 하려면 제도의 목적상 청구인에 대한 권리보호의 이익이 있어야 한다 (헌재 1989.4.17. 88헌마3, 판례집 1, 31, 38; 1994.7.29. 91헌마137, 판례집 6-2, 122, 133). 공권력 행사로 인한 기본권 침해가 이미 종료되고 그 기본권침해 상태가 현재까지 계속되고 있지 않다면, 헌법소원심판청구를 인용하더라도 청구인의 기본권에 대한 침해를 종료시키거나 침해상태를 원상회복시킬 여지가 없으므로, 이러한 경우의 헌법소원심판청구는 청구인에 대한 관계에서 권리보호의 이익이 없다. 이 사건의 경우, 투표소 설치 공고에 따른 제17대 대통령선거는 2007.12.19. 실시되어 이미 종료하였고, 위 공고에 의한 갑들의 기본권침해 상태가 현

재까지 계속된다고 할 수도 없으므로, 이 사건 심판청구는 甲들에 대한 관계에서 권리보호의 이익이 없다.

(2) **헌법질서 수호유지** 한편, 헌법소원은 甲들에 대한 주관적 기본권침해를 구제하는 것뿐만 아니라 객관적 헌법질서를 수호·유지하는 것도 목적으로 하는 제도이므로, 가사 헌법소원심판청구에 의한 결정이 甲들의 주관적 권리를 구제하는 데 도움이 되지 아니하더라도, 그러한 침해행위가 앞으로도 반복될 위험이 있거나 헌법질서의 수호·유지를 위하여 그에 대한 헌법적 해명이 긴요한 경우에는 예외적으로 심판청구이익을 인정하여 이미 종료된 침해행위가 위헌이었음을 확인할 필요가 있다(헌재 1992.1.28. 91헌마111, 판례집 4, 51, 56-57; 헌재 2009.3.26. 2006헌마240·71(병합), 판례집 21-1상, 592, 603).

(3) **법 개정과 헌법수호 여부** 그런데 투표소 설치 공고의 근거규정인 공직선거법 제147조 제4항은 2010.1.25. 법률 제9974호로 "…… 종교시설 안에는 투표소를 설치하지 못한다. 다만, 종교시설의 경우 투표소를 설치할 적합한 장소가 없는 부득이한 경우에는 그러하지 아니하다"라는 내용으로 개정되었다. 그리고 이와 같은 개정 법률에 따라 甲들은 2010.6.2. 실시된 전국동시지방선거에서 종전에 교회에 설치하였던 투표소를 모두 종교시설이 아닌 곳에 설치한 바 있다. 이러한 점들에 비추어보면, 향후 이 사건에 있어서와 같은 乙들의 공권력행사에 의하여 甲들의 기본권이 반복적으로 침해될 위험성은 없어졌다고 할 것이고, 그 밖에 달리 투표소 설치 공고가 甲들의 기본권을 침해하여 위헌인지 여부를 해명하는 것이 헌법질서의 수호·유지를 위하여 긴요하다고 볼 사정도 없다.

[재판관 조대현의 별개의견]

대통령 선거의 투표소를 교회 기타 종교시설 안에 설치하는 것은 투표인들에게 종교적 행위를 요구하거나 강제하는 것이 아니다. 투표하기 위하여 종교시설 안에 들어가는 행위는 종교적 행위라고 볼 수 없다. 따라서 투표소를 종교시설 안에 설치하는 행위는 투표인들의 종교의 자유를 침해할 가능성이 있는 행위라고 볼 수 없으므로, 이를 심판대상으로 삼은 이 헌법소원심판청구는 각하되어야 한다.

[재판관 이강국, 재판관 김희옥, 재판관 이동흡의 반대의견]

(1) 乙들이 투표소를 교회에 설치함으로 인하여 비개신교도들인 甲들은 자신들의 종교적인 신념

이나 세계관에 반하는 십자가가 걸려 있는 교회에서 투표하도록 강제 당하게 되고, 이로 인하여 원하지 않는 종교시설을 출입하지 아니할 소극적인 종교적 행위의 자유가 침해될 가능성이 있다. 그런데 헌법재판소는 종교시설에 투표소를 설치하는 것이 종교의 자유 등의 기본권을 침해하는지 여부에 관하여 아직까지 헌법적 해명을 한 바 없고 헌법질서의 수호·유지와 기본권보장을 위하여 긴요한 사항이므로 그에 관한 헌법적 해명이 중대한 의미를 지닌다.

(2) 더군다나, 공직선거법 제147조 제4항이 개정되어 乙들은 원칙적으로 투표소를 종교시설 안에 설치해서는 안 되게 되었으나, 투표소를 설치할 적합한 장소가 없는 부득이한 경우에는 종교시설 안에 투표소를 설치할 수 있도록 규정되어 있어 예외적인 경우에는 여전히 종교시설 안에 투표소를 설치할 수 있는 길이 열려 있다. 이러한 법 개정으로 인하여 종교시설 안에 투표소를 설치함으로써 甲들의 기본권을 침해하는 행위가 앞으로도 반복될 위험성이 많이 줄었다고 하더라도, 예외적인 경우에 특정 종교시설 안에 투표소를 설치함으로 인하여 기본권이 침해될 가능성이 여전히 남아 있다.

(3) 그러므로 甲들의 주관적 권리구제에는 도움이 되지 아니한다 하더라도, 종교시설 내에 투표소를 설치하는 것이 甲들의 기본권을 침해하는지 여부에 관하여 헌법적 해명을 할 필요가 있는 중요한 사안일 뿐만 아니라 계속 반복될 수 있는 성질의 것이므로, 예외적으로 심판청구이익을 인정할 필요성이 있다. 따라서 이 사건 심판청구의 적법성을 인정하여 본안에 나아가 판단하여야 할 것이다.

[해설 및 검토]

가. 결정의 의미

[Ⅱ-3-1]은 비기독교인들이 기독교 시설인 교회에 설치된 투표소에 대한 헌법소원심판 청구이고 [Ⅱ-3-1A]는 반대로 기독교인이 대순진리회 구내식당에 마련된 구내식당에서 투표하는 것이 종교적 양심에 어긋난다며 공직선거법에서 선거인이 투표소를 자유롭게 선택할 수 있도록 규정하지 않은 것이 청구인들의 종교적 자유 등을 침해한다고 주장하며 입법부작위 위헌확인을 구하는 헌법소원심판을 청구하였다.

청구인과 선관위 측에서는 이러한 특정 종교시설 내 투표소 설치로 인해 종교의 자유를 침해한 여부, 정교분리원칙 위반 여부, 비례의 원칙과 일반적 행동자유 침해여부, 평등권침해 여부 등에 관한 이론적인 공방을 벌였다. 그러나 이 심판청구가 모두 2010년 1월 공직선거법 개정으로 인해 더 이상 종교시설 내 투표소 설치를 하지 않게 결정된 이후에 제기된 것이어서 헌법재판소는 이러한 실체적인 사유에 대한 판단은 하지 않고 더 이상 권리보호 이익이 없다는 이유로 각하하였다.

나. 종교시설 내 투표소

종교시설 내 투표소 설치는 과거 관행적으로 있어 왔는데, 2006년 제4회 지방선거 당시 총 투표소 12,932개 가운데 1,087(8.4%)개가 종교시설 투표소이며 2007년 제17대 대통령선거에서는 총 투표소 13,178개 가운데 1,160(8.8%)개로 제4회 지방선거에 비해 246개의 투표소가 증가하였다. 특히 서울지역의 경우 총 투표소 2,210개 가운데 511개(23%)가 종교시설로 교회가 468개(91.5%), 성당 38개(7.4%), 불교 4개(0.7%), 기타 1개(0.2%) 등으로 나타남에 따라 전국적으로 대략 10곳 중의 1곳은 종교시설 투표소였으며, 서울지역의 경우 10곳 중에 2곳 이상이 종교시설 투표소였다고 한다.[70]

그런데 선관위가 투표소를 설치하는 기준은 투표구 내 중심지로서 선거인이 찾기 쉽고 교통이 편리한지, 투표하기 편한 적정 규모의 장소인지, 장애인 등의 투표 편의 시설이 있는지 등을 고려하여 투표소를 정한 것이라고 한다.[71] 그런데 이를 두고 "이번 제17대 대통령선거에 있어서 노골적으로 특정 종교단체의 건물에 과중하게 편중된 투표소 지정행위가 유력한 대선 후보자의 종교적 성향과 맞물리면서 국민들의 반감을 불러일으켰다"고 주장하는 것은 논리의 비약이라고 하겠다.[72] 우리나라에서는 선거에 관한 민주적 통제가 확립된 지 오래이며 우리 선관위의 공정하고 효율적인 선거관리는 국제적으로도 큰 관심과 평가를 받고 있는 상황에서 마치 선관위가 특정후보의 종교적 성향에 맞추기 위해 일부러 종교시설 내에 투표소를 과다하게 설치했다고 주장하는 것은 이러한 선관위의 정치적 중립성을 근거 없이 폄하하는 억지라고 하지 않을 수 없다.

---

70) 허진민, 「종교시설 내 투표소 지정에 관한 헌법소원심판 청구의 당위성과 기본권 침해 여부에 대한 고찰」, 2008 종교자유정책연구원 심포지엄, 8면.
71) 공직선거법 제147조.
72) 허진민, 위 논문, 10면.

다. 사례의 검토

(1) 권리보호 요건

이 사안에서는 이미 투표행위가 종료되었고 나아가 공직선거법이 개정된 후 2010.6.2. 실시된 지방선거에서는 종교시설 내 투표소가 설치되지 않았기 때문에 헌법소원심판이 甲들의 주관적 권리구제에 도움이 될 것인가 하는 점이 문제된다. 이에 대해 헌재결정(다수견해)은 "이러한 점들에 비추어보면, 향후 이 사건에 있어서와 같은 乙들의 공권력행사에 의하여 甲들의 기본권이 반복적으로 침해될 위험성은 없어졌다고 할 것이고, 그 밖에 달리 투표소 설치 공고가 甲들의 기본권을 침해하여 위헌인지 여부를 해명하는 것이 헌법질서의 수호·유지를 위하여 긴요하다고 볼 사정도 없다"고 본 반면 소수견해는 "甲들의 주관적 권리구제에는 도움이 되지 아니한다 하더라도, 종교시설 내에 투표소를 설치하는 것이 甲들의 기본권을 침해하는지 여부에 관하여 헌법적 해명을 할 필요가 있는 중요한 사안일 뿐만 아니라 계속 반복될 수 있는 성질의 것이므로, 예외적으로 심판청구이익을 인정할 필요성이 있다"고 판단하고 있다.

이론적인 흥미에서는 몰라도 이미 법 개정을 통해 그 가능성이 없어진 사안에 대해 실체 심리를 할 필요는 없다고 본다.

(2) 종교자유 침해 여부

청구인 甲측은 '종교시설 내 투표소를 설치함으로써 甲들은 자신들의 종교적 신념에 반하여 교회에 진입할 것인가, 선거를 포기할 것인가를 고민하게 되어 甲들의 기본권 제한이 너무나 중대하므로, 투표소 설치 공고는 법익균형성 원칙에 위반된다'고 주장한 반면 乙측은 수년에 한 번씩 있는 공직선거 투표일에 투표하기 위하여 일시적으로 종교시설에 출입해야 하는 것만으로 종교의 자유가 제한되었다고 볼 수 없고 그 제한 정도도 일시적이고 일회적인 것에 불과하여 甲들이 감내하기 어려운 정도로 중대한 것이라고 보기 어렵다고 주장하였다.

이에 대해 "甲들은 자신들의 정당한 권리인 선거권을 행사하기에 앞서, 자신의 선거권을 행사하기 위하여 자신의 종교의 자유에 반하는 종교적 상징물인 교회에 들어갈 것인지부터를 먼저 고민할 수밖에 없었고, 또한 乙들이 행한 투표소 지정 및 공고행위 자체에 대하여 교회가 가지는 상징성과 특정 후보의 종교적 성향이 결부된 지극히 정치적이고 불공정한 처사가 아닌지에 대

한 의심으로 인해서 그 공정성에 회의를 가지게 되었다"고 비판하는 견해가 있다.[73]

생각건대 특정 정치인에 대한 호불호는 개인마다 다를 수 있지만 그를 빌미로 정치적 독립기관인 선관위가 합리적인 근거하에 특정 종교시설 내 투표소를 설치한 행위를 가리켜 특정후보에 편승해서 근거 없이 국민의 기본권을 유린하였다고 공격하는 것이야말로 정치편향적 판단이 아닌가 한다. 다종교사회에 살고 있는 우리 국민으로서는 타 종교에 대한 관용과 이해가 무엇보다도 중요하다. 오히려 이러한 투표행위를 통해서 평소에 가볼 수 없는 타 종교 시설에 들어갈 기회를 가지는 것은 타 종교에 대한 이해를 위해 바람직하지 않을까? 우리가 유럽여행을 가면 그들의 문화유산 대부분이 기독교 시설임에도 불구하고 '문화'로서 접하는 데 아무런 문제가 없고 또 기독교인들이 동남아 등지를 여행하면서 불교문화를 답사하는 데 있어 큰 저항감이 없다. 그런데 4년에 한 번 잠깐 투표소에 들르는 것을 가지고 '감내하기 어려운 중대한 종교자유제한'이라는 주장은 지나친 억지라고 볼 수밖에 없다.

생각건대 조대현 재판관의 판단과 같이 투표하기 위하여 종교시설 안에 들어가는 행위는 종교적 행위라고 볼 수 없고, 투표소를 종교시설 안에 설치하는 행위는 투표인들의 종교의 자유를 침해할 가능성이 있는 행위라고 볼 수 없으므로 이를 심판대상으로 삼은 이 헌법소원심판청구는 각하되어야 할 것이다.

---

73) 허진민, 위 논문, 20면.

4. 종교적 성일과 국가시험

[II-4-1] 헌재 2001.9.27 2000헌마159 제42회 사법시험 제1차 시험 시행일자 위헌 확인

[사실관계]

(1) **사건의 개요**: ① 乙은 2000.1.3. 행정자치부 공고 제2000-1호로 2000년도 공무원임용시험시행 계획을 공고하였으며 위 계획 제5항에는 제42회 사법시험 제1차 시험 일자를 2000.2.20. 시행 한다고 되어 있는데 위 날짜는 일요일이다. ② 甲은 ○○대학교 법대 4학년 재학 중인 자로 서 제42회 사법시험 제1차 시험에 응시원서를 접수하였으나 甲이 신봉하는 기독교의 교리상 일요일에는 교회에 출석하여 예배행사에 참석하는 것이 신앙적 의무이기 때문에 일요일에 시행하는 위 사법시험 제1차 시험에 응시할 수 없었다. ③ 이에 甲은 시험 일자를 일요일로 한 乙의 공고가 甲의 헌법상 보장된 종교의 자유, 공무담임권, 휴식권 등의 기본권을 침해하 는 공권력의 행사에 해당한다는 이유로 2000.3.3. 이 헌법소원심판을 청구하였다.

(2) **심판의 대상**: 乙이 제42회 사법시험 제1차 시험을 일요일인 2000.2.20.로 정하여 공고한 것이

甲의 기본권을 침해하였는지 여부이다. 위 공고의 근거가 된 규정은 다음과 같다. "구 사법시험령 제9조(시험의 시행 및 공고) ① 시험은 매년 1회 이상 실시하되 연초에 그 실시계획을 공고한다. ② 행정자치부장관은 시험을 실시하고자 할 때에는 그 일시·장소·시험방법 및 과목·응시자격·선발예정인원과 출원절차 등을 모든 응시자가 알 수 있도록 시험기일 30일 전에 공고하여야 한다. 다만, 불가피한 사유로 공고내용을 변경할 경우에는 시험기일 10일 전까지 그 변경사항을 공고하여야 한다."

[당사자의 주장]

[甲의 주장]	[乙의 주장]
(1) **종교의 자유, 공무담임권 침해** 甲은 어려서부터 신봉하는 기독교 신앙에 따라 일요일에는 교회에 출석하여 예배행사에 참석하고 기도와 자선, 봉사행위에 참가하는 등 거룩하게 지내야 하는 것으로 믿고 있다. 그런데도 乙이 제42회 사법시험 제1차 시험 일자를 일요일인 2000.2.20.에 실시하는 것으로 공고를 함으로써 甲은 신앙상의 이유로 위 시험에 응시할 수 없게 되었다. 乙의 위와 같은 조치는 甲이 신앙하는 종교인 기독교를 차별대우하여 종교의 자유를 침해하는 것이고 이로 인하여 甲으로 하여금 위 시험에 응시하지 못하도록 하여 결국 공무담임권을 침해하는 것이다.	(1) **일요일 시험의 불가피성** 사법시험 제1차 시험은 2만 명 이상이 응시하는 시험으로 전국적으로 20여 개의 중·고등학교를 시험장으로 임차하여 시행한다. 따라서 평일에 실시한다면 해당학교의 학생이 수업을 받지 못하고 또한 직장인 또는 학생 신분의 수험생은 시험 응시를 위하여 결근·결석을 하여야 한다. 또한 평일에 실시할 경우에는 시험관리를 위한 공무원이 자리를 비우게 되어 업무공백을 초래하며 시험 당일 문제지수송과 수험생 입실시간이 교통 혼잡 시간대와 겹치게 되어 원활한 시험관리에 지장을 가져온다. 따라서 일요일에 위 시험을 치르는 것은 불가피하다.
(2) **휴식권 침해** 헌법 제37조 제1항에 의한 헌법에 열거되지 아니한 기본권 중에는 휴식권이 포함된다 할 것이고 이 휴식권	(2) **합리적 제한** 종교의 자유 중 시험 실시로 그 침해가 문제되는 것은 신앙을 외부로 표현하는 의식의 자유인 종교행사의 자

은 기본적 권리로서 일요일에 휴식할 권리도 포함된다. 乙이 위와 같이 일요일에 사법시험 제1차 시험을 치르도록 한 것은 甲의 휴식권을 침해한 것이다.

유인바, 이러한 종교행사의 자유는 타종교와의 형평성, 헌법상 다른 기본권과의 관계 및 국가정책상의 불가피성 등에 의하여 제한을 받을 수 있는 상대적 자유권에 해당한다. 우리 헌법 제20조는 종교의 자유와 함께 국교의 부인, 종교와 정치의 분리 원칙을 규정하고 있으므로 일요일은 특정 종교의 의식일이 아니라 관공서의 공휴일에 관한 규정과 근로기준법에 따른 일반적인 공휴일로 보아야 한다. 따라서 여러 불가피한 사정으로 일요일에 사법시험 1차 시험을 시행하는 것이 특정종교를 불합리하게 차별하는 것으로 볼 수 없으며 비례의 원칙에 어긋난다고 볼 수도 없다.

(3) **공무담임권 침해** 사법시험은 판사·검사의 임용시험의 성격도 포함하고 있고 국가공무원법 제35조가 "공개경쟁에 의한 채용시험은 동일한 자격을 가진 모든 국민에게 평등하게 공개하여야 하며 시험의 시기 및 장소는 응시자의 편의를 고려하여 결정한다"고 규정하고 있다. 따라서 사법시험 일정은 특정 종교가 아닌 모든 국민이 본인의 학업·생계활동 등 일상생활에 지장 없이 응시가 가능하도록 결정되어야 한다. 사법시험 제1차 시험을 평일에 실시할 경우 일요일을 종교의식일로 삼고 있지 않은 사람에 대한 공무담임권 침해의 소지가 더 크다 할 것이다.

(4) 휴식권 침해 근로기준법상 휴일은 반드시 일요일일 필요가 없고 단체협약 등으로 정할 수 있는 점을 고려할 때 일요일 시험을 시행하는 것이 휴식권의 본질을 침해한다고 보기 어렵다.

[결정요지]

(1) 종교적 자유의 제한 가능성 이 사건에서 甲은 자신의 신앙적 의무를 지키기 위하여 사법시험 응시를 포기하고 예배행사에 참여하였다는 것이므로 사법시험 시행일을 일요일로 정한 乙의 처분이 직접적으로 甲의 종교의 자유를 침해하였다고 보기는 어렵다. 다만 매년 반복하여 시행되는 사법시험의 시행일을 일요일로 정하는 것이 甲의 일요일에 예배행사에 참석할 종교적 행위의 자유를 제한하는 것으로 볼 수 있는지가 문제이다. 그러나 종교적 행위의 자유는 신앙의 자유와는 달리 절대적 자유가 아니라 질서유지, 공공복리 등을 위하여 제한할 수 있는 것이다.

(2) 합리적 제한 사법시험 제1차 시험과 같은 대규모 응시생들이 응시하는 시험의 경우 그 시험장소는 중·고등학교 건물을 임차하는 것 이외에 특별한 방법이 없고 또한 시험관리를 위한 2,000여 명의 공무원이 동원되어야 하며 일요일 아닌 평일에 시험이 있을 경우 직장인 또는 학생 신분인 사람들은 결근, 결석을 하여야 하고 그 밖에 시험당일의 원활한 시험관리에도 상당한 지장이 있는 사정이 있다. 이를 참작한다면 乙이 사법시험 제1차 시험 시행일을 일요일로 정하여 공고한 것은 국가공무원법 제35조에 의하여 다수 국민의 편의를 위한 것이므로 이로 인하여 甲의 종교의 자유가 어느 정도 제한된다 하더라도 이는 공공복리를 위한 부득이한 제한으로 보아야 할 것이다. 또 그 정도를 보더라도 비례의 원칙에 벗어난 것으로 볼 수 없고 甲의 종교의 자유의 본질적 내용을 침해한 것으로 볼 수도 없다.

(3) 불합리한 차별대우 또한 기독교 문화를 사회적 배경으로 하고 있는 구미 제국과 달리 우리나라에서는 일요일은 특별한 종교의 종교의식일이 아니라 일반적인 공휴일로 보아야 할 것이고 앞서 본 여러 사정을 참작한다면 사법시험 제1차 시험 시행일을 일요일로 정한 乙의 이

공고가 甲이 신봉하는 종교를 다른 종교에 비하여 불합리하게 차별대우하는 것으로 볼 수도 없다.

(4) **공무담임권 침해 여부** 사법시험은 원칙적으로 자격시험의 성격이 있고 그 시험에 합격하여 사법연수원의 소정 과정을 마친 사람 중에서 판사나 검사를 임용하고 있으므로 그 한도에서 공무원임용시험의 성격을 가지고 있다. 그러므로 乙이 사법시험 제1차 시험의 시행일을 일요일로 정하였다고 하여 甲의 공무담임권이 침해되었다고 볼 수는 없다. 즉 甲이 자신이 신봉하는 종교의 특별한 교리를 이유로 일요일에는 예배행사 참여와 기도와 선행 이외의 다른 행위를 할 수 없다는 것일 뿐이므로 다수 국민의 편의를 위하여 시험 시행일을 일요일로 정한 乙의 이 공고가 특별히 甲의 사법시험 응시 기회를 차단한다고 볼 수 없다.

(5) **휴식권 침해 여부** 휴식권은 헌법상 명문의 규정은 없으나 포괄적 기본권인 행복추구권의 한 내용으로 볼 수 있을 것이다. 사법시험 시행일을 일요일로 정한 乙의 이 공고는 甲 등에게 공무담임의 기회를 제공하는 것이어서 행복추구의 한 방편이 될지언정 거꾸로 이를 침해한다고 볼 수는 없다.

[II-4-2] 헌재 2010.6.24 2010헌마41 전원재판부 사법시험 일자 위헌확인

[사실관계]

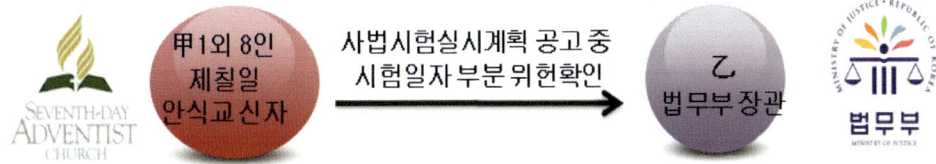

(1) 乙은 2010.1.1. 법무부 공고 제2010-1호로 2010년도 사법시험실시계획을 공고하였는데, 동 공고 제5항에서 2010년도 사법시험 제1차 시험을 토요일인 2010.2.27.에, 제2차 시험과 제3차 시험을 각 시험 말일이 토요일인 2010.6.23.부터 6.26.까지 및 11.17.부터 11.20.까지 시행한다고 공고하였다.

(2) 甲들은 법과대학 재학생 또는 졸업생들로서, 甲1과 甲2는 2010년도 사법시험 제2차 시험에, 나머지 甲들은 제1차 시험에 각 응시원서를 접수하였으나, 甲들이 신봉하는 제칠일안식일예수재림교의 교리상 토요일 시험에 응시하는 것은 자신들의 종교적인 양심에 반하는 것이어서 위 공고는 甲들의 종교의 자유, 평등권, 직업선택의 자유, 공무담임권 등을 침해하였다며 2010.1.21. 이 사건 헌법소원심판을 청구하였다.

(3) 甲1은 위 공고 후 2010.1.7.경 법무부 홈페이지 중 사법시험에 대한 질의응답란을 통하여 토요일에 사법시험을 실시하더라도 일몰(日沒) 후에 甲들만 따로 모아서 별도로 시험을 볼 수 있는지 질의하였다. 이에 대해 법무부 법조인력과 담당자는 그 무렵 국가시험의 성격, 시험의 공정성 측면에서 받아들일 수 없는 제안이라는 취지로 홈페이지상에 답변하였다. 甲들은 2010.2.11. 위 (2)항의 청구를 주위적인 것으로 하고, 예비적으로 법무부 법조인력과에서 위와 같이 거부 취지로 답변한 것은 乙의 거부행위로서 甲들의 기본권을 침해하는 것이므로 그 취소를 구한다는 청구를 추가하였다.

[당사자의 주장]

[甲의 주장]	[乙의 주장]
(1) **안식일 성수** 甲은 제칠일안식일예수재림교의 교인으로서 성경상 일곱째날인 토요일을 안식일로 지키고 안식일에는 하나님을 예배하거나 선을 행하는 일 이외에 개인적인 일을 하지 않는 것이 안식일을 거룩하게 지키는 것으로 믿어 왔다.	(1) **토요일 시험 불가피성** 2006년도 사법시험부터 2009년도 사법시험까지 사법시험 제1차 시험이 평일에 실시되자, 많은 응시생들이 직장과 학업 등을 이유로 불편함을 호소하면서 종전처럼 공휴일에 실시할 것을 요청하였고, 이에 乙은 응시생들의 응시 편의 등을 고려하여 평일이 아닌 토요일에 실시하기로 정하였다. 2010년도 사법시험 제1차 시험의 경우 약 2주간의 합숙출제기간을 고려하고, 공무원들을 시험관리관으로 차출하고 시험장소로 학교시설을 사용하기 위하여 부득이 토요일을
(2) **종교자유, 공무담임권 침해** 이 공고로 인하여 甲들은 종교적인 신념에 반하여 토요일 시험에 응시하거나 예배에 참석하거나 어느 하나를 선택하도록 강요당하여 종교의 자유를 침해당하였다.	

아울러 甲들은 사법시험이 토요일이 아닌 날 실시될 것으로 생각하고 준비해 왔는데, 이 공고가 甲들의 그와 같은 신뢰를 침해하고 甲들이 원하는 법조 직업을 선택하지 못하게 하여 직업선택의 자유 또는 공무담임권을 침해하였다.

(3) **기본권 침해** 甲1이 토요일 일몰 후에 甲들만 따로 모아서 별도로 시험을 볼 수 있도록 요청한 것을 거부한 것은 甲들의 기본권을 침해한 것이다.

시험일로 선정하였다.

(2) **종교자유 침해** 수만 명이 응시하는 사법시험을 평일에 실시할 경우, 직장인 또는 학생 신분의 수험생은 시험 응시를 위하여 결근 또는 결석을 해야 한다. 또 시험 관리를 위해 공무원이 자리를 비우게 되어 업무공백을 초래한다. 시험 당일 문제지의 수송과 수험생 입실시간이 교통 혼잡 시간대와 겹치게 되어 원활한 시험관리에 지장을 가져온다는 점 등을 고려하여 시험시행일을 정한 것이므로 과잉금지원칙에 위반하여 甲들의 종교의 자유를 침해하였다고 보기 어렵다.

[결정요지]

(1) **종교자유의 제한 가능성** 甲들이 믿고 있는 예수재림교의 교리에 따르면 성경상 일곱째 날인 토요일은 거룩한 안식일로서 하나님을 예배하거나 선을 행하는 일 이외에 개인적인 일 등을 하지 말아야 한다는 것인바, 사법시험을 토요일이나 토요일을 포함한 기간에 실시하기로 한 이 공고에 따라 甲들로서는 토요일에 사법시험에 응시하려면 안식일에 관한 교리를 위반할 수밖에 없다고 할 것이므로 甲들의 종교의 자유가 제한된다고 할 수 있다. 이처럼 안식일에 하나님에 대한 예배와 선행 외의 일을 하지 못하게 하는 교리에 따라 생활할 자유는 종교적 행위의 자유에 속하는 영역인데, 종교적 행위의 자유는 절대적 자유가 아니므로 질서유지나 공공복리를 위하여 필요한 경우에 한하여 제한할 수 있다(헌재 2001.9.27. 2000헌마159).

(2) **과잉금지원칙 위반 여부** 사법시험이 어느 요일에 실시되느냐에 따라서 어차피 일부 수험생들은 시험 응시에 어느 정도 지장이나 불편을 감내할 수밖에 없는 상황으로 보이므로 피해를 최소화할 수 있는 방안으로 시험 실시 요일을 결정함이 바람직하다. 사법시험 제1차 시험을

평일에 실시하게 되면, 직장인인 수험생들은 시험을 치르기 위해 휴가를 내거나 결근해야 하고, 재학 중인 수험생들 역시 방학 중이 아니라면 결석해야 하는 문제가 있을 뿐만 아니라, 매년 수만 명이 응시하는 사법시험 수험생들을 수용할 시험장 선정에 있어서 중·고등학교 건물을 임차하는 것 이외에 마땅한 대안이 없는데 평일에 시험을 치를 경우 시험장으로 선정된 학교가 방학 기간 중이 아니라면 해당 학교의 학생들의 수업에 차질을 빚을 수밖에 없다는 점, 그리고 시험관리를 위하여 차출되는 공무원들의 경우 본연의 업무에 공백이 초래된다는 점 등도 감안하여야 하므로 평일에 사법시험을 실시하는 것이 바람직한 대안이라고 보기 어렵다. 甲들은 토요일 일몰 후에 별도로 시험을 볼 수 있게 하면 甲들의 기본권 제한이 최소화될 수 있는데 그러한 조치도 거부당하였다고 주장하나, 甲의 주장과 같이 낮에 치르는 시험을 일몰 후에 따로 치르게 하는 방안은 시험 부정의 소지나 시비가 있을 가능성이 있고 시험관리에도 여러 가지 어려움이 예상되므로, 그러한 방안이 甲들의 기본권 제한을 최소화하는 대안으로 적정한 것이라고 보기 어렵다. 따라서 이 공고가 과잉금지원칙에 반하여 甲들의 종교의 자유를 침해한 것이라고 할 수 없다.

(3) **합리적 차별** 甲들은 이 공고로 인하여 일요일에 종교행사를 갖는 기독교인들에 비하여 불합리한 차별을 받고 있다는 취지로 주장하나, 乙이 시험 일자를 토요일로 정한 것은 토요일을 안식일로 지키는 특정 종교인들을 차별하려는 것이 아니라 토요일이 주5일제의 정착에 따라 일반적인 공휴일로 되어가고 있는 상황에서 보다 많은 수험생들의 응시상의 편의를 도모하기 위한 조치로서 합리적인 이유가 있는 것이라고 할 것이다.

(4) **공무담임권 침해 여부** 甲들은 토요일을 안식일로 지키는 교리에 의하여 토요일에 응시하는 것을 제한받는 것이고, 이 공고에 의하여 토요일에 응시하는 것이 금지되거나 제한되는 것이 아니므로, 이 공고로 인하여 甲들의 직업선택의 자유나 공무담임권이 바로 침해된다고 볼 수 없다(헌재 2001.9.27. 2000헌마159).

(5) **시험 일자 변경과 신뢰침해** 사법시험 제1차 시험이 수십 년간 일요일에 시행되어 甲들이 사법시험 제1차 시험은 토요일에 실시되지 않으리라고 신뢰하였다고 하더라도, 그러한 신뢰는 법적인 보호를 받아야 하는 신뢰이익이라고 보기 어렵고, 합리적인 사유가 있어 사법시험 1차 시험을 토요일에 시행하기로 변경한다고 하여 甲들의 신뢰를 위법하거나 부당하게 침해한다고 보기 어렵다.

(6) **행복추구권 침해** 甲들은 이 공고로 인하여 행복추구권도 침해되었다고 주장하나, 구체적인

주장이 없고, 앞서 본 바와 같이 이 공고가 甲들의 종교의 자유나 평등권 기타 기본권을 침해한다고 볼 수 없으므로, 행복추구권의 침해 여부를 독자적으로 판단할 필요도 없다.

(7) **결론** 甲들의 이 심판청구 중 공고에 대한 심판청구는 기각하고, 거부행위에 대한 심판청구는 각하하기로 결정한다. 이 결정에는 관여 재판관 전원의 의견이 일치되었다.

[II-4-3] 헌재 2010.4.29 2009헌마399 2010학년도 법학적성시험 시행일자공고 위헌확인

[결정요지]

(1) **청구기간 도과** 검정고시 시행공고와 임용시험 시행공고에서 시험의 시행일을 일요일로 정하고 있는 것을 확인하고 원서접수를 포기하였다고 주장하고 있는 청구인들은 검정고시 원서접수기간의 최종일인 2009.2.20.과 임용시험 원서접수기간의 최종일인 2008.10.17.에는 최소한 각 시행공고에서 시험의 시행일을 일요일로 정하고 있음을 알았다고 할 것이므로, 이로부터 90일이 경과한 후에 제기된 검정고시 시행공고 및 임용시험 시행공고에 대한 심판청구는 청구기간을 도과한 것으로 부적법하다.

(2) **공권력 행사** 법학전문대학원협의회는 교육과학기술부장관으로부터 적성시험의 주관 및 시행업무를 위임받아 매년 1회 이상의 적성시험을 실시하므로, 최소한 적성시험의 주관 및 시행에 관해서는 교육과학기술부장관의 지정 및 권한의 위탁에 의해 관련 업무를 수행하는 공권력 행사의 주체라고 할 것이며, 2010학년도 적성시험의 구체적인 시험 일시는 위 공고에 따라 비로소 확정되는 것으로 위 공고는 헌법소원의 대상이 되는 공권력의 행사에 해당한다.

(3) **권리보호 이익** 2010학년도 법학적성시험이 이미 시행되어 성적까지 통지되기는 하였으나, 적성시험은 매년 반복하여 시행되고 2008년부터 총 두 차례 실시된 적성시험의 시행일이 모두 일요일이었던 점에 비추어 위 시험이 앞으로도 매년 일요일에 시행될 가능성이 높다고 할 것이므로 권리보호이익을 인정할 수 있다.

(4) **종교자유 침해, 불합리한 차별** 적성시험 시행공고가 시험의 시행일을 일요일로 정하고 있는

것은 대다수의 국민의 응시기회 보장 및 용이한 시험관리라는 정당한 목적을 달성하기 위한 적절한 수단이며, 시험장으로 임차된 학교들의 구체적인 학사일정에 차이가 있고 주5일 근무제의 시행이 배제되는 사업장이 존재하며 국가시험의 종류에 따라 시험의 시행기관 및 투입비용 등이 다르다는 점에 비추어 위 공고가 피해의 최소성 및 법익균형성 원칙에 반하여 종교의 자유를 침해한다고 볼 수 없다. 또한 기독교 문화를 사회적 배경으로 하는 구미 제국과 달리 우리나라에서는 일요일이 특정 종교의 종교의식일이 아니라 일반적 공휴일에 해당한다는 점을 고려하면 일요일에 적성시험을 실시하는 것이 특정 종교를 믿는 자들을 불합리하게 차별대우하는 것이라고 볼 수도 없다.

[II-4-3A] 헌재 2010.11.25 2010헌마199 2010학년도 서울특별시 교사 임용시험 위헌확인

[결정요지]

(1) **종교자유 제한** 청구인이 믿고 있는 기독교의 교리에 따르면 일요일을 주일로 지키고 예배에 참석하는 등으로 거룩하게 지켜야 한다는 것인바, 이 사건 시험을 일요일에 치르도록 한 이 사건 공고에 따라 청구인으로서는 일요일 시험 응시를 하려면 위와 같은 교리에 위반할 수밖에 없다고 할 것이므로 청구인의 종교의 자유가 제한된다고 할 수 있다.

(2) **과잉금지원칙 위반** 이처럼 일요일을 주일로 지키고 예배에 참석하는 등으로 거룩하게 지켜야 한다는 교리에 따라 생활할 자유는 종교적 행위의 자유에 속하는 영역인데, 종교적 행위의 자유는 절대적 자유가 아니므로 질서유지나 공공복리를 위하여 필요한 경우에 한하여 제한할 수 있는 자유로서 피청구인이 수많은 수험생들의 응시상의 편의와 시험장소의 마련 및 시험관리상의 편의 등을 도모하기 위하여 일요일을 시험일로 정하여 공고한 것은 과잉금지원칙을 위반하여 청구인의 종교의 자유를 침해한 것이라고 할 수 없다.

[해설 및 검토]

가. 결정의 의미

위 사례들은 모두 기독교에서 성일로 지키고 있는 주일(일요일) 또는 토요일에 국가시험을 치르도록 하는 것이 청구인(甲)들의 종교의 자유를 침해하고 다른 종교 신자에 비해 차별대우하는 것이 아닌가 하는 문제를 다루고 있다. 이 중에서 [Ⅱ-4-1], [Ⅱ-4-3], [Ⅱ-4-3A]는 일요일 시험에 관한 것이고 [Ⅱ-4-2]는 토요일 시험에 관한 것이며, 또 [Ⅱ-4-1]과 [Ⅱ-4-2]는 사법시험 제1차 시험공고, [Ⅱ-4-3]과 [Ⅱ-4-3A]는 법학적성시험과 임용고사 시험공고를 대상으로 한 것이다.

이들 사례에서 헌법재판소는 주일이나 토요일은 특정 종교의 성일이 아니고 국가가 정한 공휴일이라는 입장을 전제로 해서 대규모 응시인원과 시험관리상의 문제 등으로 인해 토요일이나 일요일 등 공휴일에 시험을 치르도록 한 것은 합리적인 제한으로서 종교자유를 침해한 것이 아니라고 판시하였다. 그러나 주5일제가 전면적으로 시행되고 있는 현재에도 사법시험을 제외한 대부분의 국가시험을 일요일에 치르도록 하는 것은 주일을 거룩하게 지켜야 하는 기독교인들의 신앙의 자유를 심각하게 침해하는 처사라고 하지 않을 수 없다.

나. 시험공고 관련 규정

(1) 사법시험

사법시험은 법조인이 될 자격을 검정하는 시험으로, 제1차(객관식), 제2차(서술형 주관식), 제3차(면접)에 걸쳐 치러진다. 합격 후 반드시 사법연수원을 수료하여야 판사, 검사 및 변호사의 자격이 주어지므로, 엄밀히 말하자면 사법연수원에 입소할 자격을 얻기 위한 시험으로 볼 수 있다. 사법시험법 제3조와 시행령의 규정에 의하면 법무부장관은 사법시험을 실시하고자 하는 때에는 그 시험일시·시험장소·시험방법·시험과목·응시자격·선발예정인원 및 출원절차 등을 매년 1월 31일까지 관보와 인터넷 홈페이지 또는 일간지 등에 공고하여야 한다. 한편 국가공무원법 제35조는 공개경쟁에 따른 채용시험은 같은 자격을 가진 모든 국민에게 평등하게 공개하여야 하며 시험의 시기와 장소는 응시자의 편의를 고려하여 결정한다고 규정하고 있다.

(2) 법학적성시험

법학적성시험(Legal Education Eligibility Test, LEET)은 법학전문대학원협의회가 시행하는 한국의 법학대학원 입학전형자료로 활용되는 시험이다. 이는 법학 교육을 이수하는 데 필요한 수학 능력과 법조인으로서 지녀야 할 기본적 소양과 잠재적인 적성을 가지고 있는가에 대한 적격성을 판별하기 위해 법학 전공자뿐 아니라 인문, 사회, 자연과학 등 전 분야에서 지원하는 모든 사람이 치를 수 있는 시험이다. 법학적성시험은 교육과학부장관의 시행기관이지만 편의를 위해 (사)법학전문대학원협의회에 그 구체적인 시행을 위임하였다.[74]

(3) 교원임용시험

교육공무원 임용후보자 선정 경쟁시험규칙 제9조에 의하면 교원임용시험은 교원자격증소지자를 교사로 신규 임용할 때에 실시하며, 시험실시기관이 시험을 실시하고자 할 때에는 그 일시·장소·방법·과목·배점비율·응시자격·원서제출절차 기타 시험실시에 관하여 필요한 사항을 시험기일 20일 전까지 공고하도록 하고 있다.

다. 법리적 검토

이상의 근거 규정에 따라 각 시험의 시행기관이 일요일 또는 토요일을 시행일자로 공고하였다.

(1) 적법요건의 구비

헌법소원심판청구는 국가기관의 공권력행사에 대해서만 제기할 수 있는데 위 각 사례에서의 시험공고가 이러한 공권력행사의 대상인가 하는 문제가 있다. 시험공고는 국민의 기본권에 직접 영향을 끼치는 내용으로서 구체적인 시험일정과 장소는 위 공고에 따라 비로소 확정되는 것이므로 헌법소원의 대상이 되는 공권력의 행사에 해당한다고 할 것이다. 다만 [Ⅱ-4-3]에서는 공고의 주체가 국가기관이 아닌 '사단법인 법학전문대학원협의회'이지만 법학전문대학원협의회가

---

74) 법학전문대학원 설치·운영에 관한 법률 시행령(2010.2.22. 대통령령 제22053호로 개정) 제16조.

교육과학기술부장관의 지정 및 권한의 위탁에 의해 관련 업무를 수행하기 때문에 공권력 행사의 주체라고 보는 데 문제가 없다.

한편 각 사안에서 청구인들의 헌법소원심판청구가 시험이 종료된 이후에 제기되어 비록 승소한다고 하더라도 다시 응시하는 것이 불가능하므로 권리보호 이익이 있는가 하는 문제가 있다. 그러나 매년 동일한 시험이 반복될 예정이 있는 상황에서 이들의 기본권 침해가 반복될 위험이 있으므로 헌법소원을 다툴 권리보호의 이익을 인정하여야 할 것이다.

(2) 종교의 자유 침해 가능성

일요일에 시험을 치르더라도 시험을 하루 종일 보는 것은 아니므로 일요일 중 나머지 시간에 예배에 참석이 가능하다.[75] 따라서 일요일 시험이 반드시 기독교인의 종교자유를 침해하지 않는다고 생각할 수 있다. 그러나 일요일에는 예배행사 참석과 기도, 봉사행위 이외의 다른 업무를 일체 금지한다는 보다 엄격한 교리에 따른다면 국가시험 응시가 불가능하게 되어 일요일 국가시험공고는 기독교인들의 종교적 확신에 반하는 행위를 강요하는 결과가 되므로 그 점에서는 종교적 행위의 자유에 대한 제한이 된다.

(3) 종교의 자유에 대한 합리적 제한 여부

비록 일요일 시험이 기독교인들의 종교의 자유를 침해할 가능성이 있지만 종교적 행위의 자유(예배참여)는 신앙의 자유와는 달리 절대적 자유가 아니므로 공공복리나 질서유지를 위해 제한할 수 있다. 위 결정문에서도 보듯이 수만 명에 이르는 수험생들의 응시의 편의, 그리고 수험관리를 위한 인력의 동원과 교통 혼잡, 그리고 수험생들을 수용할 고사장의 확보 등의 사유를 감안할 때 공휴일 시험은 불가피하다고 보았다.

생각건대 세속적 관점에서 볼 때에는 일요일은 특별한 종교의 종교의식일이 아니라 일반적인 공휴일이고 공무원채용 경쟁시험의 시기와 장소는 응시자의 편의를 고려하여 결정해야 한다는 국가공무원법 제35조의 입법취지에서 볼 때, 공휴일(일요일) 국가시험 시행으로 인해 기독교인의 종교의 자유가 어느 정도 제한된다 하더라도 이는 공공복리를 위한 부득이한 제한이고 또 그 제한의 정도를 보더라도 비례의 원칙에 벗어난 것으로 볼 수 없다고 할 것이다.

---

75) 실제로 한국의 대형교회들은 일요일에 새벽기도부터 시작해서 저녁 늦은 시간에 이르기까지 수회로 나누어 예배를 드리고 있으므로 시험시작 전이나 그 후에 주일예배를 드리는 것이 반드시 불가능하지는 않다.

(4) 주5일제 시행과 합리적 제한

그런데 토요휴무제가 시행되지 않았던 [Ⅱ-4-1]에는 이러한 판례의 취지가 수긍이 가지만 주5일제가 전면적으로 시행되어 토요일도 대부분의 사업장에서 휴일로 된 현재에도 이러한 판례의 입장이 타당한지에 대해서는 의문이 있다. 왜냐하면 일요일 시험이 기독교인들의 종교의 자유를 제한함에도 불구하고 이를 시행한 것은 평일시험에 따르는 불편과 수험생들의 편의를 위함인데 휴일인 토요일에 시험을 치르면 아무런 문제가 없기 때문이다.

[Ⅱ-4-3]에서 청구인도 "시험일을 일요일로 할 것인가 평일로 할 것인가를 결정함에 있어 특정 요일을 시험일로 지정하는 것이 일정 국민의 기본권을 제한하게 된다면 이를 고려하여 결정하여야 하고, 현재 주5일 수업과 주5일 근무제가 시행되고 있음을 고려할 때 일요일이 아닌 토요일에 시험을 실시한다고 하여 특별한 문제가 발생하는 것도 아니다. 그럼에도 각 시험의 시행일을 일요일로 정하는 것은 특정 종교를 믿는 자들의 종교적 행위의 자유를 침해하는 것이다"라고 주장하고 있다.

생각건대 기독교 신자의 수가 800만 명이 넘고 있는 상황에서 정부가 아무런 합리적인 근거 없이 일요일 시험을 강행하는 것은 기독교인들의 종교의 자유를 심각하게 침해하는 위헌적 처사가 아닐 수 없다. 이는 헌법재판소가 극소수의 여호와의 증인 신도들의 병역거부에 대해 대체복무를 권고하고 있는 것과 비교해도 형평성에 어긋난다. 헌법재판소는 일요일 시험이 기독교인들의 종교자유에 대한 본질적인 제한이 아니라고 판시하고 있지만 다음에서 보듯이 주일을 거룩하게 지키는 것은 기독교인들에게는 가장 중요한 계명 중의 하나이고 이를 지키기 위해 순교까지 하는 것을 감안하면 그 제한은 기독교인들에게는 본질적 제한이 아닐 수 없다.

이를 감안해서 사법시험 1차 시험이 2006년부터 토요일에 시행되고 있는데 나머지 국가시험도 동일하게 토요일에 시행해야 할 것이다.

라. 교리적 검토

(1) 안식일 교리

[Ⅱ-4-2]는 안식교 신자가 안식일인 토요일 시험이 그들의 신앙의 자유를 침해한다는 소송이다. 안식일을 성일로 지키는 교리는 하나님의 천지창조에 관한 구약성경의 기록에 그 근거를

두고 있다.76) 이어 모세의 십계명은 제4계명으로 안식일을 어떻게 거룩하게 지켜야 할지에 대한 구체적인 기준을 제시하고 있다.77) 이 안식일에 관한 계명은 구약시대를 통해 가장 엄격하게 지켜졌던 율법으로서 유태인들은 안식일이 시작되는 금요일 저녁부터 토요일 저녁때까지 문자 그대로 아무 일도 하지 않고 오로지 여호와 하나님을 섬기는 데 전력한다고 한다.

그러나 유태인들의 안식일 교리는 지나치게 율법적이고 형식에 치우쳐 예수 그리스도의 사랑의 교리와는 충돌되었다. 한 예로 안식일에 손 마른 자를 예수 앞에 데려다 놓고 이를 고치는지를 시험하려 하였을 때 예수님은 '안식일에 선을 행하는 것과 악을 행하는 것, 생명을 구하는 것과 죽이는 것, 어느 것이 옳으냐'라고 반문하면서 환자를 고쳐주었다.78) 또 '안식일이 사람을 위하여 있는 것이지 사람이 안식일을 위해 있지 않다'고 유태인들을 질책하였다.79) 이로써 유태인들과 예수와의 충돌은 불가피해졌고 결국 예수의 십자가 처형으로 이어지게 되었다.

(2) 왜 主日인가?

그러면 전 세계 기독교인들이 성일로 지키는 主日, 세속적 표현으로는 일요일에 관한 성경적 근거는 어디에 있는가? 주일이 기독교인들에게 중요한 것은 무엇보다도 예수그리스도가 십자가에서 부활한 날이기 때문이다.80) 즉 안식 후 첫날 새벽에 예수그리스도가 무덤에서 부활하여 제

---

76) **창세기 2:2~3** 하나님의 지으시던 일이 일곱째 날이 이를 때에 마치니 그 지으시던 일이 다하므로 일곱째 날에 안식하시니라 하나님이 일곱째 날을 복 주사 거룩하게 하셨으니 이는 하나님이 그 창조하시며 만드시던 모든 일을 마치시고 이날에 안식하셨음이더라.

77) **출애굽기 20:8~11** 안식일을 기억하여 거룩히 지키라 엿새 동안은 힘써 네 모든 일을 행할 것이나 제칠일은 너의 하나님 여호와의 안식일인즉 너나 네 아들이나 네 딸이나 네 남종이나 네 여종이나 네 육축이나 네 문 안에 유하는 객이라도 아무 일도 하지 말라 이는 엿새 동안에 나 여호와가 하늘과 땅과 바다와 그 가운데 모든 것을 만들고 제칠일에 쉬었음이라 그러므로 나 여호와가 안식일을 복되게 하여 그날을 거룩하게 하였느니라.

78) **마가복음 3:4~5.**

79) **마가복음 2:27~28** 또 가라사대 안식일은 사람을 위하여 있는 것이요 사람이 안식일을 위하여 있는 것이 아니니 이러므로 **인자**는 안식일에도 주인이니라.

80) **마태복음 28:1~6** 안식일이 다하여 가고 안식 후 첫날이 되려는 미명에 막달라 마리아와 다른 마리아가 무덤을 보려고 왔더니 큰 지진이 나며 주의 천사가 하늘로서 내려와 돌을 굴려내고 그 위에 앉았는데 그 형상이 번개 같고 그 옷은 눈같이 희거늘 수직하던 자들이 저를 무서워하여 떨며 죽은 사람과 같이 되었더라 천사가 여자들에게 일러 가로되 너희는 무서워 말라 십자가에 못 박히신 예수를 너희가 찾는 줄 내가 아노라 그가 여기 계시지 않고 그의 말씀하시던 대로 살아나셨느니라 와서 그의 누우셨던 곳을 보라.
누가복음 24:1~7 안식 후 첫날 새벽에 이 여자들이 그 예비한 향품을 가지고 무덤에 가서 돌이 무덤에서 굴려 옮기운 것을 보고 들어가니 주 예수의 시체가 뵈지 아니하더라 이를 인하여 근심할 때에 문득 찬란한 옷을 입은 두 사람이 곁에 섰는지라 여자들이 두려워 얼굴을 땅에 대니 두 사람이 이르되 어찌하여 산 자를 죽은 자 가운데서 찾느냐 여기 계시지 않고 살아나셨느니라 갈릴리에 계실 때에 너희에게 어떻게 말씀하신 것을 기억하라 이르시기를 인자가 죄인의 손에 넘기워 십자가에 못 박히고 제삼일에 다시 살아나야 하리라 하셨느니라.
요한복음 20:1~2 안식 후 첫날 이른 아침 아직 어두울 때에 막달라 마리아가 무덤에 와서 돌이 무덤에서 옮겨

자들에게 보이시고, 이후 사도들은 이날을 특별히 구별하여 예배를 드렸다.[81] 예수그리스도는 자신의 육체로서 하나님의 율법을 다 이루고 율법을 지키지 못해 전 인류에게 임한 하나님의 진노를 풀기 위해 십자가상에서 제물로 드려졌다.[82] 구약의 율법은 예수그리스도의 부활로서 성취되었고, 부활은 재창조의 첫날로서 기념해야 하는 날로 된 것이다.[83]

'주의 날' 또는 '주일(Lord's Day)'이라는 표현이 성경에 최초로 등장한 것은 요한계시록 제1장이다. 예수님의 제자 사도 요한이 밧모 섬에 귀양 가 있을 때 "주의 날에 내가 성령에 감동하여 내 뒤에서 나는 나팔 소리 같은 큰 음성을 들었다"고 증언하고 있다. 사도요한이 이날에 보고 들은 바를 기록한 것이 전 인류와 우주의 마지막을 예언한 요한계시록이다. 따라서 기독교인들은 주의 날에 특별한 하나님의 영감이 전해지는 것으로 믿고 있으며 이날은 예수그리스도의 십자가의 죽으심과 부활을 기념하는 날로서 특별히 구별하여 지키는 것이다. 오순절 성령강림일도 바로 안식 후 첫날 곧 주일날이며 이날 진리와 영감을 받아 신약 교회가 시작되었다.[84]

(3) 주일을 어떻게 지켜야 하는가?

주일이 바로 이러한 의미를 가지기 때문에 기독교인으로서는 거룩하게 지켜야 한다. 거룩하다는 말은 세상과 구별된다는 뜻이다. 따라서 단지 주일을 휴식일로서 세상일을 쉬고 오락을 즐기라는 의미가 아니라 예수님의 부활을 기념하는 예배를 드리고 이 예배를 통해서 영감을 받아 진정한 안식을 취하라는 뜻이다. 이러한 교리에 따르면 주일에 국가시험을 치르도록 강요하는 것은 신앙의 자유에 대한 본질을 제한하는 것이라고 할 수밖에 없다.[85]

그러나 주일성수(主日聖守) 문제에 대한 기독교 내에서의 입장은 다양한 것 같다. 가령 주일을

간 것을 보고 시몬 베드로와 예수의 사랑하시던 그 다른 제자에게 달려가서 말하되 그 주를 무덤에서 가져다가 어디 두었는지 우리가 알지 못하겠다 하니.

81) **요한복음 20:19** 이날 곧 안식 후 첫날 저녁 때에 제자들이 유대인들을 두려워하여 모인 곳에 문들을 닫았더니 예수께서 오사 가운데 서서 가라사대 너희에게 평강이 있을지어다.
   고린도전서 16:2 매 주일 첫날에 너희 각 사람이 이를 얻은 대로 저축하여 두어서 내가 갈 때에 연보를 하지 않게 하라.

82) **갈라디아서 2:16** 사람이 의롭게 되는 것은 율법의 행위에서 난 것이 아니요 오직 예수 그리스도를 믿음으로 말미암는 줄 아는 고로 우리도 그리스도 예수를 믿나니 이는 우리가 율법의 행위에서 아니고 그리스도를 믿음으로서 의롭다 함을 얻으려 함이라 율법의 행위로서는 의롭다 함을 얻을 육체가 없느니라.

83) **고린도후서 5:17** 그런즉 누구든지 그리스도 안에 있으면 새로운 피조물이라 이전 것은 지나갔으니 보라 새 것이 되었도다.

84) **사도행전 2:1~4** 오순절 날이 이미 이르매 저희가 다 같이 한곳에 모였더니 홀연히 하늘로부터 급하고 강한 바람 같은 소리가 있어 저희 앉은 온 집에 가득하며 불의 혀같이 갈라지는 것이 저희에게 보여 각 사람 위에 임하여 있더니 저희가 다 성령의 충만함을 받고 성령이 말하게 하심을 따라 다른 방언으로 말하기를 시작하니라.

85) 웨스트민스터 신앙고백 "종교적 예배와 안식일에 대하여" 부분 참조.

지킨다는 의미를 교회활동에 국한할 필요는 없고 어디서 무엇을 하든 하나님의 뜻을 이루기 위해 특별히 헌신한다는 의미로 보는 보다 유연한 입장도 있다. 이러한 견해를 취한다면 이 사례에서 만일 甲이 법률가가 되는 것이 하나님이 주신 소명이라고 믿는다면 주일에 시험을 보는 것이 반드시 주일을 범하는 것은 아니라고 할 것이다. 마찬가지로 주일에 경찰관으로서 일할 수도 있고 병원에서 당직의사로서 일할 수도 있듯이 하나님의 부름을 받는 곳에서 일을 한다면 그 자체가 주일성수라고 볼 수도 있을 것이다. 그러나 주일성수의 기본은 교회에서 예배드리고 친교 하는 것이 되어야 한다는 의미에서 가급적 일요일에 시험 보는 것을 자제하도록 국가가 노력할 필요가 있다. 그러한 의미에서 보면 굳이 일요일에 시험을 치르지 않아도 되는 주5일제하에서는 국가가 공익을 내세워 이들의 신앙의 자유를 제한할 명분은 약하다고 하겠다.

[II-4-4] 헌재 2010.5.25 2010헌마277, 2010헌사446 관공서의 공휴일에 관한 규정 제2조 위헌확인

[사실관계]

(1) **사건의 개요** 청구인은 「관공서의 공휴일에 관한 규정」 제2조가 석가탄신일과 기독탄신일을 공휴일로 지정함으로써 헌법 제20조 제2항의 정교분리원칙에 위배될 뿐만 아니라, 특정종교 기념일에 대해서만 공휴일을 인정하여 다른 종교와 차별하는 것으로서 헌법상 평등권 및 종교의 자유를 침해하고, 종교기념일에 관공서를 휴무하게 함으로써 일반국민의 행정서비스를 받을 권리를 침해한다고 주장하며, 2010.4.30. 「관공서의 공휴일에 관한 규정」 제2조의 위헌확인을 구하는 이 사건 헌법소원심판을 청구하였다.

(2) **심판대상** 청구인은 「관공서의 공휴일에 관한 규정」 제2조 전체의 위헌 여부 판단을 구하고 있으나, 청구인은 관공서의 공휴일 중에서도 석가탄신일과 기독탄신일을 공휴일로 지정하는 것이 정교분리원칙에 위반되고 종교의 자유 및 평등권 등을 침해한다는 주장을 하고 있다. 그렇다면 이 심판대상은 「관공서의 공휴일에 관한 규정」 제2조 제6호 및 같은 조 제10호 부분이 청구인의 기본권을 침해하여 헌법에 위반되는지 여부로 한정함이 상당하다.

[판결요지]

(1) 법령에 대한 헌법소원심판은, 법령의 시행과 동시에 기본권의 침해를 받은 경우에는 그 법령이 시행된 사실을 안 날로부터 90일 이내에, 그 법령이 시행된 날로부터 1년 이내에 청구하여야 하고, 법령이 시행된 후에 비로소 그 법령에 해당하는 사유가 발생하여 기본권의 침해를 받게 된 경우에는 그 사유가 발생하였음을 안 날로부터 90일 이내에, 그 사유가 발생한 날로부터 1년 이내에 청구하여야 한다. 그런데 석가탄신일과 기독탄신일을 관공서의 공휴일로 정하고 있는 이 법령조항은 2005.6.30. 개정되어 시행되었고, 이 사건은 법령의 시행과 동시에 기본권 침해가 발생한 경우라 할 것인바, 법령 시행일인 2005.6.30.부터 1년이 훨씬 경과하였음이 역수상 명백한 2010.4.30. 제기된 이 심판청구는 청구기간을 도과하였다.

(2) 그렇다면, 이 심판청구는 부적법하므로, 헌법재판소법 제72조 제3항 제2호에 따라 이를 각하한다.

[해설 및 검토]

가. 결정의 의미

이 사안은 성탄절과 석가탄신일을 국가공휴일로 정한 「관공서의 공휴일에 관한 규정」의 관련조항들이 특정종교를 차별적으로 우대하는 위헌조항임을 확인하는 심판을 청구한 것이다. 그러나 헌법재판소는 이 규정 시행일로부터 1년이 경과한 후에 심판청구라는 이유로 기각하여 위헌여부에 대한 직접적인 판단은 내리고 있지 않다. 이 사안은 다종교사회인 우리나라에서 종교적 축일을 공휴일로 하고 있는 근거가 무엇인지, 종교를 신봉하지 않는 사람들이 종교에 대해 어떠한 생각을 가지는지를 되새기게 하는 점에서 의미가 있다고 하겠다.

나. 법정 공휴일제도

(1) 공휴일 관련 규정

휴일 또는 법정공휴일에 관련되는 법 규정은 「국경일에 관한 법률」과 「관공서의 공휴일에 관한 규정」 및 「근로기준법」의 휴일에 관한 규정이다. 이 중에서 민간사업장에 적용되는 주5일 제도는 근로자의 주당 노동시간이 40시간 이상을 초과할 수 없어 1주일에 8시간씩 5일을 근무할 수 있도록 한 제도[86]로서 2004년 7월부터 단계적으로 시행에 들어가 2011년부터는 20인 미만 사업장까지 확대되었다. 또 교육법에서도 이에 발맞추어 초등학교에 이르기까지 전면적인 주5일 수업제를 시행하고 있다.

한편 법정공휴일이라고 하면 관공서의 공휴일을 말하는데 「관공서공휴일에 관한 규정」 제2조에 의하면 일요일, 4대 국경일, 추석과 설날, 3대 선거 투표일, 석가탄신일(음력 4월 8일)과 기독탄신일(12월 25일) 등을 관공서의 공휴일로 지정하고 있다. 국경일법에 의하면 현재 총 5일이 국경일로 지정되어 있지만[87] 2006년 공휴일 규정의 개정으로 한글날이 법정공휴일에서 빠졌다.

(2) 공휴일 지정

어느 날을 공휴일로 정할 것인가는 그 나라의 역사와 문화에 크게 좌우된다. 기독교 문명을 바탕으로 하는 서구 국가들은 기독교에서 가장 중요한 축일인 성탄절과 부활절은 물론이고 성령강림절, 추수감사절 등을 휴일로 하고 있음은 물론이다. 그 외에도 그 나라의 정체성 확립에 기념이 될 만한 중요한 기념일, 가령 독립기념일이나 혁명기념일, 현충일 등이 공휴일로서 지정되는 것이 보통이다.

특정일을 공휴일로 지정함에 있어서는 국가의 중립성 유지 및 평등성의 가치를 확보해야 한다. 즉 국가가 역사인식이나 문화해석에서 편파적이거나 어느 집단에게만 유리한 차원을 전제하고서 특정한 날을 지정하여서는 안 된다. 이런 이유에서 국가는 다양한 공론화 작업 내지는 소통 경로를 통하여 편중되지 않은 입장에서 날을 선정하여야 하며, 그것이 특정한 종교 내지 사상과 밀접하게 닿아 있다면 더더욱 신중한 자세를 견지하여야 한다.[88]

---

86) 근로기준법 제50조.
87) 3·1절(3월 1일), 제헌절(7월 17일), 광복절(8월 15일), 개천절(10월 3일), 한글날(10월 9일) 등 5일이다.
88) 김진곤, 「법정 공휴일의 헌법적 의미와 입법형성의 한계」, 『公法研究』, 第39輯 第1號, 2010, 146면.

다. 사례의 검토

그렇다면 성탄절과 석가탄신일을 공휴일로 지정한 것이 이 사례에서 청구인이 주장한 것처럼 정교분리원칙에 어긋난 것일까? 이에 답하기 전에 우선 성탄절과 석가탄신일이 공휴일로 지정된 경위와 그 근거를 살펴볼 필요가 있다.

(1) 성탄절

성탄절은 건국 초기인 1948년부터 임시공휴일로 지정되었다.[89] 그런데 당시 기독교인이 개신교와 천주교를 합하여 10%에도 미치지 못하는 상황에서 성탄절이 관공서의 공휴일로 지정된 것은 순전히 기독교 장로인 이승만 대통령의 개인적 소신에 의해 뒷받침된 것이라는 견해가 있다.[90] 물론 그렇게 볼 수도 있겠지만 한국 근대화에 끼친 기독교의 기여라든가 일제하에 신사참배 거부와 같은 민족운동에 미친 기독교의 영향 등이 반영된 것이지 반드시 신도의 숫자만으로 평가할 일은 아니다. 더구나 성탄절은 당시에도 이미 전 세계적인 축일이 되고 있어 그에 대한 국민적 저항감이 거의 없었던 것이 중요한 이유일 것이다.

이에 대해서는 "성탄절은 우리 민족 내부에서의 관습화된 문화로서의 성격은 미약하지만 세계적인 차원에서 폭넓게 인정이 되는 문화가치로서의 의미를 가지게 되고 이런 측면에서 성탄절의 공휴일 지정은 기독교란 종교에 대한 특권을 부여하는 차별이 아니고 국내·국제적인 문화적인 가치의 보호라는 측면에서 위헌성이 배제될 수 있다"는 견해에 공감한다.[91]

(2) 석가탄신일

불교의 기념일인 석탄일(석가탄신일)은 1970년대 불교계의 주장으로 뒤늦게 공휴일로 지정되었다. 그런데 석탄일이 성탄절에 비해 늦게 공휴일로 지정된 것이 마치 역대 정권의 불교계에 대한 차별정책의 소산이라는 주장은 석탄일의 유래에 대한 오해에서 나온 것이 아닌가 한다. 불교가 우리나라에 전래된 지 1,600년이 지났지만 부처님 생신일이 국가에 의해 공식적으로 명일로 지정되거나 가려진 적이 없다. 이는 호국불교의 전통에서 불교가 그 생존을 위해 왕권과 국가

---

89) 「관공서의 휴일에 관한 건」 대통령령 제124호, 1949.6.4.
90) 송기춘, 「종교 관련 제도의 헌법적 문제점과 그 개선방향」, 『헌법학연구』, 12권 5호(2006.2.12), 135면.
91) 최우정, 「헌법상 정교분리원칙과 문화국가원리」, 『헌법판례연구』, 제7권(2005.12), 162면.

권력의 지속 및 번영을 축원하는 국가적 불교의례에 치중함으로써 상대적으로 부처님 생신과 관련된 불교명일의 의례나 기념행사를 소홀하게 만들었기 때문이라고 한다. 사실 현재 석탄일로 지키는 음력 4월 초파일도 고려 중기 이후 민속놀이와 더불어 발전해온 민속명절의 성격을 가지고 있다고 한다.[92]

이와 같이 오랜 역사를 가진 불교의 석탄일은 관습화된 문화요소로서 기능을 하고 이런 의미에서 단순한 종교적 기념일 이상의 문화적 가치를 가지는 것으로 이해할 수 있다. 석탄일은 헌법적 문화가치로서 존재하는 것이고 관공서의 공휴일에 관한 규정에서 석탄일을 공휴일로 지정한 것은 이런 점에서 위헌의 소지가 약하다고 본다.[93]

---

92) 진철승, 「부처님 오신 날 '공휴일' 폐지하자?」, 『갈라진 시대의 기쁜 소식』, 535호, 2002.
93) 최우정, 위 논문, 162면.

5. 화폐문양과 종교차별

[II-5-1] 헌재 1997.3.27 96헌마68 일만 원권 지폐 등 위헌확인

[II-5-1A] 헌재 2006.2.7 2006헌마20 오천 원권 지폐 문양도안 위헌확인

[사실관계]

(1) 기독교 교회의 목사인 甲은 1996.2.24. 유통되고 있는 우리 화폐의 도안은 甲의 자유와 종교
    적 평등권을 침해한다는 이유로 화폐발행권자인 한국은행총재(乙)를 상대로 헌법소원심판청
    구를 하였다.
(2) 1만 원권 지폐에는 용과 연꽃, 주역의 팔괘 중 이(離)괘가 도안되어 있는데, 용은 기독교에서
    는 마귀를 상징하는 동물인 반면 불교에서는 상서로운 동물이고 연꽃은 불교의 상징물이며
    팔괘는 주역의 점술 괘이다.

(3) 5천 원권 지폐에는 봉황, 연꽃, 촛불, 주역의 팔괘 중 감(坎)괘가 도안되어 있고, 봉황은 기독교에서 배척하는 동물이며 촛불은 제사를 상징한다.

(4) 1천 원권 지폐에는 열 뿔 짐승, 연꽃, 주역의 팔괘 중 곤(坤)괘가 도안되어 있고, 열 뿔 짐승은 역시 기독교에서 마귀를 의미한다.

(5) 5백 원 주화에는 학이 도안되어 있고, 학은 기독교에서 싫어하는 동물이다.

(6) 10원 주화에는 다보탑이 도안되어 있고, 이것은 불교의 상징물로서 기독교인들에게 신사참배를 강요하는 것과 같다.

(7) 乙은 현행 화폐의 도안 소재인 동물은 甲이 주장하는 성경에서 지칭하는 동물과는 연관이 없을 뿐만 아니라, 여론수렴을 통하여 상서롭고 장수를 상징하는 동물 또는 우리나라의 대표적인 문화재를 도안으로 한 것이며 특정 종교의 상징물을 채택한 것이 아니라고 주장하였다.

[결정요지]

(1) 헌법재판소법 제68조 제1항에 의한 헌법소원은 '공권력의 행사 또는 불행사로 인하여 헌법상 보장된 기본권이 침해될 개연성'이 있을 때 비로소 적법한 소원이 되어 헌법재판소의 본안판단을 받을 수 있다.

(2) 그런데 위 도안들은 무슨 종교적 의미가 있다고 보기 어렵다. 甲이 문제 삼은 주역의 4괘나 태극무늬는 우리나라의 전통문화의 한 요소를 이루고 있는 고래의 주역철학에서 사용되는 도안이고 이 도안들은 심지어 우리나라 국기의 모양을 형성하는 데 사용될 정도로 국가나 민족의 전통문화의 일부로 받아들여지고 있으며 여기에 무슨 특별한 종교적 인식이 결부되어 있는 것은 아니다. 일부 민간에서는 점을 치는 사람들이 4괘나 태극을 사용하는 일이 있지만 비록 그렇다고 하여도 이들 도안이 종교적 숭배의 대상 또는 종교적 상징으로 된다거나 이를 사용한 복점의 결과가 종교적으로 신앙된다고 볼 수는 없다.

(3) 뿐만 아니라 이들 도안을 국가의 기본통화에 사용하는 행위는 그 성질상 국민 개개인의 구체적인 권리나 의무에 객관적으로 무슨 구체적인 제한을 가져오는 그런 공권력의 행사라고 보기 어렵다.

(4) 그렇다면 위 도안들을 포함한 5천 원권 지폐를 乙이 발행하였다고 하여도 이것은 甲이 주장

하는 종교의 자유나 종교적 평등권 등과는 아무런 관계가 없고 따라서 이들 기본권이 침해될 가능성은 없다고 봄이 상당하므로 甲의 헌법소원은 부적법한 것임을 면할 수 없다.

[해설 및 검토]

가. 결정의 의미

위 사례는 우리나라가 발행한 구 화폐인 1만 원권, 5천 원권, 1천 원권 지폐와 5백 원, 10원 주화에 사용된 문양에 특정 종교를 상징하는 동물이나 도안 등이 포함되어 있어 기독교인의 종교의 자유와 종교적 평등권을 침해한다는 주장을 다룬 것이다. 헌법재판소는 구 화폐의 도안 소재인 동물들은 성경에서 지칭하는 동물과는 연관이 없을 뿐만 아니라, 장수를 상징하는 동물 또는 민족의 전통문화의 일부로 받아들여지고 있는 도안으로서 종교와는 상관없으며, 또 국가의 기본통화에 어떠한 문양을 사용하는가는 국민의 구체적인 권리의무에 제한을 가져오는 것이 아니라는 이유로 기각하였다.

화폐에 어떠한 인물이나 문양을 사용하는가는 이처럼 예민한 문제이므로 현재 사용되고 있는 화폐에는 이러한 종교적 색채가 있는 조형물들을 다 없애고 앞면에는 우리 역사에서 가장 대표적인 인물인 신사임당(5만 원권), 세종대왕(1만 원권), 율곡(5천 원권)과 이이(1천 원권), 그리고 후면에는 대표적 문화재 등을 넣었다.

나. 화폐도안과 국가정체성

(1) 화폐도안의 내용

화폐는 국민들이 가장 많이 사용할 뿐 아니라 그 나라의 얼굴이라고 할 수 있기 때문에 대부분 그 나라를 대표하는 인물이나 도안을 포함한다. 가령 미국의 달러에 워싱턴 대통령과 링컨 대통령, 영국의 파운드에는 엘리자베스 여왕, 중국의 위안화에 모택동이 사용되고 있는 것이 그 대표적인 사례이다. 그리고 화폐의 뒷면에는 그 나라를 상징하는 건물이나 그림, 자연물 등이 담겨진다.

화폐에는 이 외에도 금액의 표시, 발권은행, 일련번호가 들어 있으며 고액권에는 위조를 방지하기 위한 특수한 표지가 들어 있다. 한편 우리나라 화폐에는 없지만 다른 나라의 경우 그 나라의 대표적 신념을 나타내는 문구가 들어가는 경우가 있다. 가령 미국의 달러에는 "IN GOD WE TRUST"라는 문언이 있는데 이는 미국의 역사 속에 나타나는 자본주의와 기독교의 갈등을 해소하고 조화를 이루기 위한 미국의 건국정신의 한 상징적 표현이라고 한다.[94]

(2) 대한민국 화폐 도안

이과 같이 화폐는 경제적 수단일 뿐만 아니라 한 나라의 정체성을 나타내는 상징이므로 현재 우리나라의 화폐에는 이황과 도산서원(1,000원권), 이이와 오죽헌(5,000원권), 세종대왕과 경회루(1만 원권)가 앞면과 뒷면에 도안되어 있다. 신권인 만 원권에는 천문도인 '천상열차분야지도', 혼천의가 달린 추시계 혼천시계, 그리고 보현산 천문대 망원경, 일월오악도, 한글 용비어천가가 들어 있으며 모두 한국을 대표하는 상징물이며 세계적인 자랑거리이다.

우리나라 초기의 화폐에는 이승만 대통령의 초상이 포함되기도 하였지만 1972년부터 현재와 같이 율곡 이이(72년), 세종대왕(73년), 퇴계 이황(75년)이 인물 도안으로 차례차례 도입되었다. 그리고 2009년 6월 23일부터 시중에 유통된 5만 원권에는 '신사임당'이 들어가게 되었는데, 한국은행은 신사임당의 선정 이유를, 우리 사회의 양성평등의식 제고와 여성의 사회 참여에 긍정적으로 기여하고 문화를 중시하는 시대정신을 반영하였고, 자녀의 재능을 살린 교육적 성취를 통해 교육과 가정의 중요성을 환기하는 등의 효과가 기대된다고 밝힌 바 있다.[95]

다. 사례의 검토

甲이 문제 삼은 주역의 4괘나 태극무늬는 우리나라의 전통문화의 한 요소를 이루고 있는 고래의 주역철학에서 사용되는 도안이고 우리 화폐의 도안들은 우리나라 국기의 모양을 형성하는데 사용될 정도로 국가나 민족의 전통문화의 일부로 받아들여지고 있으며 여기에 무슨 특별한 종교적 인식이 결부되어 있는 것은 아니다. 일부 민간에서는 점을 치는 사람들이 4괘나 태극을 사용하는 일이 있지만 비록 그렇다고 하여도 이들 도안이 종교적 숭배의 대상 또는 종교적 상징

---

94) 김범성, 「보훈의 상징과 화폐도안에 관한 연구」, 『한국보훈논총』, 제6권 1호, 2007년 여름, 81면.
95) 5만 원권 인물 도안에 관한 각계의 주장에 대해서는 김범성, 위 논문 참조.

으로 된다거나 이를 사용한 복점의 결과가 종교적으로 신앙된다고 볼 수는 없다.

따라서 乙이 발행하였다고 하여도 이것은 甲이 주장하는 종교의 자유나 종교적 평등권 등과는 직접적인 관계가 없고 이들 기본권이 침해될 가능성은 없으므로 甲의 헌법소원은 부적법하다는 헌재 결정 취지에 동감한다.

Ⅲ. 종교와 행정규제

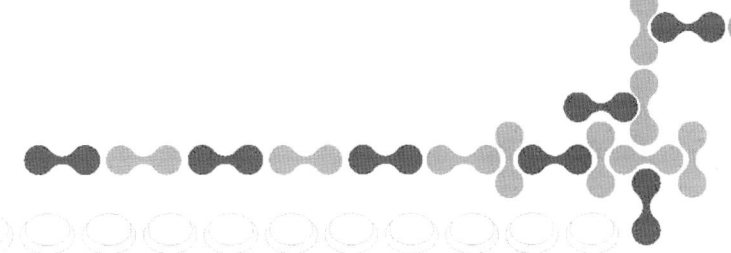

누가복음 20:25 가이사의 것은 가이사에게, 하나님의 것은 하나님께 바치라.
로마서 13:7 모든 자에게 줄 것을 주되 조세를 받을 자에게 조세를 바치고 관세를
받을 자에게 관세를 바치고 두려워할 자를 두려워하라.

헌법 제38조 모든 국민은 법률이 정하는 바에 의하여 납세의 의무를 진다.
헌법 제31조 ④ 교육의 자주성·전문성·정치적 중립성 및 대학의 자율성은 법률
이 정하는 바에 의하여 보장된다.

1. 종교와 세금

[종교와 세금 개관]

가. 정교분리와 종교의 과세

헌법 제38조는 모든 국민은 법률이 정하는 바에 의하여 납세의 의무를 진다고 규정하여 납세의무는 모든 국민이 평등하게 지는 기본적 의무임을 선언하고 있다. 조세평등주의는 모든 국민은 조세와 관련하여 평등하게 취급되어야 하며, 조세부담은 국민의 조세부담능력에 따라 공평하게 배분되어야 한다는 원칙을 말한다. 그러므로 합리적 이유 없이 특정의 납세의무자를 과세상 불리하게 차별하거나 우대하여서는 아니 되며, 개인의 경제적 부담능력에 상응하여 공정하고 평등하게 조세부담이 배분될 것을 요구하는 원칙이다.

따라서 원칙적으로 종교단체나 신부, 목사, 승려 등 성직자도 일반 국민과 마찬가지로 납세의무를 부담해야 한다. 그런데 우리 세법은 종교단체에 대해서 일반 공익단체에 준하여 비과세 특례를 인정하고 있지만 성직자들의 소득세에 대해서는 아무런 근거규정이 없이 다만 관행적으로 비과세처리를 하고 있다. 이에 따라 그 정당성과 근거에 관한 논란이 거세다.

나. 과세체계

(1) 세금의 뜻과 종류

세금 또는 조세(租稅)는 국가 등 정부기관이 특정한 목적의 달성 등을 위하여 국가의 생활비로서 개개인에게 소득 또는 행위에 대하여 징수하는 것이다. 조세의 종류로는 과세권자에 따라 국세와 지방세로 나뉘며, 과세 방법에 따라 직접세와 간접세로 나뉜다.

직접세는 납세자가 국가 또는 지방 자치 단체에 직접 납부하는 것으로, 소득세, 법인세 등이 이에 해당한다. 간접세는 납세자가 직접 납부하지 않고 납세 의무자인 사업자 등을 통해 납부하는 세금으로 소비세, 주세 등이 이에 해당한다. 이렇게 직접세와 간접세의 차이는 납세자로부터 담세자에게로 세금 부담을 떠넘기느냐 여부에 따라 달라지는데 세금의 전가유무는 그때의 경제적인 여러 상황에 따라 여러 가지가 될 수 있다.

(2) 국세

국세에 관한 법률은 법인세법, 소득세법, 부가가치세법 등이 있으며 이들은 각각 법인의 소득, 개인의 소득, 부가가치대상인 재화용역의 공급을 그 과세대상으로 하고 있다. 이 중에서 ① 직접세에는 소득세, 법인세, 상속세, 증여세, 종합부동산세, 재평가세, 부당이득세가 있고, ② 간접세에는 부가가치세, 개별소비세, 주세, 증권거래세, 교통·에너지·환경세, 교육세, 인지세, 농어촌특별세가 있으며, 기타 ③ 관세가 있다.

(3) 지방세

지방세는 지방세법에 의해 지방자치단체가 국가로부터 부여받은 과세권에 기하여 지방재정수입에 충당하기 위하여 관할구역 내의 주민, 재산 또는 수익 등에 대하여 부과하는 조세이다. 지방세는 그 수입 용도에 따라 재원별로 구분하여 일반재원에 충당되는 것을 보통세라 하고, 특정 목적에 충당되는 것을 목적세라 한다. ① 보통세에는 취득세, 재산세, 등록면허세, 레저세, 주민세, 자동차세, 지방소득세와 지역자원시설세가 있으며, ② 목적세에는 도시계획세, 공동시설세, 사업소세, 지역개발세, 지방교육세 등이 있다.

다. 종교단체에 대한 비과세

(1) 이론적 근거

종교단체의 비과세 근거를 정교분리원칙에서 찾는 견해가 있다.[1] 정교분리원칙하에서 국가가

---

1) 김성규, 「종교법인의 과세제도 개선방안」, 부산대학교 석사학위논문(2009), 9~10면.

종교단체에 과세하게 된다면, 국가가 종교활동에 간섭하는 결과를 낳게 될 수 있으므로 원칙적으로 비과세한다는 것이다. 이에 대해 종교단체는 국가나 지방자치단체를 대신하여 공익적 활동을 행하므로 국가나 지방자치단체가 그 활동을 조성하기 위하여 조세우대조치를 하는 것으로 이해하는 공익설이 있다.[2] 즉 종교단체는 국가나 지방자치단체가 예산으로 시행해야 할 사회봉사나 자선, 교육 기타 공익사업을 수행하기 때문에 그 대가로서 비과세혜택을 부과한다는 것이다.

대법원은 공익설의 입장에서 국가의 행정서비스를 대신하는 종교단체에 대한 보상차원에서 비과세 혜택을 부여한다고 보고 있다. 공익설에 의할 경우 종교단체뿐만 아니라 일반적인 비영리단체에 대한 비과세 논리와 동일하므로 정교분리원칙 위반 여부는 문제되지 않는다. 다만 종교단체에 대한 세제혜택은 세원을 감소시키고 결과적으로 다른 납세자에게 더 많은 세금을 부담하게 하는 결과를 초래함으로써 조세부담의 효율성과 형평성을 해친다는 비판도 있다. 따라서 종교단체가 종교활동을 통한 공익성을 도모한다는 명분을 내걸고 재산출연을 하여 조세회피를 하고 부의 세습수단으로 악용되는 것을 막는 제도적 장치를 보완해야 하며 종교단체의 활동이 종교 그 본래의 기능과 역할을 할 수 있도록 하여야 할 것이다.[3]

(2) 지방세 특례

종교단체에 대한 비과세 대상 세금은 주로 종교단체가 취득하는 재산에 대한 취득세, 재산세, 등록면허세와 같은 지방세이며, 그 면제에 대해서는 「지방세특례제한법」[4]이 적용된다.

① 취득세: 지방세특례제한법 제50조 제1항에 의하면 종교 및 제사를 목적으로 하는 단체가 해당 사업에 사용하기 위하여 취득하는 부동산에 대하여는 취득세를 면제한다. 다만, 수익 사업에 사용하는 경우와 취득일부터 3년 이내에 정당한 사유 없이 그 용도에 직접 사용하지 아니하는 경우 또는 그 사용일부터 2년 이상 그 용도에 직접 사용하지 아니하고 매각·증여하거나 다른 용도로 사용하는 경우 그 해당 부분에 대하여는 면제된 취득세를 추징한다.[5] 이 조항의 적용에 있어서 가장 핵심은 '해당 사업에 사용하기 위해서'라는 기준을 어

---

2) 강인애. 「조세법과 종교단체(상)」, 『변호사·법률실무연구』, 서울지방변호사회, XIX, 131면.
3) 단국대학교 산업경제연구원, 「종교단체 조세지원제도 개선방안에 관한 연구」, 문화관광부(1998), 137~138면.
4) 법률 제10220호 신규제정 2010.3.31. 이 법은 종래 단일법 체계이었던 「지방세법」을 분야별로 전문화·체계화하기 위하여 과세면제 및 경감에 관한 규정, 세목별로 감면적 성격이 강한 비과세 규정 및 지방자치단체의 감면에 관한 조례 중에서 전국 공통으로 적용되는 감면사항을 이 법에 일괄 규정함으로써 지방세 감면을 체계적으로 관리하여 공평과세를 실현하려는 것을 그 입법목적으로 하고 있다.
5) 서울시는 2012년도 상반기 서울에 살거나 주소지를 둔 사회지도층과 종교단체를 대상으로 약 13억 원의 체납세

느 범위로 할 것인가이다. 다음의 사례 [Ⅲ-1-1]에서는 교회 밖에 위치한 목사관이 이에 해당한다고 본 반면, [Ⅲ-1-5]에서의 부목사 사택, [Ⅲ-1-6]에서의 은퇴한 신부의 사택은 모두 비과세 대상이 아니라고 판시하였다. 또 [Ⅲ-1-4]에서는 교회주차장을 교회 목적사업에 직접 사용되는 시설로 보았지만, 종교단체의 학생기숙시설은 해당 사업에 직접 사용하는 경우에 해당하지 않는다고 하며.6) 해외 선교회 대표의 국내 사택은 선교활동과 직접적인 연관이 없으므로 비과세 대상이 아니라고 한다.7)

② 재산세: 종교 및 제사를 목적으로 하는 단체가 과세기준일 현재 해당 사업에 직접 사용하는 부동산8)에 대하여는 재산세9) 및 「지방세법」 제146조 제2항에 따른 지역자원시설세를 각각 면제한다. 다만, 수익사업에 사용하는 경우와 해당 재산이 유료로 사용되는 경우의 그 재산 및 해당 재산의 일부가 그 목적에 직접 사용되지 아니하는 경우의 그 일부 재산에 대하여는 면제하지 아니한다(지방세특례제한법 제50조 제2항). 사례 [Ⅲ-1-2]에서는 선교 사업을 목적으로 하는 민법상 비영리법인이 운영하는 병원의 의료사업에 수익성이 있다면 일부 극빈 환자들에 대하여 진료비 감면의 혜택을 준다 하여 이 병원을 비과세대상이라 할 수 없다고 본 반면, 사례 [Ⅲ-1-2]에서는 교회 수양관을 다른 교회 신도들에게도 사용료를 받고 이용하게 하였으나, 그 이용횟수, 이용료 및 이용실태 등을 고려하여 보면, 그 수양관 건물을 수익사업 용도가 아니어서 비과세 대상이라고 보았다.

③ 등록면허세 등: 종교 및 제사를 목적으로 하는 단체가 그 사업에 직접 사용하기 위한 면허에 대하여는 등록면허세를 면제하고, 해당 단체에 대하여는 주민세 재산분 및 지방소득세 종업원분을 각각 면제한다.10) 다만, 수익사업에 관계되는 대통령령으로 정하는 주민세 재산분 및 지방소득세 종업원분은 면제하지 아니한다(지방세특례제한법 제50조 제3항).

④ 지역자원시설세: 종교 및 제사를 목적으로 하는 단체에 생산된 전력 등을 무료로 제공하는

금을 추징했다고 밝혔는데 이 중에서 종교단체는 교회 37곳이 49억 원, 사찰 5곳이 3억 원을 체납한 것으로 나타났다. 종교단체는 대부분 부동산을 취득해 지방세를 비과세 받고 나서 2년 이상 보유하고 3년 이상 종교 목적으로 사용해야 하는데 이를 지키지 못한 경우이다.

6) 대판 2008.4.24. 2008두693 판결.
7) 대판 2012.5.24. 2011두15183 판결.
8) 해당 사업에 직접 사용할 건축물을 건축 중인 경우와 건축허가 후 행정기관의 건축규제조치로 건축에 착공하지 못한 경우의 건축 예정 건축물의 부속토지를 말한다(지방세특례제한법 시행령 제25조 제1항).
9) 「지방세법」 제112조에 따른 부과액을 포함.
10) 등록면허세는 종전의 등록세 중 취득을 원인으로 등기·등록되는 과세대상은 취득세로 흡수되고 그 나머지 재산권과 종전의 면허세를 통폐합하여 새로이 등록면허세라는 세목을 신설하여 2011년부터 시행하게 되었다(이원주, 「종교단체와 성직자의 과세제도에 관한 연구」, 고려대학교 석사학위논문, 2011, 54면).

경우 그 부분에 대하여는 「지방세법」 제146조 제1항에 따른 지역자원시설세를 면제한다(지방세특례제한법 제50조 제4항).

⑤ 경내지에 대한 재산세 면세: 사찰림(寺刹林)과 「전통사찰의 보존 및 지원에 관한 법률」 제2조 제1호에 따른 전통사찰이 소유하고 있는 경우로서 같은 조 제3호에 따른 경내지(境內地)에 대하여는 재산세(「지방세법」 제112조에 따른 부과액을 포함한다)를 면제한다. 다만, 수익사업에 사용하는 경우와 해당 재산이 유료로 사용되는 경우의 그 재산 및 해당 재산의 일부가 그 목적에 직접 사용되지 아니하는 경우의 그 일부 재산에 대하여는 면제하지 아니한다(지방세특례제한법 제50조 제5항).

⑥ 주민세: 법인의 사업장 중 종교의식을 행하는 교회·성당·사찰·불당·향교 등에 대하여는 주민세 균등분을 면제한다(지방세특례제한법 제50조 제6항).

(3) 기타 관련세법

① 국세기본법: 국세징수법은 제사·예배에 필요한 물건, 비석 및 묘지는 압류금지재산으로 규정하고 있으며(제31조 제4호), 직무상 필요한 제복·법의(法衣) 또한 압류를 금지하고 있다(제31조 제7호). 여기에서 압류금지는 절대적 금지로서 체납자가 승낙한 경우에도 압류할 수 없다고 본다.[11]

② 개별소비세법: 외국으로부터 사원·교회 등에 기증되는 의식용품 또는 예배용품으로서 탁자류·불기·화병·염주·다기·솥·교단·촛대·성찬용 각종 기구·법의(가사를 포함한다)·예복·성포·성막 및 베일 등 종교용품에 대해서는 납세의무자의 신고에 의하여 개별소비세가 조건부 면제된다(개별소비세법 제18조 제1항 제5호, 동법 시행령 제32조).

③ 종합부동산세법(조세특례제한법): 개별 종교단체가 소유한 주택 또는 토지 중 종교단체의 명의로 2005년 1월 4일 이전에 등기한 주택 또는 토지에 대해서는 그 종교 단체를 소유자로 간주하며, 그 명의로 종합부동산세를 신고할 수 있다(조세특례제한법 제104조의13 제1항).

---

11) 강인애, 『판례주석 국세징수법』(2004), 다산출판사, 446면.

라. 성직자에 대한 비과세

신부나 목사, 승려 등 성직자들의 소득은 크게 근로소득과 사업소득, 그리고 기타 소득으로 나누어 볼 수 있다.

(1) 소득유형과 관련세법

① 사업소득: 사업소득이란 일정한 사업에서 발생하는 소득으로서 여기서 사업은 '영리를 목적으로 자기의 계산과 책임하에 계속·반복적으로 행하는 사회적 활동'을 말한다. 따라서 성직자들이 출판한 서적의 인세라든가, 여러 군데 다니면서 계속, 반복적으로 강연을 함으로써 발생하는 수입 등은 여기에 속한다. 그런데 소득세법 제12조는 종교활동으로 인한 사업소득을 비과세 대상으로 규정하고 있지 않다. 따라서 성직자의 종교활동이 타인에게 종속되지 않고, 계속·반복적인 행위로 소득이 발생한다면 과세할 여지가 있다.[12]

② 근로소득: 근로소득이란 고용계약 또는 위임계약 등 고용계약과 유사한 원인에 기초하여 사용자의 지휘명령에 따라 근로를 제공하고 그 대가로서 사용자로부터 지급받는 급여를 말한다. 그리고 근로의 대가로서 받는 한 급여는 그 명칭에 상관없이 봉급·급료·보수·세비·임금·상여·수당과 이와 유사한 성질의 급여를 모두 포함한다(소득세법 제20조 제1항 제1호). 교회를 예를 들면 담임목사, 부목사, 전도사, 사찰집사 등이 '사례비' 명목으로 매월 일정액을 받고 있는데 이는 소득세법에서 말하는 급여에 포함될 소지가 있다. 다만 성직자가 받는 보수가 급여에 해당하기 위해서는 성직자가 근로기준법상 종속적 근로관계에서 일하는 '근로자'이어야 하는데 이에 관해서는 다음에서 보는 바와 같이 견해가 크게 나누어진다.

③ 기타소득: 근로소득이나 사업소득 그리고 배당소득 이외의 소득을 말한다. 가령 목사들이 부흥회나 세미나에서 받는 사례비나 방송 등의 출연료로 받는 소득이 이에 해당한다. 물론 대학 강의와 같이 계속, 반복적으로 소득이 발생할 경우에는 앞에서 말하는 사업소득에 해당한다. 성직자들이 퇴직 시 받는 퇴직소득도 과세 대상이 된다.

---

12) 이원주, 위 학위논문, 64면.

이와 같이 성직자들의 근로소득, 사업소득, 기타소득과 퇴직소득 등에 대해서는 소득세법상 아무런 특례규정이 없음에도 불구하고 관행상 세금을 부과하지 않았다. 이에 따라 성직자들에게 비과세 특혜를 부여하는 것이 과연 타당한가, 그 근거는 무엇인가에 대해서는 많은 논란이 있다.[13]

(2) 과세 반대론

과세 반대론의 논거를 보면 ① 성직자의 보수는 신도들의 헌금(기부금)에서 지급되는데 이러한 기부금에 대해서는 이미 과세가 된 것으로 다시 과세하는 것은 이중과세라는 견해,[14] ② 성직자는 월급을 받고 일하는 근로자가 아니며, 따라서 근로시간에 구애받지 않고 새벽기도에서부터 밤늦은 시간까지, 그리고 일반 근로자들이 휴식을 취하는 일요일에 더욱 높은 강도로 전인격적 헌신을 하는 성직수행자라는 견해,[15] ③ 성직자의 활동은 개인의 이익추구를 위한 것이 아니고 공익을 위한다는 측면에서 비과세되어야 한다는 견해,[16] ④ 기독교를 위시한 종교가 우리나라에 전래된 이래 아직 한 번도 종교인 과세가 이루어지지 않아 이것이 한국사회에서 하나의 제도로서 자리 잡았다는 견해[17] 등이 있다.

(3) 과세 찬성론

과세를 찬성하는 논거로는, ① 성직자의 비과세에 대한 어떠한 법적 근거가 없는 상황에서 이들에 대해서 비과세특례를 인정하는 것은 공평과세 원칙에 어긋난다는 견해가 가장 우세하며 이외에도 ② 성직자가 근로자인지 아닌지는 신앙의 영역에서가 아니라 세법의 관점에서 판단해야 하며 그럴 경우, 학생을 가르치는 일이나, 공직을 수행하는 일이나, 나라를 지키는 일이나 어느 하나 성스럽지 않은 일이 없다는 견해, ③ 성직자 중에서도 자진해서 납부하는 경우에는 이를 받아주고 있어 비과세 관행이 제도적으로 확립되었다고 볼 수 없다는 견해 등이 있다.[18]

---

13) 1992년 한명수 당시 수원 창훈대교회 담임목사와 '기독교윤리실천운동'의 손봉호 당시 서울대교수 간의 지상 토론(1992.1. ~ 1992.7. 『월간목회』)이 공개토론(1992.9)으로 이어지며 큰 논란이 되었다.
14) 김성규, 「종교법인의 과세제도 개선방안」, 부산대학교 석사학위논문(2009), 72면.
15) 김영배, 「종교인은 과세의 십자가를 질 것인가?」, 『한겨레21』(2007.7), 제669호.
16) 단국대학교 산업경제연구원, 앞의 논문, 149면.
17) 김영훈, 「목회자 납세문제의 전망」, 한국교회법연구원, 제5회 교회법세미나 발표문(2008).
18) 이에 대해서는 이원주, 위 논문 24면 이하 참조.

(4) 판례 등

성직자의 과세문제를 정면으로 다루고 있는 대법원 판례는 아직 찾아보기 어려운데, 다만 부목사나 교육전도사 등은 종속적 관계에 있다고 보기 어렵고 지급되는 보수도 생활보조금의 성격이 강하다는 이유로 근로기준법상 근로자가 아니라고 한 판결은 있다.19) 또 [Ⅲ-1-7]에서 서울행정법원은 조세형평의 원칙상 종교인의 소득세 납부에 관련된 정보공개 청구를 받아들였다.20) 한편 국세청장이 종교인의 탈세를 방관한다는 이유로 고발당한 사건에서 검찰은 2006년 8월에 "종교인에 대한 과세의무가 명문화돼 있지 않고, 건국 이후 성직자에게 세금을 물리지 않은 관행 등에 비춰 비과세를 국세청장의 고의적 직무태만으로 볼 수 없다"며 무혐의 처리했다.21) 또 국세청 등 과세관청에서는 성직자의 과세문제에 대하여 강제 징수할 의사는 없으며 성직자의 자율에 맡긴다는 공식적인 입장을 밝힌 바 있다.22)

(5) 자진납세

소득세는 납세의무자가 자기의 소득세 과세표준과 세액을 스스로 과세관청에 신고하여야 하는 신고납세제도를 택하고 있어 확정신고에 의해 그 납세의무가 구체적으로 확정된다. 그리하여 천주교의 경우, 1994년 주교회의 결정으로 국내 전체 16개 교구 중 12개 교구가 성직자 급여에 대한 원천징수를 실시하고 있으며 개신교에서는 대형·중견교회를 중심으로 원천징수 방식으로 소득세를 납부하는 교회들이 늘어나고 있다고 한다. 불교계 역시 자진신고를 이행해온 종교인이 상당수 존재하며, 불교 최대 종단인 조계종도 종교인 과세문제에 원칙적으로 반대하지는 않는다는 입장을 밝힌 바 있다.23)

(6) 검토

이상의 설명에서 보듯이 성직자에게 비과세 특례를 부여하는 것은 명확한 법적 근거도 없을 뿐 아니라 과세당국도 주면 받고 아니면 그만두라는 식의 소극적인 자세로 일관하고 있다. 이는 국가가 종교를 존경해서가 아니라 한국의 정치상황에서 종교인들이 가지고 있는 표를 의식한

---

19) 대법원 1992.2.14 선고 91누8098 판결; 서울행정법원 2006.3.29 선고 2006구합7249 판결.
20) 서울행정법원 2012.8.16 선고 2011구합36838 판결.
21) 허원, 「종교인에 대한 과세논의와 그 의의」, 『이슈와 논점』, 제423호(2012.4.2).
22) 이원주, 위 논문 참조.
23) 허원, 위의 글 참조.

대단히 정치적인 행태라고 아니할 수 없다.

결국 핵심은 성직자가 '근로자'인가 하는 점인데, 다른 종교에서는 몰라도 기독교는 이에 대해 매우 부정적이다. 왜냐하면 기독교의 성직자를 흔히 '목사' 또는 '목회자'라고 부르는데 이 용어는 예수그리스도가 부활한 후 사도 베드로에게 "네가 나를 사랑하면 내 양떼를 치라"라고 세 번씩이나 명령한 데서 유래한다.24) 따라서 목사는 주님이 맡겨주신 양떼(신도)를 인도하는 영적 지도자이지 이들에게 고용되어 종속적 근로관계에서 급여를 받는 피고용인이 아니라는 것이다.

그러나 이는 교리적 해석일 뿐 세속법인 근로기준법을 해석하는 기준이 될 수는 없다. 성직자들이 교회 등 종교단체로부터 매 기간에 정기적으로 일정액의 보수가 지급이 되고, 이 보수는 생활비 등 종교활동과 관련 없는 용도로 사용가능하며, 사용하고 남은 돈을 성직자 본인의 소유로 귀속할 수 있고, 그 귀속된 돈을 축적할 수 있으며, 그 축적된 돈을 성직자 임의로 증여할 수 있거나 또는 상속인들에게 상속할 수 있다면 이는 소득세법상 근로소득으로 보아야 한다.25) 그리고 이에 대해 비과세를 할 필요가 있으면 법에 정면으로 비과세 여부에 대한 규정을 두어야 할 것이다.

다만 한 가지 유의할 점은 성직자의 과세문제가 불거진 것은 세속화된 몇몇 대형교회나 사찰에 국한된 것이라는 점이다. 대부분의 영세한 교회의 성직자들은 최저 임금에도 못 미치는 적은 보수를 받으면서도 전인격적인 충성을 하고 있어 성직자 과세 문제는 이들에게는 먼 나라 이야기일 뿐이다. 진실한 하나님의 종들이 바라는 보수는 이 땅의 것이 아니라 썩지 않는 영원 세계의 상급인 것이다.26)

---

24) **요한복음** 21:15~17 저희가 조반 먹은 후에 예수께서 시몬 베드로에게 이르시되 요한의 아들 시몬아 네가 이 사람들보다 나를 더 사랑하느냐 하시니 가로되 주여 그러하외다 내가 주를 사랑하는 줄 주께서 아시나이다 가라사대 내 어린 양을 먹이라 하시고 또 두 번째 가라사대 요한의 아들 시몬아 네가 나를 사랑하느냐 하시니 가로되 주여 그러하외다 내가 주를 사랑하는 줄 주께서 아시나이다 가라사대 내 양을 치라 하시고 세 번째 가라사대 요한의 아들 시몬아 네가 나를 사랑하느냐 하시니 주께서 세 번째 네가 나를 사랑하느냐 하시므로 베드로가 근심하여 가로되 주여 모든 것을 아시오매 내가 주를 사랑하는 줄을 주께서 아시나이다 예수께서 가라사대 내 양을 먹이라.

25) 김미영, "영리활동도 아닌데⋯⋯ 억대연봉에도 면세?", 한겨레신문(2006.5.9).

26) **마태복음** 25:23 그 주인이 이르되 잘 하였도다 착하고 충성된 종아 네가 작은 일에 충성하였으매 내가 많은 것으로 네게 맡기리니 네 주인의 즐거움에 참여할지어다 하고
고린도전서 4:1 사람이 마땅히 우리를 그리스도의 일꾼이요 하나님의 비밀을 맡은 자로 여길지어다 그리고 맡은 자들에게 구할 것은 충성이니라.
요한계시록 2:10 네가 장차 받을 고난을 두려워 말라 볼지어다 마귀가 장차 너희 가운데서 몇 사람을 옥에 던져 시험을 받게 하리니 너희가 십 일 동안 환난을 받으리라 네가 죽도록 충성하라 그리하면 내가 생명의 면류관을 네게 주리라.

마. 미국의 사례

OECD국가 중 우리나라를 제외한 모든 국가가 종교인의 소득에 대해 과세하고 있는 것으로 알려져 있다.[27] 여기에서는 미국의 사례만 간단하게 설명하기로 한다.

(1) 종교단체에 대한 과세

미국의 연방세법(Internal Revenue Code: IRC)은 교회 또는 종교단체가 종교활동에 전념하는 경우에는 비영리공익단체로 인정하여 다른 비영리단체와 마찬가지로 그 본래의 사업인 종교활동에 대해서는 과세하지 아니한다. 그러나 종교단체가 선거운동이나 입법활동을 하는 등, 종교활동에 전념하지 않는 경우에는 규제세의 부과나 종교활동에 대한 과세를 하고 있다. 이로써 교회와 종교단체가 세제상 지원조치를 받으면서 세속적인 정치활동을 하는 데 연계되지 않도록 하려는 것이다.[28]

(2) 성직자 과세

미국세법은 성직자의 소득에 대한 과세를 사회복지차원에서 규정하고 있다. 즉 성직자를 자영업자(Self-Employer)와 같은 수준에서 보는데, 자영업자들은 소득세를 내는 것이 아니라 연방정부 소관으로 되어 있는 사회보장기금(Social Security)을 납부하도록 하여 일정한 점수에 도달하면 정부에서 은퇴 성직자에게 사회보장기금을 준다. 또 성직자가 재임하는 동안 교회가 성직자에게 급여를 지불하면서 연금을 납부하면 은퇴한 성직자는 연금을 받게 되어 정부의 사회보장기금과 교회의 연금을 동시에 받게 된다.[29]

---

27) 엄상익, 「종교인들의 세금에는 왜 법치가 실종됐나?」, 『대한변호사협회』, 2012.3.
28) 이기욱, 「미국의 종교단체과세제도」, 『조세학술논문집』, 제26집 1호(2010), 418면.
29) 이원주, 위 논문, 70면.

[Ⅲ-1-1] 대법원 1983.11.22 선고 83누456 판결【재산세등부과처분취소】

[사실관계]

(1) 甲은 대한예수교장로회 부산중앙교회이며 乙은 부산직할시 중구청장이다.

(2) 乙은 1982.5.16. 甲 소유의 부산 중구 신창동 1가 4. 지상 콘크리트조 슬래브즙 주택, 용두산 아파트 908호 건평 43.49평이 교회 경내에 소재하지 아니하며, 목사 사택으로 사용되고 있어 공익을 목적으로 하는 비영리 사업자인 甲이 비영리적인 사업에 직접 사용하는 재산으로 볼 수 없다고 판단하였다. 이에 재산세 금 43,963원과 도시계획세 금 20,792원과 소방공동시설세 금 7,396원 및 방위세 금 9,671원을 각각 결정하여 이를 甲에게 부과고지 하였다.

(3) 甲은 종교를 목적으로 하는 비영리사업자인 甲이 이 건물을 교회의 목적사업에 직접 사용하기 위하여 취득한 것이고, 취득한 이후 현재까지 甲교회 목사관으로 사용하고 있어 이 건물의 소유에 대하여는 재산세를 부과하지 아니하는 것임에도, 이에 대하여 재산세 등을 부과한 乙의 과세처분은 위법하다고 주장하면서, 재산세부과처분취소소송을 제기하여 원심에서 승소하자 乙이 상고 하였다.

[판결요지]

(1) 지방세법 제184조 제1항 제3호, 같은 법 시행령 제136조, 제79조의 규정에 의하면, 종교·자선 등을 사업목적으로 하는 비영리법인이 그 사업에 직접 사용하는 재산은 재산세비과세 대

상으로 되어 있는바, 甲교회는 종교·자선 등을 목적으로 하는 비영리법인으로서 1976.12.27. 이 건물을 교역자 사택으로 사용할 목적으로 취득하고 현재 甲교회 대표자인 담임목사가 입주하여 목사관으로 사용하고 있는데 위 건물은 甲교회 경내에 있지 아니하고 이로부터 떨어져 있다.

(2) 교회의 대표자인 담임목사는 교회가 종교·자선 등 목적사업을 수행함에 있어서 필요불가결한 중추적 존재라고 할 것이므로 이 건물을 이러한 대표자인 담임목사의 유일한 주택으로 사용함은 甲교회의 목적사업에 직접 사용하는 것과 다름없다고 할 것이며, 위 건물이 교회의 경내에 있지 아니하고 떨어져 있다고 하여 달리 볼 것이 아니다. 원심이 같은 취지에서 이 건물은 지방세법 제184조 제1항 제3호 소정의 비과세대상에 해당한다고 판단한 조치는 정당하며, 이 건물과 같은 목사관에 대하여 재산세를 납부한 사례가 있다고 하여 납세의 관행이 확립되었다고 볼 수 없다.

[해설 및 검토]

이 사례에서는 교회 밖에 소재한 담임목사의 사택(아파트)이 지방세법 제184조 제1항 제3호가 정하는 교회의 목적사업에 직접 사용하는 재산으로서 비과세 대상인가 하는 점이 문제되었다. 당시 지방세법 제184조 제1항 제3호는 현행 지방세특례제한법 제50조 제2항에 해당하는데, 담임목사는 교회가 종교·자선 등 목적사업을 수행함에 있어서 필요불가결한 중추적 존재이고 이 사택은 담임목사의 유일한 주택이므로 이 조항의 적용대상에 해당한다고 보았다.

이 사건 당시만 해도 우리나라 교회는 대부분 소규모로서 담임목사 사택은 교회 경내에 조그만 공간에 위치하는 것이 보통이었다. 이러한 상황에서 교회 경내에 있지 않고 멀리 떨어진 시내 한복판에 있는 아파트가 교회의 목적사업에 직접 사용되는 재산인 여부가 문제될 수 있었음은 이해가 된다. 그러나 소박하고 검소할 것이라는 세속인들의 기대와는 동떨어진 호화스러운 고가의 주택 또는 아파트를 교회 재정으로 구입하여 담임목사관으로 사용하는 일부 대형교회의 사례를 보면서, 과연 목사가 개인적으로 사용하는 교회 바깥의 주택에까지 비과세 혜택을 부여해야 하는가 하는 의문은 있다.[30]

---

30) **마태복음 8:20, 누가복음 9:58** 예수께서 가라사대 여우도 굴이 있고 공중의 새도 집이 있으되 인자는 머리 둘 곳이 없도다 하시고

[Ⅲ-1-2] 대법원 1991.5.10 선고 90누4327 판결 【재산세등부과처분취소】

[사실관계]

(1) 甲법인은 호주장로교선교회의 한국선교사업을 위하여 필요한 토지, 건물, 비품 등의 자산을 소유, 관리, 공급함을 목적으로 설립된 비영리재단법인으로서 위 목적을 달성하기 위하여 전도, 교육, 의료, 자선사업을 행하고 있고 이러한 사업은 甲법인이 운영하고 있는 일신기독병원을 통하여 이루어지고 있다. 이 병원은 甲법인이 1952.9.17. 일신부인병원으로 설립하였고 1984.7.2. 종합병원으로 승격되어 오늘에 이르게 되었다. 甲법인은 호주국 기독교연합교회 등으로부터 기부되는 기부금 수입이나 위 병원 경영에 따른 일반 기부금 수입을 재원으로 하여 그 목적사업을 수행하여 왔다.

(2) 乙은 일신기독병원의 건물 등 재산은 甲법인의 목적사업으로 되어 있는 종교 자선 교육 목적에 직접 사용되는 것이 아니라고 판단하여 취득세, 재산세, 사업소세 등을 부과하였다.

(3) 이에 대해 甲법인은 의료법시행령(1973.9.20. 대통령령 제686호) 부칙 제2항의 적용을 받는 재단법인으로서 지방세법시행령 제79조 제1항 제21호 소정의 "의료법에 의하여 설립된 의료법인"에 해당하므로 일신기독병원의 시설 등 재산은 甲법인의 목적사업에 직접 사용되는 것이고 따라서 취득세, 재산세, 도시계획세, 공동시설세, 사업소세 등을 부과할 수 없다고 주장하면서 재산세부과처분 취소 청구소송을 제기하였다. 원심은 甲법인이 비과세 대상인 의료법인이 아니라는 이유에서 취득세와 사법소세 부과는 정당하다고 판시하였고, 이에 甲이 상고하였다.

[판결요지]

(1) **취득세 부과의 적법성** 의료법시행령 부칙 제2항은 그 적용대상인 민법상의 비영리재단법인 등에 대하여는 같은 영의 규정에 따른 별도의 절차가 없어도 위 규정의 적용에 의하여 의료법인 설립절차를 거친 것으로 간주하여 그 후로는 종전에 이미 개설한 병원 등의 운영에 관한 한 의료법인과 같게 취급함으로써 동일한 법적지위를 부여하는 규정이라고 할 것이다. 한편 구 지방세법 제107조 제1호와 동 시행령 제79조 제1항 제21호는 사업에 직접 사용하기 위하여 취득한 재산이나 직접 사용하는 재산에 대하여 취득세 등을 부과하지 아니하는 "비영리사업자" 중 하나로 의료법에 의하여 설립된 의료법인을 열거하고 있는바, 위 규정의 취지가 비영리사업자에 의하여 수행하는 사업의 공익성을 고려하여 이들에게 비과세 혜택을 부여하려는 데 있음을 고려할 때 위 부칙 제2항에 의하여 의료법인과 같은 법적 지위를 가지는 법인도 동 조항 소정의 의료법인에 포함된다고 보아야 할 것이고, 甲법인의 이 사건 재산의 취득은 그 목적사업의 하나인 의료사업에 직접 사용하기 위한 것이라고 보지 않을 수 없다.

(2) **사업소세 부과의 적법성** 비영리법인이 수행하는 어느 사업이 사업소세의 비과세 대상에서 제외되어 과세되는 지방세법 소정의 수익사업인지 아닌지 여부는 당해 사업이 수익성을 가진 것인지 여부에 의하여 판단할 것이며 그 사업에서 얻는 수익이 종국적으로 고유목적사업의 재원조달에 충당된다 하여 그 수익성을 부정할 것은 아니다. 선교사업을 목적으로 하는 민법상 비영리법인으로서 같은 법 시행령 제207조 소정의 "비영리사업자"인 甲이 운영하는 병원의 의료사업에 위의 수익성이 있다면 위 병원을 찾아온 일부 극빈 환자들에 대하여 병원 자체의 진료비감면규정에 따라 진료비 감면의 혜택을 준다 하더라도 이것만으로는 위 병원의 수익사업체로서의 성격을 부정할 수는 없으므로 이를 사업소세의 비과세대상이라 할 수 없다.

[해설 및 검토]

가. 취득세 부분

甲법인은 민법 제32조에 의하여 설립된 비영리재단법인으로서 위 목적을 달성하기 위하여 전도, 교육, 의료, 자선사업을 행하고 있고 이러한 사업은 甲법인이 운영하고 있는 일신기독병원을 통하여 이루어지고 있다. 그런데 甲법인은 민법상 비영리 법인이고 의료법상 의료법인이 아니지만 당시의 의료법시행령 부칙 제2항에 의해 병원을 합법적으로 운영할 수 있는 법적지위가 부여되었다. 그런데 甲법인이 지방세법상 비과세 대상이 되기 위해서는 의료법에 의하여 설립된 '의료법인'에 해당해야 하는데 위 의료법시행령 부칙 규정이 甲법인을 '의료법인'으로 인정한 것인가 하는 점이 문제되었다.

이에 대해 원심은 甲법인이 기왕에 병원을 개설하여 운영하여 온 재단법인으로서 별도의 의료법인설립절차를 거치지 않고서도 그 병원을 운영할 수 있는 법적지위가 부여됨에 불과하고 그 개설주체인 甲법인의 성격이 의료법상의 의료법인으로 전환되는 것으로 볼 수는 없다고 판시하였다. 이에 대해 대법원은 이 부칙 규정의 취지는 그 적용대상인 재단법인 등에 대하여는 별도의 절차가 없어도 위 규정의 적용에 의하여 당해 재단법인 등은 의료법인 설립절차를 거친 것으로 간주하여 그 후로는 종전에 이미 개설한 병원 등의 운영에 관한 한 의료법인과 같게 취급함으로써 동일한 법적 지위를 부여하는 규정이라고 해석하였다.

나. 사업소세 부분

그런데 甲법인이 운용하는 일신기독병원은 극빈자들에 대한 의료비감면을 시행하는 이외에는 수익사업을 하고 있는데 이에 대해 당시의 지방세법상 사업소세가 면제되는 여부가 문제된다. 당시에 적용되던 지방세법 제245조의2 제1항 제1호에 의하면 공익법인의 사업소세는 면제되지만 수익사업에 관계되는 재산할과 종업원할에 대해서는 과세하도록 되어 있다.

사업소세란 사업소나 공장의 연면적, 종업원 수에 따라 부과하는 세를 말한다.[31] 대도시의 인구과밀현상의 억제와 도시 재정의 재원확보를 위하여 1976년에 지방세로서 신설되었다. 종업원

---

31) 사업소세는 2010년 지방세법 전면 개정 시에 지방소득세로 일원화되었다.

수 50인 이상 혹은 사업소 연면적 100평 이상의 사업소가 과세대상으로 되어 있는데 그 과세표준은 사업소 연면적에 부과되는 재산할과 종업원의 급여총액에 부과되는 종업원할로 되어 있다.

甲법인은 일신기독병원의 수익은 궁극적으로 甲법인의 목적사업인 선교, 봉사 등 공익사업에 사용되므로 비과세되어야 한다고 주장하였다. 그러나 대법원은 비영리법인이 수행하는 어느 사업이 수익사업인지 아닌지 여부는 당해 사업이 수익성을 가진 것인지 여부에 의하여 판단할 것이며 그 사업에서 얻는 수익이 종국적으로 고유목적사업의 재원조달에 충당된다 하여 그 수익성을 부정할 것은 아니라고 판시하였다.

[Ⅲ-1-3] 춘천지방법원 2004.6.10 선고 2003구합2401 판결 【취득세부과처분취소】

[사실관계]

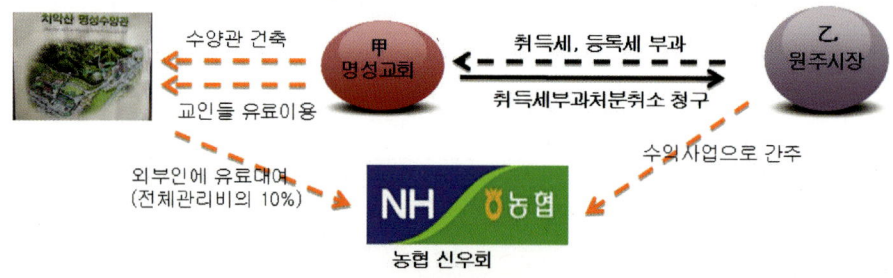

(1) 甲은 강동구 명일동에 소재하는 등록교인이 약 7만 명에 이르는 대형교회이다. 甲은 선교사업을 위해 1998년경 원주시에 3개 동의 수양관 시설을 개관하여 소속 교인들에게는 물론 1999년경부터 다른 교인들에게도 관리비 명목으로 일정한 이용료를 받고 수양관을 개방하고 있다. 이 수양관은 甲교회의 '영성훈련센터'란 명칭으로 교회의 신도들이 일상생활로부터 벗어나 쉼과 안식을 얻게 하려는 목적과 산상부흥회 등 교회의 집단적 행사를 위한 영성수양관으로 이용되고 있는 건물로서, 보통 신도들이 하루 일과를 마치고 서울에서 영동고속도로로 저녁에 도착한 다음, 심야에 예배, 기도를 드린 후 숙박시설에서 철야기도를 하거나 잠을 자기

위한 용도로 만들어졌으며, 숙박시설에서 취사는 불가능하다.

(2) 이 수양관의 연 이용인원은 연간 甲교회 신도 13만 명에서 15만 명 정도이고 외부인은 甲교회 소속 신도들의 1/10 정도의 비율로 이용하고 있다. 수양관의 이용비용은, 甲교회의 단체이용과 목회자의 경우에는 숙박비 및 식사비가 무료이고, 甲교회 신도들의 개인적 이용과 외부인들의 경우에는 관리비 10,000원, 한 끼당 식사비 2,500원을 받고 있으며, 그 외에 자발적 감사헌금을 받아 수입에 충당하였다. 2002년도 수입의 합계는 945,085,769원으로 약 1억 5천만 원 정도 적자였으며, 수입금 중 관리비로 받은 금액은 118,800,000원으로 전체 수입에서 관리비가 차지하는 비중은 대략 10% 정도이고, 수입의 나머지는 감사헌금과 甲교회 본당의 지원금으로 충당된다.

(3) 乙은 甲의 수양관이 전국농협신우회의 선교회용으로 사용하는 등, 甲교회의 목적사업에 직접 이용되는 시설이 아니라는 이유로 2003.6.10.과 2003.9.26에 취득세, 등록세 등을 부과·고지하는 처분을 하였다. 이에 甲이 乙을 상대로 취득세부과처분 취소소송을 제기하였다.

[당사자의 주장]

[甲의 주장]	[乙의 주장]
(1) 甲교회의 신도들이 중추적으로 이 건물을 예배를 드리는 곳으로 사용하였고, 다만 남는 유휴시설을 일시적으로 미자립 교회나 타 종교 단체에 실비에도 미치지 못하는 금액을 받고 거의 무료로 개방한 것이다.	(1) 구 지방세법 제107조(용도구분에 의한 비과세) 다음 각 호의 1에 해당하는 것에 대하여는 취득세를 부과하지 아니한다. 다만, 정당한 사유 없이 그 용도에 직접 사용하지 아니하는 경우 그 해당 부분에 대하여 취득세를 부과한다. 1. 제사·종교·자선·학술·기예 기타 공익사업을 목적으로 하는 비영리사업자가 그 사업에 사용하기 위한 부동산의 취득
(2) 원래 선교사업이라는 것이 배타적이거나 국지적인 것이 아닌 포괄적인 개념의 특성을 지녔고, 신앙영역의 확대와 선교사업을 위해서 이 수양관의 사용을 개방하고 장려하는 것이 오히려 지극히 당연하고 자연스러운 점에 비추어 이를 종교 목적 외의 사용이라고는 할 수 없다.	(2) 甲은 이 수양관을 전국농협신우회의 선교회용으로 사용하는 등, 甲교회의 목적사업에 직접 사용되는 부동산으로 볼 수 없다.

[판결요지]

(1) 구 지방세법 제107조 제1호 소정의 비영리사업자가 부동산을 그 사업에 사용한 것인가 아니면 수익사업에 사용한 것인가의 여부는 당해 비영리사업자의 사업목적과 취득목적을 고려하여 그 실제의 사용관계를 기준으로 객관적으로 판단하여야 한다(대법원 2002.4.26 선고 2000두3238 판결 등 참조).

(2) ① 甲은 '선교하는 교회'를 표방하고 있던 중 甲신도들을 위한 원래의 수양관 시설이 부족하여 이 수양관을 신축한 후 이를 관리하다가 다른 교회의 신도 등의 요청에 따라 일반 기독교인들에게 이 수양관의 사용을 개방하게 된 점, ② 甲이 이 수양관을 신축하여 甲교회 신도들뿐 아니라 일반 기독교인들에게 일상을 벗어난 기도, 예배, 쉼터 등의 공간을 제공한 것이 경제적 동기와 목적에 기인한 것이 아니고, 다른 교회 신도 및 일반인들에게 위와 같은 종교활동을 통하여 신앙심을 고취시키고 널리 선교하는 종교적인 동기와 목적에 기인하는 것이며, 실제로도 위와 같은 목적에 무관하거나 그 범위를 넘는 시설이나 활동이 있다고는 보이지 않는 점, ③ 이 수양관의 이용인원 중 외부인들이 차지하는 비중은 甲소속 교인들의 1/10 정도에 불과한 점, ④ 이 수양관을 이용하는 외부인들로부터 관리비 등의 명목으로 지급받는 돈이 실제 운영비에 크게 못 미치는 적은 액수이고, 이 수양관 운영비의 대부분은 자발적인 헌금이나 甲교회 본당의 지원금으로 충당되고 있는 점 등을 종합해보면, 甲이 이 수양관을 그 고유의 사업인 선교사업을 위해 건립하여 이를 취득하였다고 보아야 할 것이므로, 이와 다른 전제에서 甲에 대하여 취득세, 등록세 등을 부과한 乙의 과세처분은 위법하다고 할 것이다.

[해설 및 검토]

가. 교회 수양관

교회 재정이 넉넉한 대형교회를 중심으로 도시 외곽지역에 수양관 또는 기도원 등의 명칭을 가진 교인편의시설을 마련하는 경우가 많다. 이러한 시설들은 대개 본 교회 소속 교인들의 기도회와 영적 수련 및 신앙교육의 장소로 활용되는데, 그 운영에 소요되는 비용 등을 충당하기 어려워 다른 교회나 기타 기독교 단체 등에 실비를 받는 조건으로 개방하는 것이 일반적이다. 이 사례에서는 이러한 시설이 예배나 선교 등의 종교단체의 목적에 직접 사용되는 재산에 해당되어 비과세 대상이 되는 여부가 문제되었다. 특히 수양관을 자기 교회 신도가 아닌 외부인에게 일정한 사용료를 받고 대여한 것이 과세대상인 수익사업에 해당하는지가 문제의 핵심이다.

나. 수익사업 여부

사실관계에 의하면 명성 수양관의 이용비용은, 단체이용의 경우에는 무료이고, 개인 이용의 경우에는 본 교회와 타 교회 교인 구별 없이 일정액의 관리비와 시식비를 받고 그 이외에 자발적 헌금을 받아 수양관의 수입에 충당하였다. 그래도 결국 이용객들로부터 받은 관리비는 전체 비용의 10% 정도에도 미치지 못하여 대부분의 비용은 甲교회 본당의 지원금으로 충당되었다.

이러한 사실관계에 비추어볼 때 비록 유휴 시설을 타 교인들에게 유료로 대여한다고 하더라도 이를 가리켜 수익사업이라고 할 수는 없다고 본다. 특히 甲교회 측이 주장하는 바와 같이 이렇게 저렴한 비용으로 수양관을 대여하는 것은 경제적 동기와 목적에 기인한 것이라기보다는 다른 교회 신도 및 일반인들에게 기도와 예배와 정신적 휴양을 제공함으로써 신앙심을 고취시키고 널리 선교하는 종교적인 동기와 목적에 기인하는 것이라고 할 것이다.

다. 템플스테이

템플스테이는 참여자가 일정 기간 사찰에 머물면서 한국불교의 다양한 전통문화를 체험해보는 불교문화체험프로그램이다. 템플스테이는 문화체험으로서 교육적인 기능, 종교수행적인 기능, 심신의 안정을 찾는 휴양기능 등의 복합적인 성격을 띤 사찰관광과 체험관광이 결합된 복합문화체험의 대표적인 사례이다.[32] 현재 전국의 사찰에서 운용 중인 템플스테이의 세부프로그램은 대개 암자순례, 참선과 다도, 예불참여, 발우공양이 기본이고 그 이외에 사찰에 따라 포행, 염주 만들기, 경전 사경 등이 있다.[33] 다음은 템플스테이 운영과 이용객현황이다.

---

32) 여태동, 「템플스테이 운영실태와 향상화 방안」, 『선문화연구』, 제3집, 2008, 249면.
33) 양홍식, 「선다일미 사상의 현대적 효용과 윤리문화적 의미」, 『윤리문화연구』, 제8권, 2012, 63면.

<표 1> 템플스테이 운영사찰 현황

(단위: 명, %)

구분	2006		2007		2008		2009		2010	
	이용객	증감률	이용객	증감률	이용객	증감률	이용객	증감률	이용객	증감률
내국인	61,417	33.8	68,119	10.7	92,694	36.0	121,494	31.1	152,909	25.9
외국인	9,497	43.5	13,533	42.4	20,106	48.9	19,399	−3.5	20,054	3.3
계	70,914	34.9	81,652	14.9	112,800	38.1	140,893	24.9	172,954	22.8

자료: 문화체육관광부

<표 2> 연도별 템플스테이 이용객 현황

(단위: 개소)

구분	서울	부산	인천	대구	광주	경기	강원	충북	충남	전북	전남	경북	경남	제주	계
사찰 수	10	4	2	3	2	15	10	5	8	8	18	13	8	3	109

자료: 문화체육관광부, 2010년 기준

2002년 한일월드컵 당시 외래관광객 숙박문제를 해결하기 위하여 시작된 템플스테이는 한국의 전통문화와 불교문화가 결합된 숙박시설로, 정부의 재정지원과 민간(한국불교문화사업단, 개별 사찰 등)의 노력이 상호결합하여 양적·질적으로 좋은 평가를 받고 있다고 한다.[34] 물론 불교가 한국전통문화의 많은 부분을 차지하고 있어 템플스테이에 대해 정부가 문화관광자원개발이라는 명목으로 지원하고는 있지만 앞에서 본 대로 그 프로그램의 많은 부분이 종교색이 짙어 정교분리 원칙에 위배될 소지가 전혀 없는 것은 아니다. 그리고 이 사례에 비추어볼 때 템플스테이 수익사업에 대해 비과세 혜택을 부여하는 것이 타당한지도 문제의 여지가 있다.

---

34) 문화체육관광부, 『2010년 기준 관광동향에 관한 연차보고서』, 2011.8, 206면.

[Ⅲ-1-4] 대법원 2008.6.12 선고 2008두1368 판결 【과세처분취소】

[사실관계]

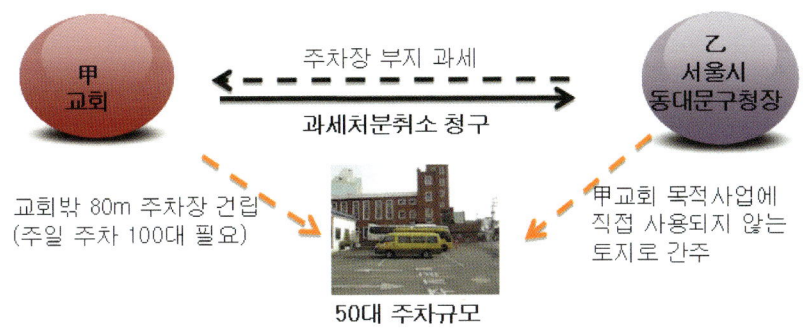

(1) 甲교회는 등록 교인이 약 2,500명, 집사 이상의 임원급 교인이 약 925인인 중형교회이다. 甲교회는 서울 외곽 혹은 경기도 등 원거리 거주 교인이 약 232세대 등으로 자가용을 이용하는 적극 참여 교인 수가 상당수에 이른다. 그런데 甲교회는 단독주택 밀집 지역에 위치한 관계로 주차전용 공간으로는 교회에 인접한 대지 175㎡의 최대 주차량 약 13대 규모의 주차장뿐으로, 주차 공간이 부족하여 편법으로 교회 경내 및 약 200m 떨어진 부설 선교원 구내의 부지는 물론, 교회 앞 주택가 골목까지 무단 점용하여 잦은 민원이 제기되었다.

(2) 이에 甲교회는 부족한 교회 신도들의 주차 공간을 확보하기 위해 교회에서 약 80m 떨어진 이 대지를 취득하여 50대가 주차할 수 있는 규모로 주차장을 조성하였는데 인접한 甲교회 사택 계단을 이용하면 바로 교회 본당으로 통행할 수 있고, 현재 교회 신도들의 전용 주차장으로 사용되고 있다. 이 주차장에는 평일(월)에도 약 20대의 교인 차량의 주차에 사용되고 있었는데 甲교회의 주일 주차 대수가 100대 이상으로 보이며 등록된 원거리 교인 세대 수에 비추어 소요 주차량은 이를 훨씬 초과하는 것으로 볼 여지가 많다.

(3) 乙은 이 주차장 부지는 甲교회의 목적사업에 직접 사용되는 비과세 대상 토지가 아니라고 보고 취득세 등을 부과하였다. 이에 甲교회는 과세처분의 취소를 구하는 소송을 제기하여 원심에서 승소하였다.

[판결요지]

(1) **공익사업에 사용** 지방세법 제186조, 제238조의2, 제242조에 의하면, 지방세법 제186조에서 규정한 제사 · 종교 · 자선 · 학술 · 기예 등 비영리사업자가 그 공익사업에 직접 사용하는 부동산 등 재산에 대하여는 재산세 등이 부과되지 않는 반면, 그 재산이 수익사업에 사용되는 경우와 유료로 사용되는 경우 및 그 재산의 일부가 그 목적에 직접 사용되지 아니하는 경우의 그 일부 재산에 대하여는 그러하지 아니하고, 이때 위 비영리사업자가 그 재산을 공익사업에 직접 사용하는 것인지 여부는 당해 비영리사업자의 사업목적과 취득목적을 고려하여 그 실제의 사용관계를 기준으로 객관적으로 판단하여야 한다(대법원 2002.4.26 선고 2000두 3238 판결 등 참조).

(2) **원심판결-종교자유보장** 원심은, 단독주택 밀집 지역에 위치한 종교단체인 甲교회는 교회 내의 공간 및 기존 주차장만으로는 부족한 교회 신도들의 주차 공간을 확보하기 위해 교회에서 약 80m 떨어진 이 사건 대지를 취득한 점, 위 대지는 인접한 원고 교회 사택 계단을 이용하면 바로 교회 본당으로 통행할 수 있고, 현재 교회 신도들의 전용 주차장으로 사용되고 있는 점 등의 사정들에 더하여, 헌법상 보장되는 종교의 자유는 정신적 존재로서의 인간의 존엄과 가치, 행복추구권과 밀접한 관계를 가지고 있어 가급적 광범위하게 보장되어야 한다는 점에 비추어 이 대지는 甲교회의 비영리사업에 직접 사용되는 경우에 해당한다고 봄이 상당하다는 이유를 들어, 乙이 위 대지에 대하여 재산세 등을 부과한 처분은 위법하다고 판단하였다.

(3) **비과세 요건 해석의 엄격성** 그런데 조세법률주의의 원칙상 과세요건이거나 비과세요건 또는 조세감면요건을 막론하고 조세법규의 해석은 특별한 사정이 없는 한 법문대로 해석하여야 할 것이고 합리적 이유 없이 확장해석하거나 유추해석하는 것은 허용되지 아니하며, 특히 감면요건 규정 가운데 명백히 특혜규정이라고 볼 수 있는 것은 엄격하게 해석하는 것이 조세공평의 원칙에도 부합한다. 이 원칙에 비추어, 비과세요건의 해당 여부를 판정함에 있어 종교의 자유라고 하는 헌법상 포괄적 권리규정을 이유로 마치 그 요건의 완화 적용이 가능한 것처럼 설시한 것은 매우 부적절하다 할 것이다. 원심이 들고 있는 그 밖의 사정들만으로는 기존의 주차장까지 확보하고 있는 甲교회가 甲회의 종교활동에 직접 사용되는 경우에 해당한다고 단정하기에도 부족해 보인다.

(4) **심판례** 그러나 행정심판례 내지 감사원 결정례 등에 의하더라도 기존 교회의 주차 공간 협소로 인해 교회에 인접한 단독주택을 취득·철거한 후 교회 부설주차장으로 이용하는 경우에는 기존 교회의 부설주차장이 법정규모 이하인지 여부, 교회로부터 부설주차장까지의 거리, 신도 수 및 신도들 보유차량의 현황 등을 종합적으로 고려하여 교회의 집회 등 각종 종교행사를 위해 부설주차장의 추가설치가 필수불가결한 경우에는 비과세대상으로 보는 등 비영리단체의 사업체에 부설된 주차장의 경우에도 그 규모 및 사업목적 등에 비추어 합리적 범위 내의 것이라면 그 사업수행에 객관적으로 필요한 것으로 행정 실무상 취급되고 있다.

(5) **주차장 공간 확보 필요성** 이 대지는 甲교회가 취득할 당시부터 교회 주차장부지로 乙에게 신고하여 거래허가를 받았고, 그 신고 내용대로 교인들 주차장 전용으로 사용하고 있다. 또한 대지의 취득 이전에 甲교회의 주차전용 공간으로는 교회에 인접한 대지 175㎡의 최대 주차량 약 13대 규모의 주차장뿐으로, 이는 을이 주장하는 서울특별시의 조례에서 정한 甲교회의 건축물 연면적 대비 법정 주차장 규모 34대에도 훨씬 미달한다. 나아가 甲교회의 주일 주차 대수가 100대 이상으로 보이는 데다가 앞서 본 등록된 원거리 교인 세대 수에 비추어 소요 주차량은 이를 훨씬 초과하는 것으로 볼 여지가 많다. 그리고 단독주택 밀집지역에 위치한 甲교회의 경우 적정 규모의 주차 공간을 확보하는 것은 주민들과의 마찰을 피하면서 그 목적사업인 종교활동을 영위함에 합리적으로 필요한 것으로 보인다.

(6) **비과세 요건 충족** 위와 같은 사정들을 토대로 앞서 본 법리와 종합하여 전체적으로 살펴보면, 이 대지는 지방세법 제186조에서 정한 비과세요건을 충족한다고 볼 수 있으므로, 원심판결은 비록 그 이유의 설시에 있어 미흡한 점은 있으나 그 결론에 있어서는 정당하다.

[해설 및 검토]

이 사례에서는 교회 경내에서 80여m 떨어진 부지에 마련한 주차장이 비과세 대상인 교회의 목적사업에 직접 사용되는 시설인가 하는 점이 문제되었다. 이에 관해 원심법원은 甲교회의 종교의 자유를 최대한 보장한다는 취지에서 비과세로 보았다. 그러나 대법원은 조세평등의 원칙상 비과세 특례규정은 엄격히 해석해야 한다는 것을 전제로 해서 종교자유를 이유로 하는 비과세 대상 확대에는 부정적 입장을 밝혔다. 그러나 甲교회를 종교 시설이 아니라 일반 공익단체로 본다고 하더라도 하루 100여 대의 주차시설이 필요한 상황에서 기존의 17대분의 주차장에 더해서 약 34대의 주차장을 추가로 확보하는 것은 이 종교단체의 목적을 위해 필요하다고 보았다.

조세평등원칙상 종교시설에 대한 비과세 특례의 인정에 엄격한 기준을 적용해야 한다는 대법원의 입장은 공감이 간다. 사실 교회의 규모가 커지면서 대형교회들이 예배시설인 본당 이외에도 교육관, 선교회관, 주차장 등의 명목으로 필요 이상의 부동산을 취득하는 사례가 많아지고 있어 이 판결은 그에 대한 비과세 기준을 제시하였다는 점에서 의미가 있다.

[III-1-5] 대법원 2009.5.28 선고 2009두4708 판결 【과세처분취소】

[사실관계]

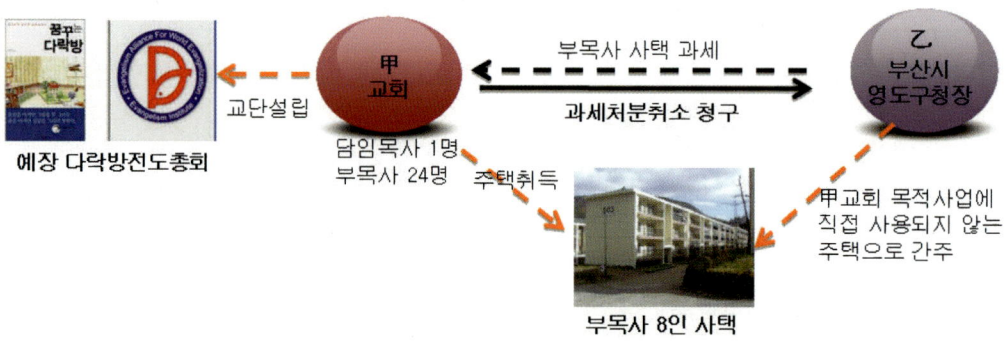

(1) 甲교회는 교인 수가 2008년 현재 4,700여 명이고, 담임목사 이외에 24명의 부목사가 있다. 甲 교회는 지역별로 7개의 교구가 있고, 甲 주소지 소재 본부 이외에도 17개의 지교회(그중 해외에 9개)를 두고 있으며, 각 교구 또는 지교회에는 대체로 부목사를 책임자로 세워 운영하고 있다. 담임목사는 다락방전도운동이라는 활동을 활발히 전개하여 국내 220여 곳에서 다락방 전도학교를 개설 운영하고 있으며, 또한 대한예수교장로회 소속 전도총회교단을 창립하여 교단을 주도적으로 이끌고 있어서 甲교회의 업무에만 전념하지 못하고 출타하는 일이 잦아서 많은 업무를 부목사에게 분담시키고 있다.

(2) 甲교회에 적용되는 헌법에서 부목사는 담임목사를 보좌하는 임기 1년의 임시목사로서 계속

시무하게 하려면 매년 당회장이 노회에 청원하여 승낙을 받도록 정하고 있어, 甲교회의 부목사가 담임목사를 보좌할 목적으로 수시로 노회의 승낙을 받아 임시로 시무하고 있다.

(3) 甲교회 목사들의 거주 현황을 보면 담임목사는 본인 소유의 집에서 거주하고 있으며, 부목사 중 8명에게는 甲교회 소유 사택을 제공하고, 10명에게는 전세금을 지원하며, 6명은 본인 소유의 집에서 거주하고 있다.

(4) 乙은 甲교회 부목사들의 사택들이 甲교회의 목적사업에 직접 사용되는 것이라고는 할 수 없어 비과세 대상에 해당하지 않는다고 보아 취득세와 등록세 등을 부과하였다. 이에 甲이 乙을 상대로 과세처분취소소송을 제기하여 원심에서 승소하였으나 乙이 상고하였다.

[원심: 부산고법 2009.2.6 선고 2008누2705 판결요지]

(1) **목사의 자격** 목사는 일정한 신학교육을 받고 나서 전도사 및 강도사 등의 단계를 밟은 후 노회에서 목사 안수를 받은 자로서 그리스도의 복음을 전파하고, 성례를 거행하며, 교회를 치리하는 자이다. 그 구체적인 직무는 교인을 위해 기도하는 일, 하나님의 말씀을 봉독하고 설교하는 일, 찬송을 지도하는 일, 성례를 거행하는 일, 하나님의 사자로서 축복하는 일, 교인을 교육하는 일, 교인을 심방하는 일, 장로와 협력하여 치리권을 행사하는 일 등이 있는데, 그중 설교하는 일, 성례를 거행하는 일, 하나님의 사자로서 축복하는 일은 장로를 포함한 일반 교인은 물론, 전도사나 강도사의 자격으로서도 할 수 없고 반드시 목사의 자격을 구비한 사람만이 할 수 있다.

(2) **대형교회의 상황** 전통적인 농촌사회의 소규모 교회에서는 담임목사 한 사람이 교회의 제반 업무를 담당할 수 있었지만, 수천에서 수만 명, 심지어 수십만 명의 교인들이 모여 예배를 보는 대형교회에서는 담임목사 혼자서는 목사 자격을 구비해야만 할 수 있는 설교, 성례, 축복 등의 일을 감당하기에도 버겁게 되었고 나아가 전도, 심방, 교회행정, 교육, 상담, 교회음악 등 목사로서의 제반 업무를 수행하면서 교회를 유지·발전시킨다는 것은 거의 불가능한 실정에 이르렀다. 그러므로 담임목사를 보좌하거나 때로는 대행하기 위한 부목사라는 직책이 필연적으로 등장하게 되었다.

(3) **부목사의 지위** 부목사는 평상시에는 주일 낮 예배의 설교를 주로 담당하면서 교회의 전반적

인 업무를 통합하는 담임목사를 보좌하여 주일예배의 사회 그리고 수요일 예배, 금요철야기도회, 새벽기도회의 사회 및 설교, 주일학교 등 교회 내의 각 기관의 관리·지도, 각 권역별 교구를 맡아 교인들을 관리하고 구역예배를 인도하는 일, 환자나 낙심한 자를 심방하는 일 등을 담당하고 있다. 그러나 담임목사가 다른 교회로 이동하고 새로운 담임목사가 부임하지 못하고 있는 장기간의 공백 기간(그 기간이 때로는 수년이 되는 경우도 있다) 동안은 물론 부흥집회로 인한 출타, 질병으로 인한 입원 등의 단기간 부재 시에도 담임목사의 직무를 대행하는 경우가 있고 또 담임목사와 마찬가지의 신학교육을 받고 노회에서 안수받은 목사로서 교회에 부임하게 되면 목사 직무에만 전임하고 별도의 직업을 겸하여 가질 수 없다.

(4) **부목사와 위임목사** 부목사가 노회에서 안수를 받는 것은 목사로서 안수를 받는 것이지 부목사로서 안수를 받는 것이 아니기 때문에 부목사로 시무하다가 다른 교회의 담임목사로 이동하기도 하고, 담임목사로 시무하다가 다른 교회의 부목사로 이동할 수도 있다. 담임목사의 경우에는 세례교인 전체로 구성된 공동의회의 결의로 청빙하지만 부목사는 목사 및 장로로 구성된 당회 또는 교회 제직으로 구성된 제직회의 결의로 청빙하는 점에 차이가 있다. 그러나 담임목사가 부목사를 마음대로 청빙할 수 있는 것은 아니고, 담임목사나 부목사를 청빙하기 위해서는 어느 경우나 노회의 허락을 받아야 하는 점, 담임목사 중에는 조직교회의 청빙을 받아 위임받은 목사도 있지만(위임이라 함은 목사를 정년까지 시무하도록 허락한다는 교회의 공식적인 약속을 의미한다), 당회가 조직되어 있지 않은 미조직교회의 청빙을 받았거나 조직교회에서 청빙을 받았으나 사정상 위임을 받지 못한 임시목사 등 두 종류가 있다.

(5) **부목사와 종교사업** 위임목사는 정년인 70세 또는 75세까지 시무할 수 있지만, 임시목사는 교회헌법상 임기는 1년이지만 실제로는 교회헌법의 규정과는 달리 위임목사와 마찬가지로 별다른 절차 없이 정년까지 시무하는 경우가 대부분이다. 부목사도 위임받지 못한 임시목사이기 때문에 임기가 1년이지만 실제로는 교회를 이동할 때까지는 노회의 연임허락을 받지 않고 계속 시무할 수 있는 경우가 대부분이다. 따라서 부목사는 담임목사를 보좌하는 업무를 주로 수행하고 있다고 하더라도 甲교회와 같이 대형화된 현대 교회에서는 부목사라는 존재의 도움이 없이 담임목사 혼자서는 교회의 본질적 사업인 예배와 전도 등을 감당하며 교회를 유지·발전시켜 나간다는 것은 불가능한 현실이다. 따라서 甲교회에서도 부목사는 甲교회의 종교사업에 필요불가결한 존재라고 인정하지 않을 수 없으며, 그와 같은 사정하에서 부목사에게 사택을 제공하는 것은 甲의 목적사업인 예배와 포교에 필수적으로 수반되는 것으로서

그 목적사업에 직접 사용하는 것이라 봄이 상당하다.

[판결요지]

(1) **사업에 사용** 지방세법 제107조 제1호와 제127조 제1항 제1호는 제사 · 종교 · 자선 · 학술 · 기예 기타 공익사업을 목적으로 하는 대통령령으로 정하는 비영리사업자가 그 사업에 사용하기 위한 부동산의 취득 및 그 등기에 대하여는 취득세와 등록세를 부과하지 아니한다고 규정하고 있는바, 위 각 규정에서 비영리사업자가 당해 부동산을 '그 사업에 사용'한다고 함은 현실적으로 당해 부동산의 사용용도가 비영리사업 자체에 직접 사용되는 것을 뜻하고, '그 사업에 사용'의 범위는 당해 비영리사업자의 사업목적과 취득목적을 고려하여 그 실제의 사용관계를 기준으로 객관적으로 판단하여야 한다(대법원 2005.12.23 선고 2004다58901 판결 등 참조).

(2) **부목사와 목적사업** 원심판결 이유와 같이 甲교회의 신도 수 등에 비추어 담임목사 외에 부목사가 필요한 사정은 수긍이 되나, 甲교회의 부목사가 담임목사를 보좌할 목적으로 수시로 노회의 승낙을 받아 임시로 시무하는 것이라면 甲교회의 종교활동에 필요불가결한 중추적인 지위에 있다고는 할 수 없으므로, 부목사의 사택으로 제공된 부동산들이 甲교회의 목적사업에 직접 사용되는 것이라고는 할 수 없어 위 각 규정에서 정한 비과세 대상에 해당하지 않는다고 할 것이다(대법원 1997.12.12 선고 97누14644 판결 등 참조).

(3) **원심판단의 위법** 그럼에도 원심은 위 규정의 해석상 교회의 목적사업에 사용하기 위한 부동산의 취득에 대하여는 그 용도에 직접 사용하는지 여부를 묻지 않고 취득세와 등록세를 부과할 수 없다고 판단하였다. 또한 가사 위 각 규정에서 정한 비과세 대상에 해당하기 위해서는 해당 부동산을 그 용도에 직접 사용할 것이 요구된다고 하더라도 甲교회와 같은 대형화된 교회에서는 부목사의 도움 없이 담임목사 혼자서 교회의 본질적인 업무를 수행하는 것이 불가능한 점 등 그 판시와 같은 사정에 비추어 甲교회의 부목사는 甲교회의 종교사업에 필요불가결한 존재이고, 따라서 부목사에게 사택을 제공하는 것은 甲의 목적사업인 예배와 포교에 필수적으로 수반되는 것으로서 그 목적사업에 직접 사용하는 것이라 봄이 상당하다고 판단하였다. 이러한 원심판결에는 위 각 규정에서 정하는 '그 사업에 사용'하는 점에 관한 법리를

오해하여 판결에 영향을 미친 위법이 있고, 이를 지적하는 상고이유의 주장은 이유 있다.

[해설 및 검토]

가. 판결의 의미

이 사례는 담임목사 1명과 24명의 부목사를 두고 있는 이른바 대형교회의 8명의 부목사 사택이 지방세특례제한법(당시 지방세법)상의 비과세 요건인 교회의 목적 사업 수행에 직접 사용되는 재산인가 하는 문제를 다루고 있다. 원심판결은 목회에 있어서 누구도 대신할 수 없는 목사의 역할을 설시한 뒤 수천 명, 수만 명 모이는 대형교회에서 이러한 역할을 담임목사 혼자서 감당한다는 것은 불가능하기 때문에 부목사의 존재가 필수적이라고 보았다. 이에 따라 이들의 사택은 교회의 목적사업에 사용되는 재산으로서 비과세되어야 한다고 판시하였다.

이에 대해 대법원은 교회로부터 전임목사로 위임을 받지 않은 채 1년 단위로 임명되는 부목사들은 甲교회의 종교활동에 필요불가결한 중추적인 지위에 있다고는 할 수 없으므로, 부목사의 사택으로 제공된 부동산들이 甲교회의 목적사업에 직접 사용되는 것이라고는 할 수 없다고 판시하였다. 요컨대 원심법원은 부목사들의 교회 내에서의 실질적 역할이 담임목사와 다를 바 없다는 점을 중시한 반면 대법원은, 이들의 임용형태가 정규직(위임목사)이 아닌 비정규직이라는 점에 무게를 둔 것이라고 생각된다.

나. 대법원판례의 태도

대법원은 정년까지 임용이 보장된 담임목사 1명 이외에는 모두 교회의 종교활동에 필수적 지위에 있지 않다고 보는 입장을 고수하고 있다. 즉 "교회의 부목사, 강도사, 전도사 등은 모두 교회의 목적사업을 수행함에 있어 필요불가결한 중추적 존재라 할 수 없으므로, 그들의 주거용으로 사용한 아파트는 교회의 목적사업에 직접 사용하는 것이라고 단정할 수 없고 따라서 이는 지방세법 제184조 제1항 제3호 소정의 재산세비과세대상에서 제외된다"고 판시한 이래[35] 다음의

---

35) 대법원 1986.2.25 선고 85누824 판결.

[Ⅲ-1-6]에서는 은퇴한 신부의 사택도 비과세 대상에서 제외하였다. 또 최근에는 해외선교단체대표자는 선교회 사업수행에 필요불가결한 중추적 지위에 있다고 보이지 않기 때문에 그 대표자의 국내 사택은 비과세 대상이 아니라고 판시하고 있다.[36]

이러한 대법원의 태도는 비과세특례규정은 조세형평의 차원에서 엄격하게 제한해야 한다는 입장을 전제로 하고 있다.

다. 사례의 검토

(1) 판례에 대한 비판

이러한 대법원의 태도에 대해서는 오늘날 대형화된 교회의 실상을 제대로 이해하지 못한 부당한 판결이라는 비판이 있다. 즉 기독교의 경우에 일반적으로 목사 등 목회자 1인이 목회할 수 있는 적정한 신도 수는 300명 정도로 보고 있는데 소속하는 신도 수가 많은 종교단체의 경우에 있어서는 그 목회의 적정 신도 수에 상응하는 범위 내에서 부목사 등의 종교목적의 수행에 필요불가결한 인적요소로 보지 않을 수 없다는 것이다. 그리고 이는 마치 학생 수가 수천 명이나 되는 교육기관에서 교장선생 1인이 학생 전체의 교육을 담당할 수 있다는 논리와 같다고 한다.[37]

(2) 비판에 대한 반론

그러나 이러한 비판은 다음과 같은 이유에서 수긍할 수 없다. 우선 이 사례에서 보면 甲교회의 교인이 4,700명인데 담임목사 이외에 부목사만 24명이다. 그 이외에 전도사, 강도사 등 수련과정에 있는 예비목회자는 아마도 훨씬 많지 않은가 한다. 아무리 목사들의 업무량이 많다고 하더라도 이렇게 많은 보조 인력들이 과연 필요한가에 대해서는 회의적이다. 이는 신학교 난립과 목사의 과잉공급에 따라 저렴한 보수로 초빙할 수 있는 임시직 목사들이 넘쳐나는 데 따르는 한국만의 기현상이 아닌가 한다. 그런데 이들에게 제공되는 사택에 대해 모두 비과세를 요구하는 것은 어불성설이다.

둘째, 목회자 1인의 적정 신도 수가 300명 정도이기 때문에 이를 넘는 경우에는 적정 신도 수에 상응하는 목사들이 더 필요하다는 것은 전형적인 대형교회 옹호논리가 아닐 수 없다. 한국교

---

36) 대법원 2012.5.24 선고 2011두15183 판결.
37) 강인애, 「조세법과 종교단체(하)」, 『변호사-법률실무연구』, 서울지방변호사회, 20집, 85면.

회가 성장지상주의에 빠져 교인 수가 증가하는 것을 곧 하나님의 축복으로 간주하고 교인 수가 몇만 명이라는 것을 큰 자랑으로 삼는 것이 과연 하나님이 기뻐하시는 뜻일까? 부목사들이 아무리 많아도 교회의 핵심은 담임목사이고 교인들은 담임목사의 영적인 지도와 교류를 통해서 은혜받기를 원한다. 그렇다면 1명의 담임목사가 목회할 수 있는 적정 신도 수 300명이 넘는 교회에서는 진정한 의미에서 목회가 이루어지지 않는다고 할 수밖에 없다.

셋째, 학생이 수천 명인 학교를 예로 든 것은 학교와 교회의 차이를 간과한 것이라고 하지 않을 수 없다. 즉 학교에는 교장선생님 이외에도 교육법에서 정하는 수만큼의 정규직 교사들이 학생들을 가르치고 또 교육하고 있다. 그런데 교회는 아무리 수만 명이 모이는 대형교회에도 정년보장을 받은 담임목사는 대개 1명뿐이고 나머지는 모두 임시직 부목사들이다. 이러한 현상은 아마도 담임목사가 강단권을 독점할 필요에서 기인한 것으로 추측된다. 따라서 교회들이 부목사의 사택에 대한 비과세를 요구하기 전에 먼저 부목사들의 지위를 정규직으로 보장하는 것이 선행되어야 할 것이다.

넷째, 국가가 종교단체의 재산에 비과세 특례를 부여하는 것은 공평과세원칙에 예외를 인정해도 좋을 만큼 종교가 우리 사회에 기여한다고 생각하기 때문이다. 그런데 극히 일부이기는 하지만 대형교회 중에는 교회재정의 유용이라든가, 자녀에 대한 세습, 교회 내의 잦은 분쟁으로 인해 사회의 지탄을 받을 뿐 아니라 일부 고위 공직자들의 지나친 종교편향적 행위들이 우리 사회에서 기독교에 대한 적대감을 키우고 있다. 이러한 상황에서 대형교회가 수많은 부목사 사택에 대해서까지 비과세 특례를 주장하는 소송을 일삼는 것은 기독교에 대한 반감만 더 키울 뿐이다. 교회에 대한 비과세 특혜를 주는 만큼 다른 일반국민들의 세금부담이 늘어나는 것을 생각해야 한다.

참조판결: 대법원 2012.5.24 선고 2011두15183 판결

[사실관계]

서부아프리카 등 50여 개국의 불어권 국가에 대한 기독교 선교를 위해 설립된 한국불어권 선교회는 2008년 10월 이사 김 모 씨로부터 서울 서초구의 아파트를 증여받고 취득세 등을 신고·납부하지 않았다. 서초구는 2009년 4월 선교회가 증여받은 아파트를 종교사업 용도로 직접 사용하고 있는 게 아니라며 취득세 2,300만 원과 농어촌특별세 2,300만 원 등을 부과했다. 1 · 2심은 "대표선교사는 종교사업을 수행함에 있어 필요 불가결한 인적 요소이고, 대표선교사의 사택으로 사용하는 주택은 종교사업을 수행하기 위해 필요한 것으로 사업에 직접 사용하는 것으로 볼 수 있다"며 세금부과를 취소하라는 판결을 했다.

[판결요지]

한국불어권선교회의 임원 중 한 사람인 대표는 이사회의 지휘를 받아 선교회 본부의 업무를 관장하고 집행하는 기관에 불과한 점, 한국불어권선교회의 설립 목적은 불어권 지역에 대한 선교활동에 관한 것으로 대표에 대한 사택 제공이 종교사업에 반드시 필요하다고 보이지 않는 점 등을 종합하면 선교회 대표는 사업수행에 필요불가결한 중추적 지위에 있다고 보이지 않는다.

[Ⅲ-1-6] 대법원 2009.6.11 선고 2007두20027 판결【등록세등부과처분취소】

[사실관계]

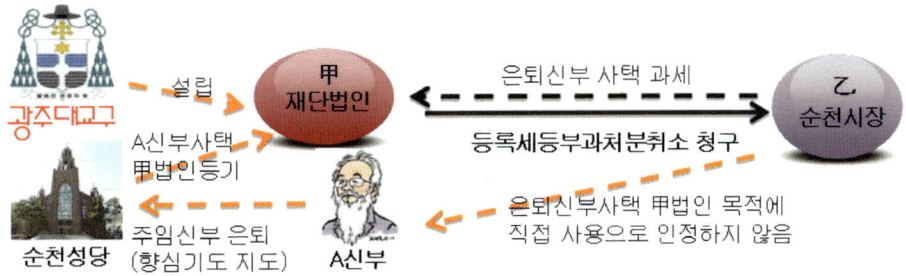

(1) 甲은 천주교광주대교구에 속한 모든 교회의 운영, 선교 및 교육 등을 목적으로 설립된 종교법인이다. A신부는 甲소속의 신부로서 2002.9.5. 甲소속 순천성당의 주임신부의 직에서 은퇴하였으며, 이후 담당사제로서 순천성당의 신자를 포함한 천주교광주대교구 소속 신자들을 위한 향심기도를 지도하는 사목활동을 하여 왔다. 甲은 2002.5.17. A신부가 순천성당 주임신부에서 은퇴한 후 생활할 사택으로 사용하기 위하여 부동산을 매수하여 甲재단명의로 소유

권이전등기를 경료하였다.

(2) 乙은 당초 甲의 부동산의 취득 및 등록에 관하여 종교단체가 그 사업에 사용하기 위하여 취득한 경우로 인정하여 취득세 및 등록세를 부과하지 아니하였으나, 2006.7.11. 甲이 이 부동산을 취득한 후 3년 이내에 정당한 사유 없이 그 용도에 직접 사용하지 아니하였다는 이유로 취득세, 등록세 등을 부과·고지하였다.

(3) 甲재단은 A신부는 순천성당의 주임신부에서 은퇴하였으나 여전히 천주교광주대교구 소속 신부로서 역할 및 권한을 행사하고 있고 특히 은퇴한 후에는 담당사제로서 천주교광주대교구 소속 신자들을 위한 향심기도를 지도하는 특수사목활동을 하고 있으며, 이 경우 소속 교구청이 별도의 주택을 구입하여 담당사제로 하여금 그곳에서 생활하도록 함으로써 그의 주식(主食)을 책임지고 있으므로 A신부는 이 부동산에 거주하면서 향심기도를 지도하는 특수사목활동을 하는 등 신부로서의 역할을 수행하고 있어 甲으로서는 이 부동산을 그 용도에 직접 사용하고 있다고 보아야 한다고 주장하였다. 이에 甲은 乙을 상대로 등록세등 부과처분 취소소송을 제기하였으나 원심에서 패소하자 상고하였다.

[판결요지]

(1) **사업에 직접사용** 지방세법 제107조, 제127조 제1항 및 제186조는 용도구분에 의한 취득세, 등록세 및 재산세 비과세사유를 규정하면서 그중의 하나로 제1호에서 공익사업을 목적으로 하는 비영리사업자가 그 사업에 사용하기 위한 부동산의 취득·등기 및 그 사업에 사용하는 부동산을 들고 있다. 또한 지방세법 제107조 및 제127조 제1항 각 본문 단서에서는 취득·등기일로부터 3년 이내에 정당한 사유 없이 취득·등기한 부동산을 그 사업에 직접 사용하지 아니한 경우에는 그 해당 부분에 대하여는 취득세·등록세를 부과하며, 지방세법 제186조 본문 단서에서는 당해 재산의 일부가 그 사업에 직접 사용되지 아니하는 경우의 그 일부 재산에 대하여는 재산세를 각 부과한다고 규정하고 있다. 위 각 규정에서 비영리사업자가 당해 부동산을 '그 사업에 사용'한다고 함은 현실적으로 당해 부동산의 사용용도가 비영리사업 자체에 직접 사용되는 것을 뜻하고, '그 사업에 사용'의 범위는 당해 비영리사업자의 사업목적과 취득목적을 고려하여 그 실제의 사용관계를 기준으로 객관적으로 판단되어야 하는 것이다

(대법원 2002.10.11 선고 2001두878 판결 등 참조, 대법원 2005.12.23 선고 2004다58901 판결 등 참조).

(2) **원심법원의 판단** 원심은 천주교 광주대교구에 속한 모든 교회의 운영, 선교 및 교육 등을 목적으로 하는 종교법인인 甲이 그 소속 순천주교회의 주임 신부가 은퇴 후 거주할 사택으로 사용할 목적으로 이 아파트를 취득하여 등기를 마치고 그 은퇴 신부로 하여금 거주하게 한 사실 등을 인정하였다. 그리고 甲법인의 정규 직무에서 은퇴한 이상 그 은퇴 신부가 신자들을 위한 향심기도를 지도하는 사목활동을 계속하고 있다 하더라도 그것이 직무의 성격을 갖는다고 보기 어렵다는 취지에서 甲법인의 종교활동에 필요불가결한 중추적 지위에 있다고 할 수 없으므로, 은퇴 신부의 사택용으로 사용되는 이 아파트는 그 사업에 직접 사용하는 부동산이라고 할 수 없어 지방세법 소정의 비과세대상에 해당하지 않는다고 판단하였다.

(3) **결론** 앞서 본 법리와 기록에 비추어 살펴보면, 이러한 원심의 판단은 정당한 것으로 수긍이 가고, 거기에 상고이유에서 주장하는 바와 같은 지방세법상 비과세대상인 '그 사업에 사용'되는 범위에 관한 법리오해 등의 위법이 없다.

[해설 및 검토]

이 사례에서는 소속 성당의 주임신부직을 은퇴한 후 교구 신도들의 향심기도[38]를 지도하는 신부의 사택이 비과세 대상인가 하는 점이 문제되었는데, 법원은 은퇴신부는 甲법인의 종교활동에 필요불가결한 중추적 지위에 있다고 할 수 없다고 판시함으로써 비과세 요건에 대한 종래의 엄격한 입장을 유지하고 있다. 결국 A신부의 역할이 중요한 것이 아니라 그 지위가 은퇴신부라는 것이 고려된 것이다.

한국천주교주교회의는 1999년 춘계 정기 총회에서「교구 사제 정규 직책 은퇴와 요양에 대한 규정」을 제정하였고 2002년에는 일부 수정하여 반포하였다.[39] 이 규정에 의하면 은퇴신부에 대해서 해당 사제의 조건에 알맞은 사제직 활동을 유지하고, 또 그 생활을 보장할 수 있는 처우를 하도록 되어 있다.[40] 이 규정 제4조는 "① 교구에서는 이들 사제들을 위한 주거 공간과 생활비

---

38) 향심기도(centering prayer)란 기도의 방법론으로서 동양종교의 명상이나 심리학적 방법론을 도입한 기도로서 그 타당성에 대해서는 여러 가지 논의가 있다(김성봉,「그리스도교적 기도와 향심기도」,『사목연구』, Vol.15, 2005. 참조).
39) 이경상,「성직자 생활」,『사목연구』, 제10권, 2002.
40) 서울 교구에서 은퇴 사제에게 배려하는 재정적 지원 현황을 보면 2000년도 초를 기준으로 생활비 500,000원(상여금 4, 11월), 미사예물 1,300,000원, 식복사비 700,000원, 사제공제회 600,000원으로 월 3,100,000원/연간

를 지급한다. ② 이를 위한 기준은 사제 평의회의 의견을 들어 교구장이 정한다. ③ 해당 사제가 교구에서 마련한 시설을 이용할 의사가 없을 경우에는 교구 방침에 따라 그에 상응하는 금액을 대여할 수 있다. 이때에도 그 재산권은 교구에 속하도록 하여야 한다. ④ 주거 지역은 교구 관할 구역 내로 한다"로 되어 있어 소속 교구에서 주택문제를 해결하도록 되어 있다.

이와 같이 가톨릭 성직자의 노후 복지가 다른 종교에 비해서 가장 앞서 있음을 알 수 있다. 이는 평생 독신으로서 성직자 생활을 한 후 은퇴한 신부들은 대부분 자신의 명의로 된 재산을 소유하지 않을 뿐 아니라 노후를 의지할 후손도 없기 때문이다. 따라서 은퇴 신부의 사택은 가톨릭에 있어서는 그 종교활동에 직접 사용하는 재산이라고 볼 소지가 많다.

[Ⅲ-1-7] 서울행정법원 2012.8.16 선고 2011구합36838 판결 【정보공개거부처분취소】

[사실관계]

(1) **甲의 정보공개청구** 甲은 신문사로서 종교의 사회적 책임 및 종교인의 소득세 납부에 관한 언론취재를 통해 공적 여론을 형성하기 위하여 2011.3.21. 乙에게 아래 정보에 대한 공개청구를 하였다.

38,200,000원이라고 한다(이경상, 위 논문).

① 종교인의 최근 10년간 소득세 납부현황. 이름, 교회나 절 등 소속 단체 및 종교법인명, 신고소득, 납부세액, 세율 등의 정보

② 최근 10년간 전국 국세청에서 종교인에게 소득세를 납부할 것을 요구하고 알린 사례, 사례가 있다면 어느 국세청에서 언제, 누구에게 최고하였는지에 관한 정보

③ 최근 10년간 국세청이 종교법인에게 소득세를 납부할 것을 요구하고 알린 사례, 사례가 있다면 어느 국세청에서 언제, 어느 법인에게 최고하였는지에 관한 정보

④ 최근 10년간 전국 국세청에서 자진하여 소득세를 납부하러 온 종교인의 납부 의사를 거부하고 돌려보낸 사례에 관한 정보

⑤ 최근 10년간 국세청에 소득신고한 종교인 가운데 연소득을 1억 원 이상으로 신고한 종교인이 있는지, 해당 종교인이 있다면 이름, 소속 종교법인, 구체적 소득신고액, 세율, 납부세액의 정보

⑥ 여의도 순복음교회 조용기 목사 및 소속 직원과 목사들이 현재 소득세를 신고해 납부하고 있는지 확인을 요청. 만약 납부하고 있다면 신고한 소득액, 납부세액의 정보

⑦ 만약 조용기 목사 및 소속 직원과 목사들이 소득세를 내고 있다면, 최초로 소득세를 납부한 시점이 몇 년 몇 월이고 납부세액이 얼마인지의 정보

(2) **乙의 정보공개거부처분** 乙은 2011.3.31. 「공공기관의 정보공개에 관한 법률」('정보공개법') 제9조 및 국세기본법 제81조의13에서는 납세자가 세법이 정한 납세의무를 이행하기 위하여 제출한 자료나 국세의 부과징수를 목적으로 업무상 취득한 자료 등에 대해 특정인을 식별할 수 있는 개인에 관한 정보 또는 납세자의 과세정보는 타인에게 제공할 수 없도록 엄격히 제한하고 있고, 직무상 작성 또는 취득하여 관리하고 있지 아니한 문서는 정보공개법상 정보에 해당하지 않는다는 이유(①~⑤ 정보는 최근 2년 치 **비보유정보**, ⑥, ⑦은 **과세정보**)를 들어 정보공개거부처분을 하였다.

(3) **전심절차의 경유** 한편 甲은 2011.4.20. 중앙행정심판위원회에 이 처분의 취소를 구하는 행정심판을 제기하였으나 2011.8.23. 기각되었다. 이에 甲은 乙을 상대로 정보공개거부처분의 취소를 구하는 소송을 제기하였다.

[당사자의 주장]

[甲의 주장]	[乙의 주장]
(1) **비보유정보에 관하여** ① 甲이 취재한 바에 따르면 종교단체 중 가톨릭 10여 개 교구, 일부 교회 등에서는 소속 종교인에 대한 근로소득세를 원천징수하여 납부하고 있는 점, ② 2006.4.경 乙은 당시 재정경제부에 종교인 소득세 부과에 관한 질의를 보내어 유권해석을 요청하였던 점, ③ 乙은 종교법인의 비업무용 부동산 현황을 파악하기도 하였던 점, ④ 종교법인은 사업자등록 시 업태, 종목, 주 업종코드 등을 기재하여야 하고 이때 한국표준산업분류에 따른 업종코드가 불교(94911), 기독교(94912), 천주교(94913), 민족종교(94914), 기타종교(94919)로 분류되어 있고, 단체 고유번호 부여 시에도 구분되는 '89' 코드를 부여받는 점, ⑤ 고유번호 신청 시 단체의 정관이나 법인등기부등본 등 관련서류를 乙에게 제출하여야 하는 점, ⑥ 乙은 국세통계연보를 발간하면서 지역별로 구체적 업종을 분류하여 통계를 작성하고 있는 점 등에 비추어볼 때 비보유정보는 乙이 보유·관리하고 있을 상당한 개연성이 존재한다. (2) **과세정보에 관하여** 과세정보는 과세관청이 직접 작성한 자료로서 국세기본법 제	(1) **비보유정보에 관하여** 비보유정보는 정보공개법 제2조에 정하는 바와 같이 직무상 취득하여 관리하고 있는 정보가 아니므로 정보공개거부처분을 한 것이다. (2) **과세정보에 관하여** 과세정보는 납세자의 과세정보로서 타인에게 공개할 경우 당사자의 경제활동 등에 지장을 초래하고 개인의 사생활을 침해할 우려가 있는 자료이므로 정보공개법 제9조 제1항 제1호 및 국세기본법 제81조의13 제1항에 의한 비공개 대상자료에 해당하여 정보공개거부처분을 한 것이므로 이 사건 처분은 모두 적법하다.

81조의13에서 규정하는 '납세의무를 이행하기 위하여 제출한 자료나 국세의 부과·징수를 위하여 업무상 취득한 자료'에 해당하지 아니하며, 설령 그러한 내용이 포함되어 있다고 하더라도 비공개대상 정보를 제외한 나머지만 공개하는것이 가능하다.

[판결요지]

[1] 종교인과 종교법인에 대한 과세기준

(1) **종교인의 납세의무** 헌법 제38조에서는 모든 국민은 법률에 정하는 바에 의하여 납세의 의무를 진다고 규정하여 이른바 국민개세주의 및 조세법률주의 원칙을 천명하고 있다. 아울러 소득세법 제2조에서는 국내 거주자 및 비거주자로서 국내원천소득이 있는 개인에 대해서는 소득세를 납부할 의무를 부과하고 있으며 내국법인 등에 대하여 소득세 원천징수의무도 부과하고 있다. 이때 납세의무자의 직업이 종교인인지 여부에 따라 소득세를 비과세하는 규정은 달리 마련하고 있지 아니하므로 성직자이거나 종교인이라고 하더라도 소득세 납세의무를 부담하는 납세의무자에 해당한다.

(2) **종교단체의 비과세** 우리 조세법 체계에서는 종교인 개인에 대하여 소득세 납세의무를 면제하는 특례규정을 두지는 않고 있음에 비하여, 종교법인을 포함한 비영리 공익법인에 대하여는 일반적으로 국가 또는 공공단체가 자신이 행할 공익적이고 행정적인 업무의 일부를 비영리 공익법인이 대행하는 기능을 수행함으로써 행정보완적이고 공익적인 역할을 담당하므로 국가나 공공단체의 업무를 대신 맡아 분담한다는 측면을 고려하고 그 공익활동을 조성하고 장려하기 위하여 일정 요건하에서 법인세, 부가가치세, 증여세, 지방세 등을 과세하지 아니하거나 과세특례를 적용하고 있다(법인세법 제24조, 제29조, 제62조, 제62조의2, 조세특례제한법 제104조의13, 부가가치세법 12조, 상속세 및 증여세법 제16조, 제17조, 제48조, 지방세법 제11조, 지방세특례제한법 제38조, 제50조 등).

[2] 종교인에 대한 소득세 과세 논란에 대하여

(1) **종교인 비과세 관행** 소득세법상 종교인에 대한 비과세 규정이 존재하지 아니함에도 불구하고 종래 과세관청에서는 종교인에 대하여 소득세 과세를 하지 아니하여 오면서, 소득세를 강제징수하지는 아니하되 종교인이 자율적으로 소득세를 납부하는 경우에는 이를 납부받는 식의 관행을 형성해왔다. 이러한 가운데 현재 천주교는 1994년 주교회의 결정으로 국내 전체 교구 중 영세하여 과세표준에 미달되는 교구 및 군종교구를 제외한 10여 개 교구에서 성직자 급여에 대한 원천징수를 실시하고 있으며, 기독교의 경우도 원천징수 및 자진신고방식으로 소득세를 납부하는 목회자들이 상당수 있고, 불교계에서도 소득세 자진신고를 해온 승려들이 있는 등 자발적으로 소득세 납부의무를 이행해온 종교인들도 다수 존재한다. 이와 같은 상황하에서 사회적으로 종교인에 대하여 소득세를 과세할 것인지 여부에 관하여 아래에서 살펴보는 바와 같이 많은 논란이 일어나고 있는 실정이다(이러한 논란과 관련하여 乙은 2006.4.경 기획재정부에 종교인에 대한 소득세 과세에 관하여 유권해석을 의뢰하였으나 아직 그 회신은 乙에게 도달하지 아니하고 있다).

(2) **과세 논쟁** 종교인에 대한 소득세 과세와 관련하여서는, 종교인의 소득에 대하여는 신자들에게 이미 과세된 기부금과 관련하여 이중으로 종교인에게 소득세를 과세하는 결과가 발생하고, 종교인의 성직업무는 근로가 아니라 봉사로 보아야 하며, 건국 이후 지금까지 비과세관행이 성립되어 있는 이상 과세되어서는 아니 된다는 의견과, 헌법 제38조에 따른 국민개세주의 및 과세형평의 관점에서 세법적으로 평가(통상 매월 지급받는 보수는 근로소득으로, 일회성 종교집회나 강연, 집필 등을 통한 수익은 기타소득으로, 은퇴 시 지급받는 사례금은 퇴직소득으로 볼 수 있다)할 때 종교인이라고 소득세 납부를 면제해줄 아무런 까닭이 없고, 과세관청이 종교인에 대한 소득세 비과세의 공적 의견을 표시한 바 없는 점 등을 들어 과세해야 한다는 의견이 사회적으로 대립하고 있다.

(3) **외국의 사례** 한편, 외국의 예를 보면 미국에서는 성직자를 소득세 납세의무자로 보고 있으며, 사회보장세(Social Security Tax) 등 연방세와 주세를 부담시키고 있는데, 이러한 납세의무를 부담함으로써 향후 사회보장연금 등을 제공받을 수 있도록 하고 있다. 독일에서는 종교인을 공직자와 유사하게 보고 국가에서 종교인에게 급여를 지급하면서 소득세를 징수하고 있으며, 그 급여의 재원을 위해서는 교회 등에 다니는 국민으로부터 이른바 교회세(Kirchensteuer)를 받아 충당하고 있다. 그 외 일본, 캐나다 등 대부분의 선진적 조세제도를 보유하고 있는

국가들에서도 종교인에 대해서 소득세를 부과하는 것을 원칙으로 삼고 있다.

[3] 종교인에 대한 소득세 정보 공개의 필요성 및 범위

(1) **비과세에 대한 사회적 비난** 앞에서 살펴본 바와 같이 우리 사회에서 종교인에 대한 소득세 과세 관련 논란이 지속적으로 이루어져 왔고 피고가 기획재정부에 유권해석을 의뢰하기도 하였으며 종교법인이나 단체별로 소득세 납부를 실행하고 있는 경우도 증가하고 있다. 그런데 자발적으로 소득세 납부의무를 이행하는 종교인의 구체적인 숫자와 납부세액 등에 대한 정보가 사회일반에 알려져 있지 아니하고, 일부 종교인은 상당한 정도의 보수와 사택, 가족에 대한 지원금, 활동비 등을 제공받고 있음에도 소득세 납부의무를 전혀 이행하여 사회적 비난이 높아지고 있음에도 정부에서는 건국 이후 현재까지 종교인에 대하여 소득세를 과세를 할 것인지 여부조차도 결정하지 못하고 있는 상황이다. 이에 대한 국민적인 불만과 비판이 증가하고 있으며, 오히려 이 때문에 사회적 모범을 보이고 윤리적·정신적 지도자 역할을 수행해야 하는 종교인에 대한 비난이 증가하고 있고 종교계가 부당한 비난과 오해를 받을 우려도 증가되고 있다.

(2) **정보공개 필요성** 사정이 이러하다면, 종교인의 소득세 납부현황과 관련된 정보를 국민에게 공개함으로써 종교인 과세에 대한 오해와 억측 및 부당한 비난을 불식시키고, 종교인에 대한 바람직한 과세정책을 수립하기 위한 방향을 공론화할 공익적 필요성이 매우 크다고 하지 않을 수 없다. 아울러 종교인의 소득세 납부현황 공개를 통하여 점점 더 거대화, 세속화, 정치화되어 가는 일부 종교단체들에 대하여 재정 및 세금에 대한 투명성과 건전성의 제고를 유도함으로써 결과적으로 일반 국민들이 종교인 및 종교계에 대하여 가지는 신뢰와 존경을 회복하는 기회를 제공할 수도 있게 될 것이다.

[4] 결론

이상 살펴본 바를 종합할 때, 종교인의 소득세 납부현황에 관련된 정보는 그 과세정보의 공개로 인하여 종교인의 납세협력의무나 소득세 관련 세무행정에 지장이 발생하기보다 오히려 납세의무자인 종교인들의 성실한 납세협력의무를 독려하고 권장하며 건전하고 바람직한 종교 관련 조세정책 수립에 기여하는 결과가 도출될 것이 예상되어 종교인의 개인적 납세정보 보호라는 이익보다 국민에게 공개할 공익적 필요성이 훨씬 더 큰 경우에 해당할 것으로 판단된다{적어도 종교인의 소득세 납부정보 중 개인이나 개별 종교단체 식별이 가능한 정보(이름, 소속 종교법인 및 종교단체명 등)를 제외한 나머지 사항(소속 종교, 소득신고액, 세율, 납부세액 등)에 대하여는 이를 공개할 여지가 크다고 보인다}.

[해설 및 검토]

가. 판결의 의미

이 판결은 종교인에 대한 과세를 다룬 첫 번째 사례라는 점에서 중요한 의미를 가진다. 비록 이 판결이 아직 확정되지 않은 하급심 판결이고 또한 종교인의 소득에 대한 비과세 관행이 적법한지를 정면으로 판단한 것은 아니지만 종교인의 납세의무를 전제로 그 소득세 납부현황에 대한 정보를 공개하는 것이 더 공익에 적합하다고 판시한 것이다.

이 사례에서는 ① 세무공무원이 취득한 과세정보의 비밀유지의무와 국민의 알권리를 보장하는 정보공개청구권 중 어느 쪽이 우선하는가, ② 종교인의 소득세 관련 정보의 공개원칙은 무엇인가, ③ 종교인의 소득세 관련정보 중 비보유정보와 과세정보에 대해 각각 어디까지 공개할 것인가 하는 세 가지가 쟁점이 된다.

나. 과세정보 공개의 원칙과 범위

(1) 정보공개청구권과 납세정보 비밀유지의무

모든 국민은 공공기관이 보유·관리하는 정보 중에서 정보공개법 제9조가 정하는 비공개대상 정보를 제외한 모든 정보에 대한 공개청구권을 가지고 있다. 한편 국세기본법 제81조의 13은 세무공무원은 납세자가 세법에서 정한 납세의무를 이행하기 위하여 제출한 자료나 국세의 부과·징수를 위하여 업무상 취득한 자료 등("과세정보")을 타인에게 제공 또는 누설하거나 목적 외의 용도로 사용하지 못하도록 제한하고 있다. 이는 납세자의 프라이버시와 사적 비밀을 최대한 보호하여 줌으로써 납세자들이 안심하고 성실한 납세협력의무를 이행할 수 있도록 하기 위한 것이다.

(2) 우선순위

정보공개법과 국세기본법 규정 간의 체계와 관계를 볼 때, 국민의 정보공개청구권 보장이 원칙이고 비공개정보의 공개의무가 예외적으로 면제된 것이다. 그러므로 예외규정의 내용인 국세기본법 제81조의13 제1항을 해석함에 있어서는 정보공개법이 원칙적으로 보장하는 국민의 알권리를 최대한 보장하는 방향에서 정보공개의 범위를 결정할 필요가 있다.

이러한 관점에서 볼 때 납세자의 프라이버시 및 사적 비밀 침해의 우려가 없고 납세자의 성실한 납세협력의무에 지장도 발생하지 않는 이상 그러한 과세정보가 공개된다고 하더라도 과세정보의 비밀유지의무에 위반된다고 볼 수 없다. 따라서 과세정보라 하더라도 국세기본법상 과세정보 비밀유지의 목적과 취지에 반하지 않는 범위 내라면 그 정보의 공개청구는 허용되어야 한다.

다. 종교인의 과세정보 공개

(1) 종교인의 과세

종교인의 소득세에 대한 비과세 관행과 그에 대한 찬반 논란 및 외국의 사례에 대해서는 앞에서 설명한 바 있다. 이 판결도 비록 비과세관행의 적법성 여부에 대해 정면으로 판단하고 있지는 않지만, 종교인의 자진납부현황과 과세당국의 어정쩡한 태도, 고액 소득 종교인의 비과세에 대한 국민적 비난 여론과 같은 내외적 상황과 외국의 입법례에 대해 소개한 뒤 결론적으로, 종교인 소득세 납부현황에 대한 정보를 공개하는 것이 종교인의 개인적 납세정보 보호라는 이익보다 국민에게 공개할 공익적 필요성이 훨씬 더 큰 경우에 해당할 것으로 판단하였다.

(2) 과세정보 공개

생각건대 종교인의 소득세 납부현황에 관련된 정보는 그 과세정보의 공개로 인하여 종교인의 납세협력의무나 소득세 관련 세무행정에 지장이 발생하기보다 오히려 납세의무자인 종교인들의 성실한 납세협력의무를 독려하고 권장하며, 건전하고 바람직한 종교 관련 조세정책 수립에 기여하는 결과가 도출될 것이 예상된다는 점에서 판결의 취지에 동감한다.

라. 정보공개의 범위

납세공무원이 취득한 정보는 과세당국이 직접 작성한 여부에 따라 비보유정보와 과세정보로 나누어진다. 이 사례에서 甲은 乙에게 ①에서 ⑦까지 7가지 정보의 공개를 요구하고 있는데 이 중에서 ①에서 ⑤까지는 비보유정보에 해당하고, ⑥과 ⑦은 과세정보에 속한다.

(1) 비보유정보

과세당국이 직접 작성하지 않은 정보에 대해서는 정보공개를 구하는 자가 그 정보를 행정기관이 보유·관리하고 있을 상당한 개연성이 있다는 점을 증명하여야 한다.41) 그런데 甲이 공개를 구한 위의 비보유정보 중 ②, ③, ④ 정보는 乙이 종교인 및 종교법인에게 소득세 납부를 최고한 사례나 소득세 자진납세를 하러 온 종교인을 돌려보낸 사례가 있는지 여부에 관한 정보의 공개를 구하는 것인데, 乙이 이러한 사례를 수집하여 전자적으로나 문서상 기록으로 보유·관리하고 있을 개연성이 입증되지 않았다. 따라서 甲은 위 정보에 대한 공개거부처분의 취소를 구할 법률상 이익이 없다고 할 것이다.

그러나 ①, ⑤ 정보에 대해서는 乙이 종교인 개개인에 대한 소득세 납부 관련 정보 자체를 독립하여 작성하여 보유·관리하고 있지 아니하더라도 전산시스템을 통하여 이러한 정보를 별도로 추출하여 생성·제공할 수 있을 것으로 보여, 乙이 보유·관리하고 있을 상당한 개연성이 존재한다고 판단된다. 결국, 비보유정보 중 ①, ⑤ 정보(최근 2년간의 것)를 보유하고 있지 않다는 이유로 이에 대한 정보공개거부처분을 한 것은 위법하다고 보았다. 다만 이 정보 중에서 개인이나 개별 종교단체 식별이 가능한 정보, 즉 이름, 소속 종교법인 및 종교단체명 등에 대하여는 공개를 거부할 여지는 있다고 보았다.

(2) 과세정보

이 사건 과세정보는 여의도 순복음교회의 조용기 목사 및 소속 목사들에 대한 소득세 납부자료의 공개를 구하는 것이다. 과세정보란 납세자가 세법이 정한 납세의무를 이행하기 위하여 제출한 자료나 국세의 부과 또는 징수를 목적으로 업무상 취득한 자료 등을 지칭한다.42) 그런데

---

41) 대법원 2006.1.13 선고 2003두9459 판결.
42) 국세기본법 제81조의13 제1항.

위 과세정보는 특정인에 대한 과세정보로서 그 내용이 공개될 경우 개인의 프라이버시와 사적 비밀, 경제생활의 자유에 심각한 침해가 발생할 것이어서 국세기본법 제81조의13 제1항이 보호하는 목적 범위 내의 비밀에 해당한다고 할 것이므로 이 정보에 대한 공개를 구하는 甲의 청구는 받아들여지지 않았다.

마. 시사점

이 판결이 나오자 국내 언론과 종교 관련 단체에서는 종교인 과세가 거스를 수 없는 대세가 되었다는 평가를 내놓고 있다. 사실 종교인 과세가 문제가 되는 것은 일부 대형교회 목사나 사찰의 주지들이 대기업회장에 못지않은 경제적 혜택을 누리고 있으면서도 단지 종교인이라는 이유로 비과세 특권을 누리고 있는 것에 대한 국민적 분노가 표출된 때문이다. 이 판결은 국민의 알권리 보장과 납세의무자의 프라이버시를 어느 선에서 조화시킬 것인가, 납세정보의 성격에 따른 공개범위를 어떻게 정할 것인가에 대한 치밀한 법리적 분석을 바탕으로 하고 있지만 그 근저에는 이러한 종교인의 과세에 대한 우리 사회의 전체적인 공감대를 확인하였다는 점에서 큰 의미를 지니고 있다고 하겠다.

2. 종교와 건축

[Ⅲ-2-1] 대법원 2000.6.23 선고 98두3112 판결【건물철거대집행계고처분취소】

[사실관계]

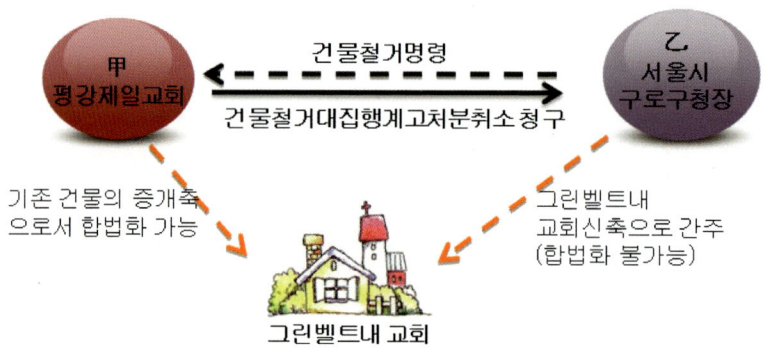

(1) 甲은 1990.4.14. 및 1990.12.7. 2회에 걸쳐 국가로부터 국가 소유의 임야 및 대지를 비롯하여 군 주둔지로 사용되던 토지와 건물(57개 동) 등을 대금 14,665,583,520원에 매수하였다. 1991.3.20. 위 건물의 용도를 종교시설로 변경하는 표시변경등기가 경료되고 1991.3.23. 그 등기부의 기재에 각 건물이 그 용도가 종교시설로서 건축물관리대장에 등재되었다.

(2) 甲은 도시계획법상 개발제한구역 및 도시공원법상 도시공원에 속하는 이 임야 위에 있는 건물 18동을 1개의 단일 건물로 개축할 것을 계획하고, 1992년경 건축법, 도시계획법, 도시공원법상 아무런 허가를 받지 아니한 채 8동을 우선 철거하고 철거건물들의 연면적의 합계보다 적은 연면적 2,263.76㎡의 3층 종교시설인 교회건물을 건축하였다. 甲은 교회건물이 완공된

후인 1993.10.6. 기존 건물 57개 동 중 18동을 철거하고 교회건물을 개축하는 것을 내용으로 하는 건축(개축)허가신청을 하였다.

(3) 乙은 1993.11.23. 공원용지 무단점유, 기존건물의 무단용도변경, 무단증축 및 무허가건물 존치 등 사유를 들어 위 건축허가신청을 반려하였다. 그 후 乙은 1994.5.19. 甲에게 1994.6.10.까지 위법건축물인 교회건물을 자진철거하지 않으면 대집행하겠다는 내용의 대집행계고처분을 하였다.

(4) 甲은 乙을 상대로 건물출거대집행계고처분의 취소를 구하는 행정소송을 제기하여, 원심에서는 승소하였으나 乙이 상고하였다.

[원심 서울고등법원 1997.12.23 선고 94구30081 판결요지]

(1) **합법화 가능성** 이 교회건물은 건축법, 도시계획법, 도시공원법상의 사전허가를 받아야 한다는 절차법규에 위반된 위법한 건축물이기는 하지만, 甲이 개발제한구역인 임야에서 철거대상건물의 용도를 종교시설로 변경하고 같은 용도인 교회건물로 개축하는 행위에 대한 허가를 받는 것이 도시계획법령과 도시공원법령상 가능하므로, 장차 허가를 받아 합법화가 가능하다.

(2) **공익의 침해 가능성** 만일 교회건물을 철거하게 되면 甲이 매매대금 147억 원 교회건물의 건축비 금 45억 원 등 막대한 경제적 손실을 입게 됨은 물론 수많은 교회신자들이 예배할 장소를 잃게 되는 점, 철거대상건물은 무질서하게 산재되어 있어 그 자체로서 도시미관을 해치고 있는 데 비하여 교회건물은 그 외관이 수려한 단일건물로서 철거대상건물에 비하여 공원미관조성이나 공원관리 측면에서 유리한 점 등에 비추어보면, 이 교회건물의 철거의무의 불이행을 방치하는 것이 행정대집행법 제2조 소정의 대집행요건인 심히 공익을 해할 것으로 인정되지 않는다.

[판결요지]

(1) **합법화 가능성** 등기부나 건축물관리대장상 대부분 각각 독립된 건물로 등재되었고 사회통념상 전체가 1개의 건축물에 해당한다고 보기 어려운 기존건축물 18동을 철거하고 그보다 층수가 많고 높이가 높은 교회건물을 축조하는 행위는 증·개축에 해당하지 않고 신축에 해당한다. 개발제한구역 및 도시공원에 속하는 임야상에서 이 교회건물과 같은 종교시설을 신축하는 것은 당시의 도시계획법령 및 도시공원법령에 저촉되어 불가능하므로 이 교회건물이 합법화될 가능성은 없다.

(2) **공익침해 가능성** 이 교회건물의 합법화가 불가능한 점과 甲이 교회건물의 건축 도중 乙로부터 불법건축으로 인한 형사고발을 당하였음에도 불구하고 건축을 계속하여 이 교회건물을 완공한 점 및 이 교회건물은 건축면적 1,555.20㎡, 연면적 2,263.76㎡인 대형 교회건물로서 일요일마다 많은 신자들이 모여 예배를 보게 되면 그것만으로도 개발제한구역의 지정목적이나 도시공원의 설치목적을 해할 염려가 적지 않아 보이는 점 등을 종합하여 보면, 교회건물이 철거될 경우 甲은 막대한 금전적 손해를 입게 되고 많은 신자들이 예배할 장소를 잃게 된다거나 건물을 철거하고 교회건물을 건축한 것이 공원미관조성이나 공원관리 측면에서 유리하다는 사정을 고려하더라도, 교회건물의 철거의무의 불이행을 방치하는 것은 불법건축물을 단속하는 당국의 권능을 무력화하여 건축행정의 원활한 수행을 위태롭게 하고 건축법, 도시계획법, 도시공원법 등이 규정하고 있는 여러 제한규정을 회피하려는 것을 예방하지 못하게 함으로써 공익을 심히 해한다.

[해설 및 검토]

가. 판결의 쟁점

이 사례에서는 개발제한구역 내에서 건축허가를 받지 않은 채 기존 건축물들을 허물고 그 자리에 3층짜리 교회건물을 건축한 행위에 대한 사후적인 합법화가 가능한가, 또 그러한 불법건축물을 철거하지 않고 방치하는 것이 공익에 합당한가 하는 점이 쟁점이 되었다. 원심은 사후합법화가 가능한 개축에 해당한다고 본 반면 대법원은 이를 신축으로 보았고, 또 원심은 교회건물이 비록 불법건축물이라고 하여도 이를 철거함이 공익에 반한다고 본 반면 대법원은 이를 방치하는 것이 불법건축물을 단속하는 행정당국의 권능을 무력화시킴으로써 오히려 공익을 해한다고 판단하였다.

나. 개발제한구역과 건축제한

(1) 개발제한구역

개발제한구역(greenbelt)은 1971년 도시계획법에 따라 도시의 무분별한 확산방지와 도시 주변의 환경보전 및 도시민의 건전한 생활환경 확보, 그리고 안보상의 목적으로 지정되었다. 개발제한구역은 60~70년대 경제성장기에 도입되어 우리나라의 도시계획 규제 중 가장 강력한 토지이용규제수단으로 활용되어 도시민에게 녹지공단을 제공하는 데 크게 기여하였다. 개발제한구역의 지정과 관리에 관한 법령은 초기에는 도시계획법에 따랐으나 점차 법령이 세분화되면서 「국토의 계획 및 이용에 관한 법률」, 「개발제한구역의 지정 및 관리에 관한 특별조치법」으로 이전되었다.43)

(2) 건축 등 제한

개발제한구역 안에서는 건축물을 신축하거나 증축하거나 건축물의 용도를 변경하거나, 공작물을 설치하거나, 토지의 형질을 변경하거나, 죽목(竹木)을 벌채하거나, 토지를 분할하거나, 물건을 쌓아놓는 행위 또는 도시계획사업을 할 수 없다. 그러나 국토해양부 장관, 도지사, 시장·군수 등의 승인 또는 허가를 받아 설정 목적에 위배되지 않는 한도 내의 실외체육시설, 국방·군사시설, 구역 안의 주민 생활 편익시설, 영농을 위한 형질변경 등 일정한 행위는 허가를 받아서 할 수 있다. 다만 개발제한구역 내에 기존에 소재하던 주택이나 건축물을 개축하는 것은 가능하다.

(3) 신축인가 개축인가

대법원이 甲교회의 건축이 개축이 아니라 신축이라고 본 것은 ① 교회건물이 기존건축물인

---

43) 서울시정개발연구원, 「서울시 개발제한구역의 도시관리실태 평가 및 개선방향: 도시개발 현황 및 문제점」, 2010.11.

철거대상건물 18동보다 층수가 많고 높이가 높은 건물로서 구 건축법시행령 제2조 제1항 제3호 소정의 '종전과 동일한 규모의 범위 안에서' 축조된 건축물에 해당한다고 볼 수 없고, ② 철거대상건물 18동은 등기부나 건축물관리대장상 각각 독립된 건물로서 등재되어 있을 뿐만 아니라 그 각 구조, 기능, 규모 등에 비추어보더라도 사회통념상 이를 1개의 건축물에 해당한다고는 보기 어려운 점을 들고 있다.

생각건대 건축법시행령 제2조 제1항 제3호에서 "개축"이라 함은 기존 건축물의 전부 또는 일부를 철거하고 그 대지 안에 종전과 동일한 규모의 범위 안에서 건축물을 다시 축조하는 것을 말하는 것으로서, "종전과 동일한 규모의 범위"라 함은 건축물의 동 수가 감소하더라도 면적과 층수 및 높이가 증가하지 않는 경우라면 이는 종전과 동일한 규모 범위의 개축에 해당하는 것이다. 따라서 甲교회의 건축이 신축에 해당한다고 본 판례의 입장은 타당하다.

다. 행정대집행법상의 공익

(1) 문제의 소재

甲교회의 그린벨트 내의 건물이 신축에 해당하여 합법화가 불가능하다면 이를 철거해야 한다. 이에 따라 乙은 행정대집행법에 따라 甲에게 건물철거대집행을 하겠다는 계고처분을 하였다. 그런데 행정대집행법 제2조에 의하면 철거의무의 불이행을 방치함이 심히 공익을 해할 것으로 인정될 때에만 대집행을 할 수 있다. 따라서 이미 수십억 원의 건축비용이 투입되었고 또 수많은 교인들이 예배 장소로 사용하고 있는 건물을 철거하는 것이 과연 공익에 합치하는가 하는 점이 문제된다.

(2) 판례의 입장

'그 이행을 방치함이 심히 공익을 해한다고 인정될 것'이라는 대집행법상의 규정은 추상적인 개념이기 때문에 그 내용은 구체적인 경우에 제반사정을 종합하여 결정할 수밖에 없다. 이 점에 관한 기존 대법원판례의 입장을 보면, 기본적으로는 허가 없이 건축된 불법건축물에 대하여는 상당한 건축비가 소요되었고 건축 후 도시미관이나 위생 등의 주위환경이 좋아졌거나 철거로 인하여 건축주에게 적지 아니한 손해가 발생하게 되리라는 등의 사유가 있다고 하더라도 이를 방치할 경우 불법건축물을 단속하는 당국의 권능을 무력화하여 건축행정의 원활한 수행을 위태롭게 하고 건축법 소정의 제반 제한 규정을 회피하는 것을 방지할 수 없다는 점을 들어 공익을 해하는 것으로 보고 있다.[44]

다만 예외적으로 불법건물이 합법화될 가능성이 있다든가,[45] 건축허가를 받긴 하였으나 공사 시행 중 허가범위를 다소 벗어남으로써 경미한 정도의 불법건축물이 발생한 때,[46] 생활의 불편이 막심하여 어쩔 수 없이 불법건축물을 축조하였으나 그 정도가 경미한 때[47]에는 철거를 명하는 것이 너무 가혹하다는 견지에서 공익을 해할 우려가 없다고 판시하고 있다.

(3) 검토

이러한 판례의 입장에 비추어보면 대집행에 의해 상대방이 받을 불이익 및 대집행을 행할 공익상의 필요에 대하여 구체적으로 고려하여 상대방이 받는 불이익을 고려하더라도 그 시점에서 대집행을 행하지 않으면 안 될 공익상의 필요가 있다고 인정되는 경우에 한하여 대집행할 수 있다고 보아야 한다.[48] 따라서 이 사례에서 甲교회는 건축허가도 없이 건축한 무허가 건축물일 뿐 아니라 개발제한구역에 관한 법도 위반하였다. 그러므로 아무리 건축비가 많이 들었고 많은 교인들이 이용하는 시설이라고 하더라도 이러한 중대한 불법건물을 그대로 방치하게 되면 그린벨트 훼손행위를 더 이상 저지할 수 없고 다른 불법건축물에 대한 건축법상의 규제도 무력화될 수밖에 없다고 판단한 것이다.

라. 판결의 시사점

우리나라 목회자들의 한결 같은 꿈은 크고 훌륭한 교회건물을 건축하는 것이다. 사실 하나님의 성전인 교회를 아름답게 꾸미고 잘 짓는 것은 성도들의 의무이기도 하다. 구약시대 다윗 왕과 솔로몬 왕도 오랜 준비 끝에 모든 정성을 다 기울여 하나님의 성전을 완성하였고,[49] 바벨론 포

---

44) 대법원 1989.3.28 선고 87누930 판결; 대법원 1989.10.10 선고 88누11230 판결; 대법원 1989.12.12 선고 88누12097 판결; 대법원 1992.8.14 선고 92누3885 판결 등.
45) 대법원 1986.11.11 선고 86누173 판결.
46) 대법원 1987.3.10 선고 86누860 판결.
47) 대법원 1989.7.11 선고 88누11198 판결.
48) 김기홍, 「행정대집행법에 관한 연구」, 연세대학교 석사학위논문, 2003, 34면.
49) **열왕기상** 6:1 이스라엘 자손이 애굽 땅에서 나온 지 사백팔십 년이요 솔로몬이 이스라엘 왕이 된 지 사 년 시브

로생활에서 귀환한 이스라엘 민족들이 자신들이 거주할 집보다 먼저 하나님의 성전을 다시 세웠으며,[50] 로마교황청이 있는 바티칸의 성베드로 대성당은 그 건축비를 마련하기 위해 면죄부까지 발매함으로써 종교개혁의 빌미를 제공하기도 한 인류 최대의 건축물 중 하나이다.

그런데 아무리 교회 건축이 중요하다고 하더라도 어디까지나 합법적인 건축이어야 한다. 그런데 교회건축을 한 목사들 중에는 전과자가 많다는 말까지 나돌 정도로 건축 도중에 크고 작은 법 위반사항이 많이 발생한다고 한다. 그러나 이러한 불법이 있더라도 대부분 벌금형으로 때울 수 있고 또 일단 건축이 완성되면 그다음에는 행정당국도 어쩔 수 없이 사용허가를 내주든가 건축허가를 내줄 수밖에 없다는 점을 이용하는 것이다.

이 사례는 이러한 불법적인 교회건축에 대해 법집행의 단호함을 보여준 것이라고 하겠다. 세상에 빛과 소금이 되어야 할 교회가, 그리고 하나님의 거룩한 성전인 교회가 불법건축이니 무허가 건축이니 하는 소리를 들어서는 안 될 것이다.

월 곧 이월에 솔로몬이 여호와를 위하여 전 건축하기를 시작하였더라.

역대하 6:7~10 내 부친 다윗이 이스라엘 하나님 여호와의 이름을 위하여 전을 건축할 마음이 있었더니 여호와께서 내 부친 다윗에게 이르시되 네가 내 이름을 위하여 전을 건축할 마음이 있으니 이 마음이 네게 있는 것이 좋도다 그러나 너는 그 전을 건축하지 못할 것이요 네 몸에서 낳을 네 아들 그가 내 이름을 위하여 전을 건축하리라 하시더니 이제 여호와께서 말씀하신 대로 이루시도다 내가 여호와의 허하신 대로 내 부친 다윗을 대신하여 일어나서 이스라엘 위에 앉고 이스라엘 하나님 여호와의 이름을 위하여 전을 건축하고

50) **에스라 6:15~16** 다리오 왕 육년 아달월 삼일에 전을 필역하니라 이스라엘 자손과 제사장들과 레위 사람들과 기타 사로잡혔던 자의 자손이 즐거이 하나님의 전 봉헌식을 행하니.

학개 1:7~9 나 만군의 여호와가 말하노니 너희는 자기의 소위를 살펴볼지니라 너희는 산에 올라가서 나무를 가져다가 전을 건축하라 그리하면 내가 그로 인하여 기뻐하고 또 영광을 얻으리라 나 여호와가 말하였느니라 너희가 많은 것을 바랐으나 도리어 적었고 너희가 그것을 집으로 가져갔으나 내가 불어 버렸느니라 나 만군의 여호와가 말하노라 이것이 무슨 연고뇨 내 집은 황무하였으되 너희는 각각 자기의 집에 빨랐음이니라.

[Ⅲ-2-2] 대법원 2000.6.23 선고 98두11120 판결【종합사회복지시설허가취소처 분취소】

[사실관계]

(1) 甲은 화광교회가 설립한 사회복지법인으로 동 법인의 부지가 당시 도시계획법상 자연녹지지역 내의 답으로 교회시설 건축은 불가능하지만 사회복지시설의 건축이 가능하였다. 甲은 보사부장관의 농지전용추천을 받아 서울특별시장으로부터 도시계획시설(사회복지시설) 결정을 얻고 乙로부터 도시계획사업 실시계획을 인가받았다. 그 뒤 甲은 위 토지상에 지하 3층, 지상 3층의 사회복지시설을 건축하여 어린이집, 청소년학업·선도교육 등 복지사업 등을 하기로 하는 종합사회복지관시설 설치·운영허가를 받았다.

(2) 그러나 허가 시의 사업계획과는 달리 복지관 건축 완공 즉시 지하 3층과 지하 1, 2층과 지상 3층의 일부도 화광교회의 전용시설로 임대하였으며, 지하 강당에는 예배를 하기 위한 십자가와 연단, 의자 등의 시설물을, 옥상에는 야광용 십자가, 외곽에는 화광교회의 대형 광고물과 대형 플래카드, 정문 입구에는 화광교회의 대리석 현판 등을 설치하는 등 사회복지시설을 교회시설로 사용하였다. 이에 따라 당초 사업계획의 주요 부분인 저소득가정상담실과 직업안내실, 취업훈련실, 부업교육실, 독서실, 어린이 계절학교, 청소년상담실, 놀이방운영 등의 사업을 전혀 시행하지 아니하고, 수차에 걸친 乙의 당초 사회복지시설사업 활성화 및 시설물 정비 등 시정조치에도 불구하고 이를 무시하였다.

(3) 乙은 사회복지시설의 주요 부분을 교회에 전용시설로 이용하게 하는 것은 사회복지시설 설

치·운영 허가조건 위반이고, 乙의 시정명령을 불이행 등의 사유로 甲에 대하여 사회복지시설 설치·운영허가를 취소하는 처분을 하였다. 이에 甲은 乙을 상대로 허가취소처분을 구하는 행정소송을 제기하였으나 원심에서 패소하여 상고하였다.

[판결요지]

(1) 사회복지법인은 그가 행하는 사업에 지장이 없는 범위 안에서 정관이 정하는 바에 의하여 그 사업운영에 충당하기 위하여 수익사업을 행할 수 있으나, 사회복지시설은 그 시설을 이용하여 사회복지사업을 하는 사회복지법인의 목적용 기본재산으로 원칙적으로 그 시설은 사회복지사업 자체에 쓰여야 하는 것이고, 그 주요 부분이나 대부분을 사회복지사업 자체가 아닌 다른 수익사업에 이용케 하는 것은 사회복지사업의 수행에 지장을 초래하게 하는 것으로 그 수익사업으로 얻게 되는 수익을 사회복지사업에 직접 또는 간접으로 쓴다고 할지라도 사회복지시설 설치·운영의 본질에 반하는 것으로 허용될 수 없다.

(2) 사회복지법인이 교회시설은 물론 일반건축물의 건축도 허용되지 아니하는 자연녹지지역에 사회복지시설로 허가받아 건축한 사회복지시설을 사실상 교회의 전용시설로 사용하면서 사업복지사업을 전혀 시행하지 아니하고 수차의 사회복지시설사업 활성화 및 시설물 정비 등 시정명령을 이행하지 아니한 경우, 이를 이유로 한 사회복지시설의 설치·운영허가의 취소처분은 재량권의 일탈·남용이 아니다.

[해설 및 검토]

가. 판결의 의미

이 사례에서 甲법인이 사회복지시설을 건축계획상의 용도인 사회복지사업에 사용하지 않고 교회에 그 대부분의 시설을 임대하여 사실상 교회의 전용건물로 사용하였을 뿐 아니라 이를 시정하라는 시정명령 자체도 무시한 데 대해 사회복지시설 설치운영을 취소한 것이 재량권 남용이 아니라고 판시하였다. 甲교회가 당초 사회복지사업을 할 의도가 없이 단지 자연녹지지역 내에 교회건축을 하기 위한 탈법적인 목적으로 사회복지법인을 편법적으로 이용한 것이므로 사회복지시설 허가를 취소한 것은 당연하다.

나. 자연녹지지역

녹지지역은 국토의 계획 및 이용에 관한 법률(국토계획법)에 따라 자연환경·농지 및 산림의 보호, 보건위생, 보안과 도시의 무질서한 확산을 방지하기 위하여 녹지의 보전이 필요한 지역으로 지정된 곳을 말한다. 이 중에서 甲교회가 복지시설을 건축한 자연녹지지역은 도시의 녹지공간의 확보, 도시확산의 방지, 장래 도시용지의 공급 등을 위하여 보전할 필요가 있는 지역으로서 불가피한 경우에 한하여 제한적인 개발이 허용되는 지역이다. 즉 자연 녹지지역 안에서는 도시계획조례로 따로 층수를 정하는 경우를 제외하고는 4층 이하의 건물만을 건설할 수 있으며 그 건물들은 단독주택, 1종 근린생활시설, 2종 근린생활시설, 의료시설, 교육연구시설, 노유자시설, 수련시설, 운동시설, 창고, 동물 및 식물관련시설, 분뇨 및 쓰레기처리시설, 교정 및 국방시설, 방송통신시설, 발전시설, 묘지관련시설, 관광휴게시설 들만 건설할 수 있다.

따라서 이 사례에서와 같이 교회시설을 당초 그 건립이 불가능하다.

다. 기독교와 사회복지

기독교는 가난한 자를 부탁하신 예수님의 명령에 따라 다른 어떤 종교보다도 사회복지사업에 열심이다.[51] 다만 기독교사회복지의 특성은 영혼구원에 중심을 두고 있기 때문에 일반 사회복지와는 그 개념이 다르다. 일반 사회복지는 육신적인 복지에 목적을 둔다면 기독교 사회복지의 가장 핵심인 영혼 구원에 목적을 두고 있다.[52] 기독교 사회복지란 기독교의 근본정신인 이웃사랑과 봉사와 헌신을 통해서 영혼구원에 초점을 두며, 세상 가운데 열악한 처지에서 살아가는 사람들의 물질적·신체적·정신적 고통을 양적·질적으로 완화시키고 생활상의 곤란을 개선시켜

---

51) **누가복음 18:22** 예수께서 이 말을 들으시고 이르시되 네가 오히려 한 가지 부족한 것이 있으니 네게 있는 것을 다 팔아 가난한 자들을 나눠주라 그리하면 하늘에서 보화가 네게 있으리라 그리고 와서 나를 좇으라 하시니.
   고린도후서 9:9 기록한바 저가 흩어 가난한 자들에게 주었으니 그의 의가 영원토록 있느니라 함과 같으니라.
   갈라디아서 2:10 다만 우리에게 가난한 자들 생각하는 것을 부탁하였으니 이것을 나도 본래 힘써 행하노라.
52) **요한삼서 1:2** 사랑하는 자여 네 **영혼**이 잘 됨같이 네가 범사에 잘 되고 강건하기를 내가 간구하노라.

줌으로써 그들의 삶의 질을 향상시키고 성경적 정의를 실천하며 상실된 하나님의 형상을 회복시키려는 기독교인들의 제도적이고 체계적인 노력이자 가치체계를 말한다.[53]

이러한 기독교의 사회복지 활동은 정부의 부족한 사회복지시스템의 공간을 메우면서 사회에서 소외된 계층에 대한 섬김을 통해 예수그리스도의 사랑을 이 땅에 전파하는 데 큰 기여를 하였다. 그러나 이 사례에서 보는 것처럼 일부 교회에서는 사회복지법인을 설립하여 정부의 재정지원을 받으면서도 이를 딴 목적에 전용함으로써 법적 심판을 받게 된 것이다.

[III-2-3] 헌재 2009.7.30 2008헌가2 전원재판부 공사중단 및 원상회복명령처분취소 위헌확인

[사실관계]

(1) 甲은 천주교 서울교구의 재산을 관리, 유지하는 재단법인이다. 甲은 2005.5.17. 그 산하 천주교 태릉성당 지하 2층에 납골당을 설치하기로 하고 관할 노원구청장(乙) 종교단체 납골당 설치신고서를 제출하였다. 그 납골시설의 위치는 인근 공릉중학교의 출입문으로부터 77m, 인근 미광유치원의 경계선과 출입문으로부터 각 16m, 태릉초등학교의 출입문으로부터 88m 떨어진 곳이며 대학교도 있다. 이 소식이 알려지자 인근주민들의 반대시위와 민원이 제기되었다.

---

53) 김문찬, 「한국 기독교사회복지 실천 사례연구」, 서울기독대학원 석사학위논문, 2011, 10면.

(2) 乙은 2005.6.21. 甲에게 공익적 차원에서 종합적으로 검토한 결과 성당 내 납골시설 설치는 불가하다는 이유로 설치신고를 반려하였다(1차 반려처분). 甲은 이에 불복하여 서울행정법원에 반려처분의 취소를 구하는 소송을 제기하였고, 서울행정법원은 甲의 청구를 받아들여 반려처분을 취소하였다(2005구합22982). 이 판결에 대하여 乙이 불복하였으나 항소(서울고등법원 2006누10438)와 상고(대법원 2007두3671)가 모두 기각되어, 2007.4.13. 제1심 판결이 확정되었다.

(3) 2005.12.7. 학교보건법 제6조 제1항 제3호가 개정되어 학교 부근 200m 이내에서는 납골시설의 설치가 금지되었다. 乙은 법원의 반려처분 취소판결에 따라 다시 처분하면서 2007.5.1. 甲에게 학교보건법이 개정되어 학교 부근의 납골시설 설치가 금지되었다는 이유로, 납골시설 설치신고를 반려하는 재처분을 하였다(2차 반려처분).

(4) 甲은 2007.6.경 서울행정법원에 위 재처분(2차 반려처분)의 취소를 구하는 행정소송을 제기하였다(2007구합21945호). 서울행정법원은 2007.12.28. 직권으로 학교보건법 제6조 제1항 제3호 중 "납골시설" 부분의 위헌 여부에 대한 심판을 제청하였다.

[당사자의 주장]

[甲의 주장]	[乙의 주장]
(1) 천주교에서는 성당 지하에 납골을 안치하는 오랜 전통이 있고 납골시설을 혐오의 대상으로 보는 것이 아니라 경건한 추모의 대상으로 보기 때문에 이 납골시설도 다른 성당에 설치된 납골시설처럼 엄숙하고 성스럽게 꾸며져 있다.	(1) 학교 인근에 납골시설이 설치되는 경우 죽음이라는 두려운 개념에 대하여 감수성이 예민한 학생들이 자주 접하게 되어 학생들이 정서적으로 불안정한 상태가 될 가능성이 높다.
(2) 이 납골시설을 포함하여 천주교 성당에 설치된 납골시설을 이용하는 유족들은 대부분 천주교 신자이므로 종교단체인 천주교 성당에서 미사를 보는 기회에 납골을 참배할 기회를 갖는 것은 종교의 자	(2) 이 법률조항은 학생의 건전한 인격형성과 교육의 능률화를 기하기 위한 것으로 그 목적의 정당성, 방법의 적정성, 피해의 최소성, 법익의 균형성 등 요건을 충족하는 공공복리를 위한 조항이다. (3) 이 법률조항에 의하면 학교경계선으로부

유의 중요한 부분을 차지한다.

(3) 이를 감안할 때 이 법률조항이 학교환경위생정화구역 내에서 모든 납골시설의 설치를 금지하는 것은 종교의 자유를 지나치게 침해하는 위헌적인 법률조항이다.

터 일정한 거리 이내인 학교환경위생정화구역 안에서의 행위 및 시설 중 납골시설의 설치를 제한하는 것이지 종교행위 자체를 제한한 것은 아니다.

(4) 유료 납골시설의 설치는 종교단체에 의하여 운영되는 경우에도 종교의 자유에 포함된다고 보기 어려운 영리수익사업의 성격을 가지고 있다.

[위헌심판제청법원: 서울행정법원 2007.12.28.자 2007구합21945 결정요지]

[1] 최소침해성원칙의 위반 여부

(1) **유해시설** 제청대상 법률조항이 학교환경위생 정화구역 내에서 설치가 금지되는 시설에 '납골시설'을 추가한 이유는 납골시설이 존재하게 됨으로써 학생들의 교육에 나쁜 영향을 끼치기 때문이라기보다는 납골시설이 학생 및 교직원들의 건강에 유해한 영향을 준다는 데에 있다고 보이고, 학교보건법 제6조 제1항 각 호로 금지하고 있는 시설 중 위와 같은 이유로 설치가 금지되는 시설로는 도축장·화장장(제3호), 폐기물처리시설(제5호), 가축의 사체처리장 및 동물의 가죽을 가공·처리하는 시설(제6호), 전염병원·전염병원격리사·격리소(제7호), 가축시장(제9호) 등이 있다.

(2) **종교납골시설의 유해성** 그러나 납골시설이 위에서 본 도축장·화장장, 폐기물처리시설, 가축의 사체처리장 등과 같이 학생 및 교직원들의 건강에 유해한 영향을 줄 가능성이 많은 시설과 같은 정도로 학생 및 교직원들의 건강에 유해한 영향을 준다고 보기 어렵다. 그리고 위에서 본 바와 같이 제청대상 법률조항이 만들어지기 전에도 학교환경위생정화구역은 일반적으로 주거지역이거나 학생시설보호지구에 해당하여 모든 납골시설의 설치가 가능하였던 것은 아니고 장사 등에 관한 법령에 따라 종교집회장(교회·성당 등 기타 이와 유사한 것) 안에 설치하는 납골당에 한하여 설치가 허용되었다. 위와 같이 종교집회장 안에 설치하는 납골당을 종교시설의 일종으로 보아 예외적으로 설치를 허용한 취지는 종교집회장 안에 설치하는

납골당은 다른 일반 납골시설과 달리 종교시설로서의 성격을 가지고 있으므로 종교의 자유의 일환으로 보다 폭넓게 허용하고자 함과 그 시설이 거주의 안녕과 건전한 생활환경의 보호나 학교시설보호지구로 지정한 취지에 커다란 방해가 되지 않는다고 보았기 때문일 것이다. 납골시설이 건강에 유해한 시설이라면 우리 모두의 건강에 유해한 시설이지 학생과 교직원에게만 유해한 시설이라고 보기는 어렵다.

(3) **일률적 제한** 그럼에도 불구하고, 제청대상 법률조항은 특정 장소(학교환경위생정화구역) 안에 '납골시설'의 설치를 전면적으로 금지함으로써 개별적 납골시설의 유형 등 구체적인 상황을 고려하지 않았고, 예외적으로 허용할 수 있는 가능성을 전혀 인정하지 않은 채 일률적으로 금지하고 있다. 또한, 제청대상 법률조항으로 인해 보호되는 법익과 침해되는 법익(종교의 자유 등) 간의 조화를 이루려는 노력을 게을리 하여 공익에 대하여만 일방적인 우위를 부여함으로써 공익과 사익 간의 적정한 균형관계를 달성하지 못하였다.

(4) **결론** 결국, 제청대상 법률조항은 입법목적 달성을 위하여 필요한 최소한도의 정도를 넘어 종교의 자유를 침해하고 있고, 법익균형성의 원칙에도 위배하였으며, 그로 인해 헌법이 보장하는 문화국가 원리에도 위반된다고 의심할 만한 상당한 이유가 있다 할 것이다.

[2] 납골시설의 교육적 효과

(1) 납골시설이 우리들에게 유해한 시설인지 여부와는 상관없이 아직은 우리의 주거에 이웃해 더군다나 변별력과 의지력이 미약한 청소년들이 다니는 학교에 이웃해 납골시설이 설치되는 것을 선뜻 받아들이기 어려운 것도 사실이다.

(2) 그러나 우리 모두는 언젠가는 죽을 수밖에 없고, 따라서 죽음이 나와 무관하거나 아주 먼 미래의 일이라고 볼 수 없는데도 정작 우리는 죽은 이들의 공간을 정말 먼 세상으로 떠난 이들만을 위한 자리로만 생각하고 있지는 않은지 한 번쯤 생각해볼 필요가 있다. 자라나는 청소년들에게도 죽음의 의미에 대해 보다 깊이 생각할 수 있는 기회가 될 수 있어 납골시설이 활용하기에 따라서는 교육의 장이 될 수도 있다. 학교환경위생 정화구역 내에 설치된 납골시설이 학생 및 교직원의 건강에 유해한 시설로 변질되는 것을 막기 위한 수단은 제청대상 법률조항과 같이 전면적으로 설치를 금지하는 것에서 찾기보다는 다른 방법에 의해서 구해야 한다고 생각한다.

[결정요지]

(1) **교육법** 헌법은 학교교육 등 교육제도에 관한 기본적인 사항을 법률로 정하도록 규정하였다 (제31조 제6항). 이에 따라 국가는 학생들에 대한 학교교육의 책임과 함께 학교교육제도에 관한 전반적·포괄적인 형성권과 규율권을 가진다.

(2) **기본권제한 여부** 이 법률조항은 정화구역 내의 납골시설 설치·운영을 일반적으로 금지하고 있다. 종교단체의 납골시설은 사자의 죽음을 추모하고 사후의 평안을 기원하는 종교적 행사를 하기 위한 시설이라고 할 수 있다. 종교단체가 설치·운영하고자 하는 납골시설이 금지되는 경우에는 종교의 자유에 대한 제한 문제가 발생한다. 그리고 개인이 조상이나 가족을 위하여 설치하는 납골시설 또는 문중·종중이 구성원을 위하여 설치하는 납골시설이 금지되는 경우에는 행복추구권 제한의 문제가 발생한다. 납골시설의 설치·운영을 직업으로서 수행하고자 하는 자에게는 이 사건 법률조항이 직업의 자유를 제한하게 된다.

(3) **납골시설과 국민정서** 우리 사회는 전통적으로 사망한 사람의 시신이나 무덤을 경원하고 기피하는 풍토와 정서를 가지고 살아왔다. 입법자는 학교 부근의 납골시설이 현실적으로 학생들의 정서교육에 해로운 영향을 끼칠 가능성이 있다고 판단하고 학생들에 대한 정서교육의 환경을 보호하기 위하여 학교 부근의 납골시설을 규제하기로 결정한 것이다. 납골시설을 기피하는 풍토와 정서가 과학적인 합리성이 없다고 하더라도, 그러한 풍토와 정서가 현실적으로 학생들의 정서발달에 해로운 영향을 끼칠 가능성이 있는 이상, 규제하여야 할 필요성과 공익성을 부정하기 어렵다. 학교 정화구역 내에 납골시설을 금지할 필요성은 납골시설의 운영주체가 국가·지방자치단체 등의 공공기관이거나 개인·문중·종교단체·재단법인이든 마찬가지라고 할 것이다. 따라서 납골시설의 유형이나 설치주체를 가리지 아니하고 일률적으로 금지한다고 하여 불합리하거나 교육환경에 관한 입법형성권의 한계를 벗어났다고 보기 어렵다.

(4) **최소침해원칙** 납골시설을 기피하는 정서는 사회의 일반적인 풍토와 문화에서 비롯된 것이어서 대학생이 되면 완전히 벗어나게 된다고 단정하기 어렵다. 대학 부근의 정화구역에서도 납골시설의 설치를 금지하는 것이 불합리하거나 불필요하다고 보기 어렵다. 이 사건 법률조항에 의하여 금지되는 것은 학교 부근 200m 이내의 정화구역 내에 국한되는 것이므로, 그로 인하여 기본권이 침해되는 정도는 크지 않다고 할 수 있다. 결국, 이 사건 법률조항은 입법목

적을 달성하기 위하여 필요한 한도를 넘어서 종교의 자유, 행복추구권 및 직업의 자유를 과도하게 제한하여 헌법 제37조 제2항에 위반된다고 보기 어렵다.

[반대의견]

(1) **납골시설의 교육적 효과** 납골시설이 반드시 학생들의 정신적 교육환경에 부정적인 영향을 미치는 유해한 시설이라고 단정하기는 어렵다. 오히려 납골시설은 삶과 죽음, 그리고 사후세계와 삶의 다양성에 대하여 사색할 수 있는 장소가 될 수 있어, 학생들의 문화적·철학적 성장을 위한 유익한 시설로서 교육적 시설이 될 가능성이 있다. 종교기관의 납골시설은 신앙에 기초하여 죽음 이후의 세계에 대한 믿음에 기초하고 있는 종교시설로서, 사자에 대한 축복의 기원, 삶과 죽음에 대한 사색을 하기에 적합한 시설로서의 특성을 가지고 있다.

(2) **대학교육** 납골시설을 지나치게 대규모로 설치·운영하거나, 그 위생상 또는 환경상의 고려를 하지 아니한 채 방만하게 관리하는 경우에는 학생들의 육체적, 그리고 정신적 보건에 부정적인 영향을 미칠 가능성을 부정할 수는 없다. 그러나 이러한 문제점은 입법자가 구체적으로 그 규모의 한계, 보건을 위한 위생 및 환경상의 기준 등을 마련함으로써 그와 같은 가능성을 차단할 수 있다. 이 법률조항이 정하는 학교에 대학 및 이와 유사한 교육기관도 포함된다. 그런데 납골시설, 특히 종교기관 등의 납골시설은 대학생의 신체적·정신적 성숙성에 비추어볼 때, 대학의 교육환경에 부정적인 영향을 줄 가능성이 희박하다고 할 것이다.

[해설 및 검토]

가. 결정의 의미

이 사례에서 위헌 제청의 대상이 된 학교보건법 제6조 제1항 제3호는 "누구든지 학교환경위생 정화구역 안에서는 도축장, 화장장 또는 납골시설을 하여서는 아니 된다"라고 규정하고 있다. 그런데 이 조항이 위헌으로 무효일 경우에는 甲의 납골시설 설치신고를 재반려한 乙의 행정처분(2차 반려처분)은 선행반려처분(1차 반려처분)에 대한 취소확정판결의 기속력에 의하여 위법하므로 취소되어야 한다. 따라서 이 조항의 위헌 여부에 따라 위헌제청법원(서울행정법원)이 다른 판단을 하게 되어 그 위헌 여부는 재반려처분(2차 반려처분)의 취소를 구하는 소송에서 재판의 전제가 된다.

나. 납골시설 관련법

납골시설 설치에 관련된 법은 학교보건법 제6조 이외에도 「葬事 등에 관한 법률(장사법)」[54]과 「국토의 계획 및 이용에 관한 법률」 등이 있다.

(1) 학교보건법 제6조

이 조항은 甲이 선행반려처분(1차 반려처분)에 대한 취소의 소를 행정법원에 제기한 이후에 개정된 법률조항이다. 구 학교보건법에는 학교환경위생 정화구역 내의 금지행위 및 시설에 '납골시설'에 대한 규정이 없어 학교환경위생 정화구역 내에도 납골시설이 무분별하게 설치됨으로써 학습 환경이 훼손될 우려가 높았기 때문에 개정법[55]에 추가되었다.

학교보건법에는 '납골시설'에 관한 정의 규정을 두고 있지 않으나 장사법 제2조 제8호는 "납골시설"이라 함은 납골묘·납골당·납골탑 등 유골을 안치(매장을 제외한다)하기 위한 시설을 말한다고 규정하고 있으므로, 학교보건법이 규정한 '납골시설'은 장사법에서 정의한 납골시설을 말한다고 보아야 할 것이다. 그런데 甲은 학교환경위생정화구역 안에 있으므로 학교보건법에 의해 그 납골당시설의 설치가 금지된다.

(2) 장사법 등

장사법 제15조 제4항 및 시행령 제14조 제2항은 납골시설을 설치할 수 없는 지역 중 하나로 「국토의 계획 및 이용에 관한 법률」상의 주거지역을 지정하고 있지만,[56] 예외적으로 종교집회장(교회·성당 등) 내에 설치하는 납골당은 건축을 허용하고 있다.[57] 그런데 이 사례에서 납골

---

54) 「葬事 등에 관한 법률」은 종래의 매장과 묘지 중심의 법률인 「묘지 및 매장에 관한 법률」을 화장이나 납골로 전환함으로써 국토의 효율화와 국민건강보건위생을 목적으로 2000년 1월 12일 법률 제6158호로 전면 개정한 법이다(나달숙, 「葬事制度의 법제도적 변천과 현황문제」, 『법학연구』, 제29집(2008.2.25) 참조).

55) 학교보건법 2005.12.7. 법률 제7700호.

56) 국토의 계획 및 이용에 관한 법률 제36조 제1항 제1호 (가)목.

57) 국토의 계획 및 이용에 관한 법률 제76조 제1항과 동법 시행령 제71조 제1항 제4호.

시설 설치 신청지인 태릉성당은 제2종 일반주거지역이고, 학교시설보호지구이지만 종교시설로서 납골당시설의 설치는 가능하다.

(3) 위헌 여부

이 사례의 1차 반려처분 시에 적용되던 장사법 등에 따르면 성당 내에 설치하는 납골시설은 비록 학교시설보호구역 내에서도 가능하였고 그에 따라 법원은 乙의 반려처분이 위법이라는 판결을 한 것이다. 그런데 이후에 제정된 학교보건법이 학교정화구역 내에는 종교집회장 내의 납골시설을 포함하여 모든 납골시설의 설치를 불허하고 있어 침해의 최소성원칙에 반하여 위헌조항이 아니가 하는 문제가 제기된 것이다.

다. 학생환경정화구역

(1) 설정목적

우리 사회는 많은 유해환경으로 둘러싸여 있다. 특히, 학교주변의 유해환경은 학교 측과 당국의 자구적인 노력에도 불구하고 여전히 심각한 상태로 남아 있다. 이에 학교보건법이 학생들의 생활 중심이 되는 지역인 학교주변 200m를 학생환경정화구역으로 지정하여 그 구역 내에 유해시설의 설치를 금지하는 것은 학생들에게 평온하고, 건강한 환경을 마련해주기 위한 적정한 방법이라고 할 것이다. 그리하여 납골시설이 아무런 규제도 없이 학교환경위생 정화구역 내에 난립할 경우 학생 및 교직원들의 건강에 유해한 시설로 작용할 수도 있으므로 그 설치를 일부 제한하는 것이 적절한 수단으로 기능할 수 있다.

(2) 유해시설 판정기준

학생환경정화구역 내에서 제한되는 시설에는 납골시설 이외에도 도축장, 경마장 등 사행행위장, 무도장 등이 있다. 그런데 이러한 제한이 국민의 기본권(특히 국민의 직업수행의 자유)을 침해하는 여부가 문제되는데 이 중에서 특히 당구장, 극장, 노래연습장, 여관 등에 관해 소송이 제기된 바 있다.[58] ① 당구장: 대법원은 당구장은 다른 체육시설과 비교해볼 때 이용자의 체력증

---

58) 이에 대한 상세한 분석은 이일세, 「학교환경위생정화구역에서의 시설제한」, 『토지공법연구』, 제35집, 2007.2. 참조.

진에 큰 도움이 되지 않는 한편 오히려 오락적 성격이 강한 점을 고려할 때 이를 금지시설에 포함시킨 것은 합리성이 있다고 판시하였다.59) 이에 대해 헌법재판소는 유치원의 경우는 당구장 이용가능성이 거의 없고 또 대학생은 자율적 판단과 책임에 맡겨야 한다는 점에서 일부 위헌판결을 하였다.60)

② 노래연습장: 노래연습장이 학교 주변에 있으면 변별력과 의지력이 미약한 청소년 학생이 노래연습장에서 노래를 부르는 재미에 빠져 학습을 소홀히 할 위험이 있는 데다가 칸막이로 구획·폐쇄되어 있고 재생되는 영상의 내용이 선정적이어서 선량한 풍속을 해하거나 청소년의 건전한 육성을 저해할 우려가 있다고 보았다.61) ③ 극장: 대학생들은 자율적으로 판단할 수 있으므로 대학의 환경위생정화구역 안에서 극장시설을 금지하는 것은 최소침해성의 원칙에 반하며 또 순수예술이나 학생전용영화관의 경우에는 유해한 환경이라기보다는 유익한 환경이라고 보아야 한다.62)

라. 사례의 검토

(1) 쟁점의 정리

이상의 판결례를 종합해보면 청소년유해환경시설로 보기 위해서는 주로 교육적 차원에서의 유해성 여부가 우선적으로 고려되고 있으며 그 이외에도 대상이 유치원인가, 초중등학교인가 아니면 대학교인가에 따라 그 기준을 달리하고 있음을 알 수 있다. 그러므로 이 사례에서는 ① 태릉성당 내에 설치된 납골시설이 학생들의 정서와 교육에 유해하다고 볼 수 있는가, ② 납골시설 설치 제한이 천주교인들의 종교의 자유를 침해하는가, ③ 유치원, 초중등학교와 대학교를 구별하지 않고 일률적으로 설치를 금지하는 것이 과잉규제로서 최소침해성 원칙에 반하지 않는가 하는 점이 검토되어야 할 것이다.

(2) 납골시설과 교육적 효과

납골시설은 매장 이외의 방법으로 유골을 안치하기 위한 시설을 말하는데 이 사례에서는 3층

---

59) 대법원 1991.7.12 선고 90누8350 판결.
60) 헌재 1997.3.27, 94헌마196 · 225, 97헌마83(병합).
61) 헌재 1999.7.22, 98헌마480 · 486(병합).
62) 헌재 2004.5.27, 2003헌가1, 2004헌가4(병합).

으로 된 태릉성당 건물 지하 2층 중 313.26㎡에 납골안치 구수 3,202위로 한 종교단체납골당을 건립하는 것이었다. 납골시설이 들어섬으로써 야기될 비교육적 요소로는 ① 초등학교·중학교 학생들에게 정서적 불안감 조성과 ② 빈번한 장례차량으로 인한 교통사고 위험 상존, 그리고 ③ 명절 시 일시에 많은 참배객으로 인한 교통난 우려 등을 생각할 수 있다.

이에 대해 甲 측에서는 납골시설을 이용하는 유족들은 대부분 천주교 신자이므로 교통난의 우려가 없을 뿐 아니라 엄숙하고 성스럽게 꾸며져 있어 혐오시설로 볼 수 없다고 주장한다. 또한 납골시설은 삶과 죽음, 그리고 사후세계와 삶의 다양성에 대하여 사색할 수 있는 장소가 될 수 있어, 학생들의 문화적·철학적 성장을 위한 유익한 시설로서 교육적 시설이 될 가능성도 있다고 본다. 특히 종교기관의 납골시설은 신앙에 기초하여 죽음 이후의 세계에 대한 믿음에 기초하고 있는 종교시설로서, 죽은 자에 대한 축복의 기원, 삶과 죽음에 대한 사색을 하기에 적합한 시설로서의 특성을 가지고 있기 때문이다.

생각건대 죽은 자를 위한 납골시설이나 묘지 등에 대한 정서나 감정은 서구사회와 우리나라가 상당히 다른 것이 사실이다. 기독교의 부활사상에 기초를 두고 있는 서구사회는 이러한 묘지나 납골당은 부활 시까지 우리의 육체가 잠시 머무르는 장소로 생각하기 때문에[63] 살아있는 사람들에게도 친근한 장소로 여겨진다. 그래서 대개 도시 한가운데 좋은 추모공원을 만들어 사람들이 편안히 쉴 수 있는 장소로 이용하고 있다. 그러나 우리 사회는 전통적으로 사망한 사람의 시신이나 무덤을 경원하고 기피하는 풍토와 정서를 가지고 살아왔다. 물론 이러한 납골시설을 기피하는 풍토와 정서가 과학적인 합리성이 없다고 하더라도, 그러한 풍토와 정서가 현실적으로 학생들의 정서발달에 해로운 영향을 끼칠 가능성이 있는 이상, 규제하여야 할 필요성과 공익성을 부정하기 어렵다고 하겠다.

(3) 종교의 자유 침해 가능성

학교보건법 제6조가 성당 내에 설치되어 미사에 참여하는 신도들이 미사를 보는 기회에 납골을 참배함으로써 종교활동의 일부가 되어 있는 경우에까지 일률적으로 제한하는 것은 종교의

---

63) **요한복음 5:28~29** 이를 기이히 여기지 말라 무덤 속에 있는 자가 다 그의 음성을 들을 때가 오나니 선한 일을 행한 자는 생명의 부활로 악한 일을 행한 자는 심판의 부활로 나오리라.
  요한복음 11:25~26 예수께서 가라사대 나는 부활이요 생명이니 나를 믿는 자는 죽어도 살겠고 무릇 살아서 나를 믿는 자는 영원히 죽지 아니하리니 이것을 네가 믿느냐.
  고린도전서 15:51~52 보라 내가 너희에게 비밀을 말하노니 우리가 다 잠잘 것이 아니요 마지막 나팔에 순식간에 홀연히 다 변화하리니 나팔 소리가 나매 죽은 자들이 썩지 아니할 것으로 다시 살고 우리도 변화하리라.

자유를 지나치게 침해하는 위헌적인 법률조항이 아닌가 하는 점이다. 사실 천주교에서는 성당 지하에 납골을 안치하는 오랜 전통이 있고 납골시설을 혐오의 대상으로 보는 것이 아니라 경건한 추모의 대상으로 보고 엄숙하고 성스럽게 꾸며져 있어 이를 유해시설로 보는 것은 너무 지나치다고 할 소지도 있다.

그러나 서구의 오래된 성당 지하에는 성인들의 유골을 안치하고 있는 경우가 많지만 비교적 근대에 세워진 우리나라 성당에도 이러한 전통이 있다고 보기는 어렵지 않은가 한다.[64] 따라서 지하 납골당설치를 금지하는 것을 반드시 신앙의 자유와 연계시키는 것은 무리라고 생각한다. 천주교에는 그러한 사례를 찾아볼 수 없지만 다른 종교단체에서는 근래에 들어서 납골당 내지 납골시설을 다투어 만들고 있는데 이러한 현상이 꼭 종교적 동기에서만 나온 것인지는 의문이다.

(4) 최소침해원칙의 위배 여부

대학생들은 성인인데 대학 부근의 정화구역에서도 일률적으로 납골시설의 설치를 금지하는 학교보건법은 불합리하거나 불필요한 제한이 아닌가 하는 점도 문제이다. 그러나 위에서 본 '당구장'이나 '극장'과는 달리 납골시설을 기피하는 정서는 사회의 일반적인 풍토와 문화에서 비롯된 것이어서 대학생이 되면 완전히 벗어나게 된다고 단정하기 어렵다. 또한 학교보건법에 의해 금지되는 것은 학교 부근 200m 이내의 정화구역 내에 국한되는 것이므로, 그로 인하여 기본권이 침해되는 정도는 크지 않다고 할 수 있다.

따라서 학교보건법이 그 입법목적을 달성하기 위하여 필요한 한도를 넘어서 종교의 자유, 행복추구권 및 직업의 자유를 과도하게 제한하여 헌법 제37조 제2항에 위반된다고 보기 어렵다는 결정의 취지에 공감한다.

참조판결: 대법원 2008.4.10 선고 2007두20836 판결[납골당설치신고반려처분취소청구]

[사실관계]

(1) 원고(구룡사)의 대표자 A는 2002년 봄부터 이 부지상의 컨테이너 박스에 부처님을 모시고 종교활동을 하여 오다가 대한불교조계종에 사찰등록을 하고 주지임명을 받았다. A는 이 부지를 매수한 후 2004.11.6. 피고(용인 처인구청장)로부터 위 토지상에 문화 및

---

64) 조욱종(요한), 「성당 내의 납골 봉안시설, 과연 필요한가?」, 『복음화 2000』, 22면.

집회시설 용도로 건축허가를 받아 그 건축을 마치고 사용승인을 받았다.

(2) A는 건물 준공 후 곧바로 건물 안에 납골 안치를 위한 시설물을 설치하고 그 홍보물을 제작하여 전국에 홍보하기 시작하는 한편, 2006.4.14. 문화 및 집회시설(사찰)을 묘지시설인 납골당으로 변경하는 건축물표시변경신청을 하였다. 사찰 경내에는 납골당인 이 건물과 요사채 및 대웅전 용도로 사용하고 있거나 사용할 예정인 2층 건물 외에는 별다른 시설이 없다.

[판결요지]

(1) 장사 등에 관한 법률 제14조 제3항, 시행령 제13조 제1항의 [별표 3] 제2항 다목 (2)의 (가) 단서 소정의 '기존 사원'이라 함은 납골당의 설치 이전에 사원의 운영에 필요한 인적·물적 시설 및 신도를 구비하여 온 종교적 교당을 말한다고 할 것이다. 원고(구룡사)의 성립 시기는 이 건물의 건축과 비슷한 때이었을 것으로 보이고, 원고는 처음부터 납골당 설치를 예정하고 이 건물을 신축하면서 다만, 행정적으로 건축허가를 먼저 받아 사찰을 신축하고 사용승인을 받은 뒤 비로소 납골당 설치신고를 하였다고 할 것이어서 원고가 이 건물에 설치하는 납골당은 위 법률 및 시행령 소정의 '기존 사원'의 경내에 설치하는 경우에 해당하지 아니한다.

(2) 위 법령에서 종교단체가 설치하는 납골당 중 기존 사원의 경내에 설치하는 경우를 제외하고는 폭 5m 이상의 진입로를 마련하여야 하도록 규정하고 있는바, 차량을 이용하여 이 건물에 출입하기 위해서는 45번 국도로부터 원고 사찰 앞을 지나는 포장된 소로를 1.2㎞ 정도 경유하거나 이와 반대편에서 45번 국도에 연결된 비포장 소로를 2㎞ 정도 경유한 다음 원고 사찰 앞을 지나는 포장된 소로를 수백m가량 경유하여야 하는데, 원고 사찰 앞을 지나는 포장된 소로나 이에 연결된 비포장 소로는 모두 그 폭이 약 4m 정도에 지나지 아니하므로, 납골당은 폭 5m 이상의 진입로를 확보하였다고 볼 수 없다.

[Ⅲ-2-4] 헌재 2010.2.25 2007헌바131, 2008헌바37·71, 2009헌가1,
         2009헌바18·239·283(병합) 기반시설부담금에 관한 법률 제8조 제1항 등
         위헌소원 등

[사실관계]

(1) **2007헌바131 사건** (가) 대한예수교유지재단(甲1)은 2006.12.29. 서울 강서구청장(乙1)으로부터 주택재개발 정비사업구역내인 서울 강서구 화곡동에 있는 기존 교회건물을 철거하고 새로운 교회건물을 건축하는 건축허가를 받았다. 乙1은 2007.2.26. 甲1에게 기반시설부담금 약 16억 원을 부과하는 처분을 하였다. (나) 甲1은 2007.11.29. '기반시설부담금에 관한 법률' 제8조 제1항, 제9조 제3항 제2호 중 '대통령령으로 정하는 건축물별 기반시설 유발계수' 부분에 대하여 이 헌법소원심판을 청구하였다.

(2) **2008헌바37 사건** (가) 재단법인 기독교○○재단(甲2)은 충정로·냉천구역 주택재개발 정비사업구역 내인 서울 서대문구 냉천동 토지 및 그 지상의 구 서대문교회 건물을 소유하고 있었다. 2006.4.4. 甲2는 충정로·냉천구역 주택재개발정비사업조합에 구 ○○교회 건물 및 부지를 양도하고, 위 조합은 정비사업구역 내에 있는 서울 서대문구 냉천동 외 27필지를 甲2에게 교회건물 부지로 양도하고 건축비로 금 20억 원을 지급하기로 하는 내용의 교환계약이 체결되었다. 甲2는 2006.12.1. 서울 서대문구청장(乙2)으로부터 냉천동 외 27필지 위에 교회건물을 신축하기 위한 건축허가를 받았다. 서울 서대문구청장(乙2)은 2007.4.5. 甲2에 대하여 기반시설부담금 약 6억 3천만 원을 부과하는 처분을 하였다. (나) 甲2는 부과처분의 취소를 구하는 소를 제기하고 위헌법률심판제청을 신청하였으나, 기각되자, 2008.5.9. 구 '기반시설

부담금에 관한 법률' 제3조, 제6조, 제7조, 제8조, 제10조에 대하여 이 헌법소원심판을 청구하였다.

[甲의 주장]

(1) 2007헌바131 (나) 기반시설의 설치는 국민 모두를 위한 기본적이고 일반적인 공익사업이므로 그 비용은 일반재정인 조세에 의하여 충당하여야 하며, 건축물을 건축하는 자 특히 종교단체가 경제적 부담을 져야 할 의무가 없다. 지방세법은 취득세, 등록세, 재산세 등을 종교시설에 대하여 면제하고 있다. 종교단체에 세금 등의 재산적 부담을 지우는 것은 특별한 사정이 없는 한 종교의 자유를 침해한다. 법 제8조 제1항에서는 다양한 건축행위에 대하여 부과제외를 규정하고 있지만, 공익성이 적지 않은 종교시설에 대해서는 부과제외 대상으로 규정하고 있지 않는바, 이는 종교시설의 건축행위를 하는 자와 법 제8조 제1항에 따른 건축행위를 하는 자를 불합리하게 차별하는 것이다. (다) 법은 폐지되었으나 부칙에 따라서 종전에 부과된 기반시설부담금에 대해서는 종전의 규정에 따르도록 하였다. 결국 2006.7.부터 2008.3.까지 건축허가를 받은 건축주만 기반시설부담금을 납부하여 막대한 경제적 부담을 져야 하는바, 이는 헌법 제11조의 평등의 원칙에 어긋난다.

(2) 2008헌바37 (가) 지방세법, 종합부동산세법 등은 취득세, 등록세, 재산세 등을 종교시설에 대하여 면제하고 있다. 이와 달리 종교시설에 과중한 금액의 기반시설부담금을 부과하여 종교시설을 건축할 수 없거나 극히 제한하도록 하는 결과를 야기하는 법률은 과잉금지원칙에 위배되어 재산권, 종교의 자유를 과도하게 침해한다. 법 제8조는 다양한 건축행위에 대하여 부과제외나 경감을 규정하고 있지만, 공익성이 적지 않은 종교시설에 대해서는 부과제외 대상으로 규정하고 있지 않아, 종교시설의 건축행위를 하는 자를 불합리하게 차별한다. (나) 법은 폐지되었으나, 부칙에 따라서 부과된 기반시설부담금에 대해서는 종전의 규정에 따르도록 하였다. 결국 특정한 시기에 건축허가를 받은 건축주만 기반시설부담금을 납부하여 막대한 경제적 부담을 져야 하는바, 이는 헌법 제11조의 평등의 원칙에 어긋난다.

[판결요지]

[1] 기반시설부담금 부과처분의 종교의 자유 침해 여부

(1) **기반시설부담금의 개요** 기반시설부담금은 건축물의 신축·증축과 같은 건축행위로 유발되는 기반시설을 설치하거나 그에 필요한 용지를 확보하기 위하여 부과·징수하는 금액이다 (법 제2조 제3호). 기반시설부담금은 건축행위가 새로운 기반시설의 확충을 유발시킨 경우, 유발되는 기반시설 확충에 소요되는 비용을, 당해 건축행위의 결과로 신·증축되는 건물의 연면적과 용도에 따라 건축행위를 하는 자가 부담하는 것이다.

(2) **종교의 자유 침해 여부** 기반시설부담금은 종교시설의 건축행위에 금전적인 부담을 가하여 종교적 행위의 자유를 제한하는데, 종교적 행위의 자유는 내심의 신앙의 자유와는 달리 절대적 자유가 아니라 질서유지와 공공복리를 위하여 법률로 제한할 수 있다(헌재 2001.9.27. 2000헌마159, 판례집 13-2, 353, 361). 법 제6조 제1항, 제2항, 제7조 제1항 본문, 제9조 제1항, 제4항이 종교시설의 건축에 제한을 가하기 위한 입법목적으로 제정되었다거나 법문상 종교시설의 건축만을 규율하고 있는 것이 아니고, 특정한 종교를 목적으로 입법한 것이 명백하거나 실제 법 집행의 효과가 종교시설의 건축행위에만 미치는 경우도 아니다. 그렇다면, 기반시설부담금의 부과가 종교시설의 건축행위에 부담을 주었다고 하더라도, 이는 중립적이고 일반적으로 적용되는 법률이 우연히 종교시설에 적용된 것에 불과하다. 앞에서 재산권의 침해 여부를 검토할 때 살핀 바와 같이 기반시설부담금의 부과를 통해 달성하고자 하는 입법목적은 종교시설의 건축행위의 경우에도 정당하고 일반적으로 그 제한이 비례원칙에서 벗어난 것으로 볼 수 없다. 그렇다면 중립적이고 일반적으로 적용되는 법률인 법 제6조 제1항, 제2항, 제7조 제1항 본문, 제9조 제1항, 제4항의 적용으로 우연히 종교시설의 건축행위에 부담이 있다고 하더라도 종교의 자유를 과도하게 제한한다고 할 수 없다(헌재 2000.3.30. 99헌바14, 판례집 12-1, 325, 341 참조).

[2] 부과제외, 감경 조치의 부적용이 종교의 자유를 침해하는 여부

(1) **종교의 자유와 우대조치** 종교법인·종교시설, 성직자 등 종교의 자유의 행사와 관련된 행위에 대한 조세나 부담금의 면제 등 각종 우대조치는 특정한 집단의 부담을 다른 일반 국민의

부담으로 떠넘기는 결과를 가져와 평등원칙과 배치되는 점이 있으므로, 특히 정책목표달성이 필요한 경우에 요건을 엄격히 하여 극히 한정된 범위에서 예외적으로만 허용되어야 한다. 헌법이 보장하고 있는 종교의 자유는 국민을 종교와 관련된 공권력의 강제와 개입으로부터 보호하지만, 이로부터 종교를 이유로 국민이 일반적으로 적용되는 조세나 부담금을 부과하는 법률적용의 면제 등 적극적인 우대조치를 요구할 권리가 도출된다거나 적극적인 우대조치를 할 국가 의무가 발생하는 것은 아니다.

(2) **정교분리와 우대조치** 또한 헌법 제20조 제2항은 "국교는 인정되지 아니하며, 종교와 정치는 분리된다"라고 규정하고 있다. 국가가 오로지 종교만을 이유로 일반적이고 중립적인 법률에 따른 의무를 면제하거나 부과하는 입법을 한다면, 그러한 법률의 주요한 효과는 종교를 장려하거나 금지하는 것이 될 것이어서, 헌법 제20조 제2항과 배치된다. 모든 종교를 동등하게 보호하거나 우대하는 조치도 무종교의 자유를 고려하면 헌법이 규정하고 있는 종교와 정치의 분리원칙에 어긋난다. 앞에서 살핀 바와 같이 종교시설의 건축행위에 기반시설부담금을 부과하는 것이 종교의 자유를 침해하지 않는데도, 종교시설의 건축행위에만 기반시설부담금을 면제한다면 국가가 종교를 지원하여 종교를 승인하거나 우대하는 것으로 비칠 소지도 있다.

(3) **종교의 자유 침해 여부** 종교에 대한 각종 우대조치는 특히 정책목표달성이 필요한 경우에 요건을 엄격히 하여 극히 한정된 범위에서 예외적으로만 허용되어야 한다. 종교의 자유에서 직접 적극적 우대조치를 구할 권리가 도출된다고는 보기 어렵고, 중립적이고 일반적으로 적용되는 법률에 따른 기반시설부담금은 종교시설에 제한을 가하기 위한 입법목적으로 제정되었다거나 종교시설의 건축행위에만 부담을 주는 것이 아니다. 그렇다면, 법 제8조 제1항, 제2항, 제3항이 종교시설의 건축행위에 대하여 기반시설부담금 부과를 제외하거나 감경하지 아니하였더라도, 종교의 자유를 침해한다고 볼 수 없다.

[해설 및 검토]

가. 결정의 의미

위 두 가지 사례는 모두 주택재개발 지구 내에 소재하는 교회의 재건축과 관련해서 부과된 기반시설부담금에 관련된 것이다. 甲들은 첫째, 조세와 같은 성질을 가진 부담금을 종교단체에 부과하는 것은 비과세 특례를 인정하는 지방세법 등 다른 법의 정신에 비추어볼 때 종교의 자유를 침해하는 것이며 둘째, 일정한 경우 부담금을 면제하고 있음에도 불구하고 종교단체인 甲들에게 이를 부과함은 부당한 차별대우라고 주장하였다.

사안의 검토에 들어가기 전에 기반시설부담금의 의미와 그 근거에 대해 살펴보기로 한다.

나. 기반시설부담금

(1) 기반시설부담금의 개요

기반시설부담금은 건축물의 신축·증축과 같은 건축행위로 유발되는 기반시설을 설치하거나 그에 필요한 용지를 확보하기 위하여 부과·징수하는 금액이다(법 제2조 제3호). 여기에서 '기반시설'이라고 함은 도로, 공원, 녹지, 수도, 하수도, 학교(초·중·고등학교), 폐기물처리시설 등을 말한다.[65] 기반시설부담금의 부과대상은 전국의 건축 연면적이 200㎡를 초과하는 건축물의 건축행위이며(법 제6조 제1항, 제2항), 기존 건축물을 철거하고 동일용도의 범위 내에서 신축하는 경우에는 기존 건축물의 건축 연면적을 초과하는 건축행위에 대해서만 부과대상으로 한다(법 제6조 제3항).

(2) 기반시설부담금의 성격

기반시설부담금은 건축행위가 새로운 기반시설의 확충을 유발시킨 경우, 유발되는 기반시설 확충에 소요되는 비용을, 당해 건축행위의 결과로 신·증축되는 건물의 연면적과 용도에 따라 건축행위를 하는 자가 부담하는 것으로서 원인자부담금의 성격을 가지며,[66] 건축행위를 한 납부의무자가 이용하여 편익을 받을 수 있다는 점에서 수익자 부담금의 성격도 인정할 수 있다. 또한 기반시설부담금은 기반시설의 설치 등을 위한 재원을 확보하기 위한 것이므로 재정조달목적이 강한 것으로 보이지만 기반시설부족을 야기하고 중장기적으로 주거환경을 악화시키는 건축행위, 즉 난개발을 억제한다는 측면에서 개발규제적 성격도 일부 가진다.

이와 같이 기반시설부담금이 원인자 부담 내지는 수익자 부담금의 성격을 가지므로 그 납부

---

65) 국토의 계획 및 이용에 관한 법률 제2조 제6호.
66) 헌재 2009.2.26. 2007헌바112, 헌재 2009.5.28. 2007헌바26 등.

의무자는 그 부과를 통해 추구하는 공적 과제(재개발 공사)에 대하여 조세 외적 부담을 져야 할 '특별히 밀접한 관련성'이 있어야 한다. 또한 부담금은 국민의 재산권을 제한하는 성격을 가지고 있으므로 부담금을 부과함에 있어서도 평등원칙이나 비례성원칙과 같은 기본권제한입법의 한계가 준수되어야 한다.[67]

(3) 부과제외와 경감

기반시설부담금은 ① 국가 또는 지방자치단체가 건축하는 건축물, ② 국가 또는 지방자치단체에 기부채납하는 건축물, ③ 「중소기업창업 지원법」에 의한 창업을 위하여 설치하는 공장, ④ 「공익사업을 위한 토지 등의 취득 및 보상에 관한 법률」의 규정에 의한 이주대책을 위하여 건축하는 건축물 등에 대해서는 부과하지 아니한다(법 제8조 제1항).

또한 ① 「택지개발촉진법」의 규정에 의한 택지개발예정지구, ② 「산업입지 및 개발에 관한 법률」의 규정에 의한 산업단지, ③ 「도시개발법」의 규정에 의한 도시개발구역, ④ 「국민임대주택건설 등에 관한 특별조치법」의 규정에 의한 국민임대주택단지 예정지구, ⑤ 「도시 및 주거환경정비법」 제2조 제2호 가목의 주거환경개선사업을 위한 정비구역, ⑥ 「유통단지개발 촉진법」 제2조의 규정에 의한 유통단지에 대해서는 20년간 기반시설부담금을 부과하지 아니하며, ⑦ 「산업집적활성화 및 공장설립에 관한 법률」 제2조의 규정에 의한 공장에 대해서는 50%를 경감한다(법 제8조 제2, 3항).

다. 검토

(1) 기반시설부담금 부과와 종교의 자유

기반시설부담금이 조세적 성격이 전혀 없는 것은 아니지만 기본적으로는 원인자 부담금 내지는 수익자 부담금의 성격이 강하다. 즉 甲교회가 200㎡가 넘는 교회건물을 재건축할 경우에는 그에 따라 상하수도라든가 도로 확충 등 기반시설을 추가로 필요로 하며 이러한 추가부담은 그 원인을 제공하고 또 그로 인해 수익을 누리게 될 교회가 부담함은 당연하다. 종교단체라고 해서 이를 부담하지 않고 무임승차하겠다는 것은 결국 누군가에게 그 부담을 전가하는 것으로서 정

---

67) 헌재 2008.11.27. 2007헌마860.

의 관념에 맞지 않는다. 즉 기반시설부담금은 지방세법상의 재산세나 취득세와는 그 부과의 근거나 기초가 다르기 때문에 이를 같은 선상에 놓고 비교할 일은 아니다.

(2) 특례 적용 제외와 종교 차별

甲들은 종교단체에 대해 기반시설부담금 특례(비과세, 경감)를 인정하지 않은 것은 종교자의 침해 내지는 종교차별이라고 주장한다. 그런데 위에서 보듯이 특례규정의 적용대상은 주로 국가나 지방자치 단체, 중소기업, 서민들에 대한 국민주택 공급과 같은 공공성이 강한 프로젝트이다. 이에 대해 지방세특례제한법에 규정된 비과세 대상은 종교 및 제사단체(제50조), 신문통신사업(제51조), 문화예술지원(제52조), 사회단체(제53조), 관광단지(제54조) 이외에도 중소기업, 소송 및 교통, 국토 및 지역개발 등 그 범위가 훨씬 넓다.

이와 같이 기반시설부담금에 대한 특례 부여 대상과 지방세 비과세 대상이 차이가 나는 것은 수익자 부담금이라는 특성이 반영되었을 뿐 아니라 두 법이 추구하는 목적이 서로 다르기 때문이다. 따라서 만일 종교단체에만 특례를 인정할 경우에는 나머지 지방세 비과세 대상자들도 동일한 혜택 부여를 주장할 것이므로 기반시설부담금을 부과하는 취지가 무색하게 될 우려가 있다.

(3) 결론

종교에 대한 각종 우대조치는 특정한 정책목표 달성이 필요한 경우에 요건을 엄격히 하여 극히 한정된 범위에서 예외적으로만 허용되어야 한다. 종교의 자유에서 직접 적극적 우대조치를 구할 권리가 도출된다고는 보기 어렵고, 모든 대상에 대해 중립적이고 일반적으로 적용되는 법률에 따른 기반시설부담금은 특별히 종교시설에 대해서만 제한을 가하기 위한 입법목적으로 제정되었다거나 종교시설의 건축행위에만 부담을 주는 것이 아니므로 종교의 자유를 침해하였다고 볼 수 없다는 헌재 결정 취지에 동감한다.

3. 종교와 교육

[Ⅲ-3-1] 대법원 2001.2.23 선고 99두6002 판결【무인가교육기관폐쇄명령처분
무효확인】

[사실관계]

(1) 甲은 1992.4.경 종래 총회신학교를 총회신학연구원으로 개칭하여 서울 서대문구에 건물 249
평에 원장실 1실, 교수실 5실, 강의실 7개 등의 시설을 갖추고, 원장 1명 외 전임교수 4명,
강사 37명, 직원 4명을 채용하였다. 모집과정은 '목사예비교육과정', '목사교육과정', '목사연
장교육과정', '사모 및 평신도 지도자연수과정' 4개 과정으로 하고 각 과정을 2개 내지 5개
학과로 나누어 대학과정 4년, 신학연구과정 3년으로 하였다. 총 218명에 대하여 종교관계학
뿐만 아니라 시청각교육, 영어, 유아교육 과목 등을 교수하도록 하고, 위 과정을 수료하는 경
우 졸업증서를 수여하기로 하였다.

(2) 1995학년도 일간신문과 기독교관계신문에 모두 15회에 걸쳐 '1995학년도 총회신학연구원 목

사후보생 모집' 광고를 게재하여 전형을 통한 방법과 소속교회 추천을 받아 입학케 하는 방법으로 수강생을 모집하였다. 입학헌금 10만 원은 전액 수강생 부담으로 하고, 학기당 1인당 60만 원 내지 70만 원의 위탁교육헌금을 추천교회 또는 노회책임 아래 납부케 하거나 수강생이 직접 납입케 하며, 기타 약간의 독지가 후원금을 위 헌금에 보태어 1년간 약 3억 원 규모의 수입으로 연구원을 유지·경영하여 왔다.

(3) 乙은 1995.3.30. 이 신학연구원이 교육법 제85조 제1항에 의한 주무관청의 학교법인설립인가, 학원의설립·운영에관한법률 제5조 제2항에 의한 학원설립인가를 받지 아니한 채 설립·운영되고 있다는 이유로 연구원의 폐쇄를 명하는 처분을 하였다. 이에 甲은 乙을 상대로 폐쇄명령무효확인 소송을 제기하였으나 원심에서 패소하자 상고하였다.

[甲의 주장]

(1) **종교교육의 자유보장** 이 연구원은 종교단체 내부의 종교사역기관으로서 그 교육활동은 종교활동의 범주에 속하여 헌법이 보장한 종교의 자유와 정교분리의 원칙에 따라 종교법에 의해 설립되고 운영되고 있으므로, 그 교육활동은 종교활동의 범주에 속하여 헌법이 보장한 종교의 자유의 한 내용이 되는 것임에도 불구하고, 다른 종교의 성직자 양성기관의 경우와는 달리 이 연구원에 대하여만 그 설립, 운영에 관하여 구 교육법, 학원법의 규정에 의한 인가 또는 등록을 받아야 한다는 것은 종교의 자유가 내포된 종교교육권의 행사를 헌법 제37조 제2항에 의한 국가안전보장, 질서유지 또는 공공복리에 반하는 경우가 아님에도 이를 법률에 의하여 제한하는 것으로서, 종교의 자유를 보장한 헌법 제20조와 평등의 원칙을 규정한 헌법 제11조 등에 반하는 것이다.

(2) **순수종교사역기관** 이 연구원은 장로회총회 소속의 목사, 전도사 등을 양성하기 위하여 甲이 운영하는 종교단체 내부의 순수 종교사역기관으로서 교과과정이 성경과목과 성경관계 과목 및 이에 부수되는 관계 교양과목으로서 극히 일부만이 교육 관계 법령이 정하는 과목에 해당되고, 그 종교사역과정이 3년 내지 5년이고, 학기제로 운영된다 하더라도 이러한 운영방식은 전통적인 성직자 양성형태로서 불교의 강원이나, 수도사나 수녀 양성을 위한 천주교의 수도원, 수녀원과 다르지 아니하므로, 교육법 제81조, 제85조 소정의 '학교'나 학원법 제6조 소정의 '학원' 등에 해당되지 아니하므로, 교육법, 학원법 등의 관련 조항에 의한 인가 또는 등록

을 하여야 하는 곳이 아니다.

[판결요지]

(1) **교육받을 권리 보장과 종교교육의 자유** 헌법상의 종교의 자유에는 특정 종교단체가 그 종교의 성직자와 교리자를 자체적으로 교육시킬 수 있는 종교교육의 자유도 포함되지만, 그 종교교육이 종교단체 내부의 순수한 성직자 또는 교리자 교육과정으로 행하여지는 것이 아니라 교육법상의 학교나 학원의설립·운영에관한법률상의 학원의 형태를 취하는 경우에는 국민의 교육을 받을 권리를 적극적으로 보호하기 위하여 교육기관의 설립에 일정한 설비·편제 기타 설립기준 등을 갖출 것을 요구하고 있는 교육법과 학원법의 규제를 받게 되고, 이러한 교육법과 학원법상의 규제를 들어 헌법상의 종교의 자유를 침해하거나 평등의 원칙 등에 위배된 것이라고 할 수가 없다.

(2) **학교, 학원에 해당** 甲이 설립·운영하여 온 '대한예수교 장로회 총회 신학연구원'이라는 명칭의 교육기관이 순수한 종교단체 내부의 성직자 또는 교리자 양성기관이 아니라 교육법상의 학교 혹은 학원법상의 학원에 해당함에도 그 설립·운영에 관하여 폐지 전 교육법 제85조 제1항에 따른 설립인가나 구 학원법 제6조 소정의 등록절차를 거치지 아니하였다고 하여 그 폐쇄를 명한 乙의 1996.6.12.자 처분이 위헌의 규정에 기한 것이라고 할 수 없다.

(3) **결론** 그 외 교육법과 학원법의 규정에 기한 이 처분 자체가 헌법상의 종교의 자유를 침해한 것이라거나 혹은 다른 종교단체의 유사 교육기관과 비교할 때 자의적인 차별을 하는 것이어서 평등의 원칙에 위배된다거나 또는 이 신학연구원 전체를 폐쇄할 것을 명한 것이 과잉금지의 원칙에 위배된다고 볼 근거도 없다.

[Ⅲ-3-1A] 헌재 2000.3.30 99헌바14 전원재판부 구 교육법 제85조 제항 등 위헌 소원

[사실관계]

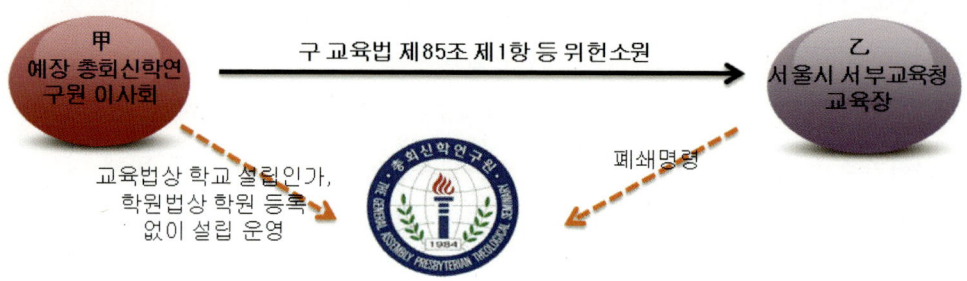

(1) **폐쇄명령처분** 乙은 1995.3.30. 대한예수교장로회 총회가 설립 운영하던 '대한예수교장로회 총회신학연구원이 관계법령에 의한 학교나 학원설립인가를 받지 아니한 채 설립, 운영되고 있다는 이유로 '대한예수교장로회총회 신학연구원 설립(운영)자 박○진'을 상대로 신학연구원의 폐쇄를 명하는 처분을 하고, 1995.9.6. 다시 위 폐쇄명령의 불이행을 이유로 재차 폐쇄명령을 하였다. 그 후 1996.6.12. 甲이 법인격 없는 재단에 해당됨을 전제로 위 박병진 개인을 상대로 한 제1, 2차 처분을 취소함과 동시에 甲을 상대로 같은 이유로 폐쇄명령처분을 하였다.

(2) **헌법소원심판청구** 乙은 1998.8.7.자로 서울행정법원에 이 처분의 무효확인청구소송(98구14944)을 제기한 뒤 당시의 교육법 제85조 제1항, 제163조 제5호 및 학원의설립·운영에관한법률 제6조, 제22조 제1항 제2호에 대하여 위헌법률심판제청신청(98아344)을 하였으나 1999.1.13. 각하 및 기각되자 같은 달 30. 이 헌법소원심판을 청구하였다.

(3) **위헌심판 대상** 구 교육법 제85조(학교의 설립·폐지) ① 국립학교와 법률에 의하여 설립의무가 있는 자가 설립하는 학교 외의 학교를 설립하고자 하는 자는 대통령령이 정하는 설비·편제 기타 설립기준을 갖추어야 하며, 초등학교, 중학교, 고등학교, 기술학교, 고등기술학교, 공민학교, 고등공민학교, 특수학교 및 유치원과 이에 준하는 각종 학교를 설립하고자 하는 자는 시·도 교육감의, 공·사립의 대학, 교육대학, 사범대학, 전문대학, 방송통신대학, 개방대학과 이에 준하는 각종학교를 설립하고자 하는 자는 교육부 장관의 인가를 받아야 한다.

[결정요지]

(1) **종교교육의 자유와 한계** 헌법 제20조는 "모든 국민은 종교의 자유를 가진다", "국교는 인정되지 아니하며, 종교와 정치는 분리된다"고 규정하여 종교의 자유를 선언하고 있다. 헌법상 보호되는 종교의 자유에는 특정 종교단체가 그 종교의 지도자와 교리자를 자체적으로 교육시킬 수 있는 종교교육의 자유가 포함된다. 그러나 종교교육이라고 할지라도 그것이 일반국민에게 피해를 주지 않고 교단 내부적으로 종교지도자 양성을 위한 순수한 종교활동의 연장으로 운영되고 교육법 제81조상의 학교나 학원법상의 학원 형태라고 볼 수 없는 것이라면, 이는 종교교육의 자유에 속하는 단순한 종교내부의 활동으로서 국가의 제재를 받기에 적절하지 않다.

(2) **부실교육기관의 폐해방지** 그러나 현대사회에서 많은 종교단체가 수많은 종교교육을 수행하고 있으며, 혹 그중에는 정식 학교와 유사한 설비와 교육과정을 지니고, 일반국민들을 대상으로 하면서도 미흡한 시설을 갖추고 부실한 교육을 행하면서 수업료를 받고 인가되지 않은 학위수여 내지 자격을 남발하는 등 교육질서를 문란케 하고 국민들에게 피해를 주며, 또한 바람직하지 않은 방향으로 종교지도자를 양산하거나 교단을 발생케 하여 사회적 문제와 폐해를 낳을 수도 있다. 그러므로 국민의 교육을 받을 권리를 적극적으로 보호하고, 능력에 따라 균등한 교육기회를 제공하고, 지속성과 안전을 확보하고, 수업료 등에 있어서 적정한 교육운영을 유지하게 하기 위하여, 종교교육이 학교나 학원 형태로 시행될 때 필요한 시설기준과 교육과정 등에 대한 최소한의 기준을 국가가 마련하여 학교설립인가 등을 받게 하는 것은 헌법 제31조 제6항의 입법자의 입법재량의 범위 안에 포함된다고 할 것이다.

(3) **종교교육기관과 교육법** 따라서 종교교육이라 하더라도 그것이 학교나 학원이라는 교육기관의 형태를 취할 경우에는 교육법이나 학원법상의 규정에 의한 규제를 받게 된다고 보아야 할 것이고, 종교교육이라고 해서 예외가 될 수 없다 할 것이다. 그러나 그러한 종교단체가 교육법상의 학교나 학원법상의 학원 형태가 아닌 교단 내부의 순수한 성직자 내지 교리자 양성기관을 운영하는 것은 방해받지 아니한다고 볼 것이다.

(4) **대학설립 준칙주의** 교육법은 그 요건을 학교종류별로 나누어 시행령과 시행규칙에 위임하고 있는바, 적어도 1996년도부터 교육부는 대학설립기준을 그 이전에 비하여 대폭 완화하여 교

지(校地), 교사(校舍), 교원, 수익용 재산이라는 4가지 최소기본요건만 충족하면 대학설립을 자유롭게 하도록 하는 실질적인 대학설립 준칙주의 제도를 시행하여 왔다. 그 후 지금까지 많은 대학들이 설립되었으며, 최근에는 부실한 신설 대학들의 폐해가 사회문제로 대두되어 대학설립요건을 다시 강화하는 방안이 논의되고 있는 실정이다. 이러한 사정을 감안하면 대학의 설립인가요건은 현재로서는 과중한 것이 아니며 대학교육제도의 기본적 요건만을 충족하면 되도록 되어 있는 것이라고 볼 수 있다. 현재 대학과 대학원 단계에서 종교교육을 목적으로 한 학교가 적지 않은 사실도 학교(대학)의 설립요건이 까다로운 것은 아니라는 반증이 될 수 있는 것이다.

(5) **학원의 등록제도** 학원법 제8조 제1항은 "교습과정별로 대통령령이 정하는 단위시설별 기준에 따라 교습 및 학습에 필요한 시설 및 설비를 갖추고 이를 유지하여야 한다"고 규정하고 있다. 이러한 교습과정별 내지 단위시설별 기준은 특정 과정을 교육하는 학원으로서 필요한 최소한의 법적 기준을 말하는 것이라고 해석되어야 하며, 따라서 그러한 등록요건이 학원의 설립과 운영을 지나치게 제한하는 것이라고는 볼 수 없는 것이다. 또한 어느 종교교육이 일반 국민을 상대로 한 것이 아니고 특정 교단 내부의 자체적이고 순수한 성직자, 교리자 교육과정을 운영한다면 이러한 인가나 등록요건과는 아무 관계없이 원칙적으로 이를 자유롭게 수행할 수 있는 것이다.

(6) **종교의 자유 침해 여부** 그러므로 종교교육을 위한 학교나 학원의 설립요건이 지나치게 엄격하다고 볼 만한 자료가 없으며, 달리 학교의 인가제도나 학원의 등록제도가 종교교육의 자유를 지나치게 제한하고 있다거나, 혹은 보다 그 자유를 덜 제한하면서 헌법상의 교육제도에 관한 목적을 달성할 수 있는 다른 방법이 있다고 하기도 어렵다. 그러므로 교육법 제85조 제1항과 학원법 제6조는 헌법 제37조 제2항에 위배하여 종교의 자유를 과잉 제한하는 것이라고 할 수 없다. 또한 종교내부의 목회자 양성기관을 금지하는 것은 아니며 학교나 학원 형태의 종교교육도 인가나 등록제로 운영함에 그치고 있는 것이므로 종교의 자유의 본질적 내용을 침해하는 것도 아니다.

[해설 및 검토]

가. 판정 · 결정의 의미

[Ⅲ-3-1]는 甲 측이 설립 운영하는 총회신학연구원이 교육법상의 학교 또는 학원에 해당됨을 전제로 하여 교육법 소정의 인가 또는 학원법상의 등록을 받지 아니하고 설립 · 운영하였다는 이유로 내려진 교육청의 폐쇄명령이 종교교육의 자유를 침해하였다면서 그 무효확인을 구하는 소송이다. 한편 [Ⅲ-3-1A]는 그 전제로서 학교를 설립 · 운영함에는 교육부 장관의 인가를 받도록 규정한 교육법과 학원에 대한 등록을 하도록 한 학원법의 관련 규정이 헌법상 종교의 자유를 침해하는 위헌이라는 심판을 청구한 사례들이다.

이 사례들은 종교교육의 자유가 부실교육기관을 방지하여 국민의 교육을 받을 권리를 보호하려는 교육법, 학원법 등이 어떻게 조화될 수 있는지에 대한 기준을 제시하였다는 의미에서 중요하다. 특히 무인가 신학교 내지는 신학원의 난립으로 총체적 부실에 빠져 있는 한국 신학교육의 문제점을 부각시켰다는 점에서 종교계에도 큰 의미가 있다고 하겠다.

사례의 검토에 들어가기 전에 현행 교육법과 학원법 체계를 살펴보고 기존의 판례 입장을 살펴보기로 한다.

나. 교육법 체계

(1) 고등교육법, 학원법

이 사례에 적용된 구 교육법은 1949년 12월 31일 제정 · 공포된 이래 38회의 개정으로 인하여 그 체계와 내용의 일관성이 부족하고, 현대의 교육여건에 부합하지 못하며, 각급 학교의 특수성을 충분히 반영하지 못하는 등의 문제점이 있어 교육법체제의 전면적인 개편의 필요성이 제기되었다. 그리하여 1997년에는 구 교육법을 폐지하는 대신 교육기본법을 제정하고 고등교육법, 초 · 중등교육법, 유아교육법, 평생교육법으로 세분화하는 법 개정이 단행되었다. 이 중에서 고등교육법은 국민에게 고등교육을 받을 기회를 확대하고, 대학의 자율성신장과 질적 수준의 향상을 지향하기 위해 도입된 여러 제도의 법적 근거를 명확히 하며, 교육개혁방안의 제도화를 위한

법적 기반을 마련하려는 목적으로 제정되었다.[68]

한편 학원법은 1961년 제정된 이후 수차례 개정되어 오다가 1995년에 현재의 「학원의설립·운영에관한법률(학원법)」로 전문 개정되었다.[69] 이때의 개정은 국내학원의 국제경쟁력을 높이고 대내적으로는 국민의 편의를 도모하기 위하여 학원을 설립·운영함에 있어서 교습과정에 따라 등록 또는 인가를 받도록 이원화되어 있는 학원의 설립·운영제도를 등록으로 일원화하여 행정규제를 완화하기 위한 것이었다.

(2) 설립 등의 규제

고등교육법 제4조(구 교육법 제85조)는 "① 학교를 설립하려는 자는 시설·설비 등 대통령령으로 정하는 설립기준을 갖추어야 한다. ② 국가 외의 자가 학교를 설립하려는 경우에는 교육과학기술부장관의 인가를 받아야 한다"고 규정하고 있다. 그리고 이러한 인가를 받지 않고 학생을 모집하거나 학교의 명칭을 사용한 자는 1년 이하의 징역이나 금고 또는 100만 원 이하의 벌금에 처한다. 그런데 교육부는 1996년도부터는 대학설립기준을 그 이전에 비하여 대폭 완화하여 교지(校地), 교사(校舍), 교원, 수익용 재산이라는 4가지 최소기본요건만 충족하면 대학설립을 자유롭게 하는 실질적인 대학설립 준칙주의 제도를 시행하고 있다. 따라서 대학의 설립인가요건은 현재로서는 과중한 것은 아니며 대학교육제도의 기본적 요건만을 충족하면 되도록 되어 있다.

한편 학원법 제6조는 학원을 설립·운영하고자 하는 자는 제8조의 규정에 의한 시설 및 설비를 갖추어 대통령령이 정하는 바에 따라 교육감에게 등록하여야 한다고 규정하고 등록을 하지 아니하고 학원을 설립·운영한 자는 1년 이하의 징역 또는 300만 원 이하의 벌금에 처한다.

다. 기존 판례의 입장

(1) 대법원 1989.9.26 선고 87도519 판결 【교육법위반】

[사실관계] 피고인들은 제1신학교장과 이사장으로서 학교설립인가 없이 1981.12. 제1신학교라는 이름으로 1982학년도 4년제 대학과정인 신학과 등 신입생 102명을 모집하였다. 이에 검찰이 피고인들을 교육법 위반으로 기소하였고 원심에서 유죄가 인정되어 피고인들이 상고하였다.

[판결요지] 교육법의 입법목적과 교육제도가 인류 문화발전의 초석인 점 등을 아울러 살펴보

---

68) 고등교육법 1997.12.13. 제정 법률 제5439호.
69) 전문개정 1995.8.4 법률 제4964호.

면 교육법의 적용을 받는 '학교'란 교육을 위하여 그에 상당한 인적·물적 설비를 갖추어 피교육자로 하여금 인간사회의 문화 재생산 내지 증진을 위하여 계획적으로 정비된 교육내용을 영속적으로 가르침 받게 하기 위하여 설치된 기관을 의미한다. 이로써 본다면 종교교육 및 종교지도자 양성은 종교의 자유의 한 내용으로서 보장되지만 그것이 학교라는 교육기관의 형태를 취할 때에는 교육기관 등을 정비함으로써 국민의 교육을 받을 권리를 실질적으로 보장하고자 하는 헌법규정 및 이에 기한 교육법상의 규제를 받게 된다. 이 사건에서의 제1신학교는 바로 교육법이 정하는 조건을 갖추고 신학교라는 이름 아래 4년제 또는 2년제의 단계적 교육과정을 이수케 하기 위하여 특별히 설립된 학교로서의 특성을 갖춘 교육기관이라고 보아야 할 것이다. 이 점에서 교회가 신도들에게 종교교육을 하는 각종 주일학교, 여름성경학교나 사회교육시설인 성인교육을 위하여 실시하는 노인대학, 주부대학 등과 구별된다. 그러므로 이를 두고 그 내용이 종교지도자 양성만을 위한 종교교육이라거나, 학위수여가 없다고 하여 교육법상의 학교에 해당하지 않는다거나, 교육법상의 학교설립인가를 요하지 않는다고 할 수는 없다. 나아가 종교지도자 양성을 위한 교육기관이 학교설립인가를 받았다 하여 교단에 적합한 종교교육을 할 수 없게 되는 것도 아니다.

(2) 대법원 1992.12.22 선고 92도1742 판결 【교육법위반】

[사실관계] 피고인은 서울 용산구 동자동 6의 4 등 소재 동자동교회의 주임목사로서 그 지상 약 500평에 설립된 대한기독교연합회 산하기관인 한국어린이선교원신학교의 학장으로 재직하면서 교육부 장관으로부터 교육법 제85조의 규정에 의한 학교설립인가를 받은 바 없음에도 불구하고 전문대학 과정의 학생을 모집하였다. "한국어린이선교원신학"은 ① 시설: 선교원의 부지 약 500평 지상 건물에 강의실 16실, 교수실, 학장실, 교재실 각 1실을 갖추어놓고, ② 학생모집: 매년 초에 기독교 교지인 국제선교신문 등에 고등학교 졸업예정자 등을 상대로 "○○학년도 신입생 모집, 어린이 선교학과(주간, 야간 2년제)"라는 제목하에 "본교는 23년의 전통과 1만 5,000명의 선배졸업생을 배출하여……, 전기(1차), 후기(2차), 후기(3차) 분할모집"이라는 내용의 신입생모집광고를 하여 주·야간 신입생 1,000명을 모집하면서 대한기독교연합회 소속 교회 또는 목사의 추천을 지원요건으로 하기는 하였으나 사실상 일반인에게도 문호가 개방되어 있었으며, ③ 교육비 징수: 비록 종교헌금의 명목이기는 하였으나 학기마다 학년에 따라 1인당 금 180,000원 내지 금 250,000원의 정액을 등록금·교습비로 징수하였고, ④ 수업연한: 2년 4개 학기의 교육과

정으로 이를 이수한 자에게는 "학장 신학박사 이강무" 명의의 졸업장을 수여하였으며, ⑤ 교과과정: 보육선교학, 조직신학, 성서신학 등 전문신학대학에서 일반적으로 강의되는 교과목과정을 편성하여 강의하고 그 평가성적에 따라 학점(A, B, C, D, F)을 부여하였을 뿐 아니라, ⑥ 학생들의 인식: 그곳에 입학한 학생들 중 상당수가 고등학교 졸업 후의 전문대학과정으로 인식하고 입학하였으며 계속 재학 중에 있었다. 이에 검찰은 피고인을 교육법위반으로 기소하였고 원심에서 유죄가 선고되어 피고인이 상고하였다.

[판결요지] 위 사실관계와 앞서 본 학교의 정의에 비추어보면, 이 사례에서의 "한국어린이선교원신학"은 구 교육법의 규제대상으로서 그 설립에 있어 교육부 장관의 인가를 요하는 전문학교에 해당된다고 봄이 상당하다. "한국어린이선교원신학"이 과목의 구분을 두지 않았고 교수진도 소정의 자격기준에 맞지 않는 등 교육법의 규정을 일부 따르지 않은 점이 있기는 하나,[70] 외견상 학교의 요건을 구비한 이상 그러한 미비점은 교육법의 규정에 맞게 이를 더욱 엄격히 규율하여야 할 사유는 될지언정 그러한 미비점을 이유로 학교가 아니라고 할 수는 없다고 할 것이다.

(3) 시사점

위 두 가지 판례 중 앞의 87도519 판결은 교육법의 적용대상이 되는 '학교'의 개념을 명확히 확정한 반면 뒤의 92도1742 판결은 학교로 볼 수 있는 기준으로서 시설, 학생모집, 교육비징수, 교과과정, 학생들의 인식을 구체적으로 제시하고 있다. 이 중에서도 광고를 통해 일반인들로부터 학생들을 공개 모집하였는가, 학비부담을 누가, 얼마나 하였는가 하는 점이 가장 중요한 기준으로 생각된다. 즉 천주교의 수도원이나 불교의 강원처럼 종교단체 내 사람들만을 대상으로 한 성직자 양성기관이고, 영리적 목적의 수강료가 아닌 헌금으로 운영되는 경우에는 그 규모나 시설 또는 교과과정 등은 그다지 중요한 판단기준이 되지 않는다고 본다.

라. 법리적 검토

(1) 학교, 학원에 해당 여부

대학은 '국가와 인류사회발전에 필요한 학술의 심오한 이론과 그 광범하고 정치한 응용방법

---

70) 교육법시행령 제160조의2의 규정에 의한 과목의 구분, 구교육법 제79조 제3항 별표3 소정의 자격기준.

을 교수연구하며 지도적 인격을 도야'하는 목적으로 설립되는 것으로 관련 법령에 의하여 그 시설 및 운영, 학과과정, 정원, 입학자격, 학생선발방법, 수업연한, 학위수여 등이 규율되고 있는 교육기관이다. 학원이란 '사회교육단체이든 개인이든 10인 이상의 학습자에게 30일 이상의 교습과정에 따라 지식·기술·예능을 교습하거나, 30일 이상 학습장소로 제공되는 시설'을 말하는바, 이 사례에서 연구원이 교육관계 법령에 따라 대학 또는 학원에 해당되는 경우에는 그 시설의 설립, 운영에 관하여 구 교육법 또는 학원법의 규율대상이 된다고 할 것이다.

그런데 甲은 ① 입학자격에 일정한 제한을 두기는 하였지만 일간지 등의 광고를 통하여 수강생을 공개 모집하거나 소속교회 등이 추천한 자에 대하여 전형을 통하여 입학하거나 편입하게 하였고, ② 성경이나 신학과목 이외에 교양과목이나 일반 전공과목이 다수 편성되어 있고, ③ 영리 목적 여부에 관계없이 입학금 및 수강료를 헌금이라는 이름으로 수강생 또는 소속교회 등에게 이를 부담시키고 있다.

그렇다면 위 기존의 판결례에 비추어볼 때 甲은 고등교육법상의 학교 또는 학원법상의 학원에 해당한다고 보는 데 큰 문제는 없다고 하겠다. 왜냐하면 교육법 등에서 학교 또는 학원을 판단하는 기준은 그 교육기관의 외형적 형태이고 일반인들을 대상으로 유료의 수업료를 받는 경우 그에 상응하는 교육의 질을 확보하기 위한 최소한의 기준을 부과한 때문이다.

(2) 관련 규정의 위헌 여부

[Ⅲ-3-1A]에서는 甲은 학교의 인가제도와 학원의 등록제도를 규정한 구 교육법 제85조 제1항과 학원법 제6조 자체가 전반적으로 위헌이라는 것은 아니고 이 조항이 종교단체가 행하는 종교교육에도 적용되는 것이 위헌이라는 취지로 주장하고 있다. 그러므로 과연 종교교육의 경우에는 설사 교육법상 학교나 학원법상 학원으로서의 실질을 갖춘 것이라 해도 인가제나 등록제의 예외가 되어야 할 것인가, 즉 그렇게 하지 않는 것은 종교의 자유의 침해인가가 이 사건에서 주된 쟁점이 된다.

그런데 만일 국가가 개입하지 않고 해당 종교단체에 자율적으로 그 교육내용, 시설 등을 맡길 경우, 최소한의 교육환경마저도 구비하지 못한 학교나 학원이 무분별하게 난립되어 선량한 일반 국민들은 그러한 교육기관의 외관만을 보고 미처 그 실체를 잘 인식하지 못하여 피해를 입는 경우가 생길 수도 있다. 실제로 종교 교육기관들이 일간신문에 학생모집 광고를 내고 있는데, 때로는 과장된 내용으로서 일반 국민들이 이에 현혹될 수 있고, 지원자들은 이들이 정식으로 인가받은 신학대학 등 교육기관과 어떻게 다른 것인지, 과연 그들이 수여하는 학위 기타 자격증이 그 실질을 제대로 가진 것인지 인식하기 어려운 면이 있는 것이다. 또한 종교교육기관이 제대로 된 시설을 갖추지 못하고 여기저기서 생겨나 일시적으로 운영되고 마는 상황도 생길 수 있는 것이다.

이러한 헌법재판소의 판단은 무인가 신학교가 수없이 난립하여 기독교 내에서도 자성의 소리가 높아지고 있는 오늘의 상황을 그대로 예견한 것이 아닌가 한다. 그렇다면 과연 기독교가 국가에 대해 관련 조항이 위헌임을 지금도 주장할 수 있을지 반문하지 않을 수 없다.

마. 교리적 검토

(1) 종교교육의 특성

각 종교단체는 성직자나 교인들을 대상으로 하는 교육기관들을 운영하는 데 많은 노력을 기울이고 있다. 이는 종교교육이야말로 각 종교단체가 가지고 있는 믿음과 교리를 보수하고 이를 다음 세대에 전해줄 통로가 될 뿐 아니라 교육 자체가 선교의 유력한 수단이 되기 때문이다. 기독교를 예를 들면, 십계명을 선포한 모세는 이스라엘 백성들에게 율법을 자녀들에게 부지런히 가르치라고 명하였고,[71] 예수그리스도도 마지막 至上命令으로 모든 족속을 제자로 삼아 그가 선포한 복음을 가르쳐 지키게 하라고 하였다.[72] 또 사도 바울은 현재 터기에 소재하는 에베소에 두란노 서원을 개설하여 2년간이나 한곳에서 날마다 주의 말씀을 가르쳤다고 한다.[73]

이러한 성서적 근거에 따라 기독교는 중세시대의 수도원 등을 중심으로 성경과 신학을 연구하고 성직자들을 훈련시키는 종교교육에 주력하였다. 볼로냐 대학, 파리 대학이나 옥스퍼드 대학과 같은 유럽의 오래된 대학들이 처음에는 모두 신학이 중심이 된 성직자 교육기관으로 출발한 것은 결코 우연의 일이 아니다. 종교개혁을 이룬 루터와 캘빈에 있어서도 종교교육은 여전히 중요한 과제였다. 특히 캘빈은 제네바 아카데미를 설립하여 여기에서 예과 4년 과정과 이 과정

---

71) **신명기 6:6~9** 오늘날 내가 네게 명하는 이 말씀을 너는 마음에 새기고 네 자녀에게 부지런히 가르치며 집에 앉았을 때에든지 길에 행할 때에든지 누웠을 때에든지 일어날 때에든지 이 말씀을 강론할 것이며 너는 또 그것을 네 손목에 매어 기호를 삼으며 네 미간에 붙여 표를 삼고 또 네 집 문설주와 바깥문에 기록할지니라.

72) **마태복음 28:18~20** 예수께서 나아와 일러 가라사대 하늘과 땅의 모든 권세를 내게 주셨으니 그러므로 너희는 가서 모든 족속으로 제자를 삼아 아버지와 아들과 성령의 이름으로 세례를 주고 내가 너희에게 분부한 모든 것을 가르쳐 지키게 하라 볼지어다 내가 세상 끝 날까지 너희와 항상 함께 있으리라 하시니라.

73) **사도행전 19:9~10** 어떤 사람들은 마음이 굳어 순종치 않고 무리 앞에서 이 도를 비방하거늘 바울이 그들을 떠나 제자들을 따로 세우고 두란노 서원에서 날마다 강론하여 이같이 두 해 동안을 하매 아시아에 사는 자는 유대인이나 헬라인이나 다 주의 말씀을 듣더라.

을 마친 후 3년 과정의 본과에서 신학을 공부하게 하였는데, 이것이 오늘까지 기독교 신학교육 체계의 골격을 이루고 있다. 제네바 아카데미에서는 하나님의 말씀인 성경 중심적 교육을 실천하되 성경의 올바른 이해를 위해 선행하는 학문인 그리스·로마의 고전, 특히 아리스토텔레스와 플라톤 철학과 수사학 및 헬라어에 대한 철저한 훈련을 시켰다.[74]

(2) 인가 신학교와 무인가 신학교

기독교의 신학교육기관을 교과부의 인가를 기준으로 인가신학교와 무인가신학교로 구분한다. 2008년 공식 자료에 의하면[75] 종교지도자 양성만을 목적으로 하는 대학 및 대학원으로 인가 받은 학교법인은 대학이 11개,[76] 대학원이 7개,[77] 각종학교 1개[78] 등 21개 교이다. 이 외에도 신학교로 시작하였지만 교육부 승인 후 종교 이외의 일반학과를 증설하여 종합대학으로 발전한 경우(한신대, 고신대, 총신대)가 있고 종합대학에 신학과를 설치한 후 교단과는 관계없이 학사를 운영하는 학교(연세대, 이화대 등)가 있다. 이러한 자료에 따르면 200여 개에 달할 것으로 추정되는 작은 교단들 대부분은 무인가신학교로 운영되고 있다고 한다.

이러한 무인가신학교의 난립과 목회자 양산에 대해 교계 내에서 많은 우려와 질타가 쏟아지고 있다. 그러나 한편에서는 과연 성직자 양성을 목표로 하는 신학교가 반드시 국가의 인가를 받아야 하는가 또 인가 신학교를 나와야만 행세하는 교계의 풍토가 바로 종교인으로서의 자존심을 버리고 교회가 세상에 굴복하는 것이 아니냐 하는 비판이 있다. 역사적으로 볼 때에도 성경적 가치관을 중심으로 순수 성직자 양성기관으로 출발했던 하버드 대학이나 예일 대학, 프린스턴 대학들이 점차 세상 학문을 가르치는 종합대학으로 발전하면서 오히려 신앙적 측면에서는 퇴보하였던 잘못을 되풀이하지 않아야 된다는 것이다.

---

74) 김홍철, 「한국 신학교육의 역사적 이해와 문제 연구」, 관동대학교 선교신학대학원 석사학위논문, 2009, 20면.
75) 교육과학기술부 고시 제2008-103호. 「사립학교법시행령」 제7조의2 제7항에 따라 종교지도자 양성만을 목적으로 하는 대학 및 대학원 설치·경영 학교법인을 고시함.
76) 감리교신학대학원(감리교신학대학교), 광명학원(서울장신대학교), 대건학당(광주가톨릭대학교), 영남신학대학원(영남신학대학교), 서울신학대학원(서울신학대학교), 대한예수교장로회총회신학원(총신대학교), 승가학원(중앙승가대학교), 영산학원(영산선학대학교), 장로회신학대학교(장로회신학대학교), 한국침례신학원(침례신학대학교), 한일신학(한일장신대학교).
77) 계약학원(계약신학대학원대학교), 베뢰아아카데미학원(베뢰아국제대학원대학교), 복음신학원(복음신학대학원대학교), 성서침례학원(성서침례대학원대학교), 순장학원(서울성경신학대학원대학교), 순총학원(순복음대학원대학교), 원불교대학원(원불교대학원대학교), 종암중앙학원(개신대학원대학교), 중앙총신학원(중앙신학대학원대학교).
78) 대전신학원(대전신학교).

(3) 검토

그런데 신앙의 순수성을 지키기 위해 국가의 간섭을 받지 않는 무인가 신학교로 남아야 한다는 것과 그러한 신학교가 교육관계법에서 말하는 학교, 특히 대학과 같은 고등교육기관의 형태를 취하면서도 무인가로 운용한다는 것과는 구별해야 한다. 만일 어떤 교단이 국가의 간섭 없이 자신들만의 교리를 지키기 위해 폐쇄적인 신학교를 설립하고 운영하겠다면 얼마든지 가능하다. 이는 종교의 자유에 속하는 영역이고 비록 소수이지만 이러한 순수한 신앙적 동기에서 무인가 신학교를 운영하는 교단이 있는 것으로 알고 있다.

그러나 국내 대부분 무인가 신학교가 이러한 신앙적 동기에서 운영되고 있는지는 의문이다. 특히 일반 신도들을 대상으로 공개적으로 학생들을 모집하고, 일반 대학과 유사한 커리큘럼을 운영하며, 상당한 액수의 등록금을 받아 운영자금에 충당한다면 이는 교육관계법에서 말하는 학교로서 당연히 국가에서 정하는 기준을 충족해야 한다. 그리고 국가의 인가를 받는 것이 곧 국가의 간섭을 초래해서 신앙의 순수성을 지키기 어렵다는 논리도 이해하기 어렵다. 왜냐하면 신학교는 대학 수준의 고등고육기관으로서 헌법상 대학의 자치가 보장되기 때문이다. 즉 대학에 대한 국가의 간섭은 교육에 필요한 시설을 구비하였는가, 학사운영을 제대로 하고 있는가, 교육의 질적 수준을 지키는가, 학생들의 수업권이 제대로 보장되는가 하는 데 그치며 입학생의 자격제한이라든가, 무엇을 어떻게, 어떠한 방식으로 가르치느냐는 대학의 자율에 맡겨져 있기 때문이다.

[Ⅲ-3-2] 헌재 1997.3.27 94헌마277 전원재판부 신입생자격제한조치 위헌확인

[사실관계]

(1) 甲들은 고신대학교 의학부 의학과에 재학 중인 학생들로서, 그중 甲 권○일은 의학부 총학생
회장이다. 고신대학교는 대한예수교 장로회 총회 고려학원에서 설립한 학교로서 당초 고려
신학대학으로 출발하였으나, 1980년 일반대학으로 변경, 승인을 받고 신학과 이외에 의예과,
간호학과 등 일반학과를 설치하는 한편 학교이름도 고신대학교로 변경하였다. 그런데 고신
대학교는 1993학년도 신입생 선발 당시 총점 550점 중 44점(8%)의 면접고사점수를 신앙노선,
신급, 주일성수 및 교회봉사, 신앙관 및 성경상식, 기독교대학에 대한 지원동기와 적성에 관
한 질문으로 평가하였다. 또한 1994, 1995학년도 신입생모집요강에는 신입생자격을 신학과
는 세례를 받은 자, 나머지 학과는 기독교 교인 중 '학습인' 이상으로 제한하고, 신급에 따라
원입인, 학습인, 유아세례교인, 입교인(세례교인)으로 구분하며, 입학지원 시 신앙증명서류로
서 학습 및 입교(세례) 연명부 사본 또는 교회 당회장 증명서를 첨부하도록 하였다.

(2) 이에 甲들을 비롯한 의학부학생들은 고신대학교의 신입생자격 제한조치가 헌법상 평등권,
능력에 따라 균등하게 교육을 받을 권리 등을 침해한 위헌적인 조치라고 보고, 고신대학교
총장에게 자격제한을 철폐해줄 것을 진정하였으나 거부되었으며, 乙에게 자격제한조치에 대
한 시정조치를 요구하였으나 乙은 고신대학교 총장에 대해서 그 시정을 권고할 뿐이어서 결
국 자격제한조치는 시정되지 않았으므로, 甲들은 1994.12.28. 헌법재판소법 제68조 제1항에
의한 헌법소원심판을 청구하였다.

[당사자의 주장]

[甲의 주장]	[乙의 주장]
(1) 甲들은 헌법상 학문의 자유(헌법 제22조 제1항), 대학 자치에의 참여권(헌법 제31조 제4항)을 가지고 있으므로 학문의 환경이나 조건의 유지 및 그 개선에 중대한 이해관계를 가지고 있으며 따라서 대학 운영에 대하여 요망하고 비판하고 반대할 권리가 있다.	(1) 평등권은 합리적 차별을 허용하는 상대적·실질적 평등을 의미하며, 특정 종교교육을 목적으로 한 사립학교의 설립도 가능하고 사립학교에서는 선교의 자유의 일환으로 종교교육 및 종교지도자 육성이 허용되므로, 종교교육의 목적을 달성하기 위하여 신입생 선발 시 일반적인 대학입학자격 외에 종교적 자격을 요구하는 것도 사립학교의 특수성에 따른 합리적 제한으로 허용된다.
(2) 乙은 고신대학교의 위헌적인 신입생자격제한조치에 대하여 교육법상 감독청의 지위에서 그 시정·변경을 명할 수 있고 만약 고신대학교가 이를 시정하지 아니하는 경우에는 직접 취소 또는 정지하거나 여러 제재조치를 취할 수 있는데도 불구하고 단지 시정을 권고할 뿐 위와 같은 조치를 취하지 아니함으로써 甲들의 기본권을 침해하였다.	(2) 종교교육은 종교지도자 육성 이외에 기독교정신을 바탕으로 한 인재양성을 목적으로 하는 넓은 의미의 종교교육을 포함하는 것이므로 신학과 이외의 일반학과 신입생에 대해서도 일정한 종교적 자격을 요구할 수 있다. 따라서 사립대학은 그 설립목적을 달성하기 위하여 교육에 필요한 자격을 자주적으로 정할 수 있으며, 그러한 사립대학에 입학할 것인지 여부는 학생들의 선택에 맡겨져 있으므로 국·공립대학과는 달리 합리적인 차별이라고 보아야 한다.

[결정요지]

(1) 甲들은 고신대학교의 재학생들이므로 신입생자격제한조치의 직접적인 상대방이 아닌 제3자이다. 甲들은 신입생자격제한으로 인하여 재학생인 자신들의 학문의 자유, 대학 자치에의 참여권이 침해당했다고 주장하나, 고신대학교의 신입생자격제한으로 인하여 고신대학교에 입학하고자 하는 자의 기본권이 직접 침해되었는지 여부는 별론으로 하고, 甲들은 이미 입학한 재학생들이므로 신입생자격제한으로 인하여 재학생들의 기본권이 침해될 여지는 없다.

(2) 고신대학교의 신입생자격제한으로 인하여 재학생들이 자유로이 학문을 연구하고 발표하는 자유에는 아무런 영향이 없으므로, 이러한 관점에서 학문의 자유가 침해당했다고 볼 여지는 없다. 또한 甲들이 주장하는 바와 같이 신입생모집에 관하여 의견을 개진하고 건의하며 결정에 대하여 비판하는 범위 내에서 재학생들의 대학 자치에의 참여권을 비록 인정한다 하더라도, 건의·비판을 통한 참여가능성 자체가 봉쇄되지 않은 이상 재학생의 건의내용과 다른 결정이 내려졌다 하여 바로 그들의 참여권에 대한 침해가 있다고 볼 수도 없다.

(3) 가사 甲들의 청구가 인용되어 乙의 부작위가 헌법재판소에 의하여 위헌으로 판단되고 이로써 乙이 헌법재판소의 결정에 따라 고신대학교의 신입생자격제한조치에 대하여 시정조치를 취한다고 하더라도, 이로 말미암아 甲들의 법적 지위가 그 전에 비하여 개선되는 것도 아니다. 그러므로 甲들에게는 乙의 부작위가 위헌인지의 여부를 다툴 기본권침해의 자기관련성이 결여되었다고 볼 수밖에 없다.

[Ⅲ-3-3] 대법원 1998.11.10 선고 96다37268 판결 【학위수여이행】

[사실관계]

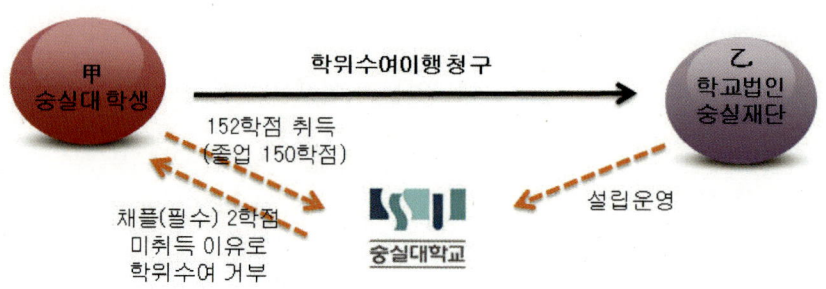

(1) 乙이 사립대학인 숭실대학교를 설립하여 운영하고 있고, 甲은 1991.3. 숭실대학교의 법학과에 입학하여 1994.까지 그 대학과정을 수료하였다. 숭실대학교의 학칙에 의하면, 위 대학교는 기독교 정신과 민주교육의 근본이념에 입각하여 심오한 학술적 이론과 그 응용방법을 가르쳐 국가, 사회 및 교회에 봉사할 지도자를 양성하는 것을 목적으로 하고, 법학과의 졸업에 필요한 학점은 150학점 이상이며, 졸업논문을 제출하지 아니한 학생에 대하여는 학위를 수여하지 아니한다고 되어 있다.

(2) 또 학칙의 위임에 의하여 학사운영에 필요한 세부사항을 규정하고 있는 학사내규에 의하면, 숭실대학교의 학생은 6학기 이상 대학예배를 의무적으로 이수하여야 하고 미이수자는 졸업을 할 수 없도록 되어 있다. 숭실대학교의 대학예배는 목사에 의한 예배뿐만 아니라 강연이나 드라마 등 다양한 형식을 취하고 있고, 학생들에 대하여도 예배시간의 참석만을 졸업의 요건으로 할 뿐 그 태도나 성과 등을 평가하지는 않았다.

(3) 甲은 1994년 2학기까지 숭실대학교의 학칙상 필수교양과목으로 되어 있는 종교교육과목인 기독교개론 및 성서개론과목을 포함하여 졸업을 위하여 필요한 최소학점을 초과하는 152점을 취득하고 졸업논문까지 제출하였으나, 대학예배를 4학기만 이수하고 나머지 2학기를 이수하지 아니하였고, 乙은 이를 이유로 甲에 대하여 학사학위를 수여하지 아니하였다.

(4) 이에 甲은 乙을 상대로 학위수여 이행을 청구하는 소송을 제기하였으나 원심에서 패소하자 상고하였다.

[판결요지]

(1) **사립학교의 종교교육의 자유** 사립학교는 국·공립학교와는 달리 종교의 자유의 내용으로서 종교교육 내지는 종교선전을 할 수 있고, 학교는 인적·물적 시설을 포함한 교육시설로써 학생들에게 교육을 실시하는 것을 본질로 하며, 특히 대학은 헌법상 자치권이 부여되어 있으므로 사립대학은 교육시설의 질서를 유지하고 재학관계를 명확히 하기 위하여 법률상 금지된 것이 아니면 학사관리, 입학 및 졸업에 관한 사항이나 학교시설의 이용에 관한 사항 등을 학칙 등으로 제정할 수 있으며, 또한 구 교육법시행령 제55조는 학칙을 학교의 설립인가신청에 필요한 서류의 하나로 규정하고, 제56조 제1항은 학칙에서 기재하여야 할 사항으로 '교과와 수업일수에 관한 사항', '고사(또는 시험)와 과정수료에 관한 사항', '입학·편입학·퇴학·전학·휴학·수료·졸업과 상벌에 관한 사항' 등을 규정하고 있으므로, 사립대학은 종교교육 내지 종교선전을 위하여 학생들의 신앙을 가지지 않을 자유를 침해하지 않는 범위 내에서 학생들로 하여금 일정한 내용의 종교교육을 받을 것을 졸업요건으로 하는 학칙을 제정할 수 있다.

(2) **대학예배와 종교자유 침해** 기독교 재단이 설립한 사립대학이 학칙으로 대학예배의 6학기 참석을 졸업요건으로 정한 경우, 위 대학교의 대학예배는 목사에 의한 예배뿐만 아니라 강연이나 드라마 등 다양한 형식을 취하고 있고 학생들에 대하여도 예배시간의 참석만을 졸업의 요건으로 할 뿐 그 태도나 성과 등을 평가하지는 않는 사실 등에 비추어볼 때, 위 대학교의 예배는 복음 전도나 종교인 양성에 직접적인 목표가 있는 것이 아니고 신앙을 가지지 않을 자유를 침해하지 않는 범위 내에서 학생들에게 종교교육을 함으로써 진리·사랑에 기초한 보편적 교양인을 양성하는 데 목표를 두고 있다고 할 것이므로, 대학예배에의 6학기 참석을 졸업요건으로 정한 위 대학교의 학칙은 헌법상 종교의 자유에 반하는 위헌무효의 학칙이 아니다.

[Ⅲ-3-3A] 헌재 2007.3.13 2007헌마214 시정명령 등 불행사 위헌확인

[사실관계]

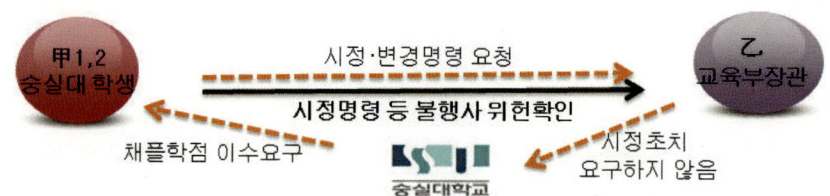

(1) 甲들은 숭실대학교 재학생들인바 동교 학칙 제46조 및 학칙시행세칙 제71조, 채플이수에 관한 내규는 대학채플을 6학기 이상 의무적으로 이수하여야 졸업을 인정한다고 규정하고 있다. 甲들은 숭실대학교가 일반채플을 기도 및 찬송을 하도록 하는 등 교회의 예배형식으로 진행하고 있으며, 이는 甲들의 종교의 자유 및 균등한 교육을 받을 권리 등을 침해하는 것이라고 주장한다.

(2) 한편 고등교육법 제60조는 "학교가 시설·설비·수업 및 학사 기타 사항에 관하여 교육관계 법령 또는 이에 의한 명령이나 학칙을 위반한 경우" 乙이 시정 또는 변경명령을 발할 수 있다고 규정하고 있는바, 甲들은 이 규정에 근거하여 乙에게 채플규정에 대하여 시정·변경명령을 해줄 것을 요청하였다.

(3) 이에 대하여 乙은 2006.11.18. 甲들에게 '기독교 재단이 설립한 사립대학인 숭실대학교가 학칙으로 대학예배의 6학기 참석을 졸업요건으로 정한 것은 위헌 무효가 아니다'는 대법원 판례(1998.11.10 선고 96다37268 판결)를 근거로 하여, 채플규정이 법령에 위반된다고 보기 어려워 시정할 사항이 아니라고 회신하였다.

(4) 甲들은 乙이 채플규정 내지 숭실대학교의 일반채플 운영방식에 대하여 시정·변경을 명하거나 취소 또는 정지시키지 아니하고, 또 학생정원의 감축, 학급, 학과의 감축이나 폐지 또는 학생모집의 정지 등의 제재를 하지 아니한 부작위는 甲들의 기본권을 침해하는 것이라며 이 사건 헌법소원심판을 청구하였다.

[결정요지]

(1) 이 사건에서 甲들이 乙에게 시정명령 등을 발해줄 것을 요구할 권리(신청권)가 있는지, 있다면 乙은 그에 기속되어야 하는지, 없다면 헌법이나 법률상 乙이 위 사안에서 반드시 시정 또는 변경명령을 발해야 할 작위의무를 부담하고 있는지가 문제된다.

(2) **먼저 시정명령을 청구할 수 있는 신청권의 존재 여부를 살펴본다.** 고등교육법 제60조는 시정 또는 변경명령을 규정하고 있으나 동법이나 동법시행령 어디에서도 甲들과 같은 국민들에게 그 시정명령 등을 신청할 권리를 부여하고 있지는 않다. 그렇다면 甲들이 乙에게 시정명령 등을 신청한 사실이 있다고 하더라도 그것은 법률상의 근거에 의한 권리행사가 아니라 乙의 직권발동을 촉구하는 것에 불과하다.

(3) **법률상 甲들에게 신청권이 없다고 하더라도 乙이 이 사안에서 시정명령을 해야 할 작위의무가 존재하는지를 살펴본다.** 고등교육법 제60조 제1항은 "……시정 또는 변경을 명할 수 있다"고 규정하고 있는데 이는 교육인적자원부장관에게 교육관계 법령 위반이라고 인정되는 학칙이나 학교에 대하여 시정을 요구할 것인지, 시정 또는 변경을 명할 것인지에 대하여 결정할 재량권을 주고 있는 것이다. 이 사건에서 乙은 위 대법원 판례를 근거로 하여 시정명령을 하지 않고 있는바, 乙이 재량권을 남용하였다거나 달리 그러한 시정 또는 변경명령을 행해야 할 법적 의무가 존재한다고 볼 만한 사정이 없다.

(4) 그렇다면 이 사건 헌법소원심판은 작위의무가 인정되지 않는 공권력의 불행사에 대하여 청구한 것이므로 부적법하다.

[해설 및 검토]

가. 결정의 의미

위 3건의 사례는 모두 기독교 정신을 바탕으로 한 인재양성을 그 설립 목적으로 하는 대학이 입학생 자격을 기독교 신자로 제한하거나 졸업요건으로 채플 학점이수를 요구하는 것이 학생들의 종교의 자유를 침해하는가와 관련된 것이다. 이는 종교계 학교의 종교교육의 자유와 학생들의 소극적 종교의 자유가 충돌하는 경우 이를 어떻게 조화할 것인가 하는 어려운 문제를 제기한다.

[Ⅲ-3-2]에서 헌법재판소는 이미 고신대에 입학한 재학생들인 甲들의 기본권이 침해될 여지는 없다고 하면서 기본권침해의 자기관련성 결여를 이유로 甲의 청구를 기각하였다. 한편 대법원은 [Ⅲ-3-3]에서 대학예배에의 6학기 참석을 졸업요건으로 정한 숭실대학교의 학칙은 헌법상 종교의 자유에 반하는 위헌무효의 학칙이 아니라고 판시함으로써 일정한 조건하에서 대학측의 종교교육의 자유가 우선한다는 입장을 취하였다. 그런데 10년 후 [Ⅲ-3-3A]에서 甲은 숭실대학의 채플규정에 대해 감독관청인 乙이 시정명령이나 제재조치를 하지 않는 것은 甲의 기본권을 침해한다는 이유로 다시 헌법소원심판을 청구하였는바, 헌법재판소는 甲이 작위의무가 인정되지 않는 乙의 공권력의 불행사에 대하여 위헌심판을 청구하였다는 이유로 기각함으로써, 기본권충돌 문제에 대한 실체적 심판에까지 나가지는 않았다.

종교교육에 있어서 기본권충돌 문제를 정면으로 다룬 대법원의 입장에 대해서는 지지하는 견해와 비판하는 견해가 첨예하게 대립하면서 종교계 학교의 종교교육 방향에 큰 영향을 줄 것으로 보인다. 이들 사례와 관련해서는 사립대학이 가지는 교육 자율권이 어느 한계에서 인정될 것인가, 학생의 입학과 졸업 등 기본적 사항을 규율하는 대학의 기본규범인 학칙은 어떠한 법적 지위를 가지는가, 대학에서의 채플과목은 어떻게 운영되고 이를 졸업의 필수과목으로 하는 것이 과연 학생의 종교자유를 본질적으로 침해하는가 하는 여러 문제를 검토할 필요가 있다.

나. 사립대학의 자율권과 학칙

(1) 사립대학의 공공성

우리나라 교육체계에서 사립학교가 차지하는 비중은 다른 나라에 비해 매우 높다. 특히 대학의 경우에는 사립대학이 전체의 80%가 넘는 수준으로서 고등교육분야에서는 절대적인 비중을 차지하고 있다. 이에 따라 사립학교에서의 교육의 공공성이 중요시된다. 헌법재판소는 사립학교의 경우에도 국·공립학교와 설립주체가 다를 뿐(초·중등교육법 제3조, 고등교육법 제3조) 교직원(초·중등교육법 제19조, 고등교육법 제14조), 교과과정(초·중등교육법 제23조, 고등교육법 제21조) 등에 있어서 동일하므로 이와 같은 교육의 개인적·국가적 중요성과 그 영향력의 면에서 국·공립학교와 본질적인 차이가 있을 수 없다고 판시한 바 있다.[79]

---

79) 헌재 2001.1.18. 99헌바63.

(2) 사립대학의 자율성

한편 헌법 제31조 제4항은 교육의 자주성·전문성·정치적 중립성·대학의 자율성을 보장하고 있다. 이러한 헌법 정신에 따라 사립학교법 제1조는 "이 법은 사립학교의 특수성에 비추어 그 자주성을 확보하고 공공성을 앙양함으로써 사립학교의 건전한 발달을 도모함을 목적으로 한다"라고 규정한다. 여기에서 말하는 사립학교의 특수성이란 본래 국공립학교와 달리 사립학교에만 고유한 특수성을 의미하는 것으로서 그 대표적인 것이 종교적 중립성을 요청받지 않는다는 것이다.[80] 헌법재판소는 사립학교의 특수성으로 인해 그 설립자의 특별한 설립이념을 구현하거나 독자적인 교육방침에 따라 개성 있는 교육을 실시할 수 있을 뿐만 아니라 공공의 이익을 위한 재산출연을 통하여 정부의 공교육실시를 위한 재정적 투자능력의 한계를 자발적으로 보완해주는 역할을 담당하므로, 그 물적·인적 시설을 운영함에 있어서 어느 정도 자율성을 확보해주는 것이 상당하고 또 바람직하다고 판시하였다.[81]

특히 대학은 교육방침이나 커리큘럼 편성, 그리고 학칙의 제정에 있어서 고도의 자율성을 보장받고 있으며 이는 종교재단이 설립한 대학도 마찬가지이다.[82] 이러한 대학의 자치는 심오한 학문의 연구와 교육기관인 대학이 그 운영에 관한 모든 사항을 외부의 간섭 없이 자율적으로 결정할 수 있을 때에만 그 실효성을 담보할 수 있기 때문에 헌법상의 제도보장으로서 규정된 것이다.

(3) 사립대학의 학칙

대학의 자치 내지 자율성의 보장은 학칙 제정권의 보장으로 나타난다. 학칙이란 각 학교의 건학이념을 실현하기 위한 교육조직과 학사운영의 기본적 사항을 정한 규범으로서 이 사례에서 문제된 신입생의 입학자격제한이나 졸업에 필요한 필수과목 등이 학칙에 정해진다. 학칙의 법적 성격과 관련해서 자치규범설, 약관설 등이 주장되고 있지만[83] 사립대학의 경우에는 학교와 학생의 재학관계를 사법상의 계약관계로 파악하는 이상, 학칙은 이러한 재학계약을 규율하는 약관

---

80) 박종보, 「사립학교에서 종교교육의 자유와 학생의 신앙의 자유」, 『법학논총』, 제24집 3호, 2007, 57면.
81) 헌재 1991.7.22. 89헌가106.
82) 사학의 자주성에 대해서는 김하열, 「사립학교의 자주성과 공공성-학교법인의 사학의 자유를 중심으로」, 『고려법학』, Vol. 52, 2006, 참조.
83) 국공립대학과 사립대학은 법인격 여부 및 적용되는 법의 차이에도 불구하고 학칙의 법적 근거나 효력이라는 측면에서는 본질적인 차이가 있다고 보기는 어렵다는 견해가 유력하다(최송화, 「학칙의 법적 성격과 국가감독」, 『서울대 법학』, 제37권 1호, 1996, 61면).

의 성격을 가지는 것으로 보는 것이 일반적이다.[84]

고등교육법에 의하면 학교의 장은 법령의 범위 안에서 학교규칙(학칙)을 제정 또는 개정할 수 있으며, 학칙의 기재사항 등에 대해서는 대통령령에 위임하고 있다. 고등교육법 시행령 제4는 이러한 위임에 따라 학교의 조직 및 학생정원, 학사에 관한 사항, 학생의 권리 의무, 수업료·입학금 기타의 비용징수 등 학칙에 필수적으로 두어야 할 기재사항을 규정하고 있다. 그런데 고등교육법의 여러 규정이 일정한 사항에 대해서는 학칙에서 정하도록 직접 위임하는 내용을 담고 있는데 가령, 학생자치활동에 관한 사항(법 제12조), 학생에 대한 징계(법 제13조), 학교조직에 관한 기본적 사항(법 제19조), 교육과정 및 수업(법 제21조, 22조), 학점의 인정 및 편입학(법 제23조, 23조의2), 수업연한 및 학생정원(법 제31조, 32조) 등이 이에 속한다.

이와 같이 학칙은 그 내용적인 면에서는 학생과 학교 간의 계약관계를 규율하는 약관의 성질을 가지는 동시에 그 효력의 근거를 고등교육법의 위임에 둔다는 측면에서는 자치규범의 성격도 가지는 것으로 보아야 한다.

다. 학칙에 의한 입학, 졸업제한

(1) 입학자격 제한

고등교육법 제33조는 대학에 입학할 수 있는 사람은 고등학교를 졸업한 사람이나 법령에 따라 이와 같은 수준 이상의 학력이 있다고 인정된 사람으로 규정하고 있다. 이는 일정 수준의 수학능력을 갖춘 자들에게만 대학입학을 허용함으로써 대학교육의 질적 수준을 유지하기 위함이다. 따라서 이는 강행규정으로서 학칙으로 그 학력수준을 낮추거나 높일 수 없다.

다만 [Ⅲ-3-2]와 같이 법이 정하는 학력을 갖춘 자들 중에서 추가로 입학자격을 제한할 수 있는가 하는 점이 문제된다. 가령 성직자 양성을 목적으로 하는 신학교나 신학과 등에서 기독교 신자로만 입학 자격을 제한하는 것은 입학 후 수학능력을 갖추도록 하기 위한 합리적인 제한이라고 할 수 있으나 이 사례에서의 고신대와 같이 일반대학으로 전환된 후, 그리고 신학과가 아닌 의과대학의 입학자격을 기독교 입교인으로 제한하는 것이 헌법상 평등권을 침해하는 것이 아닌가 하는 의문이 제기될 수 있다.

---

84) 조성규, 「대학 학칙의 법적 성격」, 『행정법 연구』, 2007년 상반기, 63면.

생각건대 학생들의 학교 선택의 자유가 보장되어야 하듯이 학교 측의 신입생 자격제한도 인정되어야 한다고 본다. 그러나 사립대학은 공교육을 보충하는 공공성이 있으므로 그 제한은 자의적(恣意的)이어서는 안 되고 합리적인 기준에 의해야 한다. 기독교 정신에 입각한 교육을 제대로 하기 위해서는 일정한 수준의 학력뿐 아니라 신앙적 수준을 요구하는 것은 합리적인 기준으로 생각되므로 고신대 측이 신입생 자격을 기독교 입교인으로 제한한 것은 평등권침해라고 볼 수 없다. [Ⅲ-3-3]의 숭실대 사례에서도 보듯이 입학 후 학생들이 학교의 종교교육에 대해 이의를 제기하는 사례가 증가하고 있는데 이에 대한 사전 예방 차원에서도 신입생 자격제한은 필요하다고 본다.

(2) 학위수여 제한

고등교육법 제35조는 대학에서 학칙으로 정하는 과정을 마친 사람에게는 학사학위를 수여하도록 정하고 있어 어떠한 과정을 이수해야 학위취득을 인정하는가는 전적으로 각 대학의 학칙에 위임하고 있다. 따라서 각 대학은 다양한 전공이 맞는 커리큘럼을 편성해서 운영하고 있는데, 최근에 와서는 교양교육의 중요성이 커짐에 따라 전공에 관계없이 전교생을 대상으로 교양과목을 확대하고 강화하는 추세에 있다. 특히 교양필수과목들은 각 대학의 교육이념에 따라 정해지는 경우가 많은데 이 사례에서 문제된 숭실대학의 경우에는 채플과목 이외에 기독교 개론, 성경개론 등이 필수과목으로 지정되어 있다.

이와 같이 특정 대학의 건학 이념을 반영한 교양필수과목, 특히 종교 관련 과목을 이수하지 아니하면 학위취득을 하지 못하게 하는 것이 학생들의 종교자유를 침해하는 문제가 제기된다.

(3) 채플

채플(chapel)이란 '열린 예배' 정도로 번역할 수 있는데 교회에서 드리는 엄숙한 예배의식에 따르기보다는 대학의 강의나 강연형식에 맞춘 예배이다. 기독교계통의 대학들은 모두 채플과목을 운영하고 이를 교양필수로 지정하여 일정 횟수 이상의 출석을 요구하고 있는데, 학점 취득보다는 'pass or fail'로 하여 출석에 비중을 두고 있다. 학교에 따라서는 채플의무학기를 8학기로 하거나 7학기, 6학기, 4학기, 2학기, 1학기 등 다양하다. 그리고 요즈음에 들어서는 성직자들이나 교목에 의한 설교보다는 외부인사의 특강이나 공연, 영상 등 다양한 방식을 도입하여 비기독교

학생들에게도 크게 거부감을 주지 않는 방식으로 운영되고 있다고 한다.

이와 같이 기독교 대학들이 채플을 교양필수로 하여 반드시 이행하도록 하고 있는 것은 기독교 대학들이 대부분 "기독교 정신에 입각한 지도자를 육성하는 것"을 교육의 기본이념으로 삼고 이를 실천하는 데 채플이 반드시 필요하다고 생각하기 때문이다. 다만 [Ⅲ-3-3]에서 대법원판결 이후에는 이러한 기독교 정신에 입각한 지도자 육성이 종래와 같이 개종을 목표로 한 복음전도가 아니라 진리, 정의, 봉사 등 기독교적 가치관을 지닌 보편적인 교양인을 양성하는 데 목표를 두는 것으로 변화되고 있다고 한다.[85]

라. 학칙의 기본권침해 여부

앞에서 언급한 대로 기독교 대학들이 입학과 졸업에 대해 제한을 두는 학칙이 학생들의 종교의 자유를 침해하는가에 대해서는 다음에서 보는 바와 같이 뚜렷한 견해의 대립이 있다.

(1) 이성호 재판연구관의 견해

이성호 재판연구관은 [Ⅲ-3-3]의 대법원판결이 나오기 전에 다음과 같은 개인적인 견해를 발표하였다.[86] "사립대학의 학칙제정이나 그 학칙에 따른 학위수여거부처분 및 징계처분 등에는 대학당국에 합리적인 재량권이 주어진다는 것이 미국 및 일본법의 공통된 입장으로서 우리 법상으로도 이를 달리 보아야 할 이유가 없다. 따라서 재량권의 행사가 적절한지 여부는 결국 '합리성'의 인정 여부에 달려 있다고 하겠으며, 종교의 자유 등에 관한 헌법상의 규정은 위와 같은 학칙조항의 합리성 여부에 관한 법원의 해석 작용을 통하여 사인인 사립대학과 학생 간에도 간접적으로 적용된다고 할 수 있을 것이다."[87]

"나아가 헌법적인 측면에서 학칙규정이나 그에 기한 징계처분 등의 합리성 여부를 판단함에 있어서는, 사립대학의 종교교육의 자유와 학생의 종교행사 불참의 자유처럼 서로 대립되는 헌법적 권리 상호 간의 이익형량(balancing of interests)이 무엇보다 중요한 고려 요소가 되어야 할 것이므로, 예컨대 어느 일방의 헌법상의 권리에 중대한 침해가 초래되는 반면 상대방에게 이를 상

---

85) 이광희, 「한국기독대학 채플 현황 및 개선방안 연구」, 『복음과 신학』, Vol. 5, 2011, 125면.
86) 이성호, 「헌법상 종교의 자유와 사립대학의 학칙제정 및 학생 규율에 관한 권한」, 『인권과 정의』, 제250호, 1997.6. 40면 이하에서 따옴.
87) 이성호, 위 논문, 40면.

쇄하고도 보호를 부여할 만한 헌법적 가치가 전혀 없거나 훨씬 적을 때에는 그 합리성을 부정하게 될 것이지만, 다른 한편 보다 상위의 또는 적어도 동등한 이익을 보호하기 위하여 필수적인 한도를 넘어서 사적 자치나 계약의 자유를 함부로 제한하여서도 안 될 것이다."[88]

"그리고, 사립대학의 재학관계는 학교와 학생 간의 계약에 기초하고 있는 것이므로, 포괄적인 계약조항이라고 볼 수 있는 학칙의 내용이나 그 적용의 합리성 여부를 판단함에 있어서도 헌법적인 이익형량만이 유일한 판단기준이 된다고 볼 수는 없으며, 그 밖에도 당해 학칙조항이나 제재처분 등을 통하여 달성하고자 하는 학교당국의 목적이나 진정한 동기, 규제의 내용, 당사자들의 인식, 사학에서의 종교교육 등에 관한 교육계의 관행, 학생의 교육받을 권리와 학교당국의 자율적 교육실시권에 관한 교육정책적 배려와 같은 여러 가지 요소를 종합적으로 고려하여 판단하여야 할 것이다."[89]

"일반적으로 말한다면, 사립대학의 종교교육이 학칙 등에 미리 규정된 바도 없이 학교 밖에서의 종교적 의식에까지 참석할 것을 요구하는 등 명백히 불합리한 경우가 아니라면, 사학의 설립목적의 달성이나 독자적 전통 및 교풍의 유지와 같은 미리 숙고된 목적하에 정당하게 제정된 학칙의 규정에 따라 학내에서 교육과정의 일환으로 실시하는 채플에의 참석을 요구하는 정도는 대학당국의 합리적인 재량권의 범위 내에 속한 것으로 보아야 하고, 구체적으로 학내 채플을 주 몇 회, 또는 통산 몇 학기 간 실시할 것인지 등에 대하여는 특별한 사정이 없는 한 법원이 사법적으로 간섭할 사항이 아니라고 본다. 그리고 위와 같이 학칙상 규정된 종교교육을 이수하지 아니한 학생에 대하여 사립대학이 학칙에 따라 학위수여를 거부하거나 징계처분을 하는 것도 그것이 당해 규정을 자의적으로 적용하거나 징계권을 남용한 것이 아닌 한 그 정당성을 인정하여야 할 것이며, 종교적 신념에서 비롯된 불참자라는 이유만으로 일반적으로 적용되는 학칙위반에 따른 제재로부터 면책을 부여받을 수는 없다고 생각한다."[90]

(2) 최우정 교수의 견해

최교수는 [Ⅲ-3-3]의 대법원판결을 다음과 같이 비판하고 있다.[91] "이 판결은 논리적으로는

---

88) 이성호, 위 논문, 40~41면.
89) 이성호, 위 논문, 41면.
90) 이성호, 위 논문, 41면.
91) 최우정, 「학교 내에서의 종교의 자유-교내에서의 강제적 채플수업에 대한 문제를 중심으로-」, 경북대학교 『법학논고』, 제21집, 2004.

완전히 오류를 가지는 판례다. 무엇이 신앙을 가지지 않을 자유인가에 대해 본인의 의사에 반해 강제적으로 특정종교의 이론교육을 받아들여야 한다면 이것이 바로 소극적 신앙의 자유에 대한 침해인데 과연 무엇이 법관에게는 소극적 신앙의 자유인지 심히 의심스러운 판결이다."[92)]

"결국 사립학교는 그 설립에 있어서 사법상의 재단법인의 법적성격을 가지지만 순수한 의미의 재단법인이라기보다는 교육이라는 공공성을 수행하는 법인이라고 파악해야 할 것이다. 이런 공공성을 수행하는 범위에서 사립학교의 자율성에 대한 제한은 그 정당성을 가지는 것이다."[93)]

"이런 취지에서 볼 때 대법원이 기독교재단이 설립한 사립대학에서 일정 학기 동안 대학예배에 참석할 것을 졸업요건으로 하는 학칙에 대해 헌법상 종교의 자유에 반하는 위헌무효의 학칙이 아니라는 판례는 그 논리전개에 있어서도 문제점을 안고 있다. 대법원은 이 판례에서 대학의 자치권에 근거해 학생들의 신앙을 가지지 않을 자유를 침해하지 않는 한 일정한 종교교육을 받을 것을 졸업요건으로 하는 학칙을 제정할 수 있다고 그 요지에서 언급하고 있는데 대학에서 일정학기, 본 숭실대 사건에서는 6학기 이상 대학예배를 반드시 이수해야만 졸업을 할 수 있다는 강제적인 상황에서 신앙이 다른 학생이나 무신론자에게 기도교적인 채플수업에 대한 실질적인 거부권이 존재하지 않는다. 따라서 이 경우에 있어서는 결국 소극적 신앙의 자유에 대한 본질적인 침해가 발생하는 상황이다."[94)]

마. 법리적 검토

이러한 견해의 대립은 대학의 공공성, 학칙의 법적 성질, 채플과목의 성격에 대한 입장 차이에서 비롯된 것이라고 보이는데, 다음과 같은 견지에서 최우정 교수의 견해에는 찬성할 수 없다.

첫째, 사립대학이 교육이라는 공공성을 수행하는 법인이기 때문에 채플과목을 필수과목으로 할 수 없다는 논리는 이해하기 어렵다. 사립대학의 공공성이란 앞에서 본 대로 우리나라 대학교육의 80%를 사립대학이 수행하고 있는 현실에서, 국가가 수행해야 할 고등교육을 대신하고 있는 대학들에 대해 국가가 그 교육의 질을 보장하기 위한 여러 시설기준이나 인적 기준을 고등교육법 등에서 법정하고 있다는 취지라고 생각한다. 그 외에 대학이 무엇을, 어떻게 가르칠 것인가

---

92) 최우정, 위 논문, 주65.
93) 최우정, 위 논문, 177면.
94) 최우정, 위 논문, 주69.

에 대해서는 헌법상 보장되는 대학자치의 정신에 따라 대학에 위임하고 있다. 이는 무슨 과목을 얼마만큼 이수해야 학위를 취득할지에 대해 학칙에 일임하고 있는 고등교육법 제35조만 보아도 알 수 있다.

둘째, 사립대학의 학칙은 학생과 학교 간의 계약관계를 규율하는 약관으로 보는 것이 국내의 지배적 견해이다. 약관은 그 내용이 사전에 상대방에 고지되고 설명이 이루어진 경우에는 비록 당사자 일방이 그 내용을 잘 모르고 체결하였다고 하더라도 구속력이 있다. 그런데 요즈음 모든 대학이 대학정보공개원칙에 따라 홈페이지에 학칙을 공개하고 있으며 어느 대학에 입학하고자 하는 학생들은 그 내용을 숙지하고 있다고 보아야 한다. 그러므로 나중에 가서 이와 상반되는 주장을 하는 것은 금반언의 원칙(estoppel)에 위배된다고 생각한다.

셋째, 위에서 설명한 대로 채플과목은 대부분의 기독교 대학들이 교양필수과목으로 지정하고 실제 운영도 교양과목 수준에서 이루어지고 있다. 이와 같이 대학마다 교육방침에 따라 다수의 과목들을 교양필수로 정해서 이를 수강하지 않으면 졸업할 수 없도록 제한하고 있는데, 최 교수의 논리에 따른다면 이러한 필수과목의 수강을 원하지 않는 학생들에게는 필수과목에 관한 학칙규정은 모두 학문의 자유 내지 평등권을 침해한다고 보아야 하지 않을까?

넷째, 무신론자에게 기도교적인 채플수업에 대한 실질적인 거부권이 존재하지 않기 때문에 소극적 신앙의 자유에 대한 본질적인 침해가 발생한다는 논리도 수긍하기 어렵다. 이러한 논리는 학생이나 학부모의 의사에 관계없이 강제로 배정되는 중고등학교에서는 몰라도 학생 스스로 선택해서 입학하는 대학에 대해서는 성립하지 않는다고 본다. 수많은 대학 중에서 어느 대학에 입학한다는 것은 학생의 입장에서 볼 때에는 그 대학의 건학이념이나 교육방침에 동의한다는 것을 의미하므로, 만일 그러한 취지에 동의하지 않을 경우 다른 대학에 가면 된다.

바. 교리적 검토

시각을 달리해서 기독교 대학들이 재학생 모두에게 그 종파에 속하는 종교교육을 할 수 없도록 하는 것이 오히려 그 대학의 종교교육의 자유에 대한 본질적 제한이 되지 않은가 하는 점을 검토해보기로 한다.

(1) 기독교적 세계관, 가치관

기독교 대학들은 기독교적 세계관 내지 가치관을 가진 지도자 양성을 목표로 하고 있으면서 동시에 심오한 진리를 탐구하고 이를 교육하는 대학의 하나이다. 진리의 추구가 대학의 최고 이념이므로 기독교 대학은 기독교에서 말하는 진리를 추구하고 교육하는 것을 그 사명으로 한다. 그런데 기독교의 진리는 일반 세속에서 말하는 진리와 다르다는 것을 유의할 필요가 있다.

이 점은 십자가 처형을 앞두고 예수그리스도와 빌라도 총독이 나눈 대화에서도 잘 나타나고 있다. 예수그리스도는 "내 나라는 이 세상에 속한 것이 아니라 내가 이를 위하여 났으며 이를 위하여 세상에 왔나니 곧 진리에 대하여 증거하려 함이로다 무릇 진리에 속한 자는 내 소리를 듣느니라"고 말하였으나, 세속적 가치관을 가졌던 빌라도는 그 의미를 이해하지 못하고 "진리가 무엇이냐"라고 반문하였다.95) 또한 예수그리스도는 "너희가 내 말에 거하면 참 내 제자가 되고 진리를 알지니 진리가 너희를 자유케 하리라"96)라고 하셨으며, "내가 곧 길이요 진리요 생명이니 나로 말미암지 않고는 아버지께로 올 자가 없느니라"97) 하셨다.

이를 종합해보면 예수그리스도 자신이 진리이며 이는 세상 학문이 추구하는 진리와는 다르다는 것이다. 따라서 기독교적 세계관을 교육목표로 하는 대학에서는 진리이신 예수그리스도를 가르치는 것이 그 본질적 사명이고 이를 가르칠 수 없다고 하면 대학의 존재의의가 사라지는 것이다. 그러므로 재학생들이 채플과목에 참여하지 않고도 졸업할 수 있게 하는 것은 기독교 대학의 종교자유를 본질적으로 제한하는 것이라고 하지 않을 수 없다.

(2) 교육의 목표

그렇다면 채플과목의 목표를 비기독교 학생들을 기독교인으로 개종시키기 위한 선교의 수단으로 보아야 하는가? 이는 교회와 대학의 사명을 혼동한 것으로 받아들일 수 없다고 생각한다. 기독교 대학은 교회가 아니다. 즉 기독교적 세계관을 갖춘 인재를 양성하기 위해 진리를 탐구하고 교육하는 곳이지 예배나 선교를 목적으로 하는 기관이 아니다. [III-3-3]의 대법원판결도 이러한 취지에서 "대학교의 예배는 복음 전도나 종교인 양성에 직접적인 목표가 있는 것이 아니

---

95) 요한복음 18:37~38 빌라도가 가로되 그러면 네가 왕이 아니냐 예수께서 대답하시되 네 말과 같이 내가 왕이니라 내가 이를 위하여 났으며 이를 위하여 세상에 왔나니 곧 진리에 대하여 증거하려 함이로다 무릇 진리에 속한 자는 내 소리를 듣느니라 하신대 빌라도가 가로되 진리가 무엇이냐 하더라.
96) 요한복음 8:31~32.
97) 요한복음 14:6.

고 신앙을 가지지 않을 자유를 침해하지 않는 범위 내에서 학생들에게 종교교육을 함으로써 진리·사랑에 기초한 보편적 교양인을 양성하는 데 목표를 두고 있다"고 판시하였다.

[Ⅲ-3-4] 대법원 2010.4.22 선고 2008다38288 판결 【손해배상청구】

[사실관계]

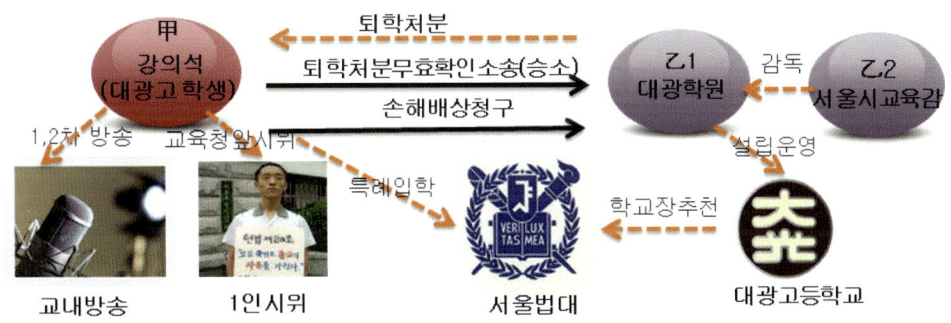

(1) 乙1은 대한민국 교육이념과 기독교정신에 입각하여 설립된 법인으로서 산하에 대광고등학교 등을 운영하고 있다. 정부는 1993년 제6차 교육과정부터는 교육과정의 편성과 운영에 있어서 교육과정에 관한 학교의 재량권을 확대하였다. 乙1은, 1985년부터는 선택과목으로 성경과목을 편성하여 1, 2, 3학년 모두 주당 1시간씩 배정하였고, 7차 교육과정이 시행된 1998년부터 2004년까지는 종교과목을 편성하고 1, 2, 3학년 모두 주당 1시간씩 배정하였으며, 시험평가는 실시하지 않았다.

(2) 甲이 재학할 당시 乙1은 입학식이나 개학식, 졸업식 행사 시에는 전 학년 학생들 모두가 참석한 가운데 찬송 및 기도와 목사의 설교 등을 포함시켜 진행하였고, 매일 아침에는 '경건회 시간', 매주 수요일에는 1, 2학년 학생들 전부 참석하는 '수요예배'를 진행하였으며, 매년 3박 4일간 수련회, 부활절예배, 매년 반별 성가합창대회를 개최, 추수감사절 감사예배, 휴일인 성탄절에 학생들을 교회에 출석하게 하였다.

(3) 甲은 원래 기독교를 신봉하지 않았으나 대광고등학교의 방침에 따라 기독교의식이 포함된

각종 행사에 참석하거나, 그 행사에 참석하여 기독교의식을 행하였는데, 1학년 초 증조부의 사망을 계기로 학교에서 행하는 종교교육과 예배시간에 앞장서서 손뼉 치고 큰 소리로 찬송가를 부르는 등 적극적으로 참여하게 되었다. 甲은 3학년에 학생회장 취임 시 학교의 교육방침에 따르겠다는 서약도 하였다.

(4) 학생회장 취임 직후 甲은 담임선생님에게 '예배는 잘못된 것이니 자신은 참여하지 않겠다'는 의사를 표시하였다. 이후 6월경 학교 방송실에서 '대광고등학교는 학생들에게 매주 수요일마다 예배를 강요하는데 이는 잘못된 것이다. 甲은 수요예배를 거부하겠다. 甲이 학교를 떠나게 되는 상황이 되더라도 그때까지 甲이 할 수 있는 일은 무엇이든지 할 것이다', '이는 甲의 개인적인 생각이고, 학생회와는 관련이 없다'는 취지의 교내방송을 하였다. 甲은 동일 정규수업을 마치고 하교한 후 18:00경부터 약 1시간 동안 서울특별시 교육청 앞에서 "헌법 제20조 '모든 국민은 종교의 자유를 가진다' 그런데 학교에서는 예외다?!"라고 쓰인 피켓을 목에 걸고 이른바 1인 시위를 하였다.

(5) 대광고등학교는 학생선도위원회를 열어, ① 학교 공동 기물 개인 무단 사용 건, ② 교사의 정당한 지도에 강한 반발과 불손한 태도로 불응한 건, ③ 학생회장 신분으로 학생선동한 건, ④ 1인 시위로 학교 명예를 훼손한 건, ⑤ 무단이탈 건을 징계사유로 하여 협의한 후, 동교 학칙 및 학생선도규정 위반에 해당한다고 판단하고, 먼저 甲에게 전학을 권유하고, 만일 甲이 거부하면 퇴학처분을 하기로 하는 징계결의를 하고 그 취지를 알렸다. 그러나 甲과 甲의 부모는 결국 전학을 거부하였고 이에 대광고등학교 학교장은 2004.7.8.자로 甲에게 퇴학처분을 하였다.

(6) 甲은 퇴학 처분 후 乙을 상대로 퇴학처분무효확인의 소를 제기하여 2005.1.21. 전부 승소의 판결을 선고받아 복학하였다. 이후 甲은 대광고등학교장의 추천으로 서울법대 입학 후 학교를 상대로 손해배상청구소송 제기하여 1심 甲 승소, 2심 乙1이 승소하였다.

[당사자의 주장]

[甲의 주장]	[乙의 주장]
(1) 乙은 교과에 정해진 책자로 수업을 진행하지 아니하고 목사가 임의로 개인적인 교리를 설파하고 종교과목의 편성에 있어서 정규시간표상 다른 과목을 함께 편성하지 아니함으로써 학생들에게 선택권을 부여하지 않는 등 종교교육이라는 명목으로 甲에게 특정 종교의 행사를 강제하여 甲의 헌법상 기본권인 행복추구권, 신앙의 자유, 학습권 등을 침해하였다.	(1) 乙은 기독교 사학으로 광범위한 재량권을 가지고 있다 할 것인데, 이 사건은 기독교 사학의 특수성과 현행법상 고교평준화로 인한 무작위 학생배정 사이의 갈등에서 표출된 것으로 乙의 종교교육으로 인하여 甲의 기본권이 일부 침해된 것이 있다고 하더라도 乙이 그 책임을 질 수는 없고,
(2) 乙은 甲이 乙의 위법행위에 반발한다는 이유로 甲에게 위법한 퇴학처분을 자행함으로써, 甲에게 엄청난 정신적 고통을 주었다.	(2) 乙이 각종 기념일이나 기독교계가 중시하는 날에 약간의 종교의식을 거행하였고 종교수업 시간에 복수 교과목을 편성하지 않았다고 하여 甲의 헌법상 행복추구권, 신앙의 자유 등을 침해하였다고 볼 수는 없으며,
	(3) 甲은 신앙의 자유를 주장하며 1인 시위를 하기 전까지는 적극적으로 대광고등학교가 마련한 종교행사에 참여하였으므로, 乙은 甲의 헌법상 기본권인 행복추구권, 신앙의 자유, 학습권 등을 침해하지 않았으며,
	(4) 설사 퇴학처분이 위법하다고 하더라도 甲은 이러한 사태를 이용하여 서울대학교 법과대학에 특별전형으로 입학할 수 있었음에도 이 소를 제기한 것은 신의칙에 반한다.

[서울북부지방법원 2005.1.21 선고 2004가합4809 판결[퇴학처분무효확인]]

[1] 1, 2차 교내방송에 대하여

(1) 甲이 전교생을 상대로 종교의 자유에 대한 자신의 개인적인 견해와 대광고등학교에서 시행되고 있는 수요예배를 거부할 것임을 알려 앞으로 있을 자신의 행동에 대하여 다른 학생들의 이해와 지지를 얻을 개인적인 목적으로 학교의 공공시설인 방송실을 사용하였다. 방송실을 사용함에 있어 甲의 목적을 알리지 아니하고 방송실을 관리하는 문화부차장으로부터 방송실 사용 허락을 얻은 점이 엿보인다.

(2) 그러나 ① 교육기본법 제12조 제1항의 규정에 비추어 甲과 같은 고등학생의 종교의 자유 및 표현의 자유 등 기본권도 존중되어야 하는 점, ② 종교의 자유에는 신앙선택, 신앙변경, 신앙고백, 신앙 불표현 및 무신앙의 자유가 포함되고, 이러한 내심의 자유는 절대적 자유에 해당하는 점, ③ 교육기본법 제2조의 반대해석상 사립학교는 특정 종교를 위한 종교교육을 실시할 수 있으나, 학생들의 신앙을 가지지 않을 자유를 침해하지 않는 범위 내에서만 학생들로 하여금 일정한 내용의 종교교육을 받도록 하는 것이 가능한 점, ④ 현재 주요 대도시의 경우 국·공립학교는 물론 사립 고등학교까지 본인의 의사와는 관계없이 학교가 일방적으로 배정되고 있어 학생들의 학교선택권이 인정되지 않는 점, ⑤ 사립 고등학교에서 종교교육을 실시하는 경우에는 종교의 자유와 함께 교육에 관한 헌법상의 원칙, 즉 중립성, 교육제도법정주의와 교육의 정치적 중립성, 교육이념 등에 의한 제약을 받으므로, 사립 고등학교에서 학생의 의사에 반하여서까지 종교의례의 참석 또는 종교교리교육의 이수를 요구할 수 없고, 사립학교에서 학생들을 상대로 종교의례를 거행하거나 종교교리교육을 할 경우에는 그 참가를 원하지 않는 학생들을 위하여 그에 상응하는 대체교과를 마련하여야 하는 점, ⑥ 대광고등학교는 매주 수요일 교회의 일요일 예배와 같은 형식의 예배시간을 가지고, 매일 아침 반별로는 성경낭독과 기도를 하는 방식으로 아침예배시간을 가지는데, 위 수요예배 및 아침예배에 참석을 원하지 않는 학생을 위한 대체교과가 편성되어 있지 않은 점, ⑦ 2003년까지는 종교적인 사유로 전학이 가능하였고, 대광고등학교에서도 종교적인 사유로 전학을 한 예가 있으나 현재는 종교적인 사유로는 전학이 불가능하여졌고, 거주이전의 편법을 써서 전학을 한 예가 있을 뿐이며, 대광고등학교는 종교상의 문제로 전학이 가능하다는 사실을 학생들에게 공

개적으로 공표한 적은 없는 점, ⑧ 甲은 1차 교내방송 이후 2차 교내방송에서 1차 교내방송의 내용을 원고의 개인적인 생각임을 분명히 하였고, 위 1, 2차 교내방송 이후에는 교내에서 학생들을 상대로 방송을 하거나 자신의 견해를 밝히기 위한 시위를 하는 등의 행동을 하지 않은 점 등의 사정에 비추어보면, 甲의 1, 2차 교내방송이 징계기준 제8항에서 규정한 '공공시설을 나쁜 목적에 사용한 것'에 해당한다고 보기 어렵다.

[2] 甲의 불손한 태도에 대하여

甲이 담임교사의 정당한 제도에 대하여 반발하고 불손한 태도를 보인 점은 징계기준 제14항에 해당한다고는 볼 수 없고, 다만 퇴학처분까지 가능한 징계기준 제6항에는 일단 해당한다. 그러나 甲이 가지는 종교의 자유를 표현하는 과정에서 1, 2차 교내방송과 1인 시위를 하였고, 이에 대한 담임선생의 지도 과정에서 甲의 징계사유에 해당하는 불손한 행위가 있었지만, 甲의 태도와 행위의 정도가 품행이 불량하여 개선의 가망이 없다고 인정되는 정도에 이른 것으로는 보이지 않는다. 이러한 점을 종합하여 보면, 乙1이 징계사유에 기하여, 甲에게 징계처분 중 가장 무거운 퇴학처분을 한 것은 비례의 원칙에 반하고 징계재량권의 범위를 벗어난 것으로 위법하다.

[3] 징계절차에 대하여

초·중등교육법 제18조 제2항과 대광고등학교의 학칙 및 학생선도규정의 관련조항에 의하면, 학생선도위원회는 그 심사절차에서 학생의 보호자(학부모)에게 의견을 진술할 기회를 부여하여야 하는데, 학생선도위원회는 甲의 부모에게 학생선도위원회에 참석하여 진술할 수 있음을 알리지 않았고, 심의절차에서 의견을 진술할 기회를 부여하지 않았으므로, 징계절차에도 하자가 있다.

[원심: 서울고등법원 2008.5.8 선고 2007나102476 판결요지]

(1) **종교행사의 강제와 위법성** 乙1학교의 설립목적은 기독교 정신에 입각한 교육에 있고, 사립학교에서는 국·공립학교와 달리 특정종교교육이 폭넓게 허용되어야 한다. 甲이 입학 당시 기독교 교육과 함께 모든 교과교육을 충실히 받겠다고 선서하였고, 甲이나 甲의 부모는 그 이후에도 甲이 교내방송을 한 2004.6.16.까지, 적어도 2004년 초경 담임선생님에게 예배참가에

의 거부의사를 표명하기 전까지는 乙1의 종교의식과 종교교육에 대하여 명시적으로 거부의 의사를 표시하지 않았을 뿐만 아니라 기독교의식이 포함된 각종 학교행사에 적극적으로 참여해왔다. 甲과 같은 학년의 학생 1명은 1학년 때 乙1의 종교행사에 명시적으로 반대의사를 표명하고 다른 학교로 전학을 간 사례가 있었고, 그로부터 3~4년 전에는 여호와 증인을 신봉하는 학생이 예배에 참석하지 않고 교실에 남아서 공부를 하기도 하였다. 이를 종합하면, 甲이 기독교의식이 일부 포함된 개학식 등 행사, 경건회 시간, 수요예배, 생활관교육, 부활절 예배 및 심령수양회 등에 참가한 것을 두고 甲의 의사에 반하여 강제로 이루어진 것이라고 단정하기 어렵다. 비록 신앙의 자유가 인격적 가치를 지닌 상위의 기본권이고 그 과정에서 학생인 甲의 자발적·자주적 의사가 충분히 존중되지 못하였다고 할지라도, 이러한 행사나 의식 및 수업이 실시된 동기 내지 목적, 대광고등학교의 기독교학교로서의 전통 등에 비추어 볼 때, 그것이 甲의 행복추구권, 신앙의 자유 내지 학습권을 침해하는 행위로서 합리적인 이유 없이 사회적인 허용한도를 초과한 위법한 행위로 평가할 수는 없다.

(2) **종교교육의 실시와 위법성** 乙1이 교육부 고시를 위반하여 종교 이외의 과목을 포함한 복수 과목을 편성하지 아니한 것이 甲에 대하여 불법행위를 구성하는지에 관하여 살펴본다. 교육부 고시는 "학교 교육과정을 편성·운영함에 있어서는 교원의 조직, 학생의 실태, 학부모의 요구, 지역사회의 실정 및 교육시설·설비 등 교육여건과 환경이 충분히 반영되도록 노력한다", "선택과목은 학교의 실정과 학생들의 요구를 반영해서 편성한다"라고 규정하고 있다. 또한 乙1의 종교시간에는 기독교를 포함한 종교일반을 수업대상으로 삼았고 별도의 시험평가를 실시하지 아니한 사실을 인정할 수 있다. 이러한 사실에다 甲이나 甲의 부모가 종교시간의 실시에 대하여 명시적으로 거부의 의사를 표명하지 아니한 점, 교육과정은 교원 수, 학급 수, 시설 등 현실적인 조건을 고려하여 운영되지 않을 수 없으므로 교원수급상의 문제나 희망 학생이 소수일 경우에는 종교과목 이외의 다른 대체과목 개설이 어려워 부득이 종교과목을 희망하지 않은 일부 학생도 종교과목을 이수하게 될 여지가 있는 점 등 제반사정을 종합하여 보면, 비록 대광고등학교가 종교과목을 부과함에 있어서 종교 이외의 과목을 포함하여 복수로 과목을 편성하지 않음으로써 교육부 고시를 위반하였다고 할지라도 이것으로 곧바로 甲에 대하여 불법행위를 구성한다고 보기는 어렵다고 할 것이다.

(3) **퇴학처분의 위법성과 불법행위의 성립 여부** 대광고등학교의 학칙이나 선도규정이 위법하다고 볼 만한 사정이 없는 이상, 甲이 담임교사의 정당한 지도에 대하여 반발하고 불손한 태도

를 보였다는 점만으로도 일단 학칙이 정하는 퇴학처분까지 가능한 징계사유에 해당한다고 할 것이다. 그 밖에 甲의 위반 내용, 담임교사의 권면 및 학부모와 관계를 비롯한 퇴학처분에 이르게 된 경위 등에 비추어볼 때, 甲에 대한 징계로 학칙에 따라 퇴학처분을 선택한 것이 비례의 원칙에 어긋나 재량권을 남용한 것으로 인정된다고 하더라도, 이는 법률전문가가 아닌 징계위원들이나 징계권자가 징계의 경중에 관한 법령의 해석을 잘못한 것으로 보아야 한다. 그러므로 이를 조금만 주의를 기울였더라면 甲에 대한 징계사유가 퇴학처분을 할 사유가 되지 못한다는 점을 쉽게 알 수 있었음에도 제적처분을 한 것으로 사회통념상 용인될 수 없을 정도의 징계권 남용에 해당한다고 보기는 어렵다. 따라서 이 퇴학처분이 불법행위를 구성한다는 甲의 주장도 받아들일 수 없다.

[대법원 판결요지]

(1) **기본권의 사법상 효력** 헌법상의 기본권은 제1차적으로 개인의 자유로운 영역을 공권력의 침해로부터 보호하기 위한 방어적 권리이지만 다른 한편으로 헌법의 기본적인 결단인 객관적인 가치질서를 구체화한 것으로서, 사법(私法)을 포함한 모든 법 영역에 그 영향을 미치는 것이므로 사인 간의 사적인 법률관계도 헌법상의 기본권 규정에 적합하게 규율되어야 한다. 다만 기본권 규정은 그 성질상 사법관계에 직접 적용될 수 있는 예외적인 것을 제외하고는 사법상의 일반원칙을 규정한 민법 제2조, 제103조, 제750조, 제751조 등의 내용을 형성하고 그 해석 기준이 되어 간접적으로 사법관계에 효력을 미치게 된다. 종교의 자유라는 기본권의 침해와 관련한 불법행위의 성립 여부도 위와 같은 일반규정을 통하여 사법상으로 보호되는 종교에 관한 인격적 법익침해 등의 형태로 구체화되어 논하여져야 한다.

(2) **종교의 자유 충돌** 고등학교 평준화 정책에 따른 학교 강제배정제도가 위헌이 아니라고 하더라도 여전히 종립학교(종교단체가 설립한 사립학교)가 가지는 종교교육의 자유 및 운영의 자유와 학생들이 가지는 소극적 종교행위의 자유 및 소극적 신앙고백의 자유 사이에 충돌이 생기게 되는데, 이와 같이 하나의 법률관계를 둘러싸고 두 기본권이 충돌하는 경우에는 구체적인 사안에서의 사정을 종합적으로 고려한 이익형량과 함께 양 기본권 사이의 실제적인 조화를 꾀하는 해석 등을 통하여 이를 해결하여야 하고, 그 결과에 따라 정해지는 양 기본권

행사의 한계 등을 감안하여 그 행위의 최종적인 위법성 여부를 판단하여야 한다.

(3) **평준화정책과 종교자유** 고등학교 평준화정책 및 교육 내지 사립학교의 공공성, 학교법인의 종교의 자유 및 운영의 자유가 학생들의 기본권이나 다른 헌법적 가치 앞에서 가지는 한계를 고려하고, 종립학교에서의 종교교육은 필요하고 또한 순기능을 가진다는 것을 간과하여서는 아니 되나 한편으로 종교교육으로 인하여 학생들이 입을 수 있는 피해는 그 정도가 가볍지 아니하며 그 구제수단이 별달리 없음에 반하여 학교법인은 제한된 범위 내에서 종교의 자유 및 운영의 자유를 실현할 가능성이 있다는 점을 감안하면, 비록 종립학교의 학교법인이 국·공립학교의 경우와는 달리 종교교육을 할 자유와 운영의 자유를 가진다고 하더라도, 그 종립학교가 공교육체계에 편입되어 있는 이상 원칙적으로 학생의 종교의 자유, 교육을 받을 권리를 고려한 대책을 마련하는 등의 조치를 취하는 속에서 그러한 자유를 누린다고 해석하여야 한다.

(4) **종교교육의 한계**

[**다수의견**] 종립학교가 고등학교 평준화정책에 따라 학생 자신의 신앙과 무관하게 입학하게 된 학생들을 상대로 종교적 중립성이 유지된 보편적인 교양으로서의 종교교육의 범위를 넘어서서 학교의 설립이념이 된 특정의 종교교리를 전파하는 종파교육 형태의 종교교육을 실시하는 경우에는 그 종교교육의 구체적인 내용과 정도, 종교교육이 일시적인 것인지 아니면 계속적인 것인지 여부, 학생들에게 그러한 종교교육에 관하여 사전에 충분한 설명을 하고 동의를 구하였는지 여부, 종교교육에 대한 학생들의 태도나 학생들이 불이익이 있을 것을 염려하지 아니하고 자유롭게 대체과목을 선택하거나 종교교육에 참여를 거부할 수 있었는지 여부 등의 구체적인 사정을 종합적으로 고려하여 사회공동체의 건전한 상식과 법 감정에 비추어볼 때 용인될 수 있는 한계를 초과한 종교교육이라고 보이는 경우에는 위법성을 인정할 수 있다.

[**대법관 안대희, 대법관 양창수, 대법관 신영철의 반대의견**] 종립학교의 종교교육이 그 허용되는 한계를 벗어나서 위법하다고 평가되어 불법행위가 성립된다고 볼 수 있으려면, 그 종교교육이 보편적이고 건전한 사회인의 양성이라는 교육목적에 전혀 어울리지 아니하는 것이 아닌 한, 학생이 자신의 종교적 신념이나 확신에 기초하여 종립학교의 종교교육을 거부한다는 의사를 명시적으로 표시하거나 또는 이와 동일하게 평가될 수 있는 행동을 하였음에도 그러한 학생에게 전학의 기회를 부여하는 등 보완책을 제시하지 아니한 채 종교의 자유를 가지

는 학생의 인격적 가치를 무시하여 일방적으로 종교교육을 강제한 것임이 인정되어야 한다. 그리고 위와 같은 종교교육 거부의 의사가 학생 자신의 종교적 신념이나 확신에 기초한 것인지를 판단함에 있어서는 고등학생이라는 그 연령대가 아직 감정의 기복이 심하고 인격적으로 미성숙의 성장단계임을 감안한다면 학생 본인의 의사표현만 가지고 판단할 것이 아니라 부모의 태도 등을 충분히 고려하여 본인의 진지한 성찰을 거친 것임이 명확히 확증될 수 있어야 하고, 나아가 부모도 이에 동의한 경우라야 한다.

(5) **대체과목 개설** 종립학교가 고등학교 평준화정책에 따라 강제 배정된 학생들을 상대로 특정 종교의 교리를 전파하는 종파적인 종교행사와 종교과목 수업을 실시하면서 참가 거부가 사실상 불가능한 분위기를 조성하고 대체과목을 개설하지 않는 등 신앙을 갖지 않거나 학교와 다른 신앙을 가진 학생의 기본권을 고려하지 않은 것은, 우리 사회의 건전한 상식과 법 감정에 비추어 용인될 수 있는 한계를 벗어나 학생의 종교에 관한 인격적 법익을 침해하는 위법한 행위이고, 그로 인하여 인격적 법익을 침해받는 학생이 있을 것임이 충분히 예견가능하고 그 침해가 회피 가능하므로 과실 역시 인정된다.

(6) **징계권남용과 불법행위성립**

[**다수의견**] (가) 학생에 대한 징계가 징계대상자의 소행, 평소의 학업 태도, 개전의 정 등을 참작하여 학칙에 정한 징계절차에 따라서 징계위원들이나 징계권자의 자율적인 판단에 따라 행하여진 것이고, 실제로 인정되는 징계사유에 비추어 그 정도의 징계를 하는 것도 무리가 아니라고 인정되는 경우라면, 비록 그 징계양정이 결과적으로 재량권을 일탈한 것으로 인정된다고 하더라도 이는 특별한 사정이 없는 한 법률전문가가 아닌 징계위원들이나 징계권자가 징계의 경중에 관한 법령의 해석을 잘못한 데 기인하는 것이라고 보아야 하므로, 이러한 경우에는 징계의 양정을 잘못한 것을 이유로 불법행위책임을 물을 수 있는 과실이 없다. 그러나 학교가 그 징계의 이유로 된 사실이 퇴학 등의 징계처분의 사유에 해당한다고 볼 수 없음이 객관적으로 명백하고 조금만 주의를 기울이면 이와 같은 사정을 쉽게 알아볼 수 있는데도 징계에 나아간 경우와 같이 징계권의 행사가 우리의 건전한 사회통념이나 사회상규에 비추어 용인될 수 없음이 분명한 경우에 그 징계는 그 효력이 부정됨에 그치지 아니하고 위법하게 상대방에게 정신적 고통을 가하는 것이 되어 그 학생에 대한 관계에서 불법행위를 구성하게 된다. (나) 甲에 대한 퇴학처분은 그 징계의 이유로 된 사실이 퇴학처분에 해당한다고 볼 수 없음이 객관적으로 명백하고 징계권자 또는 징계위원들이 조금만 주의를 기울이면 이

와 같은 사정을 쉽게 알아볼 수 있음에도 징계에 나아간 것으로, 그 징계권의 행사가 우리의 건전한 사회통념이나 사회상규에 비추어 용인될 수 없음이 분명하여 甲에 대하여 불법행위가 된다.

[대법관 양승태, 대법관 안대희, 대법관 차한성, 대법관 양창수, 대법관 신영철의 반대의견]
(가) 징계처분에서 징계사유로 되지 아니한 비위사실이나 피징계자의 평소의 소행 등도 징계양정의 참작자료로 삼을 수 있으므로, 징계처분의 이유가 된 사실이 징계처분의 사유에 해당한다고 볼 수 없음이 객관적으로 명백하고 징계권자 또는 징계위원들이 조금만 주의를 기울이면 이러한 사정을 쉽게 알아볼 수 있음에도 징계를 한 것으로서 징계권의 행사가 우리의 건전한 사회통념이나 사회상규에 비추어 용인될 수 없음이 분명한 경우에 해당하는지 여부를 판단함에 있어서는 징계사유뿐만 아니라 그 징계양정에 참작한 비위사실 등도 종합적으로 고려하여야 한다. (나) 甲에 대한 퇴학처분은 교사에게 불손하게 반항하였다는 징계사유와 아울러 징계양정의 자료로 삼을 수 있는 비위사실들을 감안하면, 그 징계처분의 이유로 된 사실만으로 징계대상이 된 학생이 개전의 가망이 없다고 단정하기에는 부족하여 퇴학처분이라는 징계양정이 과하다고 볼 수는 있을지라도, 그 징계에서 인정된 사실이 퇴학처분을 할 정도의 사유에 해당하지 아니함이 객관적으로 명백하였거나 징계권자 또는 징계위원들이 조금만 주의를 기울였더라면 이를 쉽게 알 수 있었던 경우에 해당한다고 보기는 어려워, 학교법인에게 징계의 양정을 잘못한 것을 이유로 불법행위책임을 물을 수 있는 과실이 있다고 볼 수 없다.

[해설과 검토]

가. 판결의 의미

이 사례는 종교학교의 종교교육 자유와 학생의 소극적 종교의 자유가 충돌하는 경우로서 앞의 [Ⅲ-3-3]과 여러 가지 면에서 비견된다. ① 이 사례는 [Ⅲ-3-3]과 달리 학생들의 학교 선택이 보장되는 대학이 아니라 고교평준화제도에 따라 학생이나 학부모의 의사와는 상관없이 강제로 배정된 고등학생이라는 점이다. ② 이 사례는 학생(甲)이 단순히 종교과목을 이수하지 않았다는 소극적 대응에 그치는 것이 아니라 적극적으로 종교교육에 저항하고 이를 대외적 행동으로 옮김으로써 학교(乙1)의 명예를 실추시킴으로써 퇴학이라는 징계절차에 나갔다는 점이다. ③ 이 사례는 甲이 대광고등학교(乙1) 측의 퇴학처분이 무효라는 확인소송(행정소송)에서 승소하고 복학한 후 학교 측의 배려(학교장 추천케이스)로 서울법대에 입학까지 한 다음 다시 지난 퇴학처분으로 정신적 손해를 입었다는 이유로 손해배상을 청구하는 민사소송이라는 점이다.

아무튼 이 사례는 강제배정제도하에서 종교학교의 종교교육의 자유와 학생의 종교의 자유가 충돌하는 대표적인 사례로서 기독교계뿐 아니라 법조계, 학계, 정계의 비상한 관심의 대상이 되었다.[98] 그리하여 제1심판결은 甲의 손을 들어주었으나 제2심판결은 불법행위성립을 부인하여 이를 뒤집는 판결을 하였다. 그러나 대법원에서는 다시 제2심판결을 번복하고 甲의 승소판결을 하였다. 그러나 판결에 참가한 많은 대법관들이 유력한 소수견해를 밝힘으로써 전원합의체 내에서의 결론을 도출하는 데에는 많은 진통이 있었음을 알 수 있다.[99] 나아가서 이 사례는 일부 공직자들의 종교편향적 태도로 불거진 반기독교 정서에 불을 끼얹는 계기가 되어 기독교를 공격하는 단골메뉴로 되었다. 그리고 이 소송을 제기하였던 강용석은 종교의 자유를 억압하는 기독교에 대한 인권 승리의 아이콘으로 미화되기도 하였다.[100]

이 사례의 쟁점은 ① 乙1이 甲을 위해 종교대체과목을 마련하지 않고 종교행사 참여를 강제한 것이 甲의 종교의 자유를 침해하는 불법행위를 구성하는가, ② 甲의 무단교내방송과 1인 시위를 이유로 퇴학이라는 징계를 한 것이 甲의 권리를 침해하는 불법행위를 구성하는가 하는 두 가지 점에 모아지고 있다. 이를 검토하기 전에 이 사례의 기초를 이루고 있는 평준화정책에 의한 고교 강제배정제도의 취지와 그 위헌성 여부에 대해 검토하기로 한다.

---

98) 서울 YMCA 시민논단위원회, "학내 종교의 자유, 어떻게 보장할 것인가?", 2001.11.17.; 국회인권포럼, "사립학교와 종교의 자유", 제18회 국회인권포럼 정기심포지엄 자료집, 2004.8.31.; 종교자유정책연구원, "'08 종교자유와 정교분의 현주소, 2008.7.28.; 김기현, "사립학교 종교교육과 종교의 자유침해에 대하여-강의석 군 손해배상 소송중심으로-", 2008 종교자유정책연구원 심포지엄; 송기춘, "사학의 종교교육의 자유와 학생의 종교의 자유", 2008 종교자유정책연구원 심포지엄, 191 이하; 정상우 · 최정은, 「학생의 신앙의 자유와 중등 종립학교에서의 종교교육의 자유의 조화방안 연구」, 『교육법연구』, 22권 2호, 2010, 191면 이하 등 다수 참조.
99) 대법원 판결은 서울특별시(乙2)에 대한 손해배상청구 부분도 포함하고 있으나 여기에서는 논의의 편의상 乙1에 대한 손해배상청구만 다룬다.
100) "대법, 종립학교 내 종교의 자유 첫 인정…… 강의석 승소』, 『로이슈』, 2010.4.22.

나. 고교평준화 정책

(1) 제도의 의의

초·중등교육법 시행령 제81조는 고등학교 입학전형에 응시하고자 하는 자는 그가 재학한 중학교가 소재하는 지역의 1개 학교를 선택하여 해당 학교의 입학전형 실시권자에게 지원하여야 한다고 규정하는 한편, 동시행령 제84조 제2항은 신입생은 고등학교 학교군별로 추첨에 의하여 교육감이 각 고등학교에 배정하되, 2 이상의 학교를 선택하여 지원한 경우에는 그 입학지원자 중에서 추첨에 의하여 당해 학교정원의 전부 또는 일부를 배정할 수 있다고 규정하고 있다.

이와 같이 교육감이 무시험 추첨배정에 의한 입학전형을 실시하는 제도, 즉 교육행정청에 의한 학생의 학교 간 균등 배정을 목적으로 하는 입시정책을 흔히 평준화 정책이라고 한다. 평준화 정책은 1960년대 말까지 시험을 통한 중·고등학교 진학제도가 입시과열 현상 및 교육기회의 심각한 불균형을 초래하자 국민의 교육수요를 충족시키기 위해서 공통의 교육과정과 평준화된 시설을 갖춘 학교들을 대량으로 설립·운영할 필요에서 도입되었다. 현재 서울특별시와 5대 광역시 기타 각 도청소재지는 모두 교육감이 입학전형을 실시하는 지역에 해당한다.

(2) 헌법재판소결정

이러한 평준화정책에 의한 강제배정은 자기가 원하는 학교로 지원할 기회를 봉쇄하는 한편, 원하지 않는 학풍 혹은 종교교육을 실시하는 학교에 배정될 수 있도록 함으로써 학생과 학부모의 학교선택권과 종교교육권 및 행복추구권 등을 침해하여 위헌이 아닌가 하는 문제를 제기한다. 이에 대해 헌법재판소는 "교육감 추첨에 의한 입학전형에서는 학교분포와 통학거리 등을 고려하여 학생들을 인근 학교에 갈 수 있도록 하는 것이 가장 합리적이고 보편적인 방법이며, 초·중등교육법시행령에서는 학생과 학부모의 학교선택권에 대한 제한을 완화하기 위하여 선 복수지원·후 추첨방식과 같은 여러 보완책을 두고 있으므로, 이 사건 조항이 거주지에 의하여 학부모의 학교선택권을 과도하게 제한한다고 보기는 어렵다. 한편 '사립'학교선택권의 보장은 여러 교육여건이 갖추어진 뒤에 정책적으로 결정하여야 할 사항으로서, 우리나라도 특수목적 고등학교, 자립형 사립 고등학교, 자율형 학교의 증가로 사립학교 선택권이 점차 보장되는 방향으로 가고 있으며, 대부분의 시·도에서 선 복수지원·후 추첨방식을 채택하고 있어 제한적으로 종교학교를 선택하거나 선택하지 않을 권리를 보장하고 있고, 종교과목이 정규과목인 경우 대체과목의 설치를 의무화하고 있는 점들을 고려할 때, 평준화 정책이 학부모의 '사립학교선택권'이나 종교교육을 위한 학교선택권이 과도하게 제한된다고 보기도 어렵다"고 판시한 바 있다.101)

(3) 사립학교 자유와 학교 선택의 자유

그런데 이 결정은 주로 학생과 학부모 측의 선택의 자유라는 측면에 초점이 있을 뿐이므로 강제배정제도가 사립학교의 종교교육 자유를 침해하는 측면도 함께 검토할 필요가 있다. 우리의 교육현실은 사학에 대한 의존도가 매우 높은 편이고, 다수의 사립학교가 오래전에 특정 종교의 교육관을 실현하기 위하여 설립되었으며,102) 현행법상으로도 사립학교의 설치가 학교법인의 설립 등을 통하여 허용되고 있다.103)

이러한 상황에서 국가가 국공립 또는 사립 여부를 묻지 않고 강제로 학교를 배정함으로써 학부모로 하여금 자신의 교육관·가치관에 부합하는 사립학교를 선택할 권리를 인정하지 않는다면 이는 사립학교의 자유를 보장하는 본래의 헌법적 의미를 무시하는 처사라고 할 것이다. 사립학교의 자유가 본래 국공립학교와는 달리 종교적 또는 세계관적 대안교육의 가능성을 보장하는 데에 본질적 의미가 있는 점을 감안할 때, 적어도 이미 상당 정도의 자기결정과 자기실현 능력을 갖춘 단계에서 취학하게 되는 고등학교의 입학에 있어서 학생과 학부모의 학교선택권은 학생의 자유로운 인격발현권을 비롯한 기본권 행사를 위하여 결코 양보할 수 없는 필수적 권리이기 때문이다.104)

(4) 강제배정과 사립학교 종교교육의 한계

사립학교가 고교평준화라는 공익상의 이유로 부득이하게 강제로 학생을 배정받게 되는 경우, 그 학생들은 학교선택의 자유를 보장받지 못한 채 입학하게 된 것이므로 당해 사립학교로서는 당초의 설립목적인 종교적 대안교육의 실시와 공교육에서 요구되는 종교적 중립성이 조화를 이루도록 배려하여야 한다. 특히 기독교 신앙은 인간 내면의 영혼이 절대자인 하나님을 향하는 귀

---

101) 헌재 2009.4.30, 2005헌마514 전원재판부 초·중등교육법시행령 제84조 위헌확인.
102) 전체 사립학교 중 종교계 학교가 차지하는 비중은 초등학교 28.9%, 중학교 23%, 고등학교 22.5%, 전문대학 15.5%, 대학교 52.5%로 전체적으로는 사립학교의 25%가 종교계 학교로 분류되고 있다(원영상, 「종교교육과 사립학교법 개정안의 위헌성」, 『사학』, 통권 113호, 2005년 가을, 22면).
103) 교육기본법 제11조 제2항, 사립학교법 제3조, 제10조.
104) 서울고등법원 2008.5.8 선고 2007나102476 판결(원심판결).

의 또는 신과 내세에 대한 내적 확신으로서 그 성질상 절대자의 은혜를 통하여 자발적·자주적으로 이루어지는 것이지 결코 강제적인 방법으로는 향유될 수 없는 것이다.

그러므로 종교과목을 운영함에 있어서 교리나 종교적 진리를 객관적으로 소개하는 것은 별론으로 하되 예배와 같이 내면적 인상을 외부에 표출하는 종교의식을 강제하는 것은, 신앙의 본질상 합당하지 아니할 뿐만 아니라 도리어 자연스러운 영적 개안(開眼)이나 종교적 인격성숙을 방해하는 것으로서 바른 수업방법은 아니라고 할 것이다. 그리고 경우에 따라서는 정당한 교육의 범위를 일탈하는 행위로서 그 자체로 인간으로서의 존엄과 가치 및 종교의 자유를 침해하는 위법한 행위라는 평가를 면하기 어렵다고 할 것이다.[105]

다. 종교교육 강제와 위법성

(1) 기본권의 사인 간 효력

乙1의 강제적 종교교육이 甲의 종교자유라는 헌법상의 기본권을 침해하였음을 이유로 하는 손해배상청구가 성립하려면 기본권이 사인 간에도 적용된다는 것이 전제가 되어야 한다. 이에 대해 기본권 규정은 사법상의 일반원칙을 규정한 민법 제2조(권리남용), 제103조(반사회적 행위), 제750조(불법행위), 제751조 등의 내용을 형성하고 그 해석 기준이 되어 간접적으로 사법관계에 효력을 미친다는 간접적용설이 통설과 판례가 취하는 견해이다. 따라서 종교의 자유라는 기본권 침해와 관련한 불법행위의 성립 여부도 이러한 민법의 일반규정에 의해 보호되는 종교에 관한 인격권 침해라는 문제로 논하여져야 한다.

(2) 종교교육 강제와 불법행위

결국 乙1의 종교교육 강제가 甲의 종교적 인격권을 침해한 위법행위로 볼 수 있는가 하는 점이 핵심이다. 이에 대해 원심판결은 ① 甲이 입학 당시 충실히 교육받겠다는 선서를 하고 그동안 종교행사에 참석하여 온 점 등을 고려하면 甲의 의사에 반해 강제로 이루어진 것이라고 볼 수 없고, ② 종교시간에는 기독교만 아니라 종교일반을 수업대상으로 삼았고 별도의 시험평가를 실시하지 아니하였으며, ③ 교원수급상의 문제나 희망 학생이 소수일 경우에는 종교과목 이외의

---

105) 서울고등법원 2008.5.8 선고 2007나102476 판결(원심판결); 정형근, 「사립학교의 종교교육의 자유」, 『한양법학』, 제21권 3집, 2010.8, 199면.

다른 대체과목 개설이 어려워 부득이 대체과목을 설치하도록 한 교육부 고시를 위반한 것만으로는 바로 불법행위를 구성한다고 보기는 어렵다고 보았다.

이에 대해 대법원의 다수견해는 종립학교가 종파적인 종교행사와 종교과목 수업을 실시하면서 참가 거부가 사실상 불가능한 분위기를 조성하고 대체과목을 개설하지 않는 등 신앙을 갖지 않거나 학교와 다른 신앙을 가진 학생의 기본권을 고려하지 않은 것은, 우리 사회의 건전한 상식과 법 감정에 비추어 용인될 수 있는 한계를 벗어나 학생의 종교에 관한 인격적 법익을 침해하는 위법한 행위이고, 그로 인하여 인격적 법익을 침해받는 학생이 있을 것임이 충분히 예견 가능하고 그 침해가 회피 가능하므로 과실 역시 인정된다고 판시하였다.

(3) 검토

다수의견은 사립학교의 종교교육은 종교적 중립성을 가진 보편적인 교양으로서의 종교교육만이 원칙적으로 가능하다는 전제를 가지고 있다. 그런데 다음에 다시 검토하겠지만 과연 종교적 중립성이 보장된 종교교육이 가능한 것인지, 보편적인 교양으로서의 종교교육과 종파교육의 한계설정은 명확한 것인지는 의문이다. 이러한 논리에 따른다면 특정종교의 가치관을 담은 종교교육은 모두 불법행위가 되므로 이를 공교육체계에서는 불가능하고 국가의 재정적인 지원을 받지 않은 비정규과정인 대안학교에서나 가능하게 될 우려가 있다.106)

나아가 甲은 행정소송 승소 후 복학하여 대광고등학교 교장 추천으로 서울법대 특례입학을 하는 혜택을 받았다. 그럼에도 불구하고 서울법대 진학한 후 자신에게 은혜를 베푼 학교를 상대로 손해배상청구 소송을 제기한 것은 우리 민법의 대원칙인 信義則 위반으로도 볼 여지가 있다.

라. 퇴학처분과 불법행위

(1) 재량권 일탈과 불법행위

원심과 대법원의 소수견해는 甲에 대한 징계가 그 징계사유에 비추어 그 정도의 징계를 하는 것도 무리가 아니라고 인정되는 경우이므로 징계양정이 결과적으로 재량권을 일탈하였더라도 이는 법률전문가가 아닌 乙1이 징계의 경중에 관한 법령의 해석을 잘못한 데 기인하는 것이라

---

106) 정형근, 위 논문, 208면.

고 보아야 하므로, 불법행위책임을 물을 수 있는 과실이 없다고 보았다. 그러나 대법원의 다수 견해는 甲에 대한 퇴학처분은 그 징계의 이유로 된 사실이 퇴학처분에 해당한다고 볼 수 없음이 객관적으로 명백하고 乙1이 조금만 주의를 기울이면 이와 같은 사정을 쉽게 알아볼 수 있음에도 징계에 나아간 것으로, 그 징계권의 행사가 우리의 건전한 사회통념이나 사회상규에 비추어 용인될 수 없음이 분명하여 甲에 대하여 불법행위가 된다고 보았다.

(2) 검토

甲에 대한 퇴학처분은 그 징계사유가 퇴학처분에 해당한다고 볼 수 없음이 객관적으로 명백하다고 한 부분도 이해가 가지 않는다. 甲이 퇴학이라는 징계를 받은 것은 비단 불법교내방송과 1인 시위뿐 아니라 담임교사의 정당한 가르침과 설득에 대하여 반발하고 불손한 태도를 보인 점이 고려된 것이고, 이러한 사유는 퇴학처분까지 가능한 乙1 학교의 징계기준 제6항에는 일단 해당한다는 것이 행정소송을 담당하였던 재판부의 판단이었다.107) 그렇다면 법률전문가가 아닌 징계권자가 비록 징계양정을 잘못하였을지언정 '퇴학처분에 해당한다고 볼 수 없음이 객관적으로 명백'함에도 불구하고 고의로 또는 과실로 퇴학처분을 하였다고 보는 것이 과연 설득력이 있는지 의문이다.

마. 종교교육의 본질

(1) 대법원 판결이 제시하는 종교교육

이 사례에서 대법원이 제시하는 종교교육의 범위는 "종교적 중립성이 유지된 보편적인 교양으로서의 종교교육"이다. 그리고 만약 그 범위를 넘어서서 "학교의 설립이념이 된 특정의 종교교리를 전파하는 종파교육 형태의 종교교육"을 실시하는 경우에는 학생들에게 설명을 하여 동의를 구하고, 대체과목을 선택하거나 그 교육에 참여를 거부할 수 있는 여건을 마련하여야 한다고 한다. 그런데 종교적 중립성이 유지된 교육이란 결국 일반적이고 보편적인 내용에 관한 '교양교육'에 해당되는 것이고, 종교교육이라고는 할 수 없다고 본다.108) 이러한 과목들은 종교적 중립성이 요구되는 국공립대학에 개설해도 전혀 문제가 없는 일반 교양과목에 불과하기 때문이다.109)

---

107) 서울북부지방법원 2005.1.21 선고 2004가합4809 판결 【퇴학처분무효확인】
108) 정형근, 위 논문, 205면.

종교적 중립성이 보장된 종교교육이란 수사적인 기교에 불과하며 현실성이 없다. 모든 종교교육기관은 그 종교의 가치관과 세계관에 입각한 교육을 할 자유를 가지는 것이며 헌법과 사립학교법은 이를 보장하고 있다. 그럼에도 불구하고 학생들의 동의를 얻어야만 그 종파교육을 위한 교육과정을 할 수 있다는 대법원의 태도는 결국 학생들의 기본권보장을 위해 사립학교의 특수성과 교육의 자주성을 제한하는 것이라고 볼 수밖에 없다.[110]

(2) 평준화 정책의 폐기, 수정

결론적으로 보면 교교평준화에 의한 강제배정제도가 학교와 학생 간의 종교의 자유 침해라는 갈등을 일으키는 근원이라고 본다. 따라서 이러한 위헌적 요소를 가지는 강제배정제도를 폐지해야 마땅하지만 그것이 어렵다면 종립학교에는 원칙적으로 당해 학교의 설립목적에 맞는 학생들만 지원이 가능하도록 제도를 개선해야 할 것이다.[111] 종래에는 강제배정된 학생이 종교교육을 원하지 않을 경우 일반 다른 학교로 전학이 허용되었으나 현재는 종교적 사유로 인한 전학이 불가능해졌다고 한다. 그러므로 특수목적 고등학교, 자립형 고등학교 유형을 확대하거나 (복수)선지원 후 추첨제를 확대하는 것도 해결의 한 방안이 될 수 있다고 본다.[112]

(3) 기독교 교육의 가치

서두에서 밝힌 대로 이 사례는 국내에서 최근 강하게 일어나고 있는 반기독교 움직임의 구심적 역할을 하였다. 이 판결이 나오자 「종교자유정책연구원」이라는 단체에서는 "대법원의 판결이 종교자유의 권리를 보장하는 전환점이 될 역사적인 판결이라 판단한다. …… 이번 판결을 시작으로 종교를 강요하는 종교사학은 반성의 기회로 삼고 학생들의 인권을 존중하여 종교교육과 종교의식을 학생들이 선택할 수 있도록 하여야 한다"라는 의견을 표명한 바 있다.[113] 또 조계종 종교평화위원회도 "종교자유와 인권을 존중한 대법원의 판결을 환영한다. …… 이를 계기로 학교 측의 종교 강요로 행복추구권과 종교의 자유를 침해받는 일이 재발되지 않기를 바란다"라는 논평을 하였다.[114] 이러한 언급들은 비단 종교교육에 대해서뿐 아니라 오늘의 기독교가 일부 대

---

109) 실제로 국립대학인 서울대학교에는 종교학과가 설치되어 이러한 유형의 종교교육을 하고 있다.

110) 정형근, 위 논문, 206면.

111) 정형근, 위 논문 206면; 원영상, 「문제의 근원인 평준화정책의 재검토를; 사학 내 종교의 자유」, 『국회보』, 국회사무처, 2004.11, 96~99면 참조.

112) 손희권, 「사립학교에서의 의무적 종교교육과 헌법위반 여부 검토」, 『교육행정학연구』, 2004.12, 166면 참조; 이에 대한 보다 상세한 검토에 대해서는 정상우·최정은의 위 논문 209면 이하 참조.

113) 종교자유정책연구원 홈페이지 참조; 고시면, 「'종립학교(미션스쿨)'에 뺑뺑이형 강제배정·입학 시 종교의 자유와 관련된 강의석 군 사건에 관한 연구」, 『사법행정』, 2010.7, 11면.

형교회의 세습과 자금유용, 그리고 교단의 난립과 잦은 분쟁, 일부 정치인들의 종교편향적 행위로 인해 세상으로부터 질타를 받고 있는 것과 무관하지 않다고 생각한다.

그러나 기독교가 구한말 민족의 암흑기에 학교를 설립하여 교육을 통해 절망에 빠졌던 우리 민족에게 소망을 주고, 민족정신을 고취시켜 일제에 대항하는 독립운동을 전개하였으며, 선진 외국의 지식과 문화를 도입하여 인재들을 양성하여 오늘과 같은 우리나라 발전에 그루터기가 되었음을 잊어서는 아니 된다.115) 기독교는 예수그리스도의 인류를 향한 희생과 사랑의 정신을 바탕으로 이 사회의 빛과 소금의 역할을 하는 종교이다. 기독교의 교육도 자기밖에 모르는 이기적인 오늘의 세상에서 예수그리스도가 그랬던 것처럼 자기보다 남을 더 생각하고, 원수를 포용하며, 이 땅의 작은 욕망보다 피안의 세계에 대한 가치관을 심어주며, 청빈과 근면의 정신을 통해 긍정적이고 적극적인 생활태도를 가지는 인재양성을 목표로 한다. 이러한 기독교 교육은 어떠한 어려움이 오더라도 결코 포기할 수 없는 사명인 것이다.

다만 기독교 신앙은 "인간 내면의 영혼이 절대자인 하나님을 향하는 귀의 또는 신과 내세에 대한 내적 확신으로서 그 성질상 절대자의 은혜를 통하여 자발적·자주적으로 이루어지는 것이지 결코 강제적인 방법으로는 향유될 수 없다"는 원심판결의 설시는 기독교계가 깊이 명심해야 할 고언이라고 본다. 따라서 비록 단 한 명의 학생이라도 종교교육을 거부할 경우에는 대체과목을 설치해서 어린 학생들이 기독교로 인해 상처를 입지 않도록 배려하는 것이 보다 지혜로운 대처가 아닌가 한다.

---

114) 「학내 종교교육 강요는 위법」, 『불교신문』, 2010.4.28.
115) 정희영, 「우리나라 초기 기독교학교의 사회적 책임에 대한 역사적 고찰」, 『신앙과 학문』, 제12권 3호, 2007.12, 293면.

4. 종교적 난민

[Ⅲ-4-1] 서울행정법원 2007.1.9 선고 2006구합28345 판결【난민인정불허 처분취소】

[사실관계]

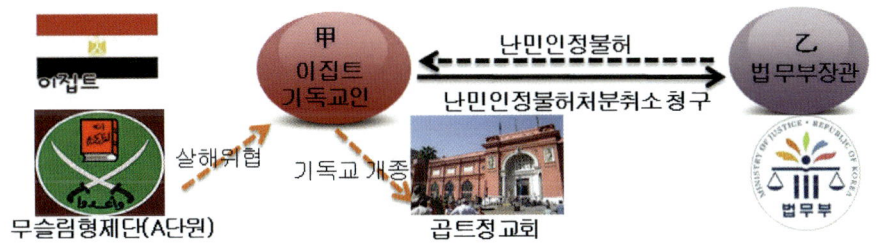

(1) 이집트는 다수의 이슬람교도와 소수의 기독교도(콥트정교)가 존재하는 국가인데, 이집트 국민의 신분증에는 종교를 기재하는 난이 있고, 기독교도가 이슬람교도로 개종하는 것에는 제한이 없으나, 이슬람교도가 기독교도로 개종하는 경우 처벌을 하기도 한다.

(2) 甲은 이집트 알렉산드리아에서 이슬람교도로 태어나, 1987. 아랍에미리트연합 아부다비에서 고등학교를 졸업한 다음, 미군 통역 일을 하였고, 2005.4.경부터 이집트 미누피아 버켓에서 문방구를 운영하였다. 甲은 1992.경 필리핀 기독교도인 처와 결혼하여, 2남 1녀를 두고 있다. 甲은 평소 기독교에 관심이 있었는데, 인터넷 채팅으로 알게 된 미국인 친구와 기독교에 대하여 많은 이야기를 주고받게 된 것이 계기가 되어, 2005.4.경 기독교로 개종하였고, 콥트정교에 다녔다.

(3) 무슬림 형제단(A단원)은 이집트 정부에 의하여 불법으로 규정되기는 하였으나 이집트 및 다른 아랍권 국가에서 영향력을 가지고 있고, 2005년 이집트 국회의원 선거에서는 전체 의석이 5분의 1을 차지하였다. A단원들은 甲이 기독교로 개종하였다는 사실을 알고는 2005.5.경 甲에게 이슬람교로 개종을 하라면서 협박을 하였고, 그 후 甲은 문방구를 폐점하였다. 이후 A단원들은 甲을 납치하여 고문을 하였으나 창문을 통하여 도망친 후, 사업목적 방문을 이유로 한국 방문 비자를 발급받아 2005.9.27. 한국에 입국하였고, 2005.10.20. 乙에게 난민인정신청을 하였다. A단원들은 甲이 한국에 입국한 후에도, 이집트에 있는 甲의 처를 여러 번 찾아가 甲의 소재를 물으며 협박을 하였다.

(4) 甲은 난민인정신청 이후 乙로부터 3회에 걸쳐 조사를 받았는데, 처음 교회에 나가기 시작한 시기, 박해를 당한 시기 등에 관하여 진술이 일관되지 아니하였고, 천주교와 개신교의 차이점에 대하여 알지 못한다고 진술하였다. 乙의 난민인정불허에 대해 甲은 난민인정불허처분의 취소를 구하는 소송을 제기하였다.

[판결요지]

[1] 박해를 받을 충분한 근거가 있는 공포

(1) **박해의 우려** 난민협약상의 난민은 인종, 종교, 민족, 특정 사회집단의 구성원 신분 또는 정치적 의견을 이유로 박해를 받을 우려가 있다는 충분한 근거 있는 공포를 요건으로 한다. 여기에서의 박해가 무엇을 의미하는지에 관하여는 확립된 견해는 없지만 일응 생명 또는 신체의 자유와 같은 중대한 인권에 대한 침해행위가 이에 해당한다고 할 수 있다(편람 제51항 참조). 그 밖에도 일반적으로 문명사회에서 허용될 수 없을 것으로 생각되는 부당한 차별, 고통, 불이익의 강요 등이 이에 해당한다고 할 수 있을 것이며, 박해의 주체는 국가기관에 한정되지 아니하고, 정부의 보호가 이루어지지 않는 상황에서 비정부조직이 될 수도 있다. 예컨대, 국민의 일부가 이웃의 종교적 신념을 존중하지 않는 세속적 국가에서의 종교적 불관용이 있을 수 있고, 이러한 종교적 불관용은 박해에 해당된다. 지역주민이 심히 차별적이거나 다른 공격적인 행위를 하여도, 이들 행위가 국가기관에 의하여 고의로 묵인되고, 국가기관이 효과적인 보호의 제공을 거부하고, 또는 효과적인 보호를 제공할 수 없는 한, 이들 행위는 박해로

간주된다(편람 제65항 참조).

(2) **충분한 근거** 또한, 난민으로 인정되기 위해서는 신청인이 위와 같은 박해에 대한 공포를 느끼는 것만으로는 부족하고 그 공포에 대한 충분한 근거를 요구한다. 이는 신청인의 주관적인 심리상태가 객관적 상황에 의하여 뒷받침되어야 함을 의미하는데(편람 제38항 참조), 합리적인 통상인이 신청인에게 주어진 것과 같은 총체적 경험과 상황 속에 놓일 경우 박해에 대한 공포를 느낄 것으로 판단된다면 그 공포는 충분한 근거를 갖춘 것으로 봄이 상당하다. 그리고 여기서 말하는 신청인에게 주어진 총체적 경험과 상황을 판단함에는 신청인의 국적국 내에 존재하는 일반적인 인권상황을 고려하여야 함은 물론이지만, 나아가 그와 같은 신청인의 국적국에 관한 일반적인 상황이 어떠한 구체적 사정 속에서 甲에 대한 박해 가능성으로 연결될 수 있는지에 관하여도 검토되어야 할 것이며, 이 점에 관한 사실관계는 일차적으로 신청인 자신에 의하여 제공되어야 한다(편람 제195항 참조).

(3) **입증책임** 신청을 제출한 자가 입증책임을 지는 것이 일반적인 법원칙이다. 그러나 난민은 그 성격상 박해의 내용이나 가능성, 원인에 관한 충분한 객관적 증거자료를 갖추지 못하는 것이 오히려 일반적이라 할 것이므로, 그 입증의 정도에 있어서 난민에게 객관적 증거자료에 의하여 주장사실 전체를 입증하도록 요구할 수는 없고 단지 그 진술의 전체적인 신빙성만 수긍할 수 있으면 된다 할 것이지만, 이를 위해서는 적어도 주장사실 자체로서 일관성과 설득력을 갖추어야 하고 일반적으로 알려져 있는 사실과 상반되어서는 안 된다(편람 제204항 참조).

[2] 이집트 정부로부터의 박해 가능성

(1) **기독교개종과 박해가능성** 甲은 이슬람교에서 기독교로 개종을 하였는바, 이집트 정부는 이슬람교도의 기독교 개종을 금하고 있고 이러한 사람에 대하여 비밀경찰 등을 통하여 구금을 하는 등 박해를 가하고 있어, 甲이 이집트로 강제 송환될 경우 이집트 정부로부터 박해를 받을 가능성이 높다고 할 것이다. 설령 甲이 이집트 정부로부터 박해를 받지 아니한다고 하더라도, 甲이 이집트에 있을 때 무슬림 형제단원으로부터 협박 등을 당하였고 이와 관련해 이집트 정부로부터 보호를 받지 못하여 이집트를 탈출하게 된 점 등에 비추어보면, 甲이 이집트로 강제 송환될 경우 위와 같은 단체로부터 박해를 받을 가능성이 높고 이에 대한 이집트 정부로부터의 보호도 기대할 수 없다고 할 것이다.

(2) **진술의 신빙성** 또한, 甲이 乙로부터 조사를 받을 당시 진술한 내용에 일부 일관성이 없는 부

분이 있었다고 하더라도, 이는 박해를 피해 급히 이집트를 탈출한 甲이 불안한 심리상태에서 아무런 소명자료도 없이 조사를 받았을 것으로 보이는 점을 감안하면, 이것만으로 甲의 진술이 신빙성이 없다고 인정할 수 없다. 甲이 천주교와 개신교의 차이를 알지 못하였다고 하더라도, 앞서 본 바와 같이 甲이 콥트정교의 신도로서 개종한 지 얼마 되지 아니하였으므로, 기독교에 대한 지식이 부족할 수밖에 없었을 것으로 보여 이를 이유로 甲의 진술이 신빙성이 없다고 인정할 수도 없다.

(3) **결론** 따라서 甲은 난민협약에서 말하는 '박해를 받을 충분한 근거가 있는 공포'를 갖고 있다고 볼 수 있어 출입국관리법 제2조 제2의 2호에서 정한 난민에 해당한다고 봄이 상당하다.

[Ⅲ-4-2] 서울행정법원 2010.4.1 선고 2009구합38312 판결 【난민인정불허처분취소】

[사실관계]

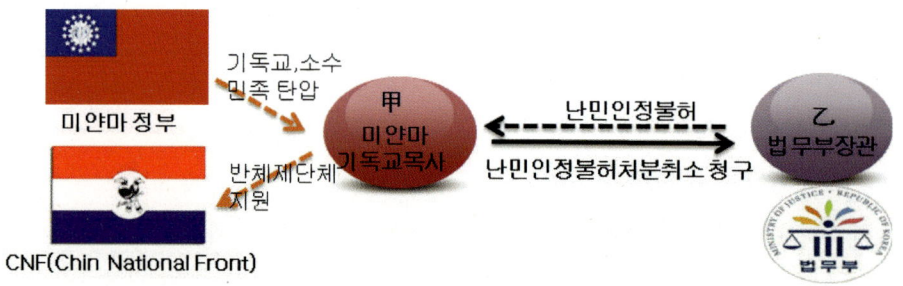

(1) 甲은 미얀마 친(Chin)족 출신으로 종테 마을에 있는 교회의 목사로 활동하던 기독교인이다. 甲은 2004.12.경부터 위 교회에서 교인 200여 명이 참가하는 크리스마스 기념행사를 개최하였는데, 행사 중에 30여 명의 무장군인들이 교회로 들어와 무력으로 행사를 중단시키고 신도들에게 폭행을 가하였으며 이로 인하여 사무엘이라는 사람이 사망하기도 하였다. 이에 甲은 신변에 위협을 느껴 이 행사를 주관한 종교지도자 8명과 함께 도피하였다. 한편 甲은 반체제단체인 CNF(Chin National Front)를 지원하기도 하였다.

(2) 미얀마는 다수민족인 버마족과 130여 개의 소수민족으로 구성되어 있는데, 1948.1.경 영국으로부터 독립한 이래 버마족을 중심으로 소수민족을 연방정부에 통합하려는 중앙정부와 이에 맞서 자치권 및 독립을 요구하는 소수민족 사이의 정치적·군사적 대립이 계속되어 왔다. 미얀마 정부는 헌법상 종교의 자유를 인정하고 있으나, 2008.5. 말경 승인된 헌법 초안에 의하면 국민의 대다수가 신봉하는 불교에 대하여 특별지위를 부여한다는 내용이 있어 다른 종교에 대한 상대적 차별 가능성을 열어두고 있다.

(3) 친족은 미얀마 서북부의 인도와의 국경지대에 위치한 친주에 거주하는 종족으로 인구는 50만 명 정도이고 이들의 대부분이 기독교도이다. 미얀마 정부는 친족 등 소수민족을 대상으로 하여 이들을 불교도로 개종시키려는 노력을 하는 등 종교의 자유를 제한하고 있다. 친족의 민족주의자들은 1987년경부터 미얀마 군부독재에 대항하여 CNF를 조직하여 저항활동을 전개하였고 친주의 주민들은 대체로 CNF 등의 활동에 대하여 우호적이다. 이로 인하여 친주 내 마을 지도자 및 CNF, CNA와 연관이 있다고 추정되는 사람들이 미얀마 정부로부터 강제적인 체포나 구금을 당하기도 하는 등 탄압을 받고 있다.

(4) 甲은 한국에 입국 후 종교적, 소수민에 대한 탄압을 이유로 난민신청을 하였으나 불허되어 불처처분의 취소를 구하는 소송을 제기하였다.

[판결요지]

[1] 난민인정의 요건 및 입증책임에 관한 법리

(1) **난민인정요건** 출입국관리법 제2조 제2호의2, 제76조의2 제1항에 의하면, 출입국관리법에 의한 난민으로 인정받기 위해서는 난민협약 제1조, 난민의정서 제1조에서 정한 난민의 요건인 '인종, 종교, 민족, 특정 사회집단의 구성원 신분 또는 정치적 의견을 이유로 박해를 받을 충분한 근거가 있는 공포로 인하여 자신의 국적국 밖에 있는 자로서, 국적국의 보호를 받을 수 없거나 또는 그러한 공포로 인하여 국적국의 보호를 받는 것을 원하지 아니하는 자'에 해당하여야 한다.

(2) **박해의 우려** 이때 난민 인정의 요건으로서 그 외국인이 받을 '박해'란 '생명, 신체 또는 자유에 대한 위협을 비롯하여 인간의 본질적인 존엄성에 대한 중대한 침해나 차별을 야기하는

행위'라고 할 수 있고, 이와 같은 박해를 받을 '충분한 근거 있는 공포'가 있음은 난민 인정의 신청을 하는 외국인이 증명하여야 하나, 난민의 특수한 사정을 고려하여 그 외국인에게 객관적인 증거에 의하여 주장사실 전체를 증명하도록 요구할 수는 없으며, 그 진술에 일관성과 설득력이 있고 입국 경로, 입국 후 난민 신청까지의 기간, 난민 신청 경위, 국적국의 상황, 주관적으로 느끼는 공포의 정도, 신청인이 거주하던 지역의 정치·사회·문화적 환경, 그 지역의 통상인이 같은 상황에서 느끼는 공포의 정도 등에 비추어 전체적인 진술의 신빙성에 의하여 그 주장사실을 인정하는 것이 합리적인 경우에는 그 증명이 있다고 할 것이다(대법원 2008.7.24 선고 2007두3930 판결).

[2] 난민에 해당하는 여부

미얀마의 기독교 활동에 대한 억압은 주로 친족의 CNF나 CNA 활동 등과 같은 소수 민족의 반정부 활동에 대한 탄압과 연계하여 이루어지고 있다고 할 것인데, 비록 미얀마 내에서 기독교도들의 통상적 종교활동이 어느 정도 허용되고 있고 甲 역시 2004년 이전에는 복음 전도 활동으로 인하여 별다른 박해를 받은 적이 없다고 하더라도, 甲이 자신이 목사로 있던 교회에서 이 종교행사와 같은 대규모 종교행사를 개최함으로 인하여 미얀마 정부의 주목을 받게 되었고, 제반 정황에 비추어 미얀마 정부로서는 이러한 종교활동이 CNF, CNA 등의 반정부 활동과 연계된 것이라고 의심하여 甲 등 종교행사 관계자들을 탄압 대상으로 삼을 가능성이 크다. 이에 乙이 2009.6.4. 甲에 대하여 한 난민인정불허처분을 취소한다.

[Ⅲ-4-3] 대법원 2012.3.29 선고 2010두26476 판결 【난민인정불허처분취소】

[사실관계]

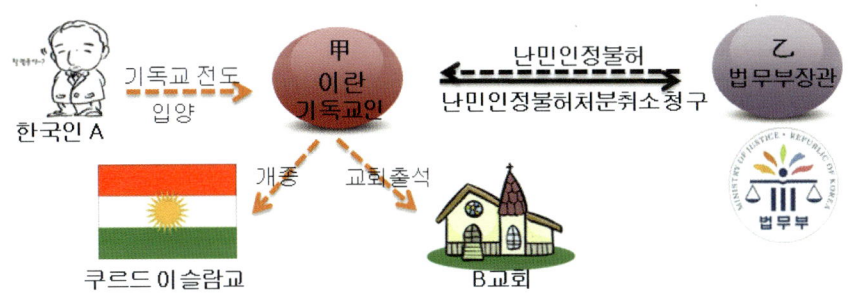

(1) ① 甲은 쿠르드족으로서 이슬람신도였으나 1999.11.14. 한국에 입국하였다가 2001년 말경 일본에 밀입국하여 2003.2.경 이란으로 강제송환되었고, 일본에서 밀입국 혐의로 구금되어 있을 무렵 성경책을 보고 기독교에 관심을 가지게 되었다. ② 그 후 甲이 2003.10.4. 한국에 다시 입국하여 밀알선교회의 예배모임에 참석하다가 B교회를 다니게 되어 그 교회에서 2005.3.13. 세례를 받았다. ③ 甲이 2006.11.20.부터 A가 운영하는 찜질방에서 일하게 되면서 A의 권유로 2007.11.부터 서울 서빙고동 소재 B교회를 다니게 되었고, 2008.3.30. B교회 교적부에 교인으로 등록하고 7주간의 새신자반 과정을 마친 다음, 6개월간의 1 대 1 훈련을 받고, 2010.3.6. 예수제자학교에 입학하였다. ④ A부부는 신실한 기독교인으로서 甲의 신앙생활을 도와주다가 2010.3.8. 甲을 아들로 입양하였다. ⑤ 甲이 기독교로 개종한 사실이 이란에 있는 甲의 가족들과 지인들에게 알려졌다.

(2) 甲은 2007.8.10. 정치적·종교적 이유로 본국에 돌아가면 박해를 받을 우려가 있다고 주장하면서 출입국관리법 제76조의2에 근거하여 乙에게 난민인정신청을 하였다. 乙은 2009.4.16. '甲의 주장은 난민의 지위에 관한 협약 제1조 및 난민의 지위에 관한 의정서 제1조에서 난민의 요건으로 규정한 박해를 받게 될 것이라는 충분히 근거 있는 공포에 해당되지 아니한다'는 이유로 난민인정을 불허하는 처분을 하였다.

(3) 이에 甲은 乙을 상대로 난민인정불허처분의 취소를 구하는 소송을 제기하였고, 제1심 법원은 甲의 청구를 기각하였으나, 제2심 법원은 甲의 청구를 인용하였다.

[판결요지]

(1) **난민의 요건** 구 출입국관리법 제2조 제2의 2호, 제76조의2 제1항, 난민의 지위에 관한 협약 제1조, 난민의 지위에 관한 의정서 제1조의 규정을 종합하여 보면, 법무부장관은 인종, 종교, 국적, 특정 사회집단의 구성원 신분 또는 정치적 의견을 이유로 박해를 받을 충분한 근거 있는 공포로 인해 국적국의 보호를 받을 수 없거나 국적국의 보호를 원하지 않는 대한민국 안에 있는 외국인에 대하여 그 신청이 있는 경우 난민협약이 정하는 난민으로 인정하여야 한다. 난민은 국적국을 떠난 후 거주국에서 정치적 의견을 표명하는 것과 같은 행동의 결과로서 '박해를 받을 충분한 근거 있는 공포'가 발생한 경우에도 인정될 수 있는 것이고, 난민으로 보호받기 위해 박해의 원인을 제공하였다고 하여 달리 볼 것은 아니다.

(2) **박해의 공포** 이때 그 외국인이 받을 '박해'라 함은 '생명, 신체 또는 자유에 대한 위협을 비롯하여 인간의 본질적 존엄성에 대한 중대한 침해나 차별을 야기하는 행위'라고 할 수 있다. 그러한 박해를 받을 '충분한 근거 있는 공포'가 있음은 난민 인정의 신청을 하는 외국인이 증명하여야 할 것이나, 난민의 특수한 사정을 고려하여 그 외국인에게 객관적인 증거에 의하여 주장사실 전체를 증명하도록 요구할 수는 없다. 다만 그 진술에 일관성과 설득력이 있고, 입국 경로, 입국 후 난민 신청까지의 기간, 난민 신청 경위, 국적국의 상황, 주관적으로 느끼는 공포의 정도, 신청인이 거주하던 지역의 정치·사회·문화적 환경, 그 지역의 통상인이 같은 상황에서 느끼는 공포의 정도 등에 비추어 전체적인 진술의 신빙성에 의하여 그 주장사실을 인정하는 것이 합리적인 경우에는 그 증명이 되었다고 할 것이다.

(3) **결론** 지난 몇 년간 이란의 기독교 신자들에 대한 박해가 심화되고 있어 기독교 개종자는 다른 사람들에게 기독교를 전도하지 않더라도 예배활동을 하였다는 이유만으로 박해를 받고 있고, 특히 이슬람교에서 기독교로 개종한 경우 사형에 처해질 수도 있는 사정 등에 비추어 甲에게는 이란으로 귀국하면 이란 당국에 의하여 기독교 개종자라는 이유로 박해를 받을 충분한 근거 있는 공포가 있다.

[해설 및 검토]

가. 판결의 배경

위 사례들은 우리나라가 1951년 난민협약에 가입한 후 종교적인 사유에 기한 난민 신청에 대해 법원이 내린 판결들이다. 이들 사례에서는 난민협약상 '난민' 인정 요건인 '박해를 받을 충분한 근거 있는 공포'가 무엇인지를 구체적으로 보여주고 있다.

우리나라를 위시해서 대부분의 문명국가들은 국교를 인정하지 않고 정교분리원칙에 입각하고 있으므로 종교적인 문제로 정부나 일반 국민들로부터 박해를 당하는 사례는 찾아보기 힘들다. 그러나 이슬람이나 불교를 국교로 정한 국가라든가 국교를 정하고 있지 않더라도 국민 대다수가 특정 종교를 믿는 국가에서는 소수종교 신봉자에 대한 테러나 박해가 심각한 수준에 도달하여 국제적 인권탄압 문제가 되고 있다. 특히 타 종교에 대해서는 극도의 배타적인 태도를 취하고 있는 무슬림국가에 있어서는 기독교로의 개종에 대해서는 국가의 사실상 묵인아래 공공연한 테러를 자행하고 있어 그 폐해가 심각하다. 이러한 상황에서 기독교로 개종한 사람들이 가지는 공포심은 난민 인정에 충분한 사유로 받아들인 것이다.

나. 난민협약과 난민법

(1) 난민협약

난민(refugee)이란 자신이 살고 있는 곳에서 더 이상 생활을 계속할 수 없을 정도로 외부적 조건이나 상황이 불량하여 자유나 안전을 찾아 그 거주지를 떠난 사람이라고 할 수 있는데 정치적 변란에 따른 탄압이라든가 전쟁이나 자연재해 또는 이 사례에서와 같은 종교적 이유에 기한 난민도 있다.[116] 영국의 청교도들이 종교 박해를 피해 신대륙으로 대량 이주를 하던 시대에는 물론이고 20세기 이전에는 각국이 외국인의 국내유입을 크게 제한하지 않았으므로 이민과 난민의 구별도 뚜렷하지 않았고 난민 문제가 국제적인 관심을 끌지도 못하였다.

---

116) 김성수, 「협약상 난민의 요건과 출입국관리법상 난민인정에 관한 고찰」, 『재판자료; 외국사법연수논집』, 제105집, 2004, 11면.

그러나 20세기 들어와 출입국 통제가 강화되고 이민정책이 본격화되면서 대규모 전쟁과 천재지변 발생으로 생긴 난민의 처리문제가 국제적인 과제로 등장하였다. 특히 제2차 세계대전 후 원소속국으로 귀환하기를 거부하는 난민에 대해서는 귀환을 강제할 수 없다는 원칙을 확립할 필요에서 1950년 유엔난민기구(UNHCR)를 설치하고 1951년 「난민의 지위에 관한 협약(Convention relating to the Status of Refugees, 1951)」을 체결하였다. 그러나 난민협약이 유럽지역에만 제한적으로 적용되고 1951년 이전에 발생한 난민에만 적용된다는 시간적 제약이 있어 이를 모든 지역 모든 시기에 발생한 난민까지 포함시키기 위해 1967년 「난민지위에 관한 의정서(Protocol relating to the Status of Refugees, 1967)」가 체결되었다.

우리나라는 1992년 12월 3일 1951년 난민협약과 1967년 의정서에 모두 가입하였고 출입국관리법과 동 시행령에 난민인정조항을 신설함으로써 난민인정제도를 도입하였다.

(2) 난민법

우리나라는 난민제도를 도입하고 2000년 UNHCR의 집행이사국이 되기까지 단 한 명의 난민도 인정하지 않다가 이후에도 소수에 대해서만 난민을 인정하는 등 지나치게 엄격한 난민인정 기준을 적용하고 있다는 국내외적인 비판을 받았다. 이에 정부는 2006년에 출입국관리법 중 난민관련조항의 개정작업에 착수하였으나 마련된 개정안이 그동안의 논의되었던 난민법 개정에 관한 요구사항을 수용하지 못하였다는 지적이 제기되었다. 이에 난민문제에서 활동하던 변호사 등이 중심이 되어 단일 난민법을 추진한 결과, 2012.2.10. 법률 11298호로 「난민법」이 의원입법으로 제정되었다.[117]

난민법은 크게 총칙, 난민인정절차, 난민위원회, 난민에 대한 처우 등으로 나누어져 있다. 이 법은 난민인정절차에 있어서 적법절차를 강화하였고, 난민의 권리 보장에 있어서 난민협약의 정신을 충실히 반영하였다는 점에서 난민 인권보호에 있어 진일보한 성과라고 하겠다. 그러나 국회통과 과정에서 난민제도 남용을 우려하는 법무부 측의 반대로 원안이 대폭 수정되어 간이절차 규정, 난민신청자 지원제도 보완, 소급적용제한 조항은 삭제 또는 수정되어야 한다는 주장도 제기되고 있다.[118]

---

117) 이 법의 제정과정에 대해서는 장복희, 「국제인권법에서 바라본 단일 난민법 제정의 의의」, 『저스티스』, 제110호, 2009, 282면 참조.
118) 김종철, 「난민법 제정의 의미와 향후 과제」, 『복지동향』, 2012.2, 31면 이하.

다. 난민 인정 요건

(1) 난민의 요건

난민협약 제1조와 우리 난민법 제2조는 국제적 보호의 대상으로 정하고 있는 난민을 "① 인종, 종교, 국적, 특정 사회집단의 구성원인 신분 또는 정치적 견해를 이유로, ② 박해를 받을 수 있다고 인정할, ③ 충분한 근거가 있는 공포로 인하여, ④ (자신의) 국적국의 보호를 받을 수 없거나 보호받기를 원하지 아니하는 외국인, ⑤ 또는 그러한 공포로 인하여 대한민국에 입국하기 전에 거주한 국가("상주국")로 돌아갈 수 없거나 돌아가기를 원하지 아니하는 무국적자인 외국인을 말한다고 규정한다. 여기에서 다시 ⑥ 반인도적 행위 등으로 국제적 보호를 부여받을 가치가 없다고 판단되는 자는 보호의 대상에서 제외된다.

(2) 박해를 받을 충분한 근거가 있는 공포

이러한 난민인정 요건 중에서 가장 핵심은 '박해의 공포'이며 위 사례에서도 주로 이 문제에 논의가 집중되었다. 박해를 받게 될 것이라는 충분한 근거 있는 두려움을 갖고 있다고 하기 위해서는, ① 먼저 박해에 대한 '공포심'을 느끼고 있다는 주관적 사실이 인정되어야 하고, ② 나아가 주관적 심리상태인 그 공포심을 뒷받침할 만한 객관적 상황이 존재하여야 하며, ③ 그러한 상황의 존재를 입증할 수 있어야 한다.

(3) 미국 판례법의 태도

'박해에 대한 충분한 근거 있는 두려움'이 있다고 하려면 박해의 위험이나 가능성이 어느 정도에 이르러야 하는지에 관하여 다양한 형태의 기준이 제시되어 왔다. 이에 대한 검토에 들어가기 전에 난민인정에 있어 획기적인 전환을 이룬 미국 연방대법원의 INS v. Cardoza-Fonseca 판결[119]을 살펴보기로 한다. 이 판결 이전에 미국의 이민국(INS)은 난민인정의 요건으로 '박해의 명백한 개연성(clear probability of persecution)'을 요구하고, 그 구체적 의미로는 적어도 박해를 받을 가능성이 박해를 받지 않을 가능성보다는 커야 한다(more likely than not)는 기준을 적용하여 왔다. 그러나 이 판결에서 연방대법원은 미국 이민법에서 말하는 'well-founded fear'의 기준은

---

119) 467 U.S. 407.

'합리적 가능성(reasonable possibility)'만 있으면 충분하다고 판시하면서 '장래의 박해를 두려워할 상당한 이유가 있는지'를 기준으로 하였다. 즉 난민 신청인이 총에 맞아 살해되거나 고문을 당하거나 기타 박해를 받을 확률이 10%뿐이라고 하여 그에 대한 두려움에 충분한 근거가 없다고 할 수 없다고 보았다.[120]

라. 사례의 검토

(1) 박해받을 공포

[Ⅲ-4-3]에서 대법원은 '박해'를 '생명, 신체 또는 자유에 대한 위협을 비롯하여 인간의 본질적 존엄성에 대한 중대한 침해나 차별을 야기하는 행위'라고 정의하였으며, [Ⅲ-4-1]에서는 좀 더 상세하게, 문명사회에서 허용될 수 없을 것으로 생각되는 부당한 차별, 고통, 불이익의 강요 등이 해당하며 박해의 주체는 국가기관에 한정되지 아니하고, 정부의 보호가 이루어지지 않는 상황에서 비정부조직이 될 수도 있다고 판시하였다.

이러한 법원의 태도는 난민협약의 정신이나 각국의 해석례에 따른 것으로서 타당하다고 본다.

(2) 공포를 인정할 충분한 근거

[Ⅲ-4-1]에서는 공포에 대한 근거를 판단함에 있어서 "합리적인 통상인이 신청인에게 주어진 것과 같은 총체적 경험과 상황 속에 놓일 경우 박해에 대한 공포를 느낄 것으로 판단된다면 그 공포는 충분한 근거를 갖춘 것으로 봄이 상당하다고 하고, 여기서 말하는 신청인에게 주어진 총체적 경험과 상황을 판단함에는 신청인의 국적국 내에 존재하는 일반적인 인권상황을 고려하여야 한다"고 보았다. [Ⅲ-4-3]에서는 이 점에 대해 아무런 설시가 없지만 대법원도 동일한 입장을 취하고 있는 것으로 추정된다.

여기에서 말하는 합리적 개연성이라는 기준은 위에서 설명한 Cardoza-Fonseca 사건에서 미국 연방대법원이 취하고 있는 '장래의 박해를 두려워할 상당한 이유'와 같은 것으로서 박해의 명백한 개연성까지 요구하는 것이 아니라고 본다.

---

120) 김성수, 위 논문, 40면.

(3) 근거에 대한 입증

박해의 공포에 대해서는 원칙적으로 난민신청인이 증명하여야 할 것이다. 그러나 난민은 대부분 급박한 상황에서 탈출하는 경우가 일반적이므로 박해의 내용이나 가능성, 원인에 관한 충분한 객관적 증거자료를 갖추지 못하는 것이 일반적이다. 이에 따라 신청인에게 객관적인 증거에 의하여 주장사실 전체를 증명하도록 요구할 수는 없고 다만 전체적인 진술의 신빙성에 의하여 그 주장사실을 인정하는 것이 합리적인 경우에는 그 증명이 되었다고 판단하고 있다.

박해의 위험이나 가능성에 대한 판단은 과거의 사실에 관한 입증이 아니라 미래의 가정적 상황에 대한 평가이기 때문에 일반 민사소송이나 형사소송에서 말하는 입증의 정도와는 다른 시각에서 보아야 한다는 취지에서 보면121) 법원의 판단은 타당하다고 본다.

마. 사례의 시사점

우리나라는 지정학적 특성으로 인해 대량의 외국인 난민들이 유입되는 경험이 적어 그동안 난민문제에 대해서는 큰 관심이 없었다. 그러한 이유인지는 몰라도 정부의 난민인정기준의 운용이 지나치게 엄격해서 우리나라가 난민의 인권보호에 소홀하다는 비판을 받아왔다. 이러한 상황에서 위 3건의 판결, 특히 대법원판결은 난민의 인정에 대한 국제적인 기준을 충실히 따랐고 대단히 진취적인 태도를 취하였다는 점에서 환영할 만하다.

난민 중에서도 종교적 난민은 종교의 자유를 보장한다는 측면에서도 중요한 관심사가 아닐 수 없다. 한국은 전 세계에서 가장 활발한 기독교 선교국으로서 많은 나라에 선교사를 파송하고 있다. 그중에는 기독교에 적대적인 국가에까지 들어가 목숨을 걸고 하나님의 말씀을 전하는 선교사가 적지 않고 많은 결실을 거두고 있다고 한다. 그러므로 종교적 난민의 수용문제는 기독교로서는 큰 관심을 가져야 할 과제의 하나라고 하겠다.

---

121) 김성수, 위 논문, 39면.

판례색인

사항색인

서헌제(徐憲濟)

경기고등학교, 서울대학교 법과대학・법학박사
미국 Univ. of Washington, UC Berkeley 연구교수
중앙대학교 법과대학 학장・행정대학원장・인문사회부총장 역임
(사)국제거래법학회 회장, (사)아시아법연구소 소장 역임
국민포장(2001년), 홍조근정훈장(2012년) 수상
현) 중앙대학교 법학전문대학원 교수
　　대한예수교장로회 한국총공회 목회자 양성원 교수
　　들꽃교회(양평군 서종면 문호리) 시무장로

『컨테이너 복합운송인의 책임법리』(1986)
『통상문제와 법』(1995)
『국제경제법』(1998)
『국제거래법』(2006)
『상법강의(상)』(2008)
『상법강의(하)』(2003)
『캐나다와 영국의 문화정책 및 법제에 관한 연구』(2006)
『도난・불법반출문화재에 관한 법리적 연구』(2007)
『성경적 모델론에서 본 경쟁정책』외 다수

종교분쟁
사례연구 ❶
종교와 국가

초판인쇄 | 2012년 12월 7일
초판발행 | 2012년 12월 7일

지 은 이 | 서헌제
펴 낸 이 | 채종준
펴 낸 곳 | 한국학술정보㈜
주　　소 | 경기도 파주시 문발동 파주출판문화정보산업단지 513-5
전　　화 | 031) 908-3181(대표)
팩　　스 | 031) 908-3189
홈페이지 | http://ebook.kstudy.com
E-mail | 출판사업부 publish@kstudy.com
등　　록 | 제일산-115호(2000. 6. 19)

ISBN　　978-89-268-3927-0 93360 (Paper Book)
　　　　978-89-268-3928-7 95360 (e-Book)